지식의 보고

알렉산드리아 대 도서관

지식의 보고

알렉산드리아 대 도서관

남 태 우 저

도서출판 태 일 사

프롤로그(Prolog)

전 세계 문화유산을 종합적으로 수집하려 했던 최초의 도서관이었던 〈Bibliotheca Alexandrina〉는 알렉산드리아 항구 옆에 서 있던 시절부터 하나의 전설이 되었고, 오늘날까지도 그 전설은 지속되고 있다. 이 도서관은 그 후 도서관을 건립하려는 모든 국가나 사람들에게 영감을 주는 동시에 절망감을 안겨 주었다. 영감은 도서관을 설립하려 모든 이의 길라잡이를 절망감은 인류의 지식을 집대성한 대도서관도 한순간에 한줌의 재로 변한 순간을 의식한 것일거다.

〈Bibliotheca Alexandrina〉의 존재 기간은 기원전 300년 경부터 기원후 390년 경까지로 역사 속에서 적어도 450년은 넘게 존재하였다. 450년이나 존재하였던 이 도서관은 기원전 48년에 대 화재가 발생했다. 거대한 지혜의 힘도 화마는 피할 수 없었다.

그러나 형태가 있는 모든 것들은 언젠가는 멸망할 운명을 피할 수 없다. 그렇게 생각하면 〈Bibliotheca Alexandrina〉가 수 백 년의 긴 세월 존속했었다는 사실 그 자체가 하나의 전설이라고 할 수 있다.

불덩이도 시간이 지나면 식는 것과 같이, 시간이 지남에 따라 프톨레마이오스 왕조가 쇠퇴하면서 자연히 〈Bibliotheca Alexandrina〉의 지원도 관심 밖으로 밀릴 수 밖에 없었을 것이다. 따라서 더 이상 학자들은 새로운 저작을 하지 않았고, 이에 따라 도서관은 단순히 옛 서적을 보관하는 창고로서 변모해 갔다. 그러자 도서관장을 '학자사서'가 아닌 군인이나 관료가 맡으면서 도서관이 정치적인 목적으로 사용되기도 하였다. 이러한 징조는 지식의 보고인 도서관 파괴의 시작이다.

그러나 귀중한 도서관을 멸망시킨 근본적인 원인이 무엇인지 묻지 않을 수 없다. 대답은 종교다. 종교는 자주 남에게 대한 특히 자기와 다른 뭔가를 믿는 타인에 대한 비관용성을 가진 습성을 가지고 있다. 그 비관용성 때문에 그들 종교집단의 경전이나 장소가 아닌 책과 도서관은 항상 파괴의 대상으로 인식되었다. 심지어는 자기들의 책과 장소를 무자비하게 파괴하는 경우도 종종 있어왔다. 물론 책이나 도서관을 파괴하는 행위는 다양하다. 그렇지만 종교가 책이나 도서관을 말살하는 형태는 다른 무엇보다 특이하다. 문자 또는 책의 종교라고 하면서 그들을 파괴하였다.

서구 세계에서 도서관은 우리의 모든 것을 대신하는 두 기념물을 확실한 상징물로 갖게 된다고 알베르토 망구엘(Alberto Manguel)은 강조하고 있다. "첫 번째는 결코 도달할 수 없는 하늘까지 닿으려고 세워진 기념물(바벨탑)로, 공간을 정복하려는 인간의 욕망에서 시작된 것이다. 그 욕망에 내려진 벌 때문에 언어가 갈라지면서 오늘날에도 우리는 서로 의사소통을 하는데 애를 먹는다. 두 번째는 세계 방방곡곡에서 각 언어가 땀 흘려 기록한 자료들을 모아놓기 위해 세운 기념물이다. 이 기념물은 시간을 정복하려는 소망에서 시작해서 현재라는 시간까지 완전히 삼켜버린 전설의 불로 끝났다. 공간을 정복하려던 바벨탑과 시간을 정복하려던 〈Bibliotheca Alexandrina〉는 인간의 야망을 상징하는 대표적인 쌍둥이 상징물이다".[1)]

---

1) Alberto Manguel. *The Library at Night*. 밤의 도서관. 강주헌 역. 서울, 세종서적, 2011. p.27.

이 모든 것은 말 즉 로고스의 본질을 언급한 것으로 이해된다. 인간은 로고스의 동물이다. 그래서 말이 있고 이를 나타내고자 하는 욕망에서 문자가 고안되었고, 문자를 기록한 책으로 남기고, 그것을 카오스로부터 해방시키기 위해 과학적인 시스템으로 소장할 도서관이 필요하게 된 것이다. 그래서 인류가 창조한 가장 거대한 커뮤니케이션의 매체로서 도서관을 창조하게 된 것이다.

유명한 동양학자 실베스터 드 사시(Silvestre de Sacy)는 〈Bibliotheca Alexandrina〉에 별도의 4개 도서관이 있었다고 주장하고 있다. 4개의 도서관이란 "초창기 프톨레마이오스에 의해 설립된 '부루치움(Brucheium)'과 '세라피움(Serapeum)', 그리고 아우구스투스(Augustus) 사원의 '세바스테움(Sevasteum) 도서관', 마지막으로 '알렉산드리아 학교 도서관'"이다.[2] 이 부분에 대해 자세한 연구는 이루어지지 않았지만 알렉산드리아에 다른 도서관이 있었다는 추측은 가능하다.

그러나 도서관 역사상 〈Bibliotheca Alexandrina〉라고 일컬어지고 있는 것은 하나의 도서관이 아닌 박물관 및 대학과 연관된 두 개의 도서관이 통합된 것이다. 하나는 기원전 약 290년경에 건립된 〈부루치움〉에 있는 주(main) 도서관이며, 다른 하나의 도서관은 약 50년 후에 프톨레마이오스 III세 에우리게이트(Euergetes I, BC.288~BC.221)가 건립한 세라피스 신전에 있는 분관인 '딸 도서관'으로 알려진 〈세라피움〉이다.

그러므로 〈Bibliotheca Alexandrina〉는 〈부루치움〉과 〈세라피움〉으로 불리는 두 도서관 시설의 총칭이다. 이들 두 도서관은 주제 분야로 장서를 소장한 도서관뿐만 아니라 대학 역할도 한 것으로 전해지고 있다. 그 목적은 "모든 그리스 문학뿐만 아니라 지중해와 중동과 인도의 다른 언어의 저작을 그리스어로 번역하는 것까지 통합하여 거

2) Edward Edward. *Memoirs of Libraries : a Handbook of Library Economy*. vol. 1. New York, Burt Franklin, 1859. p.22.

대한 국제적인 연구 도서관을 건립하는 것이었다."[3)]

〈부루치움 도서관〉은 왕궁 안에 도서관을 포함한 박물관 또는 대학으로 구성되었다. 그러나 도서관과 대학의 기능은 명확히 구분되지 않고 오히려 일체화되어 있었다. 또한 부루치움의 조직을 구성하는 주요한 멤버는 학자 · 문학자 · 과학자들이었으며, 그중 한 사람이 관장이 되어 부루치움의 경영을 맡았다. 학자사서인 데메트리우스를 필두로 부루치움의 도서관장들은 모두 헬레니즘 문화의 저명한 학자 · 문학자였다. 〈Bibliotheca Alexandrina〉의 학자 · 문학자들은 각각 전문분야를 가지고 각자가 연구 활동을 수행함과 동시에 각지에서 모인 학생들을 종제(從弟)의 형식으로 지도할 때도 있었다.

〈Bibliotheca Alexandrina〉의 장서의 규모를 보면 54,800권에서부터 20만 권설, 50만 권설, 67만 권설 등 다양한 주장이 있지만 에우세비우스(Eusebius, 263~340)에 따르면, 프톨레마이오스 II세 필라델푸스가 죽고 그 계승자 프톨레마이오스 IX세 소테르 II세는 이 도서관에 단 10만 권만을 갖추도록 명했다고 한다. 그렇지만 계승자 '디아도코이(Diadochi)' 치세 동안 도서관의 서책 수가 날로 증가해 70만 권에 이르렀다. 그러나 당시의 서책은 두루마리였음을 상기할 필요가 있다.

〈Bibliotheca Alexandrina〉의 사서들은 하나의 지붕아래에 최대한 많은 책을 보관함으로서 무심한 사람에게 맡겨질 때 자칫하면 피괴될지도 모를 위험으로부터 보호하려고 노력하였다. 따라서 〈Bibliotheca Alexandrina〉는 생각하고 행동하는 인간의 힘을 상징하는 건물인 동시에 시인들이 흔히 우리에게 말하듯이 기억에 종지부를 찍는 죽음을 이기기 위해 세워진 기념물이 되었다. 그러나 당시 지배지들과 사서들의 관심에도 불구하고 이 도서관은 사라지고 말았다. 〈Bibliotheca

---

3) Raymond Irwin. Callimachus : Studies in the History of Libraries-IX. *The Library Association Record*. (May 1956). p.169.

Alexandrina〉가 세워졌을 때 온전한 모습이 어떤 모습이었는지 전혀 모르듯이 도서관이 어떻게 사라졌는지에 대해서도 확실히 아는 바가 없다. 갑자기 사라졌는지, 점진적으로 사라졌는지도 알 수 없다.

〈Bibliotheca Alexandrina〉 파괴사에 관한 가장 논쟁적인 사항 가운데 하나는 기원전 48년 혹은 47년에 카이사르(Julius Caesar)와 프톨레마이오스 XIII세 테오스 필로파토르(Theos Philopator, BC.51~BC.47) 사이에 벌어진 〈알렉산드리아〉 점령 전쟁에서 도서관이 얼마나 파괴되었는가 하는 문제이다. 이 문제에 대해서는 고대의 자료는 야사적인 이야기만 전해지고 있을 뿐이다.

〈Bibliotheca Alexandrina〉는 문헌정보학을 전공하는 학자라면 특히 도서관 문화사를 전공한 학자라면 그 누구나 〈Bibliotheca Alexandrina〉에서 자유로울 수 없는 연구과제이다. 그러나 절반은 야사이고 절반은 전하여온 이야기에 기댈 수밖에 없는 자료의 한계성 때문에 연구하기에 벅찬 주제일 수밖에 없었다. 그러나 그동안 연구 집접을 가지고 한 편의 이야기집으로 〈알렉산드리아 대 도서관〉을 상제하였다.

2012. 8.

흑석동 懶濟堂에서

목차

프롤로그 3

| 1장 | 필리포스와 알렉산더 • 13

마케도니아의 왕 필리포스 16
미르탈레 공주와의 혼인 18
필리포스왕의 업적과 죽음 21

| 2장 | 알렉산더 대왕과 알렉산드리아 • 29

대(great)의 상징성 29
알렉산더 대왕 37
가정교사 아리스토텔레스와 알렉산더 44
알렉산드리아 신도시 건설 47
디아도코이 전쟁 56

| 3장 | 지혜의 전당 무세이온의 건립 • 67

학예의 여신 무사이 신화 68
알렉산드리아의 학술연구소로서 '무세이온' 82

목차

| 4장 | 아리스토텔레스의 학원 리케이온 • 97

리케이온의 설립 106
리케이온의 별칭 113
리케이온의 전통 116

| 5장 | Bibliotheca Alexandrina • 121

Bibliotheca Alexandrina 이전의 상황 121
Bibliotheca Alexandrina 건립 128
자매 도서관 부루치움과 세라피움 154
Bibliotheca Alexandrina와 경쟁관계 페르가몬 도서관 158
셀수스 도서관 167
Bibliotheca Alexandrina 장서개발 및 수집정책 170
학자사서의 지적 전통 192
Callimachus의 도서관사상 202

| 6장 | Bibliotheca Alexandrina 파괴사 • 253

카이사르의 파괴설 260
칼리프 오마르의 파괴설 274
기독교도들에 의한 파괴설 279
  책의 무덤으로서 게니자 296
네로의 재 학살과 로마 도서관의 부활 304

| 7장 | Schola Alexandrina • 317

유일한 여성 학자 사서였던 Hypatia **322**
뮤즈의 딸 히파티아 **325**
종교에 대항하는 과학의 용감한 옹호자 **338**
히파티아에 대한 문학적 신화화 **342**

| 8장 | New Bibliotheca Alexandrina 재현 운동 • 345

New Bibliotheca Alexandrina의 꿈 **346**
New Bibliotheca Alexandrina 설계 및 구조 **354**
움베르토 에코의 〈NBA〉 개관 기념강연 **362**

참고 문헌 **367**

제 1 장

필리포스와 알렉산더

그리스 문명을 주도한 도시국가들은 에게해(Aegean Sea)에 면한 그리스 반도 남쪽 바닷가 또는 그 가까운 곳에 몰려 있었다. 스파르타(Sparta)가 있는 펠레폰네소스 반도(Peloponnesos Pen.)[1]와 아테네(Athens)가 있는 아티카(Attica) 지방[2]이 그곳이다.

그러나 그 북쪽은 척박한 산악지대이기에 예로부터 사람들이 많이 거주하지 않았다. 동방에서 건너온 문명의 혜택 또한 거의 없거나 늦을 수밖에 없는 오지였다. 거기서 더 북쪽에 위치한 〈마케도니아(Macedonia)〉 역시 태생적으로 척박하고 오지일 수밖에 없었다. 또한 그리스의 여타 도시 국가들과 언어도 달랐다. 지정학적으로 올림픽이 열릴 때 이외에는 남쪽의 그리스 선진국들과 교류가 별로 활발할 수

---

1) 펠로폰네소스 반도는 그리스 남부의 반도로 면적은 21,549 ㎢이다. 그리스 본토와 더불어 코린토스 만을 이루며, 본토와 이어지는 코린토스 지협에는 코린토스 운하가 건설되어 있다. 현대 그리스에서 펠로폰네소스 반도는 세 개의 주로 구획되는데 대부분은 펠로폰네소스 주이고, 나머지는 서부 그리스 주와 아티키 주이다.

2) 아티카(Attica)는 그리스의 주 가운데 하나이며, 그리스의 수도 아테네를 포함한 주변 지역을 말한다. 동부 아티키 현, 서부 아티키 현, 아티나 현, 피레아스 현이 이 지역에 속한다. 아티카 주는 오늘날 남부 그리스 일대에 위치하고 있다.

없었던 곳이다.

그런데 마라톤 전투(Battle of Marathon)[3)]에서 대패한 페르시아(Persia)의 다리우스 I세(Darius, BC.521~BC.486)[4)]의 유지에 따라 그 아들 크세르크세스(Khashayar, BC.519~BC.465)[5)] 왕이 그리스를 다시 침공했을 때, 어느 나라보다도 북쪽에 위치한 마케도니아의 피해가 컸다. 페르시아의 대군이 흑해 입구의 헬레스폰토스(Hellespont) 해협을 건너 그리스 북쪽을 통해 아래쪽으로 돌아오는 과정에서 힘이 없는 〈마케도니아〉를 초토화 시켰기 때문이었다.

기원전 480년 그리스를 침공한 크세르크세스 왕의 군대는 어마어마한 대군이었다. 페르시아(Persia), 앗시리아(Assyria), 메디아(Media), 박트리아(Bactriana), 파르티아(Parthia) 등의 페르시아 영토 내의 민족은 물론이고, 아라비아(Arabia), 인도(India), 이집트(Egypt), 리비아(Libya), 에티오피아(Ethiopia)에 이르기까지 수십 개의 피지배민족들에

---

3) BC. 490년 페르시아의 다리우스 대왕이 보낸 그리스 원정군(遠征軍)은 낙소스 · 델로스섬 등을 정복한 후 아테네를 공략하기 위하여 아티카(Attika)의 북동 해안에 있는 마라톤 광야에 상륙하였다. 아테네의 장군들은 밀티아데스의 제안에 따라 마라톤에서 적을 맞아 싸울 작전을 세우고, 최고 무관 칼리마코스 지휘하에 약 1만의 중장보병군(重裝步兵軍)을 급파하여 마라톤 광야가 내려다보이는 산기슭에 포진하였다. 양군의 대치상태가 수일간 계속되던 중 페르시아군은 주력부대를 승선시켜 해상으로부터 아테네를 직접 공격하려고 하였다. 기회를 엿보던 아테네군은 즉시 공격으로 나서 페르시아 군을 크게 무찔렀다. 페르시아군은 배로 달아났다가 다시 아테네 시로 쳐들어가려 하였으나, 아테네 군이 이미 육로로 해서 돌아와 있다는 말을 듣고 공격을 단념하고 본국으로 철군하였다. 이 전투에서 페르시아 군이 6,400명의 병사를 잃은 데 반하여, 그리스측의 전사자는 192명에 불과하였다고 한다. 그리스의 용사 페이디피데스가 마라톤 전장에서 아테네까지 약 40㎞를 달려 승첩(勝捷)을 알리고 절명하였다는 고사(故事)가 있는데, 마라톤 경주는 이를 기념하기 위해 생긴 것이다.

4) 별칭은 다리우스 대왕(Darius the Great, BC.550~486) 고대 페르시아 아케메네스 왕조의 위대한 왕(BC 522~486 재위). 뛰어난 행정조직과 대규모 건축 사업으로 유명하다. 몇 차례에 걸쳐 그리스 정복을 꾀했으나 기원전 492년에는 폭풍으로 함대가 파괴되었으며 기원전 490년에는 마라톤에서 아테네에게 패했다.

5) 고대 페르시아의 왕위를 그리스 식으로 표현한 것으로 그 뜻은 '영웅들의 지배자'라는 뜻이다.

게서 병력과 물자를 동원했다.

당시 페르시아 군의 규모는 해군 함선 1,207척, 수송선 3,000척에 보병이 70만에 달했다. 오죽하면 거의 동시대 인물인 역사가 헤로도토스(Herodotos, BC.484?~BC.425?)는 페르시아의 최종 병력이 528만에 이르렀을 것이라 추측하였지만, 좀 과장되었다 쳐도 그 정도로 엄청난 대군이었다. 대 제국인 페르시아에 비하면 조그만 동네 몇이 올망졸망 모여 사는 것으로 볼 수 있는 그리스 도시국가들의 침공을 위해 크세르크세스가 이토록 대군을 동원한 것은 부왕인 다리우스가 어설프게 두 번씩이나 침공했어도 그 조그만 아테네 혼자 너끈히 막아냈기 때문이었다.

어쨌든 페르시아가 동원한 군대는 당시 전 세계의 문명국 중 그리스와 중국을 뺀 모든 나라의 군대라고 해도 과언이 아니었다. 속설에 페르시아 군이 화살을 쏴대면 뙤약볕에 그늘이 져서 시원해질 정도였다고 한다. 반면 그들을 대적할 그리스 연합군은 함선 271척에 수천의 병사가 있을 뿐이었다. 다윗과 골리앗 이야기에서나 나올법한 상대와의 전투에서 페르시아는 또 패하고 말았다.

스파르타의 왕 레오니다스(Leonidas, BC.?~BC.480)가 지휘하는 3백의 결사대가 페르시아군 2만을 죽이면서 전멸했지만, 이 전쟁의 분수령은 페르시아 해군이 테미스토클레스(Themistocles, BC.524~BC.459)의 아테네 해군과 맞붙은 살라미스 해전(Battle of Salamis, BC.492~BC.448)이었다. 결국 크세르크세스는 좁은 살라미스 해협에서 테미스토클레스에게 무릎을 꿇었다. 이후 페르시아는 유럽 침공을 완전히 포기한다. 그러나 그들이 남기고 간 상처는 엉뚱하게도 북쪽의 〈마케도니아〉에 깊이 남겨졌다. 그리고 그 기억은 그로부터 100년 후에 태어난 필리포스 II세(Philippos II, BC.382~BC.336)에게까지 선명히 전해졌다.

필리포스 II세는 기원전 336년 46세의 비교적 젊은 나이에 암살 당할 때까지 마케도니아 왕국(Kingdom of Macedonia, BC.7세기 초? 310/BC.309)[6]의 왕이었다. 그는 알렉산드로스 대왕(Alexandros the Great, BC.356~BC.323)의 아버지로 치세 동안 그리스에 대한 마케도니아의 지배권을 강화하고 국력을 키워서 아들 알렉산드로스가 대제국을 건설할 수 있는 토대를 마련하였다.

마케도니아의 왕 필리포스

필리포스는 마케도니아의 아민타스 III세(Amyntas III, BC.?~BC. 370/369)의 막내아들로 태어나 어린 시절 테베(Thebae, 그리스 중부의 보이오티아에 있던 옛 도시)에 볼모로 잡혀있었다. 테베에서 그는 당시 그리스 최고의 전략가이자 장군이었던 에파미논다스(Epaminondas, BC.410~BC.362; 테베의 정치가 · 군사전략가 · 지도자)에게서 군사와 외교기술을 배웠고 기원전 364년 마케도니아로 귀국했다. 기원전 359년 형 페르디카스 III세(Perdiccas, BC.365~BC.359)가 일리리아(Illyria)[7]의 침입에 맞서 싸우다 전사하자 뒤를 이어 마케도니아의 왕위를 물려받았다.

---

6) 기원전 7세기부터 기원전 2세기까지 발칸 반도에 있는 마케도니아 지역에서 번영했던 왕국이다. 마케도니아라는 말은 '높은'이라는 뜻의 그리스 말인 마케돈에서 나왔다. 마케도니아 왕국의 중심 민족은 그리스 인과 트라키아 인, 일리리아 인의 혼합 민족이다. 기원전 640년경 페르디카스가 마케도니아 왕국을 세우고 아이가이를 수도로 한 아르게아드 왕조를 열었다. 아르게아드 왕조는 마케도니아의 주변 지역으로 진출하면서 크게 성장하였다.

7) 일리리아(Illyria)는 고대의 한 지역으로 오늘날의 발칸 반도 서부에 해당한다. 기원전 10세기경부터 인도유럽어족에 속하는 일리리아 어를 쓰는 일리리아 인들이 이곳에 정착해서 살았다.

집권 초기 마케도니아는 위협하는 파이오니아(Paionia)와 트라키아(Thracia)의 침입을 받았고, 아테네는 마케도니아의 왕권을 주장하는 아르게우스(Argeus)의 도움을 주면서 마케도니아를 위협하고 있었다. 이에 필리포스는 외교적으로 파이오니아와 트라키아와는 협정을 맺어 물러나게 한 다음, 아테네의 중장보병 3,000명을 격파함으로써 잠시 휴전상태를 유지하였다.

그 사이 그는 내부적으로 힘을 강화하는 데 힘썼는데 특히 마케도니아의 군사력 강화에 전력하였다. 그는 마케도니아 보병에 팔랑크스(phalanx)[8]를 새로이 도입하고 기병대를 더욱 강화하고 보병은 사리사(Sarissa, 고대 마케도니아 왕국의 군대가 사용하던 긴 창의 이름)라는 창으로 무장시켰는데, 사리사는 보통 그리스 군사들이 사용하는 것보다 훨씬 더 긴 창으로 기병을 상대하는 데 효과적인 무기였다.

(그림 1) 고대 그리스와 마케도니아군의 핵심이었던 팔랑크스 부대

8) 팔랑크스(phalanx, φάλαγξ, phālanga)는 대규모 방형 군사 대형을 가리키며 창, 장창, 사리사(sarissa) 등의 무기로 무장한 중보병으로 구성되었다. 이 용어는 보통 고대 그리스의 전술 대형을 설명하는데 사용되는데, 실제 고대 그리스의 문헌에는 병사들의 장비에 상관없이 대규모 보병 대형을 가리킬 때 이 용어를 흔히 사용하였다. 고대 그리스 시절의 팔랑크스는 전투때 뿐 아니라 행진 때, 심지어 숙영 때에도 이러한 형태의 진형을 유지하였다. 이들은 방패를 이용해 서로를 방어하고 마치 한 몸처럼 행군하며 적을 분쇄하였다. 팔랑크스라는 말은 그리스어로 손가락이라는 의미이다.

스파르타 왕 아게실라오스 II세(Agesilaos, BC.444~BC.360)의 죽음은 한 시대의 종말과 시작을 뜻했다. 이 새로운 시대는 마케도니아 왕 필리포스 II세와 그의 아들 알렉산드로스 대왕의 시대였다. 필리포스 II세는 기원전 359년에 권력을 잡은 뒤, 좀 더 엄격한 군사훈련을 도입하고 용병을 고용함으로써 마케도니아 군대를 개편했으며, 일리리아 인(人)을 비롯한 북방의 적들을 패배시켰다.

필리포스는 청년시절 사모트라케 섬(Island of Samothrace)에서 비밀 의식을 치른 바 있었다. 에게 해의 북동쪽에 있는 이 섬에는 아시아에서 전래 된 카비렌(Kabiren) 신[9]들의 은밀한 성소가 있었다. 종교적 행사에는 남자뿐 아니라 여성들도 참가할 수 있었기에 미르탈레(Myrtale) 에피루스(Epyrus) 공주도 그 중 한 사람이었다.

미르탈레 공주와의 혼인

공주는 아직 어렸다. 그러나 다듬어지지 않은 그녀의 눈과 입은 예뻤으며 고향에 대한 그리움을 짙게 뿜어내고 있는 듯 했다. 그녀는 신들의 신비로운 의식에 빠져있었다. 매우 예민하고 꿈속에서 밖에는 만날 수 없는 신들을 찾아내 소통하는 능력이 있었다. 필리포스 왕자는 신비한 미르탈레 공주와 사랑에 빠졌고 이내 결혼을 하였다. 이피로스(Ípiros) 왕 네오프톨레모스(Neoptolemus)의 딸인 그녀의 본명은 미르탈레(Myrtale)였으나 후에 필리포스가 기원전 356년 올림픽 경기에서 승리한 것을 기념해서 올림피아스(Olympias, BC.375~BC.316)라로 개명하여 불리게 되었다. 그리고 인류 역사상 엄청난 영향력을 행사한 여인

9) 페니키아의 수호신이다. 거처와 수효를 파악하기 어려운 신비스런 존재였다.

중 한 명이 되었다. 그녀가 바로 알렉산드로스 대왕의 어머니이다.

결혼식 전날 올림피아스는 번개가 그녀의 몸을 관통하여 강한 불꽃이 생겨나 온 주위로 번져나가다가 갑자기 꺼지는 꿈을 꾸었다. 그녀는 자신이 잉태한 아이가 제우스(Zeus)의 아이라고 굳게 믿었다. 빛나는 번개와 호통치는 천둥의 신, 그것은 그리스인들의 상상력에 따르면 제우스일 수밖에 없었기 때문이었다. 올림피아스는 늘 제우스 가까이에 있었다. 낮이나 밤이나 그리고 꿈속에서까지 제우스와 함께 있었다. 꿈속에서 눈에 보이지 않는 신들을 찾아내 이들과 정신적으로 교감하는 능력을 지닌 것도 그 중 하나였다.

그녀는 부모가 없었다. 에피루스(Epyrus)의 왕이던 아버지가 죽자 숙부인 아림바스(Arybbas)가 형을 이어 왕위에 오르면서 그녀의 보호자가 되었다. 이 욕심 많은 남자는 자신에게 이로운 것이라면 무엇이든 마다하지 않아서, 필리포스가 조카딸에게 손을 내밀 때부터 곧바로 이해득실을 따지기 시작했다.

그는 영특하게도 필리포스가 마케도니아를 큰 나라로 만들 것이란 것을 이내 계산해낼 수 있었고, 결정이 내려지자 조카딸은 당연히 필리포스의 품에 안겨졌다. 플루타르크(Plutarch)에 의하면 결혼식 날 밤 올림피아스가 꿈을 꾸었는데, 뇌우가 쏟아지는 꿈이었다. 번개가 그녀의 몸을 때리고 번개가 떨어진 자리에서 맹렬한 불길이 타 올랐다.

필리포스 역시 꿈을 꾸었다. 자기가 아내의 몸을 봉인하고 그 봉인에 사자가 각인되어 있는 꿈이었다. 필리포스는 당장 로도스 섬(island of Rhodes) 동쪽에 있는 바닷가 도시까지 한 달음에 달려가 해몽가를 찾았는데 아리스탄드로스(Aristandros)라는 유명한 점쟁이였다. 그는 델피(Delphi)의 신탁으로도 알아맞히지 못한 리키아(Licia) 왕 크레우소스(Creusos)의 운명을 정확하게 알아맞힌 사람이었다. 크레우소스는 그의 말대로 끝내 전쟁터에서 적의 포로가 되었다. 이토록 아리스탄드로스는 당대의 지중해 세계에서 가장 유명한 점술가였다. 그런 그가 필리포스의 이야기를 듣고 다음과 같이 해몽을 해 주었다.

> 빈 통은 봉하지 않는 법입니다. 왕비는 이미 가슴속에 후계자를 품고 있습니다. 왕비는 불같고 사자같은 남자 아이를 출산할 것입니다.

이 꿈 이야기는 필리포스와 알렉산드로스 대왕의 역사, 더 나아가 온 인류의 역사에서 특별한 의미를 지닌다. 이토록 이 꿈은 필리포스의 아들이 태어나기도 전에 알렉산드로스의 미래를 미리 보여준 꿈 해몽이었다. 이 예언 때문인지는 몰라도 아리스탄드로스는 알렉산드로스가 총애하는 점술가가 되었으며, 그는 알렉산드로스가 묻힌 곳이 세상에서 가장 번성할 것이라 예언했다고 한다.

이야기를 전해들은 올림피아스(Olympias)는 당장 상황을 제대로 파악했다. 자신이 신의 어머니로 점지되었다는 것을 믿어 의심치 않았다. 올림피아스는 사모트라케(Samothrace) 섬에서 신들을 받드는 신비스러운 의식에 더욱 몰두했다. 뿐만 아니라 그녀는 주신(酒神) 디오니소스(Dionysos)의 무녀들과 합창을 하는가 하면 축제행렬 속에서 무아지경에 빠져들기도 했다. 게다가 그녀는 길들인 큰 뱀을 들고 다녔는데, 사람들이 기겁을 해도 개의치 않았다. 그녀는 잠자리에서조차 뱀을 놓지 않았다.

필리포스는 뱀과 사귀는 아내, 지하세계의 죽음과 노니는 위험한 아내, 장차 지상에서 많은 것을 성취하고자 하는 자신을 하데스(Hades)[10]에게 이끌고 갈 수도 있는 아내를 멀리하기 시작했다. 당시 유럽 세계에서 가장 용맹스러웠던 필리포스에게 두려운 것이라곤 아

10) 명계의 신이자 재물의 신. 제우스(Zeus)의 형제이자 신 중에서 3인자. 아내는 페르세포네(Persephone). 죽음을 다스리기 때문에 타나토스(Thanatos)라고 불리기도 한다. '퀴네에(Kynee)'라고 불리는 쓰면 보이지 않는 모자(혹은 핼멧)를 갖고 있다.

내의 악마적인 요소 말고는 없었다.

사람들은 올림피아스가 인간보다 월등한 존재와 교감하는 것이 아니냐고 수군거렸다. 물론 필리포스도 그런 생각을 가졌고, 또 그의 신에 대한 경외심이 올림피아스의 신성한 몸에 손을 대지 못하게 했을 가능성은 충분했다. 올림피아스가 신과 어울린다는 소문은 신이 뱀으로 변해서 아내 곁에 누워있는 것을 필리포스가 문틈으로 들여다보다가 한쪽 눈을 잃었다는 이야기로까지 비화됐다. 그러나 필리포스가 애꾸가 된 것은 전쟁터에서였다.

당시는 필리포스같은 무소불위의 통치자도 신을 존중하지 않고는 살 수 없는 세상이었다. 마침내 필리포스의 명령으로 카이론(Chiron)이라는 사람이 아폴론 신전으로 달려갔다. 신탁을 받은 무녀들은 '제우스(Zeus)—암몬(Ammon)' 신에게 희생물을 바치고, 그녀를 각별하게 공경해야 한다고 일러주었다. 아폴론(Apollo)은 뱀을 이길 수 있다. 그런데 '제우스—암몬'은 그런 아폴론의 아버지인 것이다.

필리포스왕의 업적과 죽음

통치자로서 또 군 통솔자로서 필리포스는 뛰어난 업적을 쌓았다. 그리스 반도 북쪽을 통일했고 남부의 도시 국가들을 점령해 나가면서도 그의 시선은 늘 페르시아에 가 있었다. 그가 기원전 338년 남쪽으로 군사들을 돌렸다는 말을 듣고 테베와 아테네가 연합하여 필사적으로 막았지만 소용없었다.

게다가 그는 뛰어난 웅변가이기도 했다. 그리스의 모든 정치가들을 코린토스(Korinthos) 의회에 모아놓고 장차 페르시아를 정복해야만 그리스와 마케도니아가 살 수 있다고 선언하여 모두의 동의를 이끌어냈다. 어찌나 말을 잘 하는지 그리스 사람들은 정복자인 필리포스의 말을 열광적으로 환영했을 정도였다. 기원전 351년 정치가 데모스테네스(Demosthenes, BC.384~BC.322)는 동료 아테네인들에게 이렇게 경고했다.

> 누군가 그를 저지하지 않는 한 그는 결코 멈추지 않을 것이다. 신에게 맹세컨대, 필리포스는 자신의 위업을 달성하기 위해서라면 물불을 가리지 않을 사람이다.

그리스의 앞날을 걱정한 사람은 데모스테네스 뿐 만이 아니었다. 필리포스는 국경선을 확장시켜 테살리아(Thessalía)를 정복하고 트라케(Thrake)를 침범했다. 데모스테네스가 경고하고 나서 얼마 되지 않아 필리포스는 마케도니아와 국경을 접한 칼키디키(Khalkidhiki) 만의 올린토스(Olynthos)를 포위했다.

데모스테네스는 올린토스에 방어병력을 파견하여 필리포스의 군대가 아테네로 진격하기 전에 맞서 싸울 것을 아테네 민회에 촉구했다. 그러나 아테네에서 지루하게 논쟁이 벌어지는 동안 올린토스가 함락되었다. 기원전 346년 아테네는 마케도니아와의 협약에 서명했음에도 불구하고 필리포스의 궁극적인 목적을 눈치채지 못했다. 같은 해에 그는 테르모필라이(Thermopylae)를 점령하여 아티카(Atika)에 이르는 주요 경로를 장악했다.

하지만 그의 아내 올림피아스(Olympias) 존재는 갈수록 그가 이룩한 모든 분야에 그림자를 드리우고 있었다. 올림피아스는 까다롭고 질투가 강한데다가 남편에 대한 불만이 많았다. 거기엔 이유가 없는 것도 아니었다. 그래서 플루타르크는 온 나라가 왕비의 병 때문에 시달림을 받았다고 기록하고 있다.

필리포스는 왕비 올림피아스 이외에도 네 명의 여자가 더 있었다. 일리리아의 공주 안다타, 라리세의 필리나, 페라에의 니케시폴리스, 케트의 공주 메다가 그들이었다. 이처럼 여러 명의 여자가 있었지만 올림피아스만이 엄연한 왕비였다. 그런데 필리포스는 갑자기 또 다른 젊은 처녀를 사랑하게 된다. 클레오파트라(Cleopatra)라는 이름의 이 처녀는 당시 열여섯 살이었다. 비록 한쪽 눈밖에 없었지만 그녀의 아름다운 매력에 빠져버린 필리포스는 그만 신중하지 못한 결정을 내리고 만다.

그녀만은 후궁으로 둘 수 없다는 생각을 한 것이다. 필리포스는 그녀를 어떻게든 왕비로 만들어 주고 싶었다. 더구나 그녀는 필리포스를 섬기는 유능한 장군 아탈로스(Atalos)의 조카딸이었다. 그는 기원전 336년 봄 필리포스가 페르시아와 원정을 다녀왔을 때 함께 갔던 장군이었다. 필리포스가 클레오파트라와 결혼했을 때 그녀의 삼촌인 아탈로스 장군은 승승장구했다. 어찌나 기분이 좋았던지, 결혼식 축하연에서 대부분의 마케도니아 남자들이 그렇듯 많은 술까지 마신 상태에서 그는 하지 말아야 할 행동을 해버렸다. 그가 이렇게 말한 것이다.

> 필리포스 왕과 내 조카 클레오파트라 사이에 왕의 후계자가 태어나도록 모든 마케도니아 사람들이 신께 기원합시다.

갓 열아홉 살의 알렉산드로스(Alexandros the Great, BC.356~BC.323)[11]였지만(이하 알렉산더로 통일함), 아버지의 정복지가 늘어날수록 자기가

11) 지금은 통상적으로 쓰는 독일어식 표기인 '알렉산더(Alexander)'와 고대 그리스어 '알렉산드로스'(Alexandros(λέξανδρος))를 따른 둘 다 표준 표기로 인정되고 있다. 그리스어 이름을 제3 언어의 발음에 따라 표기하는 상황에 대한 의견을 내는 가운데 한 분이 테베 Θῆβαι(Thēbai)도 고대 그리스어 발음대로 표기하면 '테바이'라는 것을 예로 들었다. 아테네 Αθῆναι역시 고대 그리스어 발음대로 표기하면 '아테나이(Athēnai)'이다. 외래어 표기법에서는 아직 그리스어의 표기를 정식으로 정비하지는 않았지만, 그리스어의 표기 원칙이라는 규정 가운데 "ae, oe, ou는 각각 '아이', '오이', '우'로 적는다"라는 것이 있다. 여기서 ae는 αι를 라틴어로 옮긴 철자이니 이 원칙만 따지면 Athenae, Thebae도 라틴어의 표기 원칙에 따라 적으면 '아테나이', '테바이'이가 표준이다. 알렉산드로스는 그리스어 이름이다.

정복할 땅이 줄어들고 있는 것을 못내 안타깝게 생각할 정도로 이미 용맹하게 커버린 왕세자가 그 소리를 듣고 참을 수가 없었다. 알렉산더는 어찌나 화가 나는지 정신을 잃을 지경이었지만 벌떡 일어나 공적이 많은 그 장군에게 술잔을 내던졌다.

이에 대노한 필리포스 왕이 일어나 아들을 향해 칼을 빼 들었지만 이미 그 역시 만취한 상태였다. 그의 위대하고도 막강한 외눈에 초점 없이 그대로 쓰러진 것이다. 거친 마케도니아 사람들은 술을 엄청나게 마시길 좋아했다. 아버지의 그 꼴을 본 알렉산더는 비아냥을 한껏 담은 목소리로 사람들에게 외친다.

> 마케도니아 사람들이여. 이 식탁에서 저 식탁으로 건너가기도 힘든 저 사람을 보라. 저자가 아시아를 정복하겠다는 바로 그자다.

마치 사슬에 묶인 사자처럼 부들부들 떨면서 일어난 필리포스가 아들을 죽이려 했지만 주위 사람들이 가까스로 말렸다. 위험한 그 순간에 올림피아스는 다행이 그 자리에 없었다. 하지만 올림피아스의 정령과 복수심은 그 자리에 있었다. 알렉산더는 그 정령에 사로잡혀 있었다.

알렉산더는 병든 어머니와 함께 외가인 에피루스(Epyrus)로 떠났다. 어머니 올림피아스로부터 헤라클레스와 아킬레스의 후손이라고 교육받은 알렉산더는 아주 어렸을 때부터 자신감에 넘쳤다. 알렉산더는 14살이 되던 해 비잔티움 원정으로 자리를 비운 필리포스 II세를 대신해 트라키아의 반란을 분쇄했으며, 그로부터 2년 뒤 필리포스 II세가 그리스 동맹을 분쇄하고 그리스 전체를 정복한 전쟁에 참가해 부왕의 좌익 부대를 이끌었다.

'지킴'이라는 뜻의 'αλέξ'와 '남자'라는 뜻을 가진 낱말의 소유격 'ανδϱος'의 합성어이다. 그리스어로는 Alexandros, 독일어식과 영어식은 Alexander로 표기한다.

그러나 행운만을 누리던 알렉산더에게도 이듬해 불행이 찾아온다. 필리포스 왕이 클레오파트라(Cleopatra) 에우리디체(Euridice)라는 여자에 빠져 알렉산더의 어머니와 이혼하자 모자는 마케도니아에서 도망쳐야 했다. 후에 알렉산더와 필리포스는 서로 화해하였으나 클레오파트라가 아들을 낳기 전에 필리포스가 죽지 않았다면 알렉산더는 아마 왕위를 물려받지 못했을 것이다.

어머니를 그 곳에 머물게 한 다음 젊은 왕자는 마케도니아의 숙적인 일리리아(Illyria)로 갔다. 그렇기에 어떤 연구자들은 이 부분을 들어 알렉산더가 아버지에 대한 모반을 계획했다고 말하는 사람도 있다. 하지만 알렉산더는 아버지를 향해 칼을 들지 않았다. 오히려 아버지의 부탁으로 찾아온 코린트 사람 데마라토스(Dēmaratos, BC.510~BC.491)의 설득으로 아버지에게 돌아가 화해했다. 그랬어도 처음엔 아버지에 대한 의심을 풀지 못했다. 카리아 지방을 다스리는 페르시아 총독 딸을 이복형제와 맺어주려는 아버지가 아직도 미덥지 않았던 것이다. 아들의 의중을 눈치 챈 필리포스가 말했다.

> 네가 그녀에게 장가를 들려는 것은 품위 없는 짓이다. 그 아비가 누구더냐. 야만인인 페르시아 왕의 노예가 아니더냐. 그런 자의 딸에게 어찌 내가 너를 장가들일 수 있다고 생각했느냐.

그제야 필리포스에게 중요한 것은 넓은 영토보다도 알렉산더라는 것을 아들은 알았다. 필리포스는 원대한 사업을 구상하며 분명한 계획을 세워놓고 있었다. 이 냉철한 역사의 창조자는 자신이 기초를 다지는 데 따라 자기 왕국이 어떻게 되리라는 것을 이미 꿰뚫고 있었다. 하지만 그의 명만큼은 생각처럼 길지 않았다.

아직도 그의 계획에 의하면 완성하지 못한 일이 많았다. 그는 아들에게 더 많은 것을 물려주고 싶어 했다. 그러나 그것은 그의 바람일 뿐 신의 뜻은 아니었다. 신은 이미 알렉산더의 몫을 따로 준비하고 있었다. 필리포스는 페르시아의 원정 계획을 수립해 놓고, 기원전 336년 여름 알렉산더의 누이동생 결혼식을 성대하게 치른다. 그 자리엔 그리스 전역에서 수많은 명사들이 참석했다. 이제 한창 나이인 마흔일곱의 필리포스가 그들과 함께 이루어 갈 계획들은 원대했다.

그러나 그의 종말은 갑자기 찾아왔다. 페르시아 원정 준비가 한창인 기원전 336년 필리포스는 딸 클레오파트라와 그의 네 번째 부인 올림피아스의 동생 에페이로스(Epeiros)의 알렉산더의 혼인잔치 자리에서 파우사니아스(Pausanias)에게 죽임을 당했다. 그의 나이 47세였다.

파우사니아스는 말을 준비하고 기다리고 있는 동료에게로 도망가다가 추격해온 필리포스의 경호대에게 죽임을 당했다. 마케도니아를 23년 동안 다스린 왕의 시해에 대한 마케도니아의 공식적인 발표는 마케도니아의 젊은 귀족 파우사니아스가 자신의 진가를 인정해주지 않는 필리포스와 아탈루스(Priscus Attalus)에게 깊은 원한을 품고 있었고 암살의 배후에는 페르시아가 있다고 했으나 끝내 그 배후는 밝혀지지 않았다.

즉 결혼 축하 피로연이 열린 극장 입구에서 한 남자가 다가와 그를 찔렀다. 경호원들이 달려오기 전 순식간에 벌어진 일이었다. 혼란스러운 틈바구니에서 도망가려던 암살자는 사람들에게 잡혀 그 자리에서 난도질당한 것은 물론이었다. 필리포스의 암살에는 페르시아가 관련되었을 것이라는 소문이 난무했다. 실제로 그 일은 아직도 고대사에서 풀리지 않는 수수께끼로 남아있다. 그러나 알렉산더는 그 무시무시한 비밀을 알고 있었을지도 모른다.

마케도니아의 왕 필리포스는 전술한 바처럼 최소한 7명의 여자들과 결혼했다. 이피로스 공주 출신인 세 번째 아내 올림피아스가 알렉산더를 낳았다. 일설에 따르면 정치적 야심과 결단력이 강했던 올림피아스는 필리포스의 다섯 번째 아내인 마케도니아 출신의 클레오파트라 파우사니아스(Pausanias)가 알렉산더의 잠재적 경쟁자인 아들을 낳자 필리포스 암살 음모를 꾸민 것으로 역사는 전하고 있다. 어쩌면 자기 어머니 올림피아스가 아버지를 시해한 그 배후인물이라는 것을 알고 있었는지도 모른다.

필리포스의 암살로 가장 큰 이득을 보게 된 것은 왕후 올림피아스와 그의 아들 알렉산더였으며 이 때문에 알렉산더가 아버지 암살의 배후로 의심받았다. 그러자 필리포스의 장군들과 군대는 알렉산더를 마케도니아의 임금으로 세웠다.

기원전 336년 아버지 필리포스 왕이 암살된 후 마케도니아의 왕위에 오른 알렉산더는 한 차례의 대규모 원정을 통해 그리스, 이집트, 페르시아 제국(오늘날의 터키 영토를 포함), 그리고 동쪽으로 멀리 인도까지를 하나의 거대한 제국으로 통합했다. 그 과정에서 그리스 문화의 열렬한 찬미자였던 알렉산더 왕은 드넓은 영토 구석구석 그리스 문화를 퍼뜨리면서도 점령지의 문화를 인정해 그것을 받아들였다.

알렉산더의 지배는 엄하면서 관용스러웠다. 그는 아마도 지리적 정복만이 아닌 문화적 정복을 함께 꿈꾼 것 같다. 알렉산더는 동·서문화가 융합하는 〈세계 제국〉의 실현을 꿈꾼 것임이 틀림없다. 아시아에 그리스 정신이라는 새로운 피를 주입하고자 했고 그 상징이 자신의 이름을 붙여 각지에 건설시킨 도시 알렉산드리아[12)]라 할 수 있다.

---

12) 십여 개의 알렉산드리아 시를 시리아에서 박트리아에 이르는 곳까지 세운 다음 이곳에 박물관, 도서관, 그 밖의 문명 시설을 지었다. 알렉산더가 건설시킨 각지의 알렉산드리아 중에서 가장 번영했던 것은 이집트의 알렉산드리아였다. 이집트에 건설된 알렉산드리아는 문화의 중심지가 되었으면 가장 큰 고대도시로 떠올랐다. 쇠퇴한 그리스 본토로부터 많은 그리스인들이 오리엔트 각지로 이주했고 알렉산드리아에도 그리스인이 모여들었다. 이로 인해 경제와 문화의 중심은 동방으로 옮겨간 것이다. 이집트의 알렉산드리아는 인구 100만에 이르는 대도시로 성장해 〈세계의 매듭〉이라 불렀다. 이집트를 다스린 최초의 그리스 지배자

프톨레마이오스 I세에 의해 세워진 유명한 알렉산드리아 도서관은 율리우스 카이사르의 시대(기원전 1세기)에 이르면 무려 70여 만 권의 장서를 보유한 거대한 도서관으로 성장한다. 그러나 이 도서관과 무세이온(박물관의 어원)은 B.C. 48년 알렉산드리아 내전시 클레오파트라의 편을 든 카이사르(시저)가 낸 화재로 많은 자료들이 소실되었고, 391년 기독교인 군중들의 방화로 거의 소진되었으며, 6세기 회교도들의 침입으로 완전히 불타버렸다고 한다.

제 2 장

알렉산더 대왕과 알렉산드리아

알렉산더(Alexander of Macedonia, BC.356~BC.323)는 마케도니아의 필리포스 왕과 에피로테의 미르탈레(Myrtale) 사이에서 기원전 356년에 펠라(Pella)에서 태어나 부왕 필리포스 II세가 암살되자 그 뒤를 이어 기원전 336년에 왕위에 올랐다. 그리고 13년 뒤인 기원전 323년 33살의 젊은 나이로 사망하였다. 33년이라는 짧은 생을 살면서 마케도니아 제국의 왕으로 '세상의 끝과 거대한 외해(外海)'까지 가겠다는 꿈을 가지고 동방으로 원정 침략을 하여 인류 역사상 가장 거대했던 알렉산드리아 제국을 세웠다.

대(great)의 상징성

'위대하다' 또는 '거대하다' 그리고 '크다'라는 의미의 '대(great)'는 알렉산더 왕과 관련하에 두 번 사용된다. 첫 번째는 세계 역사상에 있어 알렉산더 왕 만큼 지구상의 많은 땅을 차지한 위대한 정복자는 없었다는 의미에서이다. 그가 짧은 기간 동안 유럽 · 아시아 · 아프리카에 걸친 대제국을 건설하여 그리스 문화와 오리엔트 문화를 융합시킨 새로운 헬레니즘 문화를 이룩하였음은 주지의 사실이다. 그가 이룩한 업적이 지금까지 이룩한 어떤 황제보다 위대하다고 한 측면에서 프톨레마이오스 왕조들에 의해 '대왕'이라 칭해진 것이다.

두 번째는 세상의 모든 지식을 알렉산드리아로 모으겠다는 집념으로 도서관을 설립하였는데 수집 장서가 무려 70만권 두루마리에 해당되는 거대한 도서관이 되었다. 크기와 규모면에서 이전의 어떤 도서관도 없었던 것에 비유하여 〈알렉산드리아 대 도서관(The Great Library of Alexandria)〉[13]이라고 한 것이다. 이처럼 프톨레마이오스 왕들은 자기들이 건설한 왕조들의 위엄과 정통성을 확보하기 위해 알렉산더의 업적에 대해 'great'라는 수식어를 첨가함으로서 스스로의 자존심과 위엄을 높이고자 시도한 것이다.

그가 태어날 때 위대할 수밖에 없었던 일화도 많다. 또 다른 징조는 명마 부세팔루스(Busephalus)에서부터도 유래한다. 부세팔루스는 알렉산더를 태우고 수많은 전쟁터에서 무공을 세우는 데에 결정적인 역할을 한 명마의 이름으로 주인의 발이었으며 육신의 뜻을 헤아려 목숨을 책임져 준 은공자이다.

부세팔루스는 알렉산더의 아버지 필리포스 왕이 페르시아 원정에 필요한 천리마를 구하던 중 '필리포스 왕이 아내의 곁에 있는 뱀을 보았다.'라는 태몽 꿈으로 태어난 아들이 훗날 그리스, 페르시아, 인도에 이르는 대제국을 건설할 '대왕'이 될 것이라는 예언자의 선택에 따라

---

13) Konstantinos Sp. Staikos. *The Great Libraries; From Antiquity to the Renaissance (3000 BC. to AD. 1600)*. New Castle, Oal Knoll Press & The British Library, 2000. p.57.

운명적으로 점지된 말로 전쟁의 승패를 가르는 시금석 역할을 하였다.

그런데 부세팔루스는 거칠고 사나왔으며 그 누구도 승마를 거부하였다. 조련사는 탈 수도 없고 다룰 수조차 없어 매질을 하다가 안되니까 굶겨보기까지 하였으나, 더욱 횡포스러워 질뿐이었다. 필리포스 왕은 온순해질 기미가 없는 부세팔루스에 명령을 내렸다.

> 죽여버려 - 예언자의 말도 빗나갔어. 저런 말을 거금을 들여 구입하라고 했으니 내가 너무 말을 너무 볼 줄 몰랐어.

그런대 아버지와는 달리 알렉산더는 무릎을 꿇고 기회를 달라 애원하였다.

> 승마를 거부한다고 하여 주살시키는 것은 옳지 않습니다.

조교사와 전쟁터를 누빈 장수들마저 고개를 흔든 말을 소년 아들이 타겠다고 하니 아버지는 만인의 조롱거리가 될 일이 더 걱정스러웠다.

> 타지마라. 너는 아직 너무 어려.

그러나 알렉산더는 고개를 가로 저었다. 너희들은 그 말을 어떻게 다루어야 하는지를 모르고 있어. 알렉산더는 눈빛으로 그렇게 말했다. 그리고 부세팔루스에게 다가가 머리를 해를 향하게 하고 목덜미를 쓸었다.

> 내가 제일 사랑하는 말은 이 세상에서 너 하나뿐이란다. 정말 너 하나뿐이야. 또 너는 너의 그림자를 두려워하지? 어때 지금 괜찮지. 너의 그림자는 보이지 않아. 무서워 할 필요 없단다. 자 나를 믿어라 부세팔루스야.

계속 손으로 머리와 목을 쓰다듬어 주던 왕자는 말 잔등에 올라타고 배를 발로 찼다. '질주하라'. 모두들 달리던 도중 낙마하여 죽게 될 것이라는 걱정을 불식시킨 알렉산더는 흰 이를 드러내며 웃음을 날렸다. 모두의 염려는 한낱 기우로 끝나고 말았다. 알렉산더는 지쳐서 뛰지 못하는 부세팔루스에게서 내리며 또 속삭였다.

잘했어. 정말 잘했어

필리포스는 말에서 내리는 왕자에게 뛰어가 힘껏 포옹과 키스를 했다.

내 아들아 마케도니아가 왕자에게는 너무 작은 나라로구나. 왕자여! 틀림없이 큰 왕국을 이루고 대 제국을 건설하게 될 것이다. 이 부세팔루스와 함께.

부세팔루스의 이야기에서 알렉산더의 탄생 신화가 더욱 신비로울 수 있었으며, 아무도 이루지 못할 일을 이루리라는 확신을 갖게 되었다.

이와 유사한 이야기가 고대 중국에서도 전해지고 있다. 중국 진시황제가 죽고 진나라가 한나라와 초나라로 양분되기 시작하던 무렵이다. 항우가 회계 땅에 숨어 지낼 때, 사방 30리가 넘는 큰 물 속에서 아침마다 물결이 파도처럼 일면 거대한 용 한 마리가 말로 변신하여 바람처럼 빠르게 뛰며 폭풍처럼 휘몰아치면서 호수 전역의 전답을 초토화 시켜 마을의 사위는 온통 흉가가 되고 폐가가 되었다.

말로 변한 엄청난 용 한 마리의 횡포가 두려움과 무서움을 토지 위에 펼치면서 마을을 죽음의 장소로 바꾸었는데도, 그 누구도 나서지 못하였다. 화살로 쏘아도 맞지 않으니 칼이나 창은 더 더욱 무용지물이었다. 어느 땐 화공으로 죽이려 하였으나 그것 또한 늘 실패뿐이었다.

산을 뽑아 들어 올릴 수 있다는 힘, 역발산(力發山)의 항우가 불모지 호숫가에 이르러 땅이 파헤쳐지는 빠른 먼지더미를 찬찬히 보았다. 키는 일곱 자, 옆 키는 열자나 되는 대단한 모습의 위용을 나타내는 말 한 마리가 눈앞에 펼쳐보이다간 사라지고 뛰어올라다간 없어지곤 했다. 젊은 항우는 잠시 호흡을 고른 다음 말의 눈에다 자신의 시선을 꽂았다. 그리곤 말과 같은 속도로 전력 질주하며 내달리다가 말갈기를 나꿔 채면서 언치도 없는 등에 올라탔다. 말은 놀라 더욱 빠르게 미친 듯이 뛰기 시작했다. 넓고 넓은 광활한 들판을 날듯이 달리는가 하면 호수를 끼고 돌기도 하면서 한나절을 보내고 저녁까지 달렸다. 바람이 일어나는 속도였고 지축을 흔드는 말발굽이었다.

그러나 그 말도 언제까지나 뛸 수는 없었다. 진액이 다 빠지자 드디어 땀으로 몸을 적신 채 멈췄다. 그리고 순하디 순한 양처럼 자기 등에서 내린 항우에게 다가가 머리를 흔들며 부복의 자세를 취했다. 항우의 눈빛 속에서 세상을 여는 기개세(氣蓋世)를 보았던 것이다. 이 이야기는 머리부터 꼬리 끝까지 전신이 까만 흑색으로 한 오라기의 잡털도 섞이지 않은 명실공히 검정색 명마인 용마(龍馬)였던 그 유명한 '오추마(烏騅馬)'이다.

항우와 유방은 진(秦)나라 말기에 포악한 진 왕조를 전복하기 위하여 봉기한 무리의 지도자들이다. 그러나 이들은 기원전 206년 진왕조가 망한 다음에는 천하를 장악하기 위하여 서로 치열한 전쟁을 벌였다. 마지막 전투에서 항우는 '해하(垓下)'에서 유방군에게 겹겹이 포위당했다. 포위망을 뚫고 탈출에 성공했으나 오강(烏江)에서 자살한다. 최후의 승자는 유방이 된다.

다음의 『해하가(垓下歌)』는 항우가 포위망을 탈출하기 전날 밤에 애희(愛姬) 우희(虞姬)와 마지막 이별의 술잔을 기울이면서 읊은 시이다. 시의 첫 구는 천하 대장군의 기풍을 표현하고 있다. 육체적 능력은 산을 들어낼 정도로 강하고, 정신적 기개는 세상을 덮을 정도로 걸출했다는 자신에 대한 스스로의 평이다.

(그림 2) 중국화가 고병흠(顧炳鑫)의 패왕별희도(覇王別姬圖)[14]

14) http://blog.daum.net/dream6838/8800(cited 2012. 4.4)

해하가(垓下歌) / 항우

力拔山兮 氣蓋世 / 힘은 산을 뽑아내고 기개는 세상을 덮을 만하지만
時不利兮 騅不逝 / 천시가 불리하니 추조차 나아가질 않네
騅不逝兮 可奈何 / 추가 나가지 않으니 어찌할거나
虞兮虞兮 柰若何 / 우여! 우여! 당신을 어찌할거나

한 시대를 풍미한 그런 영웅이 갑자기 무력한 존재로 추락되어 있는 초라한 자신의 모습을 둘째와 셋째의 구에서 표현하고 있다. 항상 자신의 말을 잘 듣고 달리던 명마 '오추마(烏騅馬)'가 나가려하지 않는 것은 천시(天時)가 이미 자신을 떠났음을 오추마가 암시해 준다. 항우는 하늘이 자신을 선택하지 않고 있다는 미세한 낌새를 알아차린다. 사람들은 물론 하늘마저 자신을 버리고 떠나가는데, 오로지 자신과 오추마만이 천지사이에 외롭게 남아있으니 '어찌해볼 도리가 없구나(無可奈何)'라고 탄식하는 것이다.

이제 미련 없이 모든 걸 버리고 떠나야만 할 때다. 그럼에도 떠날 수 없으니 어찌할거나. 오랜 세월 함께 지내온 사랑하는 아내 우희를 두고 어찌 홀로 떠날 수 있을까? 자신만 떠나버리면 남은 우희의 운명이 너무 비참해 질 것이 아닌가. 항우는 "우희야! 사랑하는 우희야! 어찌해야 하나?" 피를 토하듯 애절한 마음으로 마지막 구를 노래하면서 눈물을 하염없이 흘린다. 그리고 옆에서 우미인마저 흐느끼자 항우는 만감을 가눌 길 없어 위의 시를 지었다. 이 시에 우미인도 『우미인가(虞美人歌)』로 일컫는 절명시 한 수로 답한다.

漢兵北略地 / 한나라 군이 몰려와 에워싸니
四面楚歌聲 / 사방이 초나라 노래뿐이로다
大王意氣盡 / 대왕의 뜻과 기운이 다했거늘
賤妾何聊生 / 천첩은 어찌 살기를 바라리오.

그리고 나서 항우가 잠든 틈에 유서를 남기고 단검으로 우미인은 자결을 한다. 우희가 자결한 후 패전을 거듭하며 쫓겨 다니다가 도저히 벗어날 수가 없다는 판단을 한 항우는 부하 병사에게 다음과 같이 말하였다.

> 내가 군사를 일으킨 지 지금 8년이 되었고, 몸소 70여 차례의 전투를 벌였는데 내가 맞선 적은 격파시키고 내가 공격한 적은 굴복시켜서 일찍이 패배를 몰랐으며, 마침내는 천하의 패권을 차지하게 되었다. 그러나 지금 결국 이곳에서 곤궁한 지경에 이르렀으니 이는 하늘이 나를 망하게 하는 것이지, 결코 내가 싸움을 잘하지 못한 죄가 아니다. 하늘이 나를 망하게 하려 하는데 내가 강을 건너 도망하여 목숨을 부지하면 무엇하리. 한왕(漢王: 유방)이 나의 머리를 천금과 만호(萬户)의 읍(邑)으로 사려고 한다 하니, 내 그대들에게 은혜를 베풀어주리라.

다음날 항우는 800여명의 군사로 포위망을 뚫어 보지만 오강(烏江)에 이르니 겨우 28명의 군사만 남았다. 정장(亭長)[15]이 후일을 도모하라며 강동으로 실어줄 배를 준비하나 낙담한 항우는 이 호의를 거절하고 "하늘이 나를 망하게 했거늘 강을 건넌들 무엇하리. 내가 강동의 자제 8,000명으로 이 강을 건넜는데 지금 나만 살아가서 어떻게 그들의 부모를 볼 수 있겠는가" 하고 그 자리에서 자결하니 그 때가 기원전 202년, 그의 나이 31세 때였다.

그가 죽고 1,000년이 지나 당의 시인 두목(杜牧, 803~852)은 오강의 정자에서 아래의 『제오강정(題烏江亭)』이라는 시를 남겼다. 이 3수의

---

15) 진나라 때 가장 적은 지방 행정 단위로 매 10리마다 정(亭)을 설치하고 그 우두머리 관리를 정장이라고 했다. 매 10정(亭)을 1향(鄉)이라고 하고 그 위에 현(縣), 그리고 군(郡)이 있었다. 한고조 유방은 패현에 속하는 사수정(泗水亭)의 정장이었다.

시가 중국에서 경극(京劇) 〈패왕별희(霸王別姬)〉의 시원이 된다.

勝敗兵家不可期 / 승패는 병가도 그 때를 모르는 것이니
包羞忍恥是男兒 / 수취를 참는 것이 진정한 남아이다.
江東子弟多英俊 / 강동의 자제 중엔 영웅준걸이 많거늘
捲土重來未可知 / 그 어찌 권토중래를 몰랐던고!

고금동서를 불문하고 전쟁터에서의 명마는 필수 도구인데 명장과 명마의 만남을 극적으로 묘사하고 있다. 알렉산더 대왕과 항우의 경우도 예외가 아니다. 그들이 전쟁터를 누비며 가장 아낀 명마의 죽음, 그리고 본인들의 죽음도 거의 비슷한 연령대를 기록하고 있다.

알렉산더 대왕

알렉산더(Alexander Ⅲ of Macedon, Alexander the Great 또는 Alexander of Macedonia, BC.356~BC.323)는 마케도니아의 필리포스 왕과 에피로테의 미르탈레(Myrtale) 사이에서 기원전 356년에 펠라(Pella)에서 태어났다. 알렉산더 대왕(Alexander the Great)은 탄생부터가 신화적이다. 제우스의 아들이라는 추측과 함께, 어린 시절 말이 자신의 그림자를 보고 놀란 것을 알아차리고 말을 해가 바라보는 쪽으로 돌린 후 간단하게 제압한 얘기, 그의 타고난 전략적 감각, 두려움을 모르는 과감성과 자신감, 죽는 그 순간까지 자신의 꿈을 이루기 위해 노력한 그의 모습 등이 다루어지면서 당대는 물론 현재의 역사가들의 말을 빌어 '초인'으로 까지 치켜세우고 있다.

부왕 필리포스 II세가 암살되자 그 뒤를 이어 기원전 336년에 왕위에 올랐으며, 13년 뒤인 323년 33살의 젊은 나이로 사망하였다. 33년

이라는 짧은 생을 살면서 마케도니아 제국의 왕으로 '세상의 끝과 거대한 외해(外海)'까지 가겠다는 꿈을 가지고 동방으로 원정 침략을 하여 인류 역사상 가장 거대했던 〈알렉산드리아 제국〉을 세웠다.

알렉산더는 20세에 그의 아버지의 뒤를 계승하였데, 이미 위대해지도록 운명지어져 있는 인물이었다. 알렉산더가 단지 13년 동안만을 통치했음에도 불구하고, 그의 치세에 그는 이전까지 존재했던 어떤 나라보다 더 큰 제국을 건설할 수 있었다.

알렉산더의 치세와 제국은 단명하였으나, 그의 정복에 따른 문화적 영향은 수백 년간 이어졌다. 알렉산더는 고대사의 인물 중에서도 가장 유명한 인물로, 뛰어난 전술 능력, 정복 활동, 그리스 문화의 동방 확산으로도 두드러진다. 이 원정으로 시리아, 이집트 등과 페르시아까지 정복하고, 정복한 나라마다 〈알렉산드리아〉라는 도시를 70여 곳에 세우는데, 그 중에도 이집트의 〈알렉산드리아〉가 가장 크고 화려했던 도시였다.

알렉산더 대왕은 특별히 정복한 국가와 융합정책을 펼쳐 자국민들을 피정복국가로 이주시켜 그곳 주민들과 결혼시켜 동서의 융합이 이뤄지게 하였다. 그러므로 알렉산더 대왕에게 정복된 후 300년 동안 이집트의 지도층은 정복자와 함께 들어온 그리스인들이었다. 즉 이집트의 클레오파트라 여왕은 프톨레마이오스 12세의 딸인데, 그 프톨레마이오스 왕조의 권력 기반은 그리스계이다. 물론 알렉산더 대왕 자신도 페르시아의 공주인 다리우스 Ⅲ세와 결혼을 한다. 이렇게 고대세계에서 그리스의 영향력이 절정기가 되었고 이 절정의 그리스 문화가 세계로 퍼져나가 피정복지역의 문화와 영향을 주고받으며 헬레니즘 문화를 꽃피우게 되었던 것이다.

그는 성경에 언급되지는 않았지만, 〈다니엘(Daniel)〉서에서는 묵시적으로 즉 서편에서 왔고 두 눈 사이에 현저한 뿔이 달린 '숫염소'로서 묘사되었다. 그 숫염소는 강가에 서 있는 두 뿔 달린 숫양을 대적하여 승리했다. 그리고 그 숫염소가 강대해지면서 큰 뿔이 꺾이고 그 대신에 현저한 네 개의 뿔이 났다(단 8:5-8). 그 예언을 메대(Mede)와 바사(Parsia)의 왕을 숫양으로 초대 헬라 왕을 큰 뿔 달린 염소로 표현했다. 그 초대 왕이 죽은 뒤에 네 명의 왕이 일어났다(단 8:18-22).

이 예언은 역사적으로 놀랍게 성취되었다. 알렉산더 대왕은 기원전 334년에 헬라(Hella)군을 이끌고 헬레스폰트(Hellespont)를 건너 소아시아로 진군했다. 그들이 그라니쿠스(Granicus) 강가에서 바사(Petsia)군과 충돌했으나 승리했다. 군대 이동의 신속성은 놀라울 정도(그 염소는 땅에 닿지 아니하며(단 8:5))였다.

알렉산더는 바사(Persia)군을 다시 만나 앗시리아(Assyria)에서 패배시켰다. 그는 이어서 남쪽으로 방향을 돌려 시리아(Syria) 해안을 따라 이집트로 진군하였으며 특별한 저항없이 함락시켰다. 그는 다시 동쪽으로 방향을 돌려 다리우스(Darius)군과 마지막 일전을 벌였다. 그 결과 그는 티그리스 강의 동부 아르벨라 전투(Battle of Arbela)에서 다리우스를 물리쳤다. 그는 그 즉시로 바벨론을 그 다음은 수사와 바사의 수도 페르세폴리스(Persepolis)를 함락시켰다. 후에 알렉산더는 자신의 군대를 동쪽으로 끌고 가 대전투에서 승리한 인도까지 진군했다. 그러나 여기서 그 군대는 더 전진할 것을 거절했으며 알렉산더는 강제로 페르세폴리스(Persepolis)에 돌아가야만 했다.

그가 기원전 333년에 〈이수스 전투(Battle of Issus)〉[16]에서 다리우스 III세를 격퇴시킨 후 페르시아 제국을 붕괴시켰다. 33살이 될 때까지 알렉산더는 필리포스로부터 상속받았을 당시 제국의 땅의 50배나 넓

---

16) 이수스 전투는 기원전 333년 남부 아나톨리아의 이수스 평원에서 벌어진 전투로 마케도니아 왕국 의 알렉산더 대왕 이 페르시아 제국 으로 침입해 약 4:1의 수적 열세에도 불구하고 아케메네스 왕조 의 다리우스 III세 를 물리친 전투이다.

은 영토와 20배나 많은 사람을 복속시켰다. 이 영토는 그리스, 이집트, 이전 페르시아 제국의 전부와 우리가 오늘날 중동이라고 생각하는 지역 모두를 포함하고 있었다. 그는 북쪽으로는 다뉴브(Danube), 동쪽으로는 인도의 갠지즈(Ganga) 강까지 진군했고, 심지어 나일강의 발원지를 찾기 위해 원정대를 보내기까지 했다.

그는 여전히 좀 더 정복할 계획을 세우는 동안에 열병(말라리아)에 걸렸다. 격렬한 종군과 심해지는 방탕으로 쇠약해졌기 때문에 그 병을 고칠 수 없었다. 알렉산더 대왕의 병세는 날로 심해져 왕실은 깊은 시름에 빠졌다. 그의 병을 고치기 위해 이름난 명의들이 드나들었지만 별 차도는 없었다. 재미있게도 불안해하는 주변 사람들과는 달리 알렉산더 대왕은 오히려 침착했다. 얼굴에는 병색이 짙었지만 타고난 강인한 정신력으로 자신의 주변을 하나하나 정리하면서 죽음을 맞을 준비를 하는 듯 했다. 신하들이 자리에 누워 휴식을 취하라고 권하면 그는 이렇게 대답하곤 했다.

> 내 걱정은 하지 말라. 사람이란 죽으면 잠을 자게 되는 법, 살아 눈 뜨고 있는 이 순간 어찌 잠잘 수 있겠는가. 얼마남지 않은 귀중한 시간을 충실하게 보내고 싶다.

대왕은 병이 점점 더 깊어져서 이제는 자리에 앉아 있을 힘조차 없게 되었다. 왕실에서는 가망이 없다고 판단하여 포기한터라 이제 '그의 유언이 무엇일까' 하는데 관심이 쏠렸다. 하지만 사경을 헤매면서도 대왕은 좀처럼 유언을 하지 않았다. 그러던 어느날 마침내 대왕은 모든 사람을 불러 모았다. 그리고 힘겹게 입을 열어서 이렇게 말했다.

> 내가 죽거든 묻을 때 손을 밖으로 내놓아 남들이 볼 수 있도록 하시오.

초조하게 그의 유언을 기다리던 신하들은 의아해 할 수 밖에 없었다. 부와 권력을 한손에 쥐었던 왕의 유언치고는 너무나 싱거운 부탁이었기 때문이다. 이런 분위기를 눈치 챈 대왕은 이렇게 덧붙였다.

> 나는 단지 세상 사람들에게 천하를 손아귀에 쥐었던 알렉산더 조차도 떠날 때는 빈손으로 간다는 것을 보여 주고자 하는 것뿐이요.

그는 인간사 공수래 공수거 임을 알았던 인간이었다. …… 다음 이 시가 그의 마지막을 장식한 것처럼 처연해진다.

空手來空手去是人生 / 빈손으로 왔다가 빈손으로 가는 인생이여
生從何處來 / 날 때는 어느 곳에서 왔으며,
死向何處去 / 갈 때는 어느 곳으로 가는가.
生也一片浮雲起 / 나는 것은 한조각 구름이 인 듯하고
死也一片浮雲滅 / 죽는 것은 한조각 구름이 스러지는 것
浮雲自體本無實 / 뜬 구름 자체는 본래 자체가 실이 없나니
生死去來亦如然 / 죽고 사는 것도 역시 이와 같도다
獨一物常獨露 / 그러나 여기 한 물건이 항상 홀로 드러나
湛然不隨於生死 / 담연이 생사를 따르지 않네.

그는 기원전 323년 33세를 나이로 사망하였다. 그러자 그의 제국은 세 명의 장군들에게 분할되었다.

어머니로부터 아버지가 꾼 신비한 태몽을 듣고 자란 알렉산더는 자신을 '아몬(Amon) 신의 아들'이라 믿었고, 그것을 아몬 신전에서 확인하고 싶어했다. 그와 동행했던 그리스의 사관 칼리스테네스(Callisthenes)의 기록에 따르면, 나흘째 되던 날 물을 담은 가죽 부대의 상당수가 뜨거운 햇볕에 의해 터져 버렸다. 샘 하나 없는 사막 한가운데서

만난 위기였는데, 갑자기 몰려온 먹구름이 소낙비를 뿌려 병사들은 새 가죽 부대에 물을 담을 수 있었다. 또 무서운 모래 바람이 불어와 길을 잃었으나 갑자기 나타난 까마귀 두 마리가 길 안내를 했다고 한다. 알렉산더 군대는 이같이 하늘의 도움으로 마르사 마트르(Marsa Matruh)를 떠난 지 8일 만에 시와 오아시스(Siwa Oasis; 이집트에 속한 리비아 사막)에 도착할 수 있었다.

도착하자마자 알렉산더는 예언자를 만나기 위해 홀로 〈아몬 신전〉 안으로 들어갔고, 한참 후에 나와서 '무엇을 들었느냐'는 부하 장수들의 호기심 어린 질문에 소이부답(笑而不答)이었다고 한다. 어머니 올림피아스에게 보내는 편지에 나중에 예언자로부터 들은 얘기를 전하겠다고 했으나, 알렉산더는 어머니를 만나지 못한 채 8년 후인 기원전 323년 바빌론에서 열병으로 사망하고 만다.

그러나 『플루타르코스 영웅전(Bioi Paralleloi)』에 보면 〈아몬 신전〉의 예언자는 알렉산더에게 "당신의 아버지 〈아몬 신〉은 죽지 않는 불멸의 존재이고, 필리포스 왕의 암살자들은 모두 처벌받았으며, 알렉산더는 세계를 정복할 수 있다"라고 예언했다고 한다. 이에 알렉산더는 신에게 제물을 바치고 사제들에게 많은 선물을 주었는데, 그는 훗날 바빌론 근교에서 숨을 거두며 오아시스에 매장해 달라는 유언을 남겼다.

하지만 알렉산더의 시신을 모심으로써 자신의 정통성을 확보하려고 했던 어느 왕이 장례 행렬을 자신이 지배했던 〈알렉산드리아〉로 돌렸다고 한다. 현재까지 그의 시신은 발견되지 않았고 몇 년 전에 이집트 고고학자가 시와 오아시스에서 알렉산더의 시신을 발견했다고 발표했으나, 신뢰성에 의심을 받아 크게 주목받지는 못하고 있다.

알렉산더 대왕은 정복한 지역마다 도시를 건설하고 자신의 이름을 따서 〈알렉산드리아(알렉산더의 도시)〉라고 이름 붙였다. 그 대부분은 '병참 기지'의 의미를 지니고 있었으며, 이 도시들이 그리스 문화를 오리엔트에 전파하는 거점이 되었다. 알렉산드리아로 이름 붙여진 도시는 세계적으로 70여 개라고 하는데, 그 가운데 가장 유명한 것이 이집트의 나일강 지류에 세워진 곳이다. 상기에서 설명한 어느 누구도 이처럼 위대한 업적을 남길 수 없었기에 그를 '대왕'이라고 부르고 있다.

혹자는 알렉산더를 젊고 방탕한 야만족의 정복왕으로 묘사한다. 혹자는 잘 교육 받은 우아한 전제군주로 묘사하기도 하고, 어떤 이는 광기에 사로잡힌 독재자의 모습을 그리기도 하며, 비운의 제왕으로 묘사하는 사람도 있다.

기원전 323년 그의 나이 33세로 죽으면서, 그는 세상에 존재했던 가장 위대한 장군이자 제국 건설가로 평가받았다. 심지어 거의 2,500여년이 지난 오늘날에도 그는 이러한 그의 업적에 필적할 만한 사람은 대여섯에 지나지 않는다.

(그림 3) Alexander 흉상

가정교사 아리스토텔레스와 알렉산더

필리포스는 제멋대로인 아들 알렉산더의 교육으로 또 다른 교전을 치르고 있었다. 알렉산더가 13세 때 부친 필리포스는 그에게 가정교사를 두려고 하였다. 그때 가정교사의 조건으로서 왕은 네 가지의 자격을 작정하고 있었다. 이른바 그 인물은 1) 실제적이며 상식을 가질 것, 2) 속세의 어떤 불쾌나 쾌락에 대해서 반감을 갖지 말 것, 3) 아테네·그리스인으로서의 교양과 지성을 가질 것, 4) 그와 함께 마케도니아인의 걸출한 성격을 이해해 줄 인물일 것 등을 조건으로 내세웠다.

이에 안성맞춤의 인물이 바로 아리스토텔레스(Aristoteles, BC.384~BC.322)였다. 그는 그리스 식민도시 스타기라(Stagira)에서 태어나 아테네에서 플라톤이 학장으로 있는 철학 학교에 입학, 플라톤으로부터 학교의 '영지(英知)'라는 찬사와 명예를 받았던 사람이다. 필리포스는 아리스토텔레스에게 당시 13세였던 알렉산더의 가정교사가 되어 달라고 편지로 정중히 요청하였다.

아리스토텔레스는 플라톤의 〈아카데미아(Academia)〉에서 약 20년간 공부하고 스승이 세상을 떠난 후에는 그도 학원을 떠나서 여러 나라를 여행하다가 필리포스를 만나 알렉산더의 스승이 된 것은 그의 나이 41세, 알렉산더의 나이 13세 때였다.

아리스토텔레스가 알렉산더 왕자를 처음 맡아 가르침을 시작했을 때 왕자는 공부보다 술 마시기나 말 타기 등을 더 좋아했다. 또 성질도 난폭하여 다루기가 쉽지 않았다. 그래서 아리스토텔레스는 가정교사 일을 포기 하려고 했다. 그러나 필리포스 왕이 그를 극진히 대우하고 고향인 스타기라의 재건 사업을 시행하도록 하여 마음을 돌렸다.

그는 정성을 다해 왕자를 가르쳤다. 왕자도 점점 스승의 정성에 감동해 착실한 학생이 되었다. 아리스토텔레스는 마케도니아에서 3년 동안 가정교사직을 유지하였다. 그가 가르쳤던 그 아이가 훗날 마케도니아, 그리스, 페르시아, 이집트, 북인도에 걸쳐 대제국을 세운 알렉산더 대왕이다.

그는 왕자에게 정치학, 수학, 생물학, 물리학 등을 가르쳤으며 왕자를 위해 『일리아스(*Ilias*)』 원문을 읽기 쉽도록 다시 정리해 주었다. 그래서 알렉산더는 왕이 된 후에도 그가 준 『일리아스(*Ilias*)』 책을 항상 머리맡에 두고 읽었다. 이 미래의 왕은 아리스토텔레스의 〈정치학〉을 높이 평가했다. 그 작품에서 그는 민주주의 덕목을 칭찬하는 한편, 덕(arete)의 필요를 내세워 군주제를 정당화 했다. "왕이나 그의 가족의 덕이 매우 뛰어나다면 시민들의 덕을 모두 합친 것을 능가할 수 있다." 알렉산더는 선생의 영향으로 일생 동안 학문에 대한 사랑을 잃지 않았다고 한다.

알렉산더는 아리스토텔레스가 원했던 그런 학생은 아니었지만, 스승의 학술 연구에는 대폭적으로 지원을 해주었다. 알렉산더는 자신의 동방 원정에 군인뿐만 아니라 예술가, 시인, 철학자, 역사가, 측량기사, 기술자, 지리학자, 수로학자, 지질학자, 식물학자들도 원정에 동행하도록 하였다. 알렉산더는 자신과 함께 동방원정에 참여한 문인들과 학자들이 수집한 각국의 문헌과 자료들은 스승인 아리스토텔레스에게 수시로 보냈다. 덕분에 아리스토텔레스는 그 당시 모든 문헌과 자료의 최종 집결지가 될 수 있었던 것이다. 이러한 자료가 기반이 되어 아마도 아리스토텔레스 개인 도서관이 형성된 것으로 볼 수 있다.

아리스토텔레스의 학문은, 인간과 자연의 모든 것에 대한 관찰, 논증, 경험을 중요시하였으며, 방대한 자료를 수집하여 조직적으로 연구를 했다. 이러한 아리스토텔레스의 학풍은 어린 왕자에게 중용(中庸)의 도를 가르치게 되었고, 이 후 이것이 그에게 많은 영향을 주어 어머니의 격정적인 성격을 물려받았음에도 젊은 나이에 비해서는 놀란 만한 자제력을 가지고 폭음하거나 육욕에 사로잡히지 않은 것은 소년시대에 이런 교육 때문이었다.

그러나 그가 아리스토텔레스로부터 많은 영향을 받았지만 무조건 맹신하지는 않았다는 것이다. 그것은 아리스토텔레스가 그리스 민족 중심적인 사고를 가지고 있어서, 그리스인을 노예 노동에 종사시켜서 그 활동력을 손상시키는 일은 잘못으로 생각하였고, 노예는 이방인 즉 아시아인이 알맞다고 보았다. 그러나 그는 인류는 평등하다고 보았다.

사실 그리스 고전 철학(다시 말해 소크라테스, 플라톤, 아리스토텔레스의 철학)이 알렉산더 대왕이 세운 헬레니즘 제국 안에 퍼질 수 있었던 것도 아리스토텔레스가 알렉산더 대왕과 맺고 있던 인연 때문이었다.

50세가 넘어 아리스토텔레스는 아테네에 돌아와, 스승이 세운 〈아카데미아(Academeia)〉와 견줄만한 학당을 세운다. 그것이 바로 〈리케이온(Lykeion)〉이다. 그는 〈리케이온〉에 지붕 덮인 산책로를 거닐면서 학생들을 가르쳤다. 그리스어로 이런 산책로를 '페리파토스(peripatos)'라고 하는데, 이 말에 따서 아리스토텔레스의 제자들은 '페러퍼테틱(peripatetic)'이라고 한다. 우리말로는 '소요학파(逍遙學派)'라고 한다. 후에 다시 논의될 것이다.

알렉산더와 아리스토텔레스의 이러한 관계는 알렉산더의 후계자와 아리스토텔레스의 제자 사이에도 이어진다. 알렉산더가 죽은 후, 그의 제국은 장군들에 마케도니아(카산드로스 왕국), 트라키아(리시마코스 왕국), 소아시아(안티고노스 왕국), 이집트(프톨레마이오스 왕국), 시리아(셀레우코스 왕국)로 분할되었다. 알렉산더 대왕의 부하들의 그의 제국을 나누어 통치한다고 해도 달라질 것은 별로 없었다. 마케도니아, 시리아, 이집트의 왕이 되어버린 그들은 통치에 필요한 지식들을 관리해주고 자신의 후계자를 지도해 줄 학자들을 필요로 했다. 물론 그들이 이러한 목적을 위해 초청했던 것은 바로 아리스토텔레스의 제자, 소요학파였다. 결국 아리스토텔레스의 제자들은 마케도니아, 시리아, 이집트의 학교와 도서관에서 활동하며 헬레니즘 문화를 유지하고 지탱하는 역할을 한다.

알렉산드리아 신도시 건설

알렉산드리아는 기원전 332년(혹은 331년)에 알렉산더 대왕이 세운 희랍의 도시이다. 나일강 하구에서 서쪽으로 32㎞ 지점의 지중해안에 왕의 이름을 따서 붙여진 해변 도시의 명칭이다. 여기에는 당시 700만 권의 파피루스 도서를 가진 도서관이 있었고 학문과 문화의 중심지였다.

'지중해의 진주'라 불리는 〈알렉산드리아(Alexandria)〉는 따뜻한 기후와 밝은 햇살의 혜택을 입고 있는 도시로 기후는 전형적인 지중해성 기후에 속하나 겨울에는 가끔 거센 폭풍이 몰아치기도 한다. 이 도시는 근교의 농업 배후지와 함께 하나의 주(州)를 이루고 있다. 시끄럽고 복잡한 카이로와는 달리 알렉산드리아의 분위기는 차분하고 조용한 가운데 여유있는 분위기여서 카이로와는 모든 면에서 대조적이다.

이 도시는 그리스 건축가 디노크레테스(Dinocrates, BC. 330~BC. 321)[17)]가 라코티스(Rhakotis)의 오랜 된 마을을 중심으로 새롭게 건축한 곳이다. 알렉산더 대왕의 이름을 딴 도시로, 클레오파트라 여왕의 영원한 고향이자, 알렉산더 대왕이 죽은 후에 돌아올 도시였다. 알렉

17) 디노크라테스(Dinocrates)라고도 한다. 로도스 섬 또는 마케도니아에서 태어났다고 전한다. 알렉산더 대왕의 궁정건축가로서 활약하였고, 이집트의 해항도시 알렉산드리아의 도시계획을 담당, 시벽(市壁) · 가로 · 건조물 · 운하 등을 포함한 대규모의 구상을 나타내는 기술(記述)이 남아 있다. 또 에페소스의 아르테미스 제2신전도 그의 작품이다. 이 밖에 그의 설계로 여겨지는 것이 다수 기술되어 있으나 유적은 남아 있지 않다. 아토스산(山)을 토대로 하여 알렉산더 대왕의 거대한 흉상(胸像)을 만들려는 환상적인 계획을 세웠다고 전해진다.

산더 대왕의 불멸의 이름을 딴 이 도시는 문화적, 경제적, 정치적인 중심지로 급격히 번창하였다. 기원전 332에서 기원전 30년까지 그리스 이집트 왕조인 '프톨레미'의 수도로 300년간 지속하면서 세계 학문, 문화, 상업의 중심도시가 되었다.

기원전 30년 클레오파트라와 안토니오 이집트 군대와 옥타비아누스 로마 군대가 지중해 '악티움(Actium)' 전쟁에서 이집트 군대가 지고, 안토니오와 클레오파트라가 죽고 이집트 전통 왕조가 무너지면서 로마의 속국으로 들어가게 된다. 프톨레마이오스 왕조 당시 세계 최초이자 세계 최대의 알렉산드리아 파로스 등대, 고대 박물관, 세계 최대 도서관, 학술원 〈무세이온〉 등이 설립되었다. 이러한 문물의 혜택으로 그리스 철학의 중심 도시가 된 것이다.

이집트 최초로 기독교의 복음이 마가에 의해 전해지면서, 알렉산드리아 성경 문답 학교가 설립되었고, 이집트 기독교 신학이 정리되었고, 성 마가 대성당이 세워졌다. 세계의 중심이 로마로 옮겨감에 따라 알렉산드리아는 사람의 이목에서 벗어나게 된다. 641년 이집트는 아랍 지배를 받고, 카이로가 수도로 정해지면서 알렉산드리아는 잊혀진 도시가 되어버렸다.

알렉산더 대왕 자신은 동방원정을 떠나야 했기 때문에 이 도시의 완성을 보지는 못하고 결국 죽었지만, 부하인 클레오메네스(Cleomenes, BC.263~BC.219)가 도시건설을 계속하였다. 나일강 하구에 자신의 이름을 딴 알렉산드리아 시를 건설하고 1,000㎞가 넘는 사막을 거쳐 아몬 신전(Temple of Amon)[18]에 참배하였다. 여기서 '신(神)의 아들'이라는 신탁을 받았는데, 이후로 그는 '만인동포관(萬人同胞觀)'을 지니게

18) 기원전 2133년부터 테베가 왕국의 수도가 되었고, 도시의 최고신인 아몬을 경배하는 뜻에서 노웨 또는 누웨('아몬'의 도시)라고 부르게 되었다. 테베의 부강에 따라 아문신의 권위도 확장되어 태양신 라와 결합하여 아몬-라 신으로 승격되었다.

되었다. 역대 이집트의 파라오들이 얻고자 했던 '아몬 신의 아들' 칭호를 얻은 알렉산더 대왕은 이를 계기로 이집트 역사의 일부가 됐다. 즉 아몬(Amon) 신의 제사장으로부터 신의 아들로 인정받고 파라오(Pharaoh)가 된 것이다.

프톨레마이오스 왕조(Ptolemaeos dynasty)[19]는 알렉산더 대왕의 부하 장군이었던 프톨레마이오스가 기원전 323년 알렉산더가 죽은 후 이집트의 총독으로 임명되었으나, 기원전 305년에 이르러 스스로 프톨레마이오스 I세 소테르(Soter, BC.305~BC.285)로 칭하고 이집트의 왕이 되면서 세워졌다.

그는 알렉산더의 신임을 가장 많이 받던 장군이었다. 알렉산더가 그의 후계자를 남기지 못하고 기원전 323년에 바빌론에서 사망하자, 그의 제국은 세 장군에 의하여 분할 통치되었다. 프톨레마이오스는 애굽을, 리시마쿠스(Lysimachus)는 시리아를, 셀류쿠스 니카터(Seleucus Nicator)는 바벨론의 속주들을 할당받았다. 대다수의 성서학자들은 이러한 사건이 다니엘서 11:4의 예언을 성취한 것으로 간주한다.

이에 이집트인들은 즉시 프톨레마이오스를 독립 이집트 왕국의 '파라오(Pharaoh)'[20]로 인정하였고, 그의 후손들은 기원전 30년 로마 공화

---

19) 기원전 305년부터 기원전 30년까지 고대 이집트를 다스린 왕조이다

20) '파라오(Pharaoh)'는 고대 이집트 왕의 호칭이다. 파라오(Pharaoh)의 어원은 '페르-오'로 이는 본래 '성스러운 권좌'를 의미하는 것이었으나 시간이 지나면서 '페르-오' 자체가 통치자를 의미하는 말로 변화했다. 파라오는 고대 이집트의 정치적 · 종교적 최고 통치자로서 '두 땅의 주인(Lord of the Two Lands)'이라는 칭호와 '모든 사원의 수장(High Priest of Every Temple)'이라는 칭호를 겸하고 있었다. 이 때 '두 땅의 주인'이란 파라오가 상 이집트와 하 이집트 전체의 통치자라는 의미로, 파라오는 두 지역의 모든 토지에 대한 소유권, 법률집행권, 조세의 권리와 함께 두 지역을 외부의 침입으로부터 보호할 의무를 지니고 있었다. 한편 '모든 신전의 수장'은 파라오가 지상에서 신을 대신한다는 의미로, 파라오는 제사의식을 주관하고 신전을 건설했다.) 페르디카스 I세(Perdiccas I, 재위 : 기원전 700년~678년)는 고대 마케도니아(Macedonia, 그리스어: Μακεδονία)의 왕이었다. 헤로도토스(Herodotus)는 마케도니아 최초의 왕이라고 하였다.

정에 의해 멸망할 때까지 약 300년을 이집트의 통치자로 군림하였다. 그중 남자 통치자들은 모두 '프톨레마이오스'로 칭했고, 여자 통치자들은 클레오파트라(Cleopatra), 아르시노에(Arsinoe), 베레니케(Berenice) 등으로 불렀다.

마케도니아 귀족의 혈통을 이어받은 디아도코이(Diadochoi)의 한 사람인 프톨레마이오스 I세 소테르는 이집트를 중심으로 왕조를 창건하였는데, 이 왕조를 그의 이름에 따라 '프톨레마이오스 왕조'(Ptolemaeos dynasty, BC.305~BC.30)라고 한다. 프톨레마이오스 I세에 이어 프톨레마이오스 II세 필라델포스(Philadelphos, BC.283~BC.246)는 그리스 용병을 대거 유입하여 지배력을 강화하고 요직에는 그리스인을 기용하였으며, 경제활동에도 이들이 주축을 이루게 하여 강력한 중앙집권의 전제국가를 이룩하였다.

소테르가 이집트의 프톨레마이오스 왕조를 창건하고 신도시 알렉산드리아를 수도로 삼았다. 이후 알렉산드리아는 헬레니즘 세계 최대의 도시로 성장했고 경제적, 문화적 중심지가 되었다. 그 이후로는 프톨레마이오스 시대 내내 수도의 위상을 유지하였다.

소테르는 알렉산더가 사망하자 시신을 이집트로 빼돌려 황금관에 넣어 알렉산드리아 시에 안치했는데, 이것은 고도의 전략적 차원에서 이루어진 것으로 차후 여러 도시에서 알렉산더 왕은 신과 같은 예우를 받게 하였다. 소테르는 알렉산더 대왕의 어릴 때 친구로서 알렉산드리아를 중심으로 그리스와 같은 위대한 나라를 건설하기 위해 노력하였다. 또한 그는 알렉산더 왕이 세운 동서 융합정책 정신을 따랐으며 이러한 노력으로 이집트 문화와 그리스 문화사이의 결합이 더욱 강화된 것이다. 이렇게 해서 프톨레마이오스 왕조는 I세가 왕조를 개창한 기원전 305년부터 마지막 왕조인 클레오파트라(Cleopatra)까지 약 300년간 지속되었다.

전술한 바처럼 그는 왕권을 강화하기 위해 알렉산더 시신을 알렉산드리아로 운반했다. 그리고 그에 대한 경의로 웅장한 묘를 조성하였다. 알렉산더의 후계자가 되려고 하는 사람들간의 다툼 속에서 프톨레마이오스 I세는 대단히 신중한 행동과 외교적 통찰력을 보여주었다. 그는 키레네(Cyrene), 코스(Cos)와 사이프러스(Cyprus)를 포함한 전략적 중요성을 가진 많은 작은 지방을 얻음으로서 그 자신의 왕국을 강하게 건설하였다. 그리고 그는 그의 경쟁자들, 각각 알렉산더 제국의 모든 것에 대한 유일한 계승자로서 분명해지기를 원했던, 명백하게 말하자면, 페르디카스(Perdiccas, BC.700~678)[21]와 안티고노스(Antigonus)[22]와의 싸움을 피했다.

이 현명한 사람, 장군이고, 외교관이자 중재자였던 프톨레마이오스 II세 필라델포스는 그리스 세계의 문화적 중심지로서의 알렉산드리아 설립을 그의 목표로 설정하였고, 그곳에 주거하는 아리스토텔레스의 제자들 중 적어도 한 명을 포섭하는 게 필요하다고 결정했다. 그러나 테오프라스투스(Theophrastus, BC.372~BC.288)는 아테네를 떠나기를 거부했고, 반면, 소요학파의 수장으로 테오프라스투스로부터 이어 받기

---

21) 알렉산더 대왕의 부장(部將) 가운데 한 사람. 마케도니아 귀족으로서 외눈(모노프탈모스)이라는 별명을 가지고 있었다. 동방원정에 출정하여 BC 333년 점령지 프리지아의 총독으로 임명된 뒤 아시아에 머물렀다. 디아도코이전쟁에서는 제국유령(帝國遺領)의 재통일을 원했기 때문에, 분리파의 여러 장수인 카산드로스 · 리시마코스 · 셀레우코스 · 프톨레마이오스의 공동반격을 받았다. BC 307년 아들 데메트리우스 I세가 아테네를 해방시켰다. 한편 자기 자신도 BC 306년 키프로스 섬 살라미스 연안바다에서 프톨레마이오스를 격퇴시킨 것을 계기로 대항자들보다 앞서 같은 해 아들과 함께 마케도니아 왕이라고 자칭했으나 입소스싸움에서 패사하였다. 오론테스 강에 자신의 이름을 붙인 안티고네이아라는 도시를 건설하였다.

22) 아리스테아 서간(The Letter of Aristeas): 이 편지는 70인 역이라고 불리는 구약성서 그리스어 역의 기원에 관한 전설을 엮은 것으로, 기원전 145-100년경에 씌어진 이 편지의 목적은 유다인의 율법이 그리스인의 지혜보다 우월하다는 것을 보여주는 데 있다.

위해 되돌아가기 전까지, 스트라토(Strato of Lampsacus)는 이집트에 아주 단기간동안 머물렀다.

아주 우연한 행운으로 아리스토텔레스의 제자 데메트리우스(Demetrius of Phalerum, BC.350~BC.280)가 아테네로부터 도망쳤을 때, 그는 결국 알렉산드리아로 망명을 요구했고, 정치적 피난처로서 거기에 살기 위해 정착했다. 또한 그는 비록 이 관점이 믿을만한 증거로서 확증되지는 않았지만, 실제로 〈도서관 · 박물관〉 설립을 착상하고, 대체로 〈알렉산드리아 도서관〉의 핵심을 형성한 책 수집에 대해 책임이 있는 사람으로서 널리 존중되어진다.

『아리스테아스의 서한(*The Letter of Aristeas*)』[23]에 의하면 프톨레마이오스에 대하여 다음과 같이 기록하고 있다. '그는 그의 호운과 용맹을 사용하여 코엘레-수리아(Coele-Syria; 레바논과 레바논 반대쪽 산지 사이를 가르키는 헬라 명)와 페니키아 전역을 장악하였고, 모든 인민들을 무력으로 굴복케 하여 어떤 이들은 그곳으로 이주시키고 또 어떤 이들은 포로로 잡아갔다. 바로 이 때 그는 십만 명에 달하는 사람들을 유대인의 지대에서 애굽으로 데려갔다. 그는 이들 가운데서 약 3,000명의 남자들을 무장시켜 그 나라에 파견한 주둔군에 배속시켰다'.

프톨레마이오스 왕조의 초기는 개인적인 생활은 매우 부도덕하였으나, 애굽과 속국들에 대하여서는 절대적이고 무제한적인 권력을 행사하여 그의 제국을 견고하게 하였다. 특히 유대인에게 종교의 자유를 허락하였고 대제사장은 파사(Persian) 통치하에 행사하였던 바와 같이 지역사회의 일들을 관장하도록 허락 받고 있었다. 프톨레마이오스 왕조는 애굽의 본토인 보다 그리스인들을 우등한 민족으로 대우하여

---

23) Konstantinos Sp. Staikos. *The Great Libraries; From Antiquity to the Renaissance (3000 BC. to AD. 1600)*. New Castle, Oak Knoll Press & The British Library, 2000. p.64.

그들에게 많은 호의를 베풀었다. 이것은 물론 헬라화 정책의 일환이기도 하다.

이때에 프톨레마이오스는 알렉산드리아를 수도로 정하였고, 학문의 도시, 상업의 중심지로 발전시켰다. 그리하여 많은 학자들의 정착지가 되었으며, 종국에는 학문의 중심지가 되었다. 한 때 알렉산드리아의 박물관에 모여든 학생의 수는 14,000명에 달했다고 한다. 동물학, 식물학, 생체 해부학, 천문학 등 각가지 연구가 〈알렉산드리아 도서관〉을 중심으로 하여 많은 학자들에 의해서 연구되기도 하였다. 그는 또한 유명한 세라피스(Sarapis)[24] 제단을 구축하였다. 프톨레마이오스 II세 필라델포스는 프톨레마이오스 왕조 중에서는 최대의 왕으로 섬겨지고 있다.

알렉산드리아는 세계 7대 불가사의 중의 하나인 〈알렉산드리아의 등대(Pharos of Alexandria)〉가 있었고, 고대 세계에서 가장 큰 도서관인 〈알렉산드리아 대 도서관〉이 있었던 것으로 유명하다. 또한 이에 걸맞는 대학자인 유클리드(Euclid)도 이 도시 출신이다.

알렉산드리아는 초기 기독교의 역사에서도 가장 중요한 위치를 차지했다. 가장 크고 번성한 교구가 바로 알렉산드리아 교구였고, 기독교 교리와 신학의 연구가 가장 활발한 곳이었다. 유명한 아리우스(Arius, 250 또는 260~336)와 그의 반대자 아타나시우스(Athanasius of Alexandria, 296~373)가 이 도시에서 활동했다.

〈알렉산드리아〉는 또한 유대인의 중심지이기도 하였다. 유대인들은 그리스인들과 함께 〈알렉산드리아〉의 중요한 주민으로 유력한 공동체를 이루고 있었으며 구약성경을 코이네 헬라어로 번역한 '셉츄아진트(Septuagint)'[25]도 바로 알렉산드리아에서 나왔다. 당시 도시 내의

---

24) 구원의 신인 동시에 신탁을 통해 인간들의 미래를 예언해주는 신이다.

25) 셉츄아진트는 보통 '70인역'이라고 불리는데 로마숫자 LXX로 기호화한다. 70

70인의 장로가 모여서 번역을 했기 때문에 '70인 역'으로도 불리워진다. 유대인들의 환심을 사기 위해 이 번역을 위한 자금을 프톨레마이오스 왕조가 지원을 해주었다고 한다.

로마 제국의 이른바 3세기의 위기 이후 알렉산드리아는 무역과 경제가 차츰 쇠퇴해 갔고 이집트의 중심은 점차 나일강 유역으로 옮겨갔다. 4세기에 이르러 이단 박해의 광풍이 로마제국을 휘몰아치자 〈알렉산드리아〉의 쇠퇴는 더욱 가속화 되었다. 〈알렉산드리아 도서관(Bibliotheca Alexandrina)〉이 파괴된 것도 이 때이다. 이후 반달족(Vandals)[26]의 아프리카 지배, 616년 페르시아 제국의 침입으로 알렉산드리아는 더욱더 쇠퇴하였고 641년 아랍의 공격에 14달 동안 버텼으나 결국 함락되어 이후에는 아랍의 영향 아래 들어갔다.

〈알렉산드리아〉는 그리스계의 자유도시로 존재했었으나 기원전 80년 프톨레마이오스 X세 때 로마 공화정의 영향아래 들어갔다. 카이사르(Julius Caesar, BC.100~BC.44)는 이집트 내전에 개입하였고 클레오파트라(Cleopatra) Ⅶ세가 옥타비아누스(Octavianus)에게 반기를 든 이후 프톨레마이오스 왕조가 멸망하고 아우구스투스(Augustus, BC.

인 역은 정확하게는 72인 역이다. 이집트의 왕 프톨레미 II세(Ptolemy II, BC 285~246)는 유대인 12지파에서 각각 6명씩을 선발하여 그 72인을 알렉산드리아의 도서관 독방에 각기 따로따로 가두어놓고 72일 동안 히브리 성서를 희랍어로 번역하게 했다는 것이다. 72일이 지난 후에 72인의 번역을 맞추어보니 모두 일치했다는 것이다. 이 거짓말 같은 설화는 BC. 2세기경에 쓰여진 『아리스테아스書』(Letter of Aristeas)에 쓰여져 있지만, 결코 신빙성이 없는 거짓말은 아닌 것으로 학자들은 추론하고 있다. 그만큼 엄밀한 문헌학적 고증과 다수 학자들의 철저한 대조를 거쳐 성립한 공동 번역이었음을 방증하는 이야기일 것이다. 엄밀하게 고증을 해보면 셉츄아진트도 일시에 한꺼번에 성립한 것은 아니다. 모세5경에 해당되는 부분이 제일 먼저 성립했고, 그 후로도 그 모세5경을 포함한 셉츄아진트의 전 체계는 BC. 3세기로부터 시작하여 AD. 1세기에 이르기까지 몇 차례의 개정을 거친 것으로 보인다.

26) 고의적이거나 무지에 의해 예술품이나 공공시설을 훼손하거나 약탈하는 행위를 반달리즘(vandalism)이라고 한다. 5세기 중엽 로마를 점령한 반달족(Vandals)이 로마 제국의 건물과 기념비들을 파괴한데서 유래된 말이다.

63~AD.14) 때부터는 로마 제국의 직접지배를 받았다.

그러나 〈알렉산드리아〉제국에서 진정으로 중요하게 받아들여야 할 점은, 최초로 다른 문화권 사이의 '자유로운 사상교환이 가능했다.'라는 점이다. 전쟁에서 승리한 대부분의 지도자와는 달리, 알렉산더는 정복민의 사상에 대해 수용적인 태도를 취했을 뿐만 아니라, 페르시아 정치 구조로부터 배운 생각들을 그의 제국에 도입했다. 그리스의 미술은 인도의 미술에 영향을 주었다. 33살의 이른 나이로 병들어 죽기 전에, 알렉산더는 이집트에 〈알렉산드리아〉란 도시도 세웠는데, 여기에 있는 거대한 도서관은 천년동안 존재했으며, 〈알렉산드리아〉는 세계 학문의 중심지로 발전해갔다.

그리스의 역사가 디오도로스(Diodōrus of Sicily)[27]는 기원전 60년경 당시 지중해권 최대 도시였던 〈알렉산드리아〉를 방문한 뒤 이렇게 기술하였다. "아름다움과 규모, 부유함과 편리함, 그리고 화려함에서 〈알렉산드리아〉와 견줄만한 도시는 없다."[28] 그러나 전쟁과 종교적 편견으로 이 아름다움 도시는 폐허로 되어버렸다.

프톨레마이오스 왕조는 이처럼 내분 · 내란, 외정(外征)의 실패 등에 따라 점차로 쇠퇴하였으며, 특히 기원전 2세기 초 로마와 접촉하고부터 차차 로마의 동방진출의 제물이 되어 결국 기원전 30년 클레오파트라 Ⅶ세와 프톨레마이오스 XV세 케사리온(Caesarion, 클레오파트라와 카이사르의 아들)의 죽음으로써 왕국은 멸망하였다. 이처럼 헬레니즘 시대에 이집트를 지배한 마케도니아인의 왕조는 기원전 332~기원전 30년까지 알렉산더 대왕의 부장 프톨레마이오스 I세로부터 클레오파트라

27) BC 4세기경의 메가라학파 철학자. 이탈리아 출생. 키레네의 아폴로니오스의 제자로 아폴로니오스, 에우불리데스와 함께 메가라학파에서의 형식논리학 분야의 대표적 존재이다.

28) Diodor 17. 52.5.

와 그 아들 케사리온에 이르는 15대 약 300년간에 걸친 시기이다.

디아도코이 전쟁

알렉산더의 죽음은 그의 단명한 제국 영토를 분할하는 투쟁개시의 신호였다. 디아도코이(diadochoi)는 원래 '계승자' 또는 '후계자(Successors)'를 의미하는 그리스어이지만, 흔히 알렉산더 대왕의 사후 그의 제국의 계승자들을 가리킨다. 역사에서 디아도코이라고 하면 대개 알렉산더 Ⅲ세의 사후 헬레니즘 제국의 분열 과정에서 서로 투쟁했던 마케도니아 장군들을 가리킨다. 이들의 경쟁 시기가 그리스 외의 민족과 나라들에게 헬레니즘이 전파되는 시기이다. 다른 말로 에피고노이(Epigonoi)[29](그리스어: Επίγονοι, '후손들'이란 뜻)이라고도 한다.

기원전 323년 알렉산더 대왕이 갑자기 사망한 뒤 제각기 대왕의 후계자라고 자칭하며 그가 남긴 영토를 차지하려고 한 마케도니아의 장군들의 일파를 가리킨다. 이들의 항쟁을 '디아도코이 전쟁(War of the Diadochi, BC.323~BC.280)'이라고 부른다. 항쟁은 우선 중심 세력이었던 페르디카스(Perdiccas) 및 에우메네스(Eumenes), 섭정 안티파트로스(Antipatros, BC.397~BC.319)와 안티고노스(Antigonos) Ⅰ세[30] 사이에 되풀

---

29) 원래 '자손' '나중에 태어난 자'라는 뜻이다. 에피고노이(epigonoi)는 그 복수형이며 고유명사로 테베를 공격하다 전사한 그리스 7용사의 아들들을 가리킨다. 또한 알렉산더 대왕의 후계자도 같은 이름으로 불렀으나 훗날 그 뜻이 변하여 문학 · 예술 등에서 뛰어난 선구자의 모방을 일삼는 아류(亞流)작가를 가리키게 되었다.

30) 안티고노스 Ⅰ세 모노프탈모스 (그리스어: Αντίγονος ο Μονόφθαλμος, 기원전 382년 - 기원전 301년)는 알렉산더 대왕의 부하 장군이자 디아도코이였다. 알렉산더 대왕의 사후 이른바 디아도코이 전쟁 에서 중요한 인물로 기원전 306년 스스로 왕위를 자처하여 안티고노스 왕조를 세웠다. 별칭인 모노프탈모스(Μονόφθαλμος)는 애꾸눈이란 뜻이다.

이 되었으나 이 단계에서는 영토의 일체성을 보전하려고 하는 이념(통일파)이 강했다. 알렉산더 대왕 후계전쟁은 40년간 지속되었다.

기원전 323년, 아케메네스 왕조(Achaemenid dynasty) 페르시아의 영토 상당 부분을 정복한 대왕 알렉산더 Ⅲ세는 바빌론에서 갑작스러운 죽음을 맞는다. 그의 아들은 아직 엄마인 록사나(Roxane)[31]의 뱃속에 있었고, 대왕은 후계자를 지명하지 못하고 죽었다. 대왕의 병세가 위중하다는 말을 듣고 급히 달려온 마케도니아 장군들은 명확한 후계자가 없다는 사실을 알게 되자 곧바로 딴 생각들을 품기 시작한다. 당시 대왕의 임종을 지켜본 장군들 중 중요한 인물들을 꼽아보면 아래와 같다.

- 페르디카스(Perdiccas, BC. 365~BC. 321): 최선임 기병대장
- 멜레아그로스(Meleager): 팔랑크스 지휘관
- 프톨레마이오스(Ptolemy): 팔랑크스 지휘관, 소테르(Soter, '구원자')
- 레오나토스(Leonnatus): 팔랑크스 지휘관
- 뤼시마코스(Lysimachus): 팔랑크스 지휘관
- 셀레우코스(Seleucus): 히파스피스타이 지휘관, 니카토르(Nikator, '승리자')
- 페우케스타스(Peucestas): 페르시아의 사트라프
- 에우메네스(Eumenes): 왕실 서기, 유일한 그리스인

31) 박트리아(Bactria; 당시 페르시아 서쪽이며 지금의 북부 아프가니스탄) 인으로 빛나는 미모의 뜻을 지닌 록사나라 한다. 그녀는 박트리아 귀족이며 알렉산더 대왕의 부인이었다. 그녀는 기원전 341년경에 태어난 박트리아의 옥시아르테스의 딸이었다. 알렉산더 대왕이 소그디아 요새를 방문하던 327년 알렉산더와 결혼하였다. 박트리아는 알렉산더에 의해 함락된 페르시아 제국의 마지막 지역이었고 비록 고대의 기록이 그녀에 대한 알렉산더의 열렬한 사랑을 기록하였으나 결혼은 알렉산더의 박트리아 회유 시도였다. 326년 인디아 원정에 그를 동반하였다. 323년 바빌론에서의 알렉산더 대왕의 돌연사 후에 그녀는 알렉산더 Ⅳ세 애구스라 불리는 유복자를 낳았다. 록사나와 그의 아들은 알렉산더 제국의 붕괴의 정치적 희생자가 되었다. 록사나는 알렉산더의 다른 미망인 스타테이라 Ⅱ세와 그녀의 동생 드립데이스를 죽였다. 록사나와 그녀의 아들은 알렉산더의 모친 마케던 올림피아에 의해 보호되었다. 그러다 316년 그녀의 암살 후 카산더가 왕이 되게 되었다. 록사네와 그의 아들은 카산더의 명령으로 사망하였다고 전해진다.

그리고 아래의 장군들은 임종 자리엔 없었지만 중요한 인물들이다.

- 안티파트로스(Antipater): 마케도니아 섭정, 마케도니아에 체류중 장군들 중 최 연장자
- 카싼드로스(Cassander): 안티파트로스의 아들
- 크라테로스(Craterus): 팔랑크스 지휘관, 후임 마케도니아 섭정, 킬리키아에 체류중
- 폴리페르콘(Polyphercon): 안티파트로스 사후 마케도니아 섭정
- 안티고노스(Antigonus): 프리기아의 사트라프, 모노프탈모스 (Monophtalmos, '애꾸눈')
- 데메트리우스(Demetrius): 안티고노스의 아들, 폴리오르케테스 (Poliorketes, 도시 공격자)

처음 현안은 다음 왕을 누구로 할 것인가였다. 멜레아그로스(Meleager)와 보병 장교들은 필리포스 II세의 사생아, 즉 대왕의 이복 동생이었던 아리다이오스(Arrhidaeus)를 옹립할 것을 주장했지만, 페르디카스(Perdiccas)는 알렉산더의 자식이 태어나기를 기다리자고 주장했다. 결국 록사네는 아들을 낳았고, 양측의 입장을 절충하여 아리다이오스와 갓난 아들을 각각 필리포스 III세와 알렉산더 IV세로 옹립하였다. 페르디카스는 그 동안 왕국 섭정이 되고 멜레아그로스가 그를 보좌하기로 했으나, 페르디카스는 곧 멜레아그로스를 암살하고 전권을 차지했다.

권력을 잡은 페르디카스(Perdiccas)는 바빌론에서 장군들에게 제국 각지의 사트라프(Satrap)[32] 자리를 분배했는데, 프톨레마이오스는 이 때

32) 국토의 수호자를 의미하는 관직명으로, 페르시아 제국의 시조인 키루스 II세(재위 BC. 559~BC. 529)가 국토를 많은 주(州: Satrapeia)로 나누고 군사 · 내정의 양권을 장악하는 태수(太守: Satrap)로서 왕족 · 귀족을 임명한 데서 연유한다. 다리우스 I세 때에 사트라프의 강대한 권력을 제한하기 위해, 군사권을 갖는 장군 및 징세관(徵稅官)을 설치하여, 사트라프의 군사권 · 징세권을 빼앗고 수시로

이집트를 받아 기반을 다질 수 있었다. 에우메네스(Eumenes)를 제외한 모든 유력 장군들이 마케도니아인이어서 마케도니아의 향방이 중요해졌는데, 마케도니아는 최고참인 안티파트로스(Antipatros, BC.397?~BC.319)와 크라테로스(Craterus)가 공동 통치하기로 했다. 마침 알렉산더의 부고를 틈타 아테네를 중심으로 한 그리스 도시국가들이 반란을 일으켰으나 두 장군이 이끄는 마케도니아군에게 참패했는데, 이를 라미아 전쟁(Lamian War)[33]이라고 한다.

최고 지위를 차지한 페르디카스는 권력욕이 심해져 아예 아내와 이혼하고 알렉산더 대왕의 누이였던 클레오파트라와 재혼하려고 했는데, 그 이혼당한 아내가 안티파트로스의 딸이었으므로 그의 분노를 사게 되었다. 이에 안티파트로스와 크라테로스, 안티고노스, 프톨레마이오스가 남몰래 손잡고 페르디카스에 대해 반란을 일으키기로 했다.

기원전 320년 프톨레마이오스의 군대가 대왕의 관을 마케도니아 아이가이(Aigai)의 왕실 묘지로 운구하던 페르디카스 측 군대를 습격하여 관을 탈취하면서 양측의 본격적인 대결이 시작되었다. 통합된 제국을 유지하고자 했던 에우메네스가 페르디카스의 명에 따라 반란자들 중 하나인 마케도니아 공동 섭정 크라테로스와 싸워 전사시켰지만, 이집트로 쳐들어가려던 페르디카스가 갑작스레 암살되면서 전면전으로 비화하지는 않았다.

이후 트리파라데이소스(Triparadisus) 협정을 통해 전후처리가 이루어졌다. 새 섭정은 안티파트로스가 되었으며 두 왕(필리포스 III세와 알렉산더 IV세)는 마케도니아로 이송되었다. 사트라프 자리도 재분배되었

사트라프를 순시 · 감독하는 감독관도 두었다. 사트라페이아주(州)의 수는 헤로도토스에 의하면 20, 베히스툰 비문(碑文)에서는 23, 페르세폴리스의 비문에서는 24, 나크슈이 로스탐의 비문에서는 28로 기록되어 있어 일정하지 않다.

33) BC. 323~BC. 322년 그리스가 마케도니아로부터의 독립을 시도한 전쟁을 일컫는다.

는데, 뤼시마코스(Lysimachus)가 트라키아(Thracia)를 받았고 페르디카스 암살에 일조한 셀레우코스(Seleucos)가 바빌론(Babylon)을 받았다.

트리파라데이소스 협정에서 장군들은 페르디카스(Perdiccas)의 명령에 따라 크라테로스(Craterus)와 싸워 그를 죽인 에우메네스(Eumenes)를 없애기로 합의했다. 이에 기원전 319년, 안티고노스(Antigonos)가 대군을 이끌고 카파도키아(Cappadocia, 예전의 소아시아의 중앙에 위치한 지역 이름으로서 오늘날 터키의 카파도캬(Kapadokya)에 해당된다)에 있던 에우메네스를 공격하여 그를 노라(Nora)라는 산악 요새에 고립시켰다. 하지만 마케도니아에서 섭정 안티파트로스가 사망하면서 새 섭정으로 폴리페르콘(Polyphercon)을 지명했고, 동맹할 만한 세력을 찾던 폴리페르콘이 에우메네스와 손을 잡고 그를 지원하였으므로 에우메네스는 무사히 탈출했다.

안티파트로스의 아들이던 카산드로스(Kassandros)는 자신을 제치고 폴리페르콘이 섭정이 된 것에 불만을 가지고 그에 맞서기 위해 안티고노스, 뤼시마코스(Lysimachus), 프톨레마이오스 등과 동맹을 맺었다. 그리스와 마케도니아 일대에서 벌어진 내전에서 카산드로스가 승리했고, 폴리페르콘은 어린 알렉산더 Ⅳ세와 록사나를 데리고 알렉산더 Ⅲ세의 어머니인 올림피아스의 고향 에페이로스(Epeiros)로 탈출했다.

에페이로스에서 군세를 정비한 폴리페르콘은 올림피아스와 함께 마케도니아를 다시 침공했고, 올림피아스는 필리포스 Ⅲ세와 그 아내 에우뤼디케(Eurydice)를 생포하여 죽여버렸다. 하지만 그들은 카산드로스에게 또다시 패했고, 카산드로스는 올림피아스를 왕을 죽인 죄로 재판에 부쳐 처형시키고 마케도니아를 장악하였다.

안티고노스에게서 탈출한 에우메네스는 메소포타미아로 이동하여 군세를 재정비했지만, 문관 출신에다 그리스인이라는 이유로 다른 장군들이나 부하들로부터 경원시되었다. 그 탓으로 안티고노스에게 점점 밀리다가 두 차례의 큰 전투에서 연달아 패했다.

결국 기원전 315년 안티고노스의 사주를 받은 자기 부하들에게 사로잡힌 에우메네스는 안티고노스에게 인도되어 처형당했고, 안티고노스는 아나톨리아(Anatolia)에서 시리아, 메소포타미아, 이란에 이르는 영토를 장악했다. 이때 바빌론의 사트라프(Satrap)로 있던 셀레우코스(Seleukos)는 안티고노스에 의해 쫓겨나 이집트의 프톨레마이오스에게로 도망쳤다.

이처럼 안티고노스의 세력이 너무 강해지자 기원전 314년 프톨레마이오스, 카산드로스, 뤼시마코스가 손을 잡고 안티고노스와 맞섰다. 하지만 안티고노스는 이에 맞서 영토를 더욱 확장하는 한편 펠로폰네소스(Peloponnesian) 지역에 잔존해 있던 폴리페르콘 세력과 연합했다.

이에 카산드로스와 뤼시마코스가 아나톨리아(Anatolia)를 공격했고, 안티고노스는 이를 격퇴하기 위해 북진했다. 하지만 기원전 312년 안티고노스의 아들 데메트리우스(Demetrius I, BC.336~BC.283)[34]가 가자 전투에서 프톨레마이오스에게 패배하고, 프톨레마이오스의 지원을 받은 셀레우코스가 바빌론을 수복하자 안티고노스는 다시 남하해야 했다. 이쯤 되자 안티고노스와 프톨레마이오스 모두 휴전을 바라게 되었고, 결국 카산드로스-뤼시마코스-프톨레마이오스와 안티고노스는 휴전 협정을 맺었다.

이 휴전 협정은 중요한 의미를 가지는데, 왜냐하면 이 협정은 마케도니아의 카산드로스, 트라키아의 뤼시마코스, 이집트의 프톨레마이오스, 아나톨리아와 시리아의 안티고노스가 모두 외교관계를 수립할 수 있을 정도로 독자적인 세력을 가졌음을 공인한 것이기 때문이다. 실제로 카산드로스는 이 협정 이후 별 필요가 없어진 알렉산더 Ⅲ세

34) 고대 마케도니아의 왕이다.

의 마지막 혈육 알렉산더 IV세와 그 모친 록사나를 죽여버렸다. 한편 바빌론을 차지한 셀레우코스는 동쪽으로 계속해서 영향력을 확대했고, 안티고노스는 그를 저지하기 위해 기원전 311년부터 309년까지 바빌론을 공격했으나 승리하지 못했다.

휴전 협정으로 잠시 숨을 돌리자 디아도코이들은 곧바로 딴 생각들을 품었다. 기원전 308년 카산드로스는 폴리페르콘과 화해했고, 이에 그리스 도시국가들이 동요하자 프톨레마이오스가 안티고노스와 손을 잡고 에게 해와 펠로폰네소스로 쳐들어갔다. 하지만 별 성과를 얻지는 못했고 안티고노스와의 협력도 곧 무산되었다.

기원전 307년 카산드로스가 에페이로스(Epeiros)에 간 사이 데메트리우스가 아테네를 점령했고, 기원전 306년에는 키프로스로 쳐들어가 프톨레마이오스의 군대를 연속으로 격파하고 키프로스를 장악했다. 이때부터 안티고노스와 데메트리우스는 공공연히 왕을 칭하기 시작했고, 카산드로스, 뤼시마코스, 프톨레마이오스, 셀레우코스도 뒤질세라 왕위를 차지했다.[35)]

카산드로스와 프톨레마이오스에게 모두 한방씩 먹인 데메트리우스는 기원전 305년 로도스를 공격했고, 엄청나게 거대한 공성탑 헬레폴리스를 동원하기도 했지만 결국 로도스를 함락하는 데는 실패했다. 대신 로도스는 프톨레마이오스를 공격할 때만 빼면 안티고노스를 지원할 것을 약속해야 했다.[36)] 데메트리우스는 그리스로 돌아가 자신을 중심으로 한 새로운 도사국가 동맹을 창설했고, 궁지에 몰린 카산드로스는 휴전 협정을 시도했으나 무산되었다.

---

35) 셀레우코스와 프톨레마이오스는 그리스-마케도니아 인이 아닌 토착민들에게는 진작부터 왕으로 행세했다는 주장도 있다.

36) 데메트리우스의 별명인 폴리오르케테스(도시 공격자)와 프톨레마이오스의 별명인 소테르(구원자)가 이때 얻은 것이다.

이에 카산드로스는 안티고노스를 대적하기 위해 뤼시마코스와 프톨레마이오스, 셀레우코스에게 구원을 요청했고, 가장 가까운 트라키아에 있던 뤼시마코스가 아나톨리아(Anatolia)에 침입하자 그리스의 데메트리우스는 부친을 돕기 위해 아나톨리아로 철수했다. 아나톨리아를 휩쓸고 다니던 뤼시마코스의 군대는 입소스에서 안티고노스와 데메트리우스의 군대에 의해 고립되었는데, 때마침 셀레우코스의 군대가 당도하여 양측 사이에 대전투가 벌어진다. 이것이 기원전 301년 벌어진 입소스 전투로써, 디아도코이 전쟁 가운데 가장 큰 규모였으며 셀레우코스의 압승으로 끝났다. 당시 70대 중반의 노인이던 안티고노스는 전사했고, 데메트리우스만 패잔병을 이끌고 겨우 그리스로 탈출할 수 있었다.

이와 같은 "셀레우코스의 역습"이 가능했던 것은 서방에서 디아도코이들끼리 각축전을 벌이는 동안 셀레우코스는 큰 방해를 받지 않고 땅따먹기 하듯 알렉산더 제국의 동방 영토를 차례차례 차지했기 때문이다. 이를 저지할 만한 유일한 세력은 한창 인도 전역을 석권하고 있던 찬드라굽타(Chandragupta)의 마우리아 왕조였는데, 셀레우코스는 찬드라굽타가 차지한 동방 영토를 공격하려다 실패한 뒤 휴전하고 기원전 303년 동맹을 맺었다.

이 결과 셀레우코스는 아라코시아(Arachosia)와 게드로시아(Gedrosia), 드라기아나 및 그 외의 모든 인도 접경 영토를 포기하고 딸을 찬드라굽타와 결혼시키는 대신 코끼리 500마리를 받았다. 이로써 다소 굴욕적이긴 하나 큰 손해 없이 안정된 동방 영토를 차지한 셀레우코스는 기본적인 수적 우위에 더해 페르시아 기병과 인도 코끼리까지 동원한 압도적인 전력으로 안티고노스에게 결정타를 가할 수 있었다.[37]

---

37) 셀레우코스는 다른 마케도니아 인들이 알렉산더 대왕 시절 결혼한 페르시아 아내와 이혼할 때 끝까지 이혼하지 않았고 자신의 후계자 역시 페르시아 아내와의

입소스 전투 이후 안티고노스의 영토는 승자들이 나누어 가졌다. 뤼시마코스가 아나톨리아 서부를, 프톨레마이오스가 유대를 차지했으며, 킬리키아(Kilikia)와 뤼키아(Lykia)는 카산드로스의 형제 플레이스타르코스에게 돌아갔다. 데메트리우스는 테쌀리아, 그리스 일부, 키프로스 정도만 겨우 유지할 수 있었다. 그 나머지는 모두 셀레우코스가 차지했다. 이 시기를 마케도니아의 안티파트로스 왕조, 트라키아의 뤼시마코스 왕조, 이집트의 프톨레마이오스 왕조, 아시아의 셀레우코스 왕조의 4왕국이 정립된 시기라 하여 알렉산더 제국은 4개의 왕국으로 분열되었다. 하지만 안티파트로스 왕조와 뤼시마코스 왕조는 이후 역사의 무대에서 그야말로 광탈하므로 이후 3왕국의 정립까지 적는다.

입소스 전투 이후에는 주로 마케도니아가 누구에게 돌아갈 것인지가 문제가 되었다. 패잔병들을 이끌고 그리스로 돌아온 데메트리우스는 재기를 노렸고, 플레이스타르코스로부터 뤼키아와 킬리키아를 빼앗았다. 기원저 298년 카산드로스가 죽은 뒤 그 아들인 안티파트로스와 알렉산더 사이에 내분이 일었고, 알렉산더는 데메트리우스와 에페이로스의 새 왕 퓌로스(Pyrrhos)에게 구원을 요청했다. 데메트리우스는 기회를 놓치지 않고 쳐들어가 알렉산더를 죽이고 마케도니아를 점령했으나, 뤼시마코스와 퓌로스가 서로 손잡고 압박해 오자 곧 쫓겨났다. 뒤이어 키프로스와 킬리키아, 뤼키아 등도 프톨레마이오스와 셀레우코스에게 빼앗겼다.

기원전 287년 데메트리우스는 아들인 안티고노스 II세 고나타스(Antigonus gonatas)에게 그리스와 테쌀리아(Thessalia)를 맡기고 아나톨리아를 침공했으나, 셀레우코스에게 패하고 사로잡혀 2년 후에 죽었

혼혈인 아들을 선택한 인물이다. 페르시아 기병대에 호감을 가질 수 있었을 것이다.

다. 뤼시마코스와 퓌로스는 테살리아에서 안티고노스 II세를 공격하고 있었는데, 데메트리우스가 사로잡혔다는 소식이 알려지자 뤼시마코스는 퓌로스를 배신하고 그를 마케도니아에서 쫓아냈다.

기원전 282년에는 프톨레마이오스 I세 소테르가 숨을 거두었고, 큰아들 프톨레마이오스 케라우노스 대신 작은 아들 프톨레마이오스 필라델포스를 후계자로 지명했다. 결국 필라델포스가 프톨레마이오스 II세로 왕위를 계승했고, 케라우노스는 셀레우코스에게 투항했다. 그때 마침 뤼시마코스가 자기의 둘째 부인인 아르시노에(Arsinoe)의 말에 속아 첫째 부인 소생의 아들인 아가토클레스(Agathocles)를 죽이는 일이 생겼고, 아가토클레스의 부인이자 프톨레마이오스 I세의 딸이었던 뤼산드라도 셀레우코스에게로 도주했다. 케라우노스와 뤼산드라는 셀레우코스에게 뤼시마코스를 칠 것을 종용했고, 셀레우코스는 아들인 안티오코스를 내정 대리인으로 임명한 뒤 뤼시마코스(Lysimachus)를 공격하여 기원전 281년 코루페디온(Corupedion) 전투에서 그를 전사시켰다.

뤼시마코스가 전사하면서 그의 왕국은 붕괴되었으며, 마침 동방으로 대규모 이주하던 켈트 부족들이 그 힘의 공백을 틈타 마케도니아, 그리스, 아나톨리아로 쇄도해 왔다. 뤼시마코스에게 승리한 셀레우코스를 암살한 뒤 마케도니아를 차지하러 나갔던 케라우노스(Seleucus III Ceraunu)는 켈트 약탈자들에게 살해당했다. 그러자 그리스에서 근근이 버티고 있던 안티고노스 II세가 본격적인 반격에 나서 기원전 276년 뤼시마케이아 전투에서 켈트인들을 몰아내고, 나머지 켈트인들이 아나톨리아 중부의 갈라티아에 정착하면서 마케도니아는 겨우 안정되었다.

기원전 272년 마케도니아를 호시탐탐 노리던 에페이로스의 퓌로스가 전사하면서 마케도니아는 확고한 안티고노스 왕조의 땅이 되었다.

이로써 마케도니아의 안티고노스 왕조, 이집트의 프톨레마이오스 왕조, 아시아의 셀레우코스 왕조라는 3왕국 체제가 완성되었다. 또한 이 3왕국에서 I세대(디아도코이) → II 세대(에피고노이(Epigonoi))의 왕위 계승이 순조롭게 이루어지면서 왕조 체제 역시 확고하게 자리 잡았다.

제 3 장

지혜의 전당 무세이온의 건립

그리스에서 기원전 5세기 이전에는 그 어떤 규모의 독서 대중도 존재하지는 않았지만, 세계 최초의 주요 도서관들은 세계 최초의 주요 필사본 저작들과 마찬가지로 그리스인들의 천재성의 산물이었다. 그 시기 이전과 수년 이후에도 대다수 백성들은 그 지적인 유산을 유랑 부족이나 이야기꾼들의 입을 통해 전달받았다는 것은 의심의 여지가 없다.

편지의 발송인과 수취인을 위해 편지를 써주고 읽어주었던 공공 사자생(寫字生)과 사자(使者, messenger)는 그 시대의 우편 시스템이었다. 그러나 그리스가 비록 아리스토텔레스의 시대에 이르러서야 비로소 구전(口傳)의 시대에서 독서의 시대로 이전되었음에도 불구하고, 기원전 5세기 즈음의 그리스에는 책이 넘쳐 났다.

기원전 5세기인 '페리클레스의 황금기(Golden Age of Pericles)' 동안에는 다수의 개인 장서가 존재했으며, 의심의 여지없이 그 중 일부가 당시의 학자들에게 개방되었다. 아테네의 최초의 공공도서관은 기원전 330년에 아테네의 시민들이 위대한 그리스 극작가인 에스킬루스(Aeschylus), 소포클레스(Sophocles)와 유리피데스(Euripides)의 진본을 읽을 수 있는 장소를 갖게 하기 위하여 건립되었다. 왜냐하면, 그 극작가들의 비극은 매우 인기가 있었으나. 대중들은 매우 부실한 사본들만 이용가능 하였기 때문이었다. 역사가인 폴리비우스(Polybius)에 따르면, 기원전 3세기까지는, 아테네에 매우 많은 공공 및 사립 도서관이 존재했는데, 시칠리아 섬 출신의 역사가 티메우스(Timaeus)는 그 도서관에서 50년간이나 연구에 몰두했었다고 한다.

고대 그리스에서 가장 중요한 도서관은 아테네가 아닌 이집트에 건립되었다. 알렉산더 대왕은 문화의 요람으로서 아테네에 버금가는 대도시를 나일강 어귀에 세울 계획이었으나, 자신의 꿈이 이루어지는 것을 보지 못하고 눈을 감았다. 그러나 알렉산드리아는 프톨레마이오스(Ptolemies) 왕대에서 알렉산드리아는 중요한 학문의 중심지가 되었다.

학예의 여신 무사이 신화

'무사이(Musai)'는 신화에 나오는 '학예(學藝)의 여신'이다. 학예의 여신인 무사이들을 모시는 신전이 〈무세이온(Museion)〉이다. 플라톤이나 아리스토텔레스 이래 단체나 학교가 있었다는 데서 알렉산드리아에서 〈무세이온〉이라는 말은 교육, 연구기관의 명칭이 되었다. 이러한 연유로 〈무세이온〉을 낳은 '무사이'를 신화적으로 먼저 해석하는 일이 우선일 것이다.

'무사이'는 아홉 명의 여신의 총칭이다.[38] 무사이 여신들이 헤시오도스(Hēsíodos)의 『신통기(*Theogonia*)』에 따르면 기억력의 여신인 '므네모시네(Mnemosyne)'가 제우스(Zeus)와 9일 동안을 동침했는데, 그

38) '무사이'라는 명칭은 복수명사이고, 단수로는 '무사(Musa)'라고 한다.

결과로 시와 음악의 요정들인 9명의 '무사이(Muses)'를 낳은 것으로 전해진다.

그래서 음악과 문학이 고대에 기억에 의해 전승되어 왔다는 걸 의미한다. 기억은 우리 인간이 경험으로부터 배울 수 있도록 해주며, 과거를 회상하고 미래를 예측하며, 지식을 간직할 수 있게 하는 마음, 정신, 지성의 능력이다. 우리는 가끔 옛 기억을 떠올리며 현재의 불만족과 미래에 대한 불안감을 피해 안식을 하기도 한다. 우리 모두가 이러한 좋은 휴식처가 될 수 있는 아름다운 기억만을 갖기를 바란다.

'무사이(Musai)'는 영어로는 '뮤즈(Muse)'라고 하는데 일반적으로 시나 음악의 신으로 알려져 있지만, 문학과 학예 전반을 관장하는 신이다. 고대에는 널리 역사나 천문학까지도 포함하는 학예 전반의 신으로 간주되었다. 흔히 음악(music)의 여신들로 알려져 있지만 이는 단편적인 것에 불과하다. 음악을 의미하는 'music'이나 미술관을 의미하는 'museum' 등은 이 여신들의 이름에서 유래한 학예의 한 분과일 뿐이다.

제우스가 올림포스(Olympos)의 주신이 되어 신들의 지배영역을 나누고 갖가지 질서를 확립하고 있을 무렵, 올림포스의 연회 자리에서 풍악을 울려 향연(饗宴)의 분위기를 띄워 줄 신들도 필요하다는 것을 깨달았다. 그래서 제우스는 '므네모시네 여신'을 택하여 9일 동안 잠자리를 같이하고, 그로써 아홉 명의 무사이 여신이 탄생된 것이다.

'무사이 여신'들은 보통 헬리콘(Helicon) 산이라는 '무사이'의 영산에 거처하였다. 이 산에는 시적 영감을 불러일으킨다는 아가니페(Aganippe, 뮤즈의 샘물)라는 샘이 있고, 후에 천마(天馬) 페가수스(Pegasus)의 발굽에 패여 생겨났다는 아크로코린투스(Acrocorinthus)에 있는 히포크레네(Hippocrene) 샘(또는 헬리콘(Helicon)의 피레네(Pirene) 샘)도 있다. 가끔 이 두 샘 이야기가 섞여서 히포크레네 샘에서도 시적 영감이 솟아난다고도 한다.

메두사(Medusa)[39]의 목에 떨어질 때 태어난 천마 페가수스는 특별한 일이 없을 때는 헬리콘 산에서 '무사이'들의 보살핌을 받았다. 페가수스는 눈처럼 하얀 아름다운 모습을 하고 있었으며 특히 뮤즈들에게 많은 사랑을 받았다. 페가수스는 올림포스 산에 살면서 신들의 사랑을 받으며 메두사의 어두운 죽음의 분위기와는 달리 기쁨에 가득 찬 생활을 하였다. 그 즐거움과 밝음은 후에 많은 시인들에게 예술적 영감을 불러일으키는 소재가 되기도 했다. 그래서 '무사이'를 주제로 한 회화 작품 중에는 '무사이'들과 페가소스를 함께 그린 작품이 종종 있다.

그래서 '무사이'들은 음악의 신이기도 한 아폴론의 종속신으로서 신들의 연회 자리에서 아폴론과 함께 음악을 담당한다. 특히 '무사이'들은 인간의 시인에게 영감을 주는 여신으로서 고대의 시인들은 작품

39) 메두사는 다른 자매들(스테노와 에우리알레)과는 다르게 본래 아름다운 모습을 가지고 있었다. 메두사는 포세이돈과 사랑을 하는 사이였다. 이를 질투한 아테나는 메두사를 흉칙한 괴물로 변신시켰다. 메두사는 특히 머리카락이 매우 아름다웠는데, 아테나는 이 메두사의 머리카락을 모두 뱀으로 만들고, 메두사의 눈에 저주를 걸어 메두사와 눈이 직접 마주치면 무조건 돌로 변하게 만들었다. 이 이후 메두사는 다른 고르곤과 함께 생활하다가 아테나와 아폴론에게 매수당한 페르세우스에게 목이 잘린다. 사실 포세이돈과 아테나는 숙부와 조카(질녀)의 사이이면서도 아테나는 포세이돈과 결혼하려고 몸부림쳤고, 포세이돈은 아테나를 여자로서는 매우 싫어했다. 그래서 포세이돈과 아테나는 항상 경쟁을 했는데 메두사라는 사람 역시 포세이돈과 아테나의 끊임없는 경쟁의 소재 중 하나였다. 포세이돈이 고의로 아테나의 신전에서 아테나가 보라는 듯 메두사와 사랑을 나누자 아테나는 메두사를 흉칙한 괴물로 만들고 그것도 모자라 페르세우스에게 사주하여 살해한다. 그러자 포세이돈이 어떤 방법으로 아테나에게 응수했나 하면, 메두사가 숨질 때 메두사의 영혼을 그녀의 목에서 떨어지는 피에 집약시켜 포세이돈 자신이 최고로 좋아하는 동물인 말(馬)에 날개를 단 형상인 페가수스로 부활시켰다. 또한 페가수스가 죽자마자 바로 별자리로 올려놨다. 이미 별자리에 올라가면 아무리 신이라 해도 위해를 가할 수 없었으므로(기껏 위해라고 가한 게 헤라가 칼리스토에게 저지른 것인데, 바다의 신들과 짜고 큰곰자리와 작은곰자리를 바다에 못 들어가게 하는 것인데, 그 이상의 해는 아무리 제우스라 해도 별자리로 올라간 이들에게 입힐 수 없었다.) 최종적으로 이 대결에서 포세이돈이 아테나를 이긴 것이 된다. 메두사는 비록 아테나의 저주를 받아 괴물이 되었지만 반대로 포세이돈의 축복을 받아 천마(天馬)로 부활했다.

의 첫머리를 '무사이 여신'들에 대한 찬양으로 시작하였다. 양치기 헤시오도스(Hēsíodos)가 헬리콘 산기슭에서 양을 치고 있을 때 아홉 명의 '무사이 여신'들이 나타났다. 예술을 관장하는 여신들인 만큼 그녀들은 참으로 아름답고 우아했다. 헤시오도스는 여신들을 바라보는 것만으로도 황홀하여 마치 꿈을 꾸는 것 같았다. 여신들이 헤시오도스에게 다가와 노래하듯이 말했다.

> 양치기여, 양치기여! 불쌍한 자여, 탐욕으로 응어리진 자여, 원한다면 너에게 진실을 말하겠노라.

여신들은 헤시오도스에게 멋진 월계수 가지 하나를 꺾어 그것을 지팡이로 쓰라고 선물하면서 헤시오도스의 귀에 입김으로 신의 노래를 불어넣어 주었다. 헤시오도스가 여신에게 선물받은 신의 노래는 바로 우리에게 『신통기(Theogonia)』라고 알려진 것이다. 그러면서 여신들은 신의 노래를 부를 때는 항상 자신들을 찬양하는 것을 잊지 말라고 부탁하였다.

그 아홉 명의 딸들은 '아름다운 목소리'로 서사시를 관장하는 칼리오페(Kalliope), '명성'이라는 의미로 역사를 관장하는 클레이오(Kleio), '기쁨'이라는 의미를 지닌 피리로 노래하고 서정시를 관장하는 에우테르페(Euterpe), 리라가 반주하는 서정시를 노래하며 '춤의 기쁨'이라는 뜻의 테르프시코레(Terpsichore), 독창을 관장하고 '사랑스러움'이라는 의미의 에라토(Erato), 비극을 관리하며 '노래하는 것'이라는 의미의 멜포메네(Melpomene), 희극을 맡고 있는 여신이면서 '풍요로운 환성'이라는 뜻의 탈레이아(Thaleia), 신에 대한 찬송가를 관장하다 나중에는 무언극을 관리하게 되며 '많은 노래'라는 의미의 폴뤼힘니아(Polyhymnia), 그리고 천문학을 관장하며 '천공'이라는 뜻을 가진 우라니아(Urania) 등이 무사이의 9자매이다.

이 여신들이 가장 아름다운 영역인 문학과 음악과 역사와 천문학을 관장하니 세상이 한결 밝아지고 명랑해졌다. 여신들은 눈 덮인 올림포스 산의 정상에서 조금 떨어진 곳에서 살고 있었는데, 그곳에는 여신들이 춤추는 무대와 아름다운 처소가 있었으며, 우미(優美)의 여신 아글라이아(Aglaia)와 에우프로쉬네(Euphrosyne), 탈리아(Thalia, 희극을 맡고 있는 여신) 등 카리타스(Caritas) 세 자매와 동경의 여신 히메로스(Himeros)와 정답게 지내고 있었다. 예술과 아름다움과 동경이 서로 어우러져 있으니 그곳에 가면 절로 꿈과 환희에 젖을 것은 당연했다.

목동 헤시오도스(Hēsíodos)가 바로 그런 여신들을 만난 것이다. 자신의 귀에 아름다운 노래를 입김으로 넣어준 여신들을 찬양하면서 헤시오도스는 여신들에게 계속해서 노래를 간청했다.

> 제우스의 딸들이시여! 힘차게 부르오니, 우리에게 감미로운 노래를 선사하소서! 가이아(Gaia)와 별이 총총한 하늘과 어둡침침한 뉙스(Nyx)의 혈통을 이어받은 영생불멸의 성스러운 자손들을 찬양하시고 짜디짠 바다의 자식들을 찬양하소서! 그리고 신들과 가이아가 태초에 어떻게 생겨났는지, 또한 강들이 어떻게 생겨나고, 폭풍우가 휘몰아치면서 너울이 이는 망망대해가 어떻게 생겨났으며, 또 밝게 빛나는 별들과 그 별들 위의 하늘이 어떻게 생겨났는지 알려주소서! 또한 이들의 자식들이자 선을 베푸는 자들인 신들이 어떻게 자신들의 재산을 분배하고 직분과 명예를 서로에게 넘겨주었는지, 그리고 그들이 수많은 골짜기로 주름진 올림포스 산을 처음에 어떻게 차지하게 되었는지 노래하소서! 올림포스에 사는 무사이 여신들이여, 이런 것들을 처음부터 차근차근 말씀해 주시고 최초에 그것들로부터 무엇이 생겼는지 말씀해 주소서!

헤시오도스의 이 간청은 신화의 시대에 시인이 어떤 역할을 했는지, 또 그의 시 『신통기(*Theogonia*)』가 어떤 내용인지를 말해준다. 헤시오도스는 사실상 목동이지만, 이렇게 여신들에게 노래를 들은 후에는 당연히 시인이 된다. 신화시대의 시인은 이렇게 신으로부터 권능을 부여받은 자들이었으며, 다시 말해 신의 노래를 부를 수 있는 자들이었다. 시뿐만 아니라 당시에 통용되던 모든 예술 장르가 신과 연결되어 있었다.

시와 관계있는 무사이 여신은 칼리오페, 에우테르페, 탈레이아, 멜포메네, 테릅시코레 등 다섯 명이나 되며, 다른 여신도 직간접적으로 시와 연결되어 있다. 여기서 시는 서정 장르와 서사 장르를 아우르는 개념으로 오늘날의 용어로 하면 그냥 '문학'이라 해도 무방할 것이다. 이렇게 신과 대화를 나눌 수 있는 신의 대변자가 당시에 시인이었고, 시의 기원 또한 신의 세계에서 연유하는 것이었다.

헤시오도스와 쌍벽을 이루는 고대 그리스의 시인 호메로스(Homeros, BC.800?~BC.750)의 『일리아스(*Ilias*)』와 『오디세이아(*Odysseia*)』도 마찬가지다. 두 편의 시가 모두 "노래하라 여신이여, 펠레우스(Peleus)의 아들 아킬레우스(Achilles)의 분노를…" 이라고 시작된다.

로마의 시인 베르겔리우스(Publius Vergilius Maro, BC.70~BC.19)의 『아에네이스(*Aeneis*)』도 앞부분에서 "오! 무사이 여신이여, 연유를 말하라, 무엇 때문에 하늘의 여왕이 영웅을 곤경에 빠뜨렸는지를"이라고 시작한다. 오비디우스(Ovidius)의 『변신 이야기(*Metamorphoses*)』에서는 "마음의 원에 쫓기어 여기 만물의 변신 이야기를 펼치려 하오니, 바라건대 신들이시여, 만물을 이렇듯이 변신하게 한 이들이 곧 신들이시니 내 뜻을 어여삐 보시어 우주가 개벽할 적부터 내가 사는 오늘 지금까지의 이야기를 온전하게 풀어갈 수 있도록 힘을 주소서"라고 기원한다.

'무사이 여신들'이 각각의 예술 장르를 관장하지만, 그녀들은 또한 그 예술 장르 자체이기도 했다. 당시에는 추상적인 개념이 신격화한 경우가 많았다. 기억의 여신 '므네모시네'가 기억 자체이자 기억을 관장하는 것처럼, 불화의 여신 에리스(Eris)가 불화 자체이자 불화를 관장하는 것처럼, '무사이 여신'들도 그 예술 장르를 관장하면서 그 장르 자체이기도 했다.

신화의 시대에는 예술을 관장할 뿐만 아니라 예술 자체이기도 한 신의 은총을 받아 시인들이 시를 받아 적는 것으로 여겨졌다. 오늘날에도 시인들은 시적 영감이 떠오를 때 "그분이 오셨다"라고 말하기도 하는데, 그것은 신으로부터 시를 받아 적는 고대의 경험에서 기원한 것이라고도 볼 수 있다. 당시의 문학작품이 이렇게 신들로부터 받아서 전하는 것이었으니, 그 내용 또한 신들의 이야기가 많을 것임은 자명하다. 그렇게 시는 태동하였다.

고대 그리스와 로마의 시는 '신학'은 아니었다. 호메로스와 헤시오도스의 시가 문학을 초월해서 신화에 필적하는 문화적인 권위를 확보하기는 했지만, 그럼에도 불구하고 그것은 어디까지나 신화에 대한 '재창조'였다. 다만 최대한의 권위를 확보하기 위해서 신의 힘을 빌렸다고 보아야 할 것이다.

르네상스가 고대 그리스 로마 시대로 돌아가자고 했던 것은 신화의 시대가 오히려 인간의 시대를 여는 관문이었음을, 다시 말해 신화의 재창조는 '신학'이 아니라 인간이란 무엇인가를 궁구하는 것이었음을 말해준다. 중세 말 르네상스 초기의 단테(Dante Alighieri, 1265~1321)와 밀턴(John Milton, 1608~1674)도 기독교 신화를 바탕에 깔고 있으면서도 '신학'이라기보다는 인간이 중심인 '문학'을 그려냈다.

'무사이'와 관련된 신화 에피소드라면 먼저 그녀들에게 치근덕거리다가 죽은 피레네우스(Pirenèus) 이야기가 있다. 피레네우스는 성격이 포악하기로 유명한 트라키아(Thracia)의 장수인데, 지나가는 '무사이 여신'들을 보고 잠깐 비라도 피해 가라며 자기의 성으로 초대한다. 하지만 비가 그쳐도 성문을 열어주지 않고 못된 수작을 부리려고 하였다. '무사이'들이 그를 피해서 하늘로 날아오르자, 이 무식한 녀석은 따라가겠다고 성 꼭대기에서 몸을 날렸다가 떨어져 죽는다. 용감한 자만이 미인을 차지한다고 하였지만 무지의 만용은 죽음을 불러오는 경우에 해당된다.

또한 '무사이'들에게 노래로 도전장을 던진 피에리데스(Pierides) 이야기도 전해지고 있다. 피에리데스란 한 사람이 아니라 피에로스(Pieros)라는 사람의 아홉 명의 딸들을 가리킨다. 노래 잘 부른다는 칭찬을 듣고 자란 이 아홉 자매는 교만해져서 무사이들에게 노래 대결을 청한다. 그리고 신들을 조롱하는 노래를 부른다.

무사이들 중에는 맏이인 칼리오페가 나서서 페르세포네(Persephone)가 하데스(Hades)의 왕비가 되기까지의 사연을 노래한다. 심판을 맡은 요정들은 이구동성으로 무사이들의 승리라고 판정했지만, 피에리데스는 이에 불복하고 무사이들을 비웃다가 까치로 변해버린다. 그 한으로 한사코 처연한 노래만 부르는 새로 환생된 것이 아닌가 생각된다.

고대 그리스 초기의 시인들은 대부분 장님이었다. 제우스의 딸들인 무사이보다 노래를 더 잘한다고 알려진 타미리스(Thamyris)도 장님이었다. 그의 거만한 자랑에 화가 난 무사이는 노래로 도전했다가 패하였는데, 그 분풀이로 타미리스를 장님으로 만들었고, 데모도코스(Demodokos) 역시 뮤즈에 의해 장님이 되었다. 호메로스는 뮤즈가 그들의 시력을 앗아갔지만 그 대신 아름다운 노래를 부를 수 있도록 선물을 주었다고 적었다.

다프니스(Daphnis), 테이레시아스(Tiresias), 스테시코러스(Stesichorus) 등의 시인도 노래를 부를 수 있도록 허락을 받기 전에는 장님이 되었다. 이들의 시력을 빼앗아간 데는 그만한 이유가 있었다. 그들을 장님으로 만든 것은 뮤즈가 아니라 그리스의 왕들이었다. 그리스 왕들은 적국의 상대자들을 칭송하는 시인들을 못마땅하게 여기고 시기했다. 고대 그리스 왕들은 시인들의 눈을 빼앗아감으로써 그들을 자기 곁에 묶어 주었다. 장님 가수들은 그래서 모두가 미성이고 감정이 풍부한지도 모르겠다.

바다의 요정 세이레네스(Sirenes, 세이렌의 복수)들도 무사이에게 패해서 바다에 몸을 던진 것으로 전해지고 있다. 이들 유혹의 마력은 함께 노래할 때 더욱 강력해 진다. 이들 네 자매는 각기 아그라오페메(Aglaopheme, 달콤한 속삭임), 모르페(Molpe, 노래), 페이시노에(Peisinoe, 설득력 있는 존재), 텔크시오페(Thelxiope, 매혹적인 목소리)이다.

이들은 바다 한 가운데 바위섬에 앉아 지나가는 항해자들을 유혹해 그들을 죽음에 빠뜨린다. 세이레네스의 아름다운 노래에 정신을 잃은 뱃사람들은 바다에 뛰어들어 이들을 향해 헤엄쳐 가다 익사하거나 노래에 홀려 굶어 죽는다. 그런데 여기 유혹을 뿌리치고 바위섬을 무사히 통과한 그리스의 영웅이 있다. 바로 트로이의 목마로 유명한 오디세우스(Odusseús)이다.

여신 키르케(Circe or Kirke)로부터 세이렌에 대한 경고를 들은 오디세우스는 밀랍으로 선원들의 귀를 막아 노를 계속 젓게 하고, 자신의 몸은 쇠사슬로 돛대에 꽁꽁 묶어 세이렌의 유혹으로부터 벗어난다. 여기까지가 호메로스(Hómēros)의 『오디세이아(Odysseia)』에 등장하는 세이렌(Seiren)과 오디세우스의 이야기다.

그런데, 이제 무척 재미있는 반전이 시작된다. 대작가 호메로스의 감히 넘볼 수 없는 '전통'의 세계가 '현대'의 고독한 이방인 카프카(Franz Kafka, 1883~1924)에 의해 통쾌히 해체되어 재구성된다. 세이렌의 역습이 시작되었다. 전통의 세계에서 오디세우스는 세이렌의 노래가 줄 쾌락을 맛보고 싶어, 몸은 묶었지만 귀는 열어둔 채 억누를 수 없는 충동의 고통을 감수하며 세이렌의 위험한 노래를 듣는 매우 용감한 영웅이었다.

그러나 카프카의 『오디세우스(*Odysseus*)』는 생존을 위해 체험을 포기하는 소시민으로 전락한다. 쇠사슬로도 안심을 못한 그는 귀도 밀랍으로 봉해버리고는 자신이 세이렌을 이겼다는 자만심에 도취된다. 그러나 그때 세이렌은 노래하지 않았다. 그들은 오디세우스에게 눈물로 회답하며 침묵했다. "깊이 내쉬는 한숨, 눈물 젖은 눈, 반쯤 벌린 입…" …… 그리스 신화 속에 세이렌은 예언자이며 예술가이다.

서양 최초의 음악학자 피타고라스는 세이레네스가 천상의 화음을 낳는 일곱 행성에 살며 노래하고 있다고 했다. 호메로스의 원전에서 세이레네스는 오디세우스에게 "우리는 당신이 트로이에서 겪었던 모든 것을 알고 있어요. 풍요로운 대지 위에서 일어나는 것은 무엇이든 다 알고 있어요.…" 라고 속삭이며 인식욕에 불타는 인간 오디세우스를 유혹한다. 그런 세이레네스가 오디세우스의 잔꾀를 모를리 없었다.

카프카는 바로 세이렌에게 침묵의 가능성을 부여함으로써 이들을 의식 없는 단순한 유혹자로부터, 인간의 이성적 고정 관념을 넘어선 불확실성의 영역에 거처하는 신비로운 존재로 격상시킨다.

또 무사 중 하나인 칼리오페(Calliope)의 아들 오르페우스(Orpheus)가 몸이 찢겨 죽자 그의 몸 조각들을 모아 레이베트라에 묻어주고 그의 리라(Lyra)를 별자리로 만들어 주었다.

이처럼 유럽의 여러 언어로 〈박물관〉, 〈미술관〉에 해당하는 'museum', 'museé' 등은 여러 학예를 관장하는 9명의 여신 무사이(Mousai)에 바쳐진 성역(聖域)인 〈무세이온(mouseion)〉에서 유래하며, 무사이 중에 시 · 음악 · 무용의 여신은 있으나 미술의 여신은 눈에 띄지 않는다.

또 프톨레마이오스 I세가 알렉산드리아에 세운 〈무세이온〉은 오늘날의 박물관 · 미술관의 원조 중 하나로 여겨지지만, 사실상 이것은 여러 학문의 연구소적 성격이 강했다. 고대 그리스에서는 전리품을 모아 진열하고, 전쟁 같은 큰 사건의 정경 등을 벽화로 구현하여 민중에게 보였는데, 이것이 오늘날 미술관 원형의 하나라고도 할 수 있다.

무사이는 헤시오도스에 따르면, 제우스와 므네모시네(Mnemosyne)에서 태어난 아홉 딸에 한한다. 므네모시네는 거인여족(Titanides)의 한 여성이며, 기억을 인격화한 여신이다. 이제 이 아홉 신의 형상을 해체해 보고자 한다.

1) 멜포메네(Melpomene)는 그리스 신화에 나오는 아홉 무사이 중의 여신으로 비극을 맡고 있으며, 리라(Lyra) 연주를 주관하는 여신이다. 머리에는 사이프러스(Cypress) 나무로 만든 관을 쓰고 손에는 비극적인 표정의 가면과 헤라클레스(Heracles)의 단검 혹은 운명의 곤봉을 들고 있으며, 고대 그리스의 비극 배우들이 신던 반장화를 신은 모습으로 표현된다. 어떤 전설에 따르면 몸의 반은 새이고 반은 여자인 사이렌(Siren) 요정들은 멜포메네와 강의 신 아켈루스(Achelous) 사이에서 태어났다고 한다.

2) 에라토(Erato)는 사랑과 서정을 주관하며, 특히 연애시를 주관하는 그리스의 여신이다. 에라토의 이름은 '사랑스러운'으로 에로스(Eros)에서 파생되었는데, 로도스(Rodos)의 시인 아폴로니오스(Appolonius, BC.260?~BC.190?)의 장편 서사시 『아르고나우티카(*Argonautica*)』 3권의 서두에 에라토에게 드리는 농담조의 기도가 있다. 에라토의 이름은 다른 무사들과 함께 헤시오도스의 『신통기(*Theogonia*)』에 서술되어 있다. 르네상스 이후로 그녀의 모습은 장미 화관을 쓰고, 리라(Lyra)나 작은 키타라(Kithara, 아폴론 혹은 에라토 자신이 만든 악기)를 들고 있는 것

으로 묘사된다.

트라키아(Thracia)의 시인 타미리스(Thamyris)는 에라토의 아들이라고도 하고, 님프(Nymph) 아르기오페(Argiope, 얼굴이 흰 여자라는 뜻)가 필람몬(Philammon)과 관계하여 낳았다고도 한다. 타미리스는 자신의 음악 실력을 과신하여 뮤즈들과 시합을 벌였다가 패한 뒤, 뮤즈들에 의해 장님이 되고 목소리마저 빼앗겼다. 한편 같은 이름을 가진 님프(Nymph)들이 여럿 있는데, 다나오스(Danaos)의 50명의 딸들을 일컫는 다나이스(Danais) 가운데 하나의 이름도 에라토이다. 아이기프토스(Aigyptos)의 아들 브로미오스(Bromios)와 결혼하였는데, 아버지의 명령에 따라 첫날밤에 남편을 살해하였다. 또 헤시오도스와 아폴로도로스(Apollodoros)에 따르면, 바다의 신 네레우스(Nereus)와 도리스(Doris)의 딸들을 일컫는 네레이스(Nereid) 가운데 하나도 이름이 에라토이다. 그 밖에 테스피이아 왕 테스피오스(Thespios)와 메가메데(Megamede)의 딸 50명 가운데 하나도 에라토인데, 헤라클레스와의 사이에서 디나스테스(Dynastes)라는 아들을 낳았다.

3) 에우테르페(Euterpe)는 그리스 신화에 나오는 무사이의 하나로 음악을 맡고 있는 여신이다. 에우테르페라는 이름의 뜻은 '기쁨' 또는 '환희'이다. 에우테르페는 강의 신인 스트리몬(Sterimon)과의 사이에서 레소스(Rhesos)를 낳았는데, 트라키아인들을 이끌었던 레소스는 호메로스의 서사시 『일리아드』에서 트로이 전쟁 중에 디오메데스(Diomedes)에게 죽임을 당하는 것으로 나온다. 음악의 무사인 그녀는 후에 시인들이 무사이들의 역할을 정할 때 '기쁨을 주는 자'라 칭하였다. 주로 플루트나 피리와 같은 악기를 들고 있는 모습으로 묘사되며, 고전 시대에는 플루트를 들고 있는 서정시의 무사로 알려졌다. 몇몇은 에우테르페(Euterpe)가 마르쉬아스(marsyas)가 발명했다고 여겨지는 아울로스 혹은 더블 플루트를 만들어냈다고도 한다.

4) 우라니아(Urania)는 천문을 맡고 있는 여신이다. 우라니아라는 이름의 뜻은 '하늘'이다. 왼손에는 지구, 오른손에는 못을 들고 발밑에는 침묵의 상징인 거북이를 두고 있으며, 별로 수놓여진 외투를 입고 하늘을 바라보고 있는 것으로 묘사된다. 별의 위치를 통해 미래를 예견하는 능력을 가지고 있으며, 모든 사랑과 신성한 영혼에 관련이 있다고 종종 여겨진다. 철학과 천문에 관심이 있는 사람들은 그녀를 칭송하기도 한다. 르네상스 시대에 우라니아는 기독교 시인들의 무사이로 여겨지는데, 존 밀턴(John Milton, 1608-1674)의 서사시 『실낙원(*Paradise Lost*)』에서 '하늘의 무사'로 불리었다. 그녀의 이름은 베를린, 비엔나, 취리히에 있는 천문대의 이름으로 붙여지기도 하였으며, 안트베르펀(Antwerpen)의 우라니보그 또한 그녀의 이름에서 따온 것이다. 뉴올리언스(New Orleans)에는 폴림니아(Polymnia)와 펠리시티(Felicity) 스트리트 사이에 우라니아 스트리트가 있는데 모두 이에서 유래한다.

5) 칼리오페(Calliope)는 서사시를 맡고 있는 여신이다. 이름의 뜻은 '아름다운 목소리'이다. 제우스와 므네모시네의 딸로, 호메로스에게 『일리아드와 오디세이』의 영감을 준 대표적인 무사로 알려져 있다. 칼리오페는 아폴론 혹은 트라키아의 왕 오이아그로스(Orpheus) 사이에서 오르페우스(Orpheus)와 리누스(Linus) 두 명의 아들을 가졌다. 무사들 중에서 가장 연장자이고, 높은 지혜와 지도력을 가지고 있다. 제우스의 부름을 받아 아프로디테(Aphrodite)와 페르세포네(Persephone) 사이에서 아도니스(Adonis)를 둔 논쟁을 중재하기도 하였는데, 둘 모두에게 그와 함께할 시간을 균등하게 배분한 것으로 알려진다. 두루마리와 첨필, 명판으로 상징되는 칼리오페는 손에 든 명판에 무언가를 쓰는 모습으로 묘사되며, 오늘날에는 금관을 쓰고 두루마리나 책을 들고 있는 모습으로 묘사된다.

6) 클리오(Clio)는 역사를 맡고 있는 여신이다. 클리오라는 이름의 뜻은 '명성' 혹은 '서술자'이다. 다른 무사들과 마찬가지로 제우스와 므네모시네의 딸이다. 마케도니아의 왕 피에로스(Pieros)와의 사이에서 아폴론의 사랑을 받았던 미소년 히아킨토스(Hyacinthus)를 낳았다. 결혼의 신 휘멘(Hymen)을 낳았다고도 한다. 양피지 두루마리 또는 명판, 긴 나팔을 들고 있는 모습으로 묘사되며, 찬양하는 자로도 알려져 있다.

7) 탈리아(Thalia)는 희극을 맡고 있는 여신이다. 이름의 뜻은 '풍요와 환성'이다. 제우스와 므네모시네 사이에서 태어났다. 아름다움을 상징하는 여신들 카리테스(Charites) 중의 한 명이기도 하다. 희극과 전원시의 무사인 탈리아(Thalia)는 그녀의 노래에서 이름의 뜻에 걸맞은 풍요로움을 칭송하기도 한다. 아홉 무사이 중에서 여덟 번째로 태어났으며 아폴론과의 사이에서 코리반트(Corybant)들을 낳았다. 여러 작품에서 탈리아는 담쟁이덩굴 화관을 쓰고 희극적인 표정의 가면과 양치기의 지팡이를 들고 있는 모습으로 묘사된다.

8) 테르프시코레(Terpsichore)는 무용을 맡고 있는 여신이다. 즉 춤의 기쁨 신이다. 아홉 무사이 중의 한 명으로, 극의 합창을 맡기도 한다. '무용의'라는 뜻의 'terpsichorean'는 테르프시코레(Terpsichore)의 이름에서 온 것이다. 그녀는 무용단의 음악과 함께 리라를 들고 앉아 있는 모습으로 묘사된다. 아켈로우스(Achelous)와의 사이에서 사이렌(Seirenes)을 낳았다고도 한다. 테르프시코레는 헤시오도스의 『신통기(*Theogonia*)』에서 다른 무사들과 함께 서술되어 있으며, 미카엘 프라이토리우스(Michael Praetorius, 1571~1621)가 수집해 만든 무용곡 모음집의 이름이기도 하며, 쿠프랭의 곡집 『Pieces de clavecin』의 제2곡에서도 테르프시코레(Terpsichore, 춤의 기쁨)의 이름을 찾을 수 있다.

9) 폴리힘니아(Polyhymnia)는 그리스 신화에 나오는 무사이의 하나로 '찬가와 무악, 웅변'을 맡고 있는 여신이다. 농업과 무언극의 무사

이기도 하다. 매우 과묵한 성격의 무사로 항상 깊은 생각에 빠진 채 명상에 잠겨있다. 긴 외투와 베일을 입고 있으며, 입에 손가락을 대고 팔꿈치를 기둥에 대고 있는 모습으로 묘사된다. 불멸의 명성을 얻고자 하는 작가들에게 명성을 가져다 주며, 기하학과 무언극, 명상과 농업의 무사로도 신임을 받는다. 뉴올리언스에는 에우테르페(Euterpe)와 우라니아(Urania) 스트리트 사이에 폴리힘니아 스트리트가 있다.

상기에서 기술한 것처럼 기원전 280년 알렉산드리아의 왕궁 내에 〈무세이온(Museion)〉을 설립했는데, 이 무세이온은 학예의 여신인 '무사이 여신'에서부터 기원하며 '학예의 전당'을 일컫는다.

알렉산드리아의 학술연구소로서 '무세이온'

기원전 300년 경 이집트의 알렉산드리아 궁전의 일부에 〈무세이온(Mouseion)〉[40)]이라고 하는 '국립 종합연구소'를 건립하였다. 오늘날 박물관을 뜻하는 단어 'museum'은 '뮤즈(Muse)'의 신전 안에 있던 보물창고 이름인 〈무세이온〉에서 유래한다. 보물창고는 '지식의 보고'를 의미한다. 이 〈무세이온〉이 문예, 미술의 여신인 '뮤즈(Muse)'에게 바치는 장소로 쓰여 졌는데, '철학원' 또는 '사색의 장소'를 뜻하기도 한다. 이러한 명칭은 학자들의 사색장소 그리고 철학적 담론의 장소로 사용한 까닭이다.

이 〈무세이온(Museion)〉은 '뮤즈'를 위한 곳으로 '무세이아(Mouseia)'라 불리는 특별한 축제에서 문학적 열정을 해소하고, 호머 시대의 서사시를 찬양한 곳이다. 이것은 "새로운 〈무세이온〉 설립을 위한 명칭을

---

40) 무세이온은 영어의 'institute'인 학회, 연구소의 뜻으로 Aristoteles의 'Lyceion'과 Platon의 'Academia'와 유사한 개념이다.

설명하는 것뿐만 아니라 알렉산드리아 기관에 대한 학문연구의 종교적인 특성과 중요성, 건축술을 밝히는 『알렉산드리아 무세이온(Alexandria Museion)』의 그리스적인 배경"인 것이다. 이를 〈알렉산드리아 뮤지엄(Alexandrian Museum, Museum of Alexandria)〉이라고도 한다. 특히 과학과 문학에 대한 연구로 유명한 학술기관이었다. 〈무세이온〉은 연구와 교수를 겸하도록 아리스토텔레스의 〈라이시움(Lyceum)〉을 본 따 건축되었으나 규모는 훨씬 장대했다.

〈무세이온(Museion)〉은 본디 '학예 · 음악'을 담당하는 9여신 '무사이'(Mousai; 영어로 'Muse'에 해당하는 무사의 복수형)의 신전이라는 뜻이다. 그 종교 결사(結社)의 형태로 '학당'이 구성되었다. 이러한 〈무세이온〉은 플라톤의 학당 〈아카데미아(Acadēmeia)〉[41]나 아리스토텔레스의 학원 〈리케이온(Lykeion)〉을 본 뜬 것인데 그리스 아테네에 있었던 아폴로 · 리케이우스 신전 근방의 성벽으로 둘러싸인 김나지움(Gymnasium)과 정원의 명칭이었다. 기원전 280년 알렉산드리아의 왕궁 내에 〈무세이온〉이 가장 명성이 높았고 대규모적이었으며 오래 지속되었다.

〈무세이온〉은 처음에는 이집트 왕들에 의해, 그리고 나중에는 로마 황제의 후원 아래 기원전 140년에서 서기 80년 사이에 크게 발전했다. 하지만 그 뒤로는 점점 이집트화되어 실제적 기술이 발전하게 되면서 과학발전 자체는 다소 침체한 상태가 된다. 그러나 헬레니즘 시대에 그리스 과학이 가장 왕성하게 전승, 발전되었던 곳이 알렉산드리아였고, 여기에 있던 〈무세이온〉에는 수많은 학자들이 몰려들어

---

41) 고대 그리스의 철학자 플라톤 사후, 스페우시포스 등이 아카데미아의 전통을 전승하여 학문을 가르쳤던 약 100년간을 이르는 말. 플라톤 사후, 그에게 가르침을 받았던 스페우시포스(BC. 395?~BC. 339)와 크세노크라테스(BC. 396?~BC. 314?) 등이 아카데미아의 전통을 전승하여 학문을 가르쳤던 약 100년간의 기간을 말한다. 아카데미아란 플라톤이 세운 학교로, 본시 아테네 서북 교외에 있는 영웅 아카데모스를 모시는 사당에 학교를 세운 데서 유래된 이름이다.

헬레니즘 시대의 과학 중심지 역할을 했다.

알렉산더가 사망한 뒤 그 휘하에서 사령관으로 활동했던 프톨레마이오스 I세 소테르(Sorter)가 이집트를 장악했다. 프톨레마이오스 왕조는 알렉산더가 세운 제국에서 성립된 왕조 가운데 가장 오랜 기간 동안 통치했던 왕조였다. 프톨레마이오스는 알렉산더와 함께 마케도니아 궁정에서 교육을 받았으며, 아리스토텔레스에게도 동문수학한 사이였다. 그래서 알렉산더와는 친교가 매우 깊었던 사이였다.

기원전 300년경에 건립된 것으로 알려진 왕궁 근처에 위치한 〈무세이온(Museion)〉의 건물은 기원전 280년경 프톨레마이오스 II세 필라델포스(Philadelphos)가 세웠거나, 기원전 323~285(또는 283)년에 재위했던 그의 부왕 프톨레마이오스 I세 소테르가 지은 것으로 추정되는 등 그 연원은 확실하지가 않다.

이 〈무세이온(Museion)〉의 설립에 대해 소테르는 학자이자 정치가였던 아리스토텔레스의 제자였던 데메트리우스(Demetrius)[42]의 자문을 받은 것으로 여겨지는데, 〈부루치움(Brucheium)〉으로 알려진 격조 있는 시내 왕궁 부근에 웅장한 건물을 건축하였다. 이 건물은 박물관, 도서관, 그리고 대학 등 복합 연구소로 사용되었다. 이 건물로 옮겨진 것은 책뿐만 아니라 동식물의 표본, 공예품, 그리고 예술 작품들이 망라되었다. 아리스토텔레스의 사상을 모델로 그곳에 〈무세이온〉이라는 종합 연구소를 건립한 것은 데메트리우스의 계획이었으며, 도서관 발전의 공 역시 그에게 돌려주어야 한다.

---

42) 도서관을 건축한 데메트리우스 팔레레우스는 원래 실각한 그리스 왕이었으나 그보다 철학자로 이름이 나타나다. 그는 다소 속물이었으나 프톨레마이오스 I세는 그에게 심취해 있었다. 데메트리우스는 아테네 학원들, 그 중에서도 리케이온과 비슷한 기관을 설계했다.

또는 프톨레마이오스 I세는 자기 아들의 교육을 위해 대학자 스트라토(Strato)를 아테네로부터 초빙했다. 그는 조직적인 교육을 위해 서기전 306년 〈무세이온〉을 설립했고 이것이 알렉산드리아 대학과 도서관의 기원이 되었다. 서기전 300년경 아테네의 데메트리우스가 초대 도서관장으로 임명되면서 도서관이 단순히 책을 보관하는 곳뿐만 아니라, 지속적으로 학문을 연구하는 학술연구소와 대학으로 발전되었다.

프톨레마이오스는 '지구상의 모든 민족들의 책'을 수집하여 보관할 것을 지시했다. 그러나 빌리슈아우워(H. J. de Vleeschauwer)는 도서관의 기원은 "그리스적인 만큼이나 오리엔탈적이며, 도서관 자체가 프톨레마이오스와 그의 오리엔탈 도서관의 회상에서 비롯되었다"는 다소 설득력 있는 주장을 전개시키고 있다. 그리하여 그는 도서관은 "창시자와 집행자라는 각각의 역할을 분담하는 프톨레마이오스와 두 사람의 업적"[43]이라고 주장하고 있다.

사실 프톨레마이오스나 데메트리우스 중 어느 일 개인만의 업적이라고는 할 수 없다. 거의 모든 분야에서 헬레니즘 학문은 기원전 3세기부터 전성기를 맞았고, 알렉산드리아는 이 학문의 중심였다. 소테르가 기원전 300년경 알렉산드리아 대학을 설립하기 시작했을 때 그는 고대 말기에 이르기까지 그리스-로마 세계에서 가장 크고 가장 중요한 연구소를 창조한 셈이 된다.

〈무세이온(Museion)〉은 규모에서만 새로웠던 것이 아니라 학문의 역사에서 중요한 발전의 장을 열었다. 프톨레마이오스 왕조 왕들이 그들의 프로젝트에서 모범으로 삼았던 것은 물론 아테네에 있던 플라톤의 학당 〈아카데미아(Academia)〉와 아리스토텔레스 학파의 학교

43) H. J. de Vleeschauwer and H. Curtis Wright, "Origins of the Mouseion of Alexandria," in *Toward a Theory of Librarianship: Papers in Honor of Jesse Hauk Shera*, Conard H. Rawski, ed. Metuchen, N. J., Scarecrow Press, 1972. p.90.

〈리케이온(Lykeion)〉이었지만, 이곳과는 달리 알렉산드리아에서는 철학, 어문학 및 그와 유사한 과목들 외에 그때까지 그리스 상류층에 의해 경시되던 자연과학과 기술 분야에서의 연구도 상당히 장려하였다. 알렉산드리아에 현대적 의미에서의 최초의 대학이 탄생되었고 여기에 당시에 알려진 모든 학과들이 자리를 잡은 셈이다.

이 〈무세이온(Museion)〉에는 약 50만 권의 장서를 소장한 도서관(부루치움 도서관)과 100명의 학자사서와 연구자들이 배치되었는데, 이들은 국가에서 봉급을 받았다. 이 〈무세이온〉은 600년 가량 지속되었지만, 과학의 측면에서 볼 때 처음 200년 동안이 가장 중요한 시기였다.

따라서 〈무세이온〉은 학문 연구기관의 성격이 강한 시설로서 건립되었다고 할 수 있을 것이다. 이러한 〈무세이온〉은 성역과 같은 의미로서 그리스어 'Mousa'의 영어형 'Muse'이며 〈Muse 신들의 관(館)〉인 것이다. 여기서 '뮤즈(Muse)'는 인간의 모든 지적활동인 학술과 예술을 담당하는 그리스 여신의 총칭이다. 그렇다면 〈무세이온〉은 전 세계의 지식을 망라하여 수집, 정리하여 이를 바탕으로 연구한 학술도서관적 성격으로 설립된 것으로 생각할 수 있다.

따라서 〈Bibliotheca Alexandrina〉의 시초는 〈무세이온〉의 '자료실' 즉 '학술도서관(Scholar's Library)'과 같은 형태로 시작된 것이다. 이렇게 자료실의 형태에서 시작한 〈Bibliotheca Alexandrina〉는 궁전 〈무세이온〉과 '묘(廟)' 등을 총합하여 왕궁을 의미하는 〈부루치움(Brucheium)〉이라는 이름으로 알려지게 된 것이다. 이것은 프톨레마이오스 왕가의 도서관에 대한 많은 기대와 노력이라 볼 수 있다. 이러한 왕가의 도서관에 대한 애착이 나중에 또 하나의 도서관 〈세라피움(Serapeum)〉을 설립하게 된다. 따라서 〈알렉산드리아 대 도서관〉은 사실상 〈부르치움과 세라피움〉의 총칭인 것이다. 이들을 '자매 도서관(Sister's Library)'이라고 칭한다. 이러한 사실은 '분관 시스템' 또는 '전문도서관'의 효시라는 아이디어를 제공받게 된다.

이러한 왕궁 내에 설치된 〈부루치움(Brucheium)〉 시설에 대하여 알렉산드리아 사람들은 인간의 지적 활동센터로서의 상념을 담고 있는 것으로 생각하였다. 공식적으로 '뮤즈(Muse)'를 위한 신전인 〈무세이온〉은 "그 시대의 가장 대표자격인 그리스 학자, 시인이자 철학자 혹은 과학자들이 신분 높은 경력을 영위하는 안식처가 되었다."

도서관과 박물관은 어떤 특정 철학 학파나 교리에 억매이지 않았다. 여기에 거주 학자들은 상당한 학문적 자유와 때때로 종신직까지 보장받았다. 하지만 종신 계약이라도 얼마든지 파기될 수 있었다. 그렇기 때문에 철학자든 문헌학자이든 '뮤즈(Muse)'의 조롱(鳥籠) 안에서 노닐어야 하는 진귀한 새(鳥)의 신세에 지나지 않았던 그들은 왕에게 충실히 봉사를 해야 했고, 왕의 분노를 사지 않는 것이 현명한 처신이었다.

프톨레다이오스 II세 필라델포스는 도서관뿐만 아니라 왕국을 확장시켰다. "누나를 사랑하는 자"라는 그의 이명은 그의 결혼 프로그램이었다. 왜냐하면 그는 자신의 누나인 아르시노(Arsenio) II세와 결혼했기 때문이다. 이집트 신하들에게 이것은 아무런 문제가 되지 않았다. 왕실 핏줄들 사이의 결혼은 금기가 아니었기 때문이다. 그러나 그리스인들의 반응은 양분되었다.

시인 마로네아(Maroneia)의 소타데스(Sotades)에 대한 다음과 같은 이야기가 전해지고 있다. 소타데스는 신중함보다 재기가 앞선 나머지 프톨레마이오스 II세가 여동생과 결혼한 사실을 야비하게 풍자한 시를 지었다. 그 기개는 높이 살만 하였지만, 이 불운한 시인은 곧 투옥되었다. 그는 탈옥을 시도하다 붙잡혔는데 이번에는 납 항아리에 갇힌 채 바다에 던져졌다. 말 안 듣고 고집 센 사람들에게 경고를 하기 위하여 소타데스의 이 사례는 널리 인용되었다. 그는 목숨을 내놓은 댓가로 "그는 경건치 못한 구멍에 가시를 찔러 넣었다."[44)]라는 게 고발 문구 중의 하나였다.

그러나 테오크리트(Theokrit)의 말은 매우 다르다. "그녀(아르시노에)보다 더 나은 아내는 없네. 그녀는 지아비를 방에서 팔로 껴안고 자신의 남동생이자 남편인 그를 가슴깊이 사랑하네."[45)]라고 읊었다는 것이다.

도서관은 학문의 연구소로 건립되었다. 도서관의 특징 중 프톨레마이오스 왕조에 의해 임명된 성직자가 지배했다는 사실에 의해 증명된 종교적인 면은 고대 이집트의 전통의 잔존이다. 궁전의 뜰에 주랑과 궁전을 따라서 포장된 산책로와 함께 있는 화려한 건물, 도서관은 스트라보(Strabo, BC.63~AD.21)가 언급했었던 '엑세드라'(Exedra or exhedra, 일종의 원형 연기장) 즉, 건물 내부의 높은 곳에 있는 반원형 또는 직4각형 벽감(壁龕)형태인데, 더 넓은 의미로는 교회의 앱스(apse, 後陣)[46)]나 교회 내의 벽감을 가지도록 건축하였다. 고대 그리스의 '엑세드라'는 대개 아테네의 아크로폴리스 같은 주요 도시의 성역에 만들어져 학자와 시인들의 토론 장소로, 또 휴식이나 명상을 위한 장소로 사용되었다.

처음에는 학자들의 급료를 이집트의 왕이 지급했으나 나중에는 신성 로마 제국 황제가 지급했다. 유명한 〈Bibliotheca Alexandrina〉도 바로 〈무세이온(Museion)〉의 일부로 속해 있었는데, 이 도서관을 포함한 〈무세이온〉의 건물 대부분이 270년 팔미라(Palmyra, 아랍어로는

---

44) Athenaios, *Gelebrtenmabl* 14, 621 a.

45) Theokrit, *Idyllen* 17, 128-130.

46) 세속건축이나 종교건축에서 성가대석, 챈슬(성단), 혹은 아일[側廊]의 끝에 있는 반원형 또는 다각형 공간을 말한다. 그리스도교 이전 로마 건축에서 처음 나타났으며 흔히 신전에서 신상을 모시기 위해 벽감을 더 넓혀 마련한 곳이었다. 팔라티누스 언덕의 도미티아누스 궁전에 있는 황제의 바실리카에서처럼 바실리카나 공공욕장에도 딸려 있었다.

Tadmur)[47]의 제노비아(Zenobia, ?~274) 여왕에 의해 해체된 것으로 추정된다. 그러나 〈무세이온〉의 교육 · 연구 기능은 5세기까지 지속된 것으로 전해지고 있다.

당시에 도서관 학자사서들은 매일의 생활에 필요한 필수품들에 대한 걱정없이 〈뮤즈 신〉들을 섬기는데 전념할 수 있도록 다양한 특권들을 누렸다. 상당한 양의 보조금을 지원 받았으며, 생활을 즐겁게 해주는 여러 설비들도 지원 받았다. 또한 그들은 숙식도 무료로 제공받으면서 세금도 면제받았다. 그리고 고액의 월급과 그들의 가사 일을 돕는 하인들까지 제공되었다. 이상과 같은 엄청난 그들의 특권화 된 대우는 그리스 전역에 많은 비판을 불러 일으켰고, 종종 그들의 안락하고 편안한 생활들뿐만 아니라 그들이 수행한 업무의 낮은 질에 대해서도 신랄한 비판이나 비꼬는 말을 듣기도 했다.

회의학파 철학자이며 피로(Pyrrho)의 제자인 티몬(Timon of Phlius)은 도서관을 '인구가 조밀한 이집트는 은둔한 책 벌레들에게 모이를 주고 있다. 그들은 뮤즈의 조롱(鳥籠)안에서 쉴새없이 모이를 쪼고(쓸데없는 논쟁을 하고)있다[48]고 조롱(嘲弄) 하였으며, 또한 그곳의 철학자들을 '유별난 새들'이라고 비유하였다.

그리고 그는 『페노미나(*Phenomena*)』라 불리는 시의 작가인, 아라투스(Aratus of Soli)에게 개정판을 사용하는 대신에 호머로스(Homeros)의 옛 판본을 사용하라고 충고함으로써, 제노도투스의 편집업무에 대한 질을 간접적으로 비난했다. 텍스트의 원전주의가 중요하다는 것을 암시한다.

---

47) 팔미라는 무려 기원전 2천 년 무렵부터 메소포타미아 지역과 페르시아, 인도 및 지중해 지방을 잇는 교역로의 중심에서 교역도시로 번성했던 곳으로, 『구약성서』에도 기록되어 있을 만큼 오래된 곳이다.

48) Timon, frg. 12 Diels.(에코의 서재 알렉산드리아 도서관, 로이 매클루우드 등저, 이종인 역. 서울, 시공사, 2004. p.97)

사실상 도서관의 학자사서들은 금박을 입힌 감옥에 살고 있었는데, 왜냐하면 그들은 심지어 이 건물 밖으로 나갔을 때에도 그들은 여전히 궁전의 땅 안에 있는 것이었고, 그들이 나가는 것은 거의 허락되지 않았기 때문이다. 티몬의 말은 그리스 세계의 중심지에서의 학자들 사이의 일반적인 관계, 특히 아테네의 학자들 사이에서 가끔 발발하는 학구적이지만 종종 격렬한 논쟁들과 같은 종류의 것들을 수행하는 도서관의 학자사서들과 다른 지식인들 사이의 상태를 설명하는 것이다. 유일한 차이점은 소피스트들에 맞서는 소크라테스와 플라톤, 아리스토텔레스의 논쟁이 새로운 문헌적 연구를 신봉하는 이들, 특히 박물관의 학자들에 대한 고전 학자들의 비난으로 대치되었다는 것뿐이다.

그러나 도서관의 관리자들이 대개 왕실을 위해 가정교사로 1인 2역을 했다는 것을 알고 있음에도 불구하고, 도서관 안에서 그들의 학자적인 임무에 대해 알려진 것이 거의 없다. 학자들의 가장 중요한 의무는 물론 연구였지만 그 외에 그들은 가르쳐야 할 의무도 있었다. 공개 강연과 개별 수업뿐 아니라 학술적 공개 논쟁도 통례였던 듯하다.

알렉산드리아는 급속히 대학 도시가 되어갔다. 한 파피루스지에는 어느 대학생이 그의 부모에게 보낸 편지가 남아있다. 처음에 그는 이제 아우도 공부하려 알렉산드리아에 왔으니 좀 더 큰 방을 찾아봐야겠다고 한 편지가 있다. 하지만 그는 그 뒤에 어느 시대에나 늘 들을 수 있는 교수에 대한 불만과 낮은 수준 등에 관해 하소연하는 내용도 포함되었다. 가령 저는 완전히 혼자 힘으로 공부해야 한다니까요. 이런 식으로 부모에게 공부하는 데 시간의 더 오래 걸리고 돈이 더 들어가는 그럴 듯한 이유가 잘 설명되어 있다.

어떤 확신을 가지고 말 할 수 있는 유일한 것은 그들의 학자적이고 문학적인 작품들의 대부분이 프톨레마이오스들이 그들의 세계적인 도서관을 위해 수집했던 방대한 양의 도서들을 정리하고, 평가하고,

분류하는 것과 관련되어 있었다는 것뿐이다. 왕실의 연금지원을 받은 학자들은 필사작업, 필사의 정확도 확인 및 도서관을 '고대 세계의 영광'으로 만드는데도 혼신의 힘을 경주하였다.

'고대 세계의 영광'으로 만들기 위해서 문화적 황무지같은 이 도시로 지식인들을 데려오기 위해서 프톨레마이오스 왕들은 온갖 아첨을 다 부렸다. 그들은 알렉산드리아의 문화적 전성기인 기원전 3세기경에는 그러한 주체할 수 없는 자극들을 제공하였으며, 그래서 알렉산드리아에 지식인 집단을 유인할 수가 있었다.

프톨레마이오스 I세는 아테네에서 유킬리드(Euclid) 뿐만 아니라 당시의 최고의 물리학자 스트라톤을 초빙하였고, 프톨레마이오스 III세는 지구의 원주계산을 정확하게 해낸 지리학자 에라토스테네스(Eratosthenes)를 초빙하였다. 해부학의 창시자 헤로필로스(Herophilos, BC.335~BC.280)는 히포크라테스(Hippocrates)가 의술을 행했던 코스(Cos)에 있는 유명한 의학센터에서 훈련을 받은 후 알렉산드리아에 정착하였다.

심지어 저명한 아르키메데스(Archimedes, BC.287~BC.212)도 감언이설에 빠져 고향인 시라쿠사(Siracusa)를 잠시 떠나 알렉산드리아에 머문 적이 있었다. 이들 모두는 '학자사서'였다. 학자가 아니면 사서가 될 수없는 학자사서의 전통은 이때부터 시작된 오랜 전통이다.

이처럼 지식인들을 초빙하는데 한몫했던 것은 프톨레마이오스 I세의 〈무세이온〉의 설립이었다. 요컨대, 고대의 두뇌집단들이 모인 대표적인 장소였다. 프톨레마이오스 왕조로부터 초빙 받은 저명한 작가, 시인, 과학자, 학자로 이루어진 〈무세이온〉의 회원들은 높은 봉급과 세금 면제, 숙식제공과 같은 특권을 맘껏 누렸다. 프톨레마이오스 I세가 세운 기부금 제도가 있었기 때문에 자금은 풍족하였다. 숙소문제를 해결하기 위해 그는 왕궁의 한 부분을 할애했고, 회원들이 함께 식사할 수 있도록 그들만의 식당도 제공하였다. 한마디로 그들은 고양된 지적 활동을 위해 사소한 일상생활을 희생하였다.

이러한 면을 두고 회의론을 신봉한 철학자이며 당대의 풍자가였던 티몬(Timon of Phlius)이 상기에서 기술한 바처럼 시니컬하게 비평을 한 것 외에도 스트라보는 개인적 지식에 바탕을 둔 이러한 기록을 남겼다. "도서관은 왕궁의 일부이다. 이 건물은 유개(有蓋) 산책로, 엑세드라(exedra; 의자가 있는 토론 홀), 커다란 집으로 구성되어 있다. 커다란 집은 박물관에 초빙된 학자들의 식당이다. 이 사람들은 재산을 공유했다. 또한 사제가 박물관의 책임자인데 전에는 왕들이 임명했으나 지금은 황제가 임명한다."

두 학자들이 〈도서관 · 박물관〉의 연구기능과 이곳을 이용한 학자들에게 아낌없는 지식공유와 정부지원에 대해 이야기해 주고 있다. 그런데 아낌없는 지원에 비해 학자들의 연구 결과물의 소극성에 대해 조롱하고 있다. 먹이만 쪼아 먹는 조롱속의 새들에 불과하다고.

학문적 탐구에는 이미 그 당시에도 돈이 들었다. 당시의 위대한 예술보호자들, 즉 이집트의 프톨레마이오스 왕조의 왕들, 페르가몬(Pergamon)의 앗달리아(Attalia)[49] 사람들, 그 외 다른 통치자들이 학문연구를 후원하였다. 그리하여 많은 학자들이 알렉산드리아의 〈무세이온〉과 같은 대형 교육 및 시설에서 여유있게 연구할 수 있었다. 철학자 티몬과 같은 '국외자'는 그런 지원을 회의적으로 평가하였다. "많은 자들이 사람들로 와글거리는 이집트에서 길러진다네, 책이나 끄적거리는 자들이 뮤즈들의 새장에서"[50] 라고 그는 그의 독설적인 시들 중 하

---

49) 소아시아 남쪽 해안 버가의 외항으로 밤빌리아도(Provincia Pamphylia)에 있던 고대 도시로서 소아시아에서 애굽에 왕래하는 길목 이었다. 아름다운 항구 도시로서 원래 버가모왕 앗달로가 수리아와 애굽으로 통상하기 위하여 창건한 성읍이다.

50) Athenaios 2, 228, 30w.

나에서 조롱하였다.

알렉산드리아에서 〈무세이온〉은 규모면에서만 새로웠던 게 아니라 학문의 역사에서 중요한 발전의 역사를 열었다. 프톨레마이오스 왕들이 그들의 프로젝트에서 모범으로 삼았던 것은 물론 아테네에 있던 것들과는 달리 철학, 어문학 및 그와 유사한 과목들 외에 그때까지 그리스 상류층에 의해 경시되던 자연과학과 기술분야에서 연구도 상당히 장려되었다. 알렉산드리아에 현대적 의미에서의 최초의 대학이 탄생하였고, 여기에 당시에 알려진 모든 학과들이 자리잡았다.

기원전 300년과 150년 사이에는 약 60여명의 정신과학자와 역시 그만큼 많은 자연과학자들이 있었을 것으로 추정된다. 여기에 초빙된 학자들은 막대한 문헌들 외에 대규모의 재료와 자금도 마음대로 사용할 수 있었다. 물론 학문 그 자체를 후원하는 것만 중요했던 것은 분명히 아니었을 것이다. 어느 시대나 마찬가지지만 고대의 세력가들도 학문적 펜대로 치장하기를 좋아했다.

하지만 알렉산드리아에서 새로웠던 것은 개인적 후원으로부터 독립된 재정적 안전이었다. 게다가 몇몇 학자들은 왕의 장학금을 통해 재정적 후원을 받기도 하였다. 그런 생계비는 짧은 기간동안 혹은 일생동안 지급되었다. 연구에 대한 정치적 권력의 직접적인 영향력 행사를 추측하는 것은 너무 현대적 발상이다. 정치적 규정과 국가의 연구지원을 통해 학문을 조종하는 것은 20세기에 고안된 것이다.

그리스인들에게 〈무세이온〉은 일차적으로 '뮤즈 신'들에게 바쳐진 신성한 장소로 그리스 세계에 많이 있었다. 자주 그런 성전에 문학 중심지나 철학 학교들이 연결되었고, 이것들을 학문 수호자인 여신이 보호했다. 알렉산드리아에서도 〈무세이온〉의 구성원들이 종교공동체를 형성했다. 제식의 지휘권은 왕이 직접 임명하는 사제(司祭)가 쥐고 있었다. 제식의 기능을 편성하는 종교 관리와 제식 단체의 재산을 담당하는 행정 지휘자가 그 사제를 도왔다. 왕들은 그 성전에 상당한 액수의 재산을 양도했고 학자들은 그 재산을 독립적으로 사용할 수 있었던 같다.

학과가 매우 다채로웠던 만큼 도서관 구조에 대한 왕들의 계획도 매우 야심만만했다. 훌륭한 재정적 후원 외에 도서관 장비도 당시 연구자들에게 인기가 있었다. 하지만 아쉽게도 도서관의 구조와 조직에 대해 〈무세이온〉보다 더 알려진 것은 없다. 아리스토텔레스의 제자인 데메트리우스가 기원전 300년경 친 마케도니아적인 태도 때문에 아테네를 떠나야 했을 때 알렉산드리아로 초빙됐는데 이때 도서관이 〈무세이온〉과 함께 건설된 것으로 전해지고 있다. 프톨레마이오스 I세보다 더 많이 예술과 학문을 후원했던 프톨레마이오스 II세에 의해 도서관이 대폭 확장되었다. 도서관과 왕실의 연계성은 도서관장이 종종 왕자를 가르치는 교사의 기능을 수행했다는 사실에서도 알 수 있다.

그들에게 주어진 모든 개인적 이점에 더해서 이 선택된 지식인 집단에게는 값으로 환산할 수 없는 자유로운 지적 자원이 있었다. 프톨레마이오스 왕조가 알렉산드리아에 도서관을 설립한 것은 바로 이들을 위해서였다. 고대 메소포타미아와 이집트, 그리고 그리스 문명을 총체적으로 담고 있었던 세계 최대 규모의 도서관은 이집트의 지중해변에 자리 잡은 항구도시 알렉산드리아에 설립된 것이다.

알렉산드리아의 〈무세이온(Museion)〉은 헬레니즘 시대부터 5세기에 이르기까지 고대 학문의 중심지 역할을 했다. 이 〈무세이온〉은 도서관, 동물원, 식물원, 천문대, 실험실, 해부실 등을 갖추고 있었는데, 이곳에서 약 100여 명의 교수들이 활발한 연구 활동을 했다. 알렉산드리아는 페르시아, 이집트, 인더스 강 연안 등 광범위한 영역에 걸치는 대제국을 건설한 알렉산더 대왕이 설립한 고대 도시였다.

요약하면 알렉산더가 죽은 뒤 알렉산더의 휘하에서 사령관으로 활동했던 프톨레마이오스는 이집트로 들어가 이집트의 마지막 왕조가 되는 프톨레마이오스 왕가를 세웠다. 기원전 280년 프톨레마이오스 II세는 알렉산드리아의 왕궁 내에 연구교육기관인 〈무세이온〉을 설립했다. 이는 학문의 전당으로서 유럽 근세에 이르기까지 〈무세이온〉에 견줄 만한 기관은 없었다.

이것은 데메트리우스의 진언에 따라 프톨레마이오스 I세 소테르가 왕궁 안에 창립, 프톨레마이오스 II세와 III세 때 가장 번성했다. 〈무세이온〉은 처음 프톨레마이오스 왕가에 의해, 그리고 나중에는 로마 황제의 후원 아래 기원전 140년에서 서기 80년 사이에 크게 융성했다. 〈무세이온〉의 도서관에 있는 엄청난 양의 장서는 당시까지의 모든 책을 모아 놓은 그야말로 고대 문화의 보고였는데, 이 〈무세이온(Museion)〉의 책들은 역사상 유명한 여성들에 의해 보호, 육성되기도 한 반면에 파괴되는 운명을 겪었다.

제 4 장

아리스토텔레스의 학원 리케이온

기원전 343년 아리스토텔레스는 마케도니아의 왕 필리포스의 초대를 받아 마케도니아의 수도 펠라(Pella)로 간다. 이는 필리포스 왕이 13살의 왕자 알렉산더의 가정교사로서 아리스토텔레스를 초빙하였기 때문이다. 훗날의 세계 최고의 권력자와 세계 최고 지성의 만남이 어떤 것이었는지는 궁금증을 불러일으키기에 충분하기에 그동안 수많은 억측을 낳았다. 왕자가 아리스토텔레스의 말을 잘 듣지 않았을 것이라고 추측하는 사람들도 있지만, 그것은 그저 추측일 뿐이다.

그 뒤 마케도니아의 지배 아래서 이루어진 아리스토텔레스의 행적을 보면, 알렉산더와 아리스토텔레스의 만남이 훗날 네로와 세네카의 만남처럼 비극적인 것이 아니었던 것만은 틀림없다. 전해 내려오는 아리스토텔레스의 저술 목록 가운데는 왕자 알렉산드더를 위해 저술하였음이 분명한 글들이 있다. 그리고 아리스토텔레스의 광범위한 연구 활동은 알렉산더의 후원 없이는 생각할 수 없다. 알렉산더는 동방 원정에 나서면서 아테네에 대한 지배권을 안티파트로스(Antipatros, BC.397~BC.319)에게 넘겼는데, 이 사람은 아리스토텔레스의 절친한 친구였다.

에게 해의 아시아 쪽에 새로 건설된 도시 아소스(Assos)에서는 그리스의 용병 출신인 아타르네오스의 헤르메이아스(Hermias)가 페르시아 군주들의 부하 신분으로 출발하여 소아시아 북서부 지방의 재정적·정치적 지배권을 장악했다. 헤르메이아스는 아테네의 〈아카데미아〉를 방문한 뒤 그리스의 규범과 철학을 아시아 지방에 전파하기 위해 〈아카데미아〉 분원을 세우기로 결심하고 플라톤의 제자 2명을 보내달라고 요청했다. 아리스토텔레스는 크세노크라테스(Xenocrates of Chalcedon)와 함께 아소스를 방문하였다.

그 무렵 마케도니아가 새로운 강국으로 떠오르면서 스타기라(Stagira)[51]의 이웃 도시 올린토스(Olynthos)를 복속시켰는데, 이 일을 계기로 아테네에서는 데모스테네스(Demosthenes, BC.384~BC.322)를 중심으로 반 마케도니아 운동이 거세게 일어났다. 물론 이런 정치적 상황은 마케도니아와 가까운 관계에 있던 아리스토텔레스에게는 큰 위협이 아닐 수 없었다. 이런 상황에서 아리스토텔레스는 아타르네우스(Atarneus)의 아소스로 간다. 이곳은 아리스토텔레스의 옛 동료 헤르메이아스(Hermias)가 권력을 잡고 있던 곳으로, 그는 옛 친구를 융숭히 대접하면서 그의 거처와 연구를 후원해 주었다.

이 시기에 아리스토텔레스는 『정치학(*Politica*)』 제7권의 12개 장을 저술한 듯하다. 이 글에서 철학과 정치학의 관계를 설명하면서, 도시국가(폴리스)의 최고 목적은 철학적 생활을 할 수 있는 사람들에게 그러한 조건을 마련해 주는 것이라고 주장했다. 그리고 이러한 생활을 할 수 있는 사람은 그리스인 뿐이며 따라서 그리스인은 비(非) 그리스인을 노예로 삼아 비천한 일을 시킬 자격이 있다고 주장했다.

---

51) 아리스토텔레스는 기원전 384년에 그리스 반도의 동북부, 스타기라(Stagira)에서 출생했다. 그는 순수한 그리스혈통을 지녔지만, 그 곳이 당시 마케도니아의 지배 아래 있었고, 또 그의 부친이 마케도니아 궁정 시의(侍醫)였기 때문에 그는 일생동안 친마케도니아 계라고 지목받았다.

같은 시기에 지금은 남아 있지 않은 『왕권에 관하여(*On Kingship*)』를 저술하였고, 이 책에서 플라톤과 달리 철학자와 왕의 기능을 분명하게 나누었다. 왕이 철학자가 되는 것은 필요하지 않을 뿐 아니라 유익하지도 않다. 오히려 왕은 참된 철학자들의 충언을 들어야 한다. 그래야 왕은 자기 왕국을 좋은 말이 아니라 좋은 행동으로 가득 채울 수 있다고 하였다. 이른바 플라톤의 '철인정치론'을 반대하고 나선 것이다.

아리스토텔레스는 후견자 헤르메이아스와 좋은 관계를 유지한 인연으로 그의 조카딸 피티아스(Phythias)와 결혼하여 딸을 얻었다. 그리고 그의 가족은 테오프라스토스(Theophrastos, BC.372/369~BC.288/285)와 함께 다시 그의 고향인 스타기라(Stageira)로 귀향한다. 그의 『정치학(*Politica*)』에는 이상적인 결혼 나이를 남편은 37세, 아내는 18세로 규정하였는데 이때 아리스토텔레스의 나이가 37세였다. 그러나 그의 아내 피티아스가 18세였는지는 분명하지 않다. 피티아스는 오래 살지 못했고 그녀가 죽은 뒤 아리스토텔레스는 헤르필리스(Herphyllis)와 함께 살았으며 아들 니코마코스(Nikomachos)를 얻었다.

아소스의 〈아카데미아〉에서 3년을 보낸 뒤 기원전 345년 37세의 아리스토텔레스는 아소스에서 그리 멀리 떨어지지 않은 레스보스 섬(Lesbos)의 미틸레네(Mitilene)로 다시 이주한다. 미틸레네 체류 기간은 아리스토텔레스 생애에서 중요한 전기가 된다. 그는 이 섬에서 평생의 동료 테오프라스투스를 만난다. 한편 미틸레네 주변의 바닷가는 아리스토텔레스에게 생물학 연구를 위한 노천 연구소와 같았다. 기원전 4세기 그는 거기서 생물들을 관찰하는데, 이 관찰의 내용은 그의 저술 『동물지(*Historia animalium*)』에서 집대성되었다. 아리스토텔레스가 유배의 세월을 보냈던 미틸레네는 『동물지』를 비롯한 그의 생물학의 발상지였다. 미틸레네에 3년 동안 머문 뒤 아리스토텔레스는 테오프라스투스와 함께 고향 스타기라로 돌아간 듯하다.

이곳에서 친구 테오프라스투스와 함께 아테네의 〈아카데미아〉를 본 떠 철학 학파를 세웠다. 아리스토텔레스는 기원전 335년까지 스타기로스에 머문 뒤 거의 50세가 되었을 때 아테네로 다시 돌아왔다. 기원전 347년 플라톤은 세상을 떠난 뒤, 339년 〈아카데미아〉의 지도자 자리는 스페우시포스(Speusippos)가 죽은 뒤 비어 있다가 아리스토텔레스와 생물학을 함께 연구한 칼케돈의 크세노크라테스(Xenocrates)가 이어받은 상태였다. 후임자 선정에서 아리스토텔레스도 물망에 올랐으나, 그는 아테네에 없었기 때문에 탈락했다고 한다.

아리스토텔레스는 20년 동안 〈아카데미아〉에 머물렀다. 스승 플라톤은 그를 '학원의 지성'이라고 부를 정도로 그의 능력은 뛰어났고, 학문에 대한 그의 열정은 그칠 줄 몰랐기에 그는 '부지런한 독서가'라고 불렸다. 훗날 그는 전혀 다른 세계관을 배경으로 철학적인 탐구를 수행하면서 플라톤의 철학과 '아카데미아 학파'의 사상을 여러 가지 측면에서 혹독하게 비판하지만, 20년 동안 이어진 〈아카데미아〉 체류 기간 동안에는 이런 갈등이 아직 드러나지 않은 상태에 있었다.

플라톤의 학당 〈아카데미아〉가 배출한 최고의 지성인 '지자(知者)들의 왕(만물의 아버지)'이라 불린 아리스토텔레스, 그는 플라톤과 더불어 서양의 학문을 지배해왔다. 예지(叡智)의 화신을 의미하듯이 그들 〈아카데미아〉의 '정신(Nous)'이라 부른 적이 있다.

그는 그의 스승인 플라톤을 발로 찬 망아지로 불려진다. 그 이유는 반 철인정치와 서적의 수집에 돈을 아끼지 않고 썼던 것에서부터 추측된다. 아리스토텔레스는 스타기로스에서 많은 재산을 가지고 있었던 것 같다. 그는 에우리피데스(Euripides, BC.484?~BC.406?) 이후 도서관을 만든 최초의 사람으로 알려져 있다. 그의 학문에 대한 많은 공헌 중에는 도서분류법의 원칙을 세운 것도 들어가 있다. 그러므로 플라톤이 그의 부유함을 부러워한 듯한 아리스토텔레스의 집을 '독서인의 집'이라 부른 것은 극히 정당한 찬사였던 것이다.

어느 날 플라톤이 소크라테스의 최후를 담은 『파이돈(*Phaidon*)』을 읽어주고 있었는데 제자들이 하나 둘 빠져나가고 아리스토텔레스만 남았다는 일화도 전해지고 있다. 그러나 플라톤이 아리스토텔레스를 무식한 '책벌레'라고 하였다고 말하는 사람도 있다. 이에 대해 정신상의 아버지로서 보다는 철학에 호의와 애정을 기울여 분명히 외디프스 컴플렉스(oedipus complex)를 일으켜, 지혜는 플라톤과 함께 없어질 것이 아니라고 암시하였으며, 늙은 현인도 그 제자를 가리켜 어미 젖을 다 빨아먹고 차는 망아지와 같다고 하였다.

실재로 플라톤은 문자로 기록된 책을 소중하게 여기지 않았던 것으로 전해지고 있다. 그 변은 다음과 같다. 첫째, 문자는 기억을 돕는 것보다 오히려 약하게 한다. 둘째, 책은 무엇인가 생각이 있어 말하고 있는 것같이 보이지만, 질문에 응하지도 못하고 같은 말을 되풀이할 뿐 마치 그림 그려진 동물들과 같아 불러도 대답없는 쓸모없는 것이다. 셋째, 책은 사람을 골라서 법설(法說)을 말하도록 상대방을 자유롭게 선택할 수 없고, 누구의 손에나 들어간다. 이로 말미암아 적당치 못한 사람이 책을 읽어서 그 책의 참 뜻을 알아차리기도 전에 스스로 그릇 판단하고 해결하는 일이 있기 때문에 엉터리 지식인을 만들어낸다는 것이다. 그래서 그는 문자를 마법으로 간주하였다.

그의 스승인 소크라테스도 '쓰여진 말' 보다 '이야기하는 말'이 더욱 진정하다고 여겼으며, 플라톤도 문자는 진정한 사고에 방해가 된다고 주장했다. 고대 그리스 · 로마에는 독서와 독서인, 서재의 관념이 없었으며 많은 철학자들도 독서인, 서재인이 아니었다.

고대 사상가들은 문자와 책에 대해 일반적으로 회의적인 태도를 보였다. 피타고라스는 '문자란 그를 죽이는 것'이라며 일부러 글을 쓰지 않았고, 소크라테스 역시 '쓰인 글은 누군가가 이미 알고 있는 사실을 다시금 상기시켜 주는 것에 불과하다'고 경계하였다. 인류의 스승으로 일컬어 지는 예수, 석가, 공자, 노자는 하나같이 글이 아닌 말로 가르쳤으며, 제자들은 그 가르침을 '스승은 이렇게 말했다(Magister dixit)' 혹은 '나는 이렇게 들었다(如是我聞)'는 형식으로 기록하였다.

요한복음의 맨 처음으로 시작하는 이 말은 성서 속의 하나님이 세상을 창조하는 방법은 '음성'이다. '태초에 말씀이 계시니라'이다. 성경은 "태초에 하나님이 천지를 창조하시니라"(창 1:1)라고 서두를 시작한다. 또한 "태초에 말씀이 계시니라 이 말씀이 하나님과 함께 계셨으니 이 말씀은 곧 하나님이시니라. 그가 태초에 하나님과 함께 계셨고 만물이 그로 말미암아 지은바 되었으니, 지은 것이 하나도 그가 없이는 된 것이 없느니라"(요 1:1~3)고 성경에 기록되어 있다. 창조는 문자가 아닌 하나님의 '로고스'로부터 시작되고 있음을 알리고 있다.

서구문명의 근간이 되는 성서 속에서 세상을 창조하는 방식인 '음성'이 이를 대신하는 '문자'라는 것보다 더 근본적이며, 고로 음성이 문자보다 더 우월함을 가지고 있다고 말하는 루소, 그리고 레비스트로스에 대해 데리다(Jacques Derrida, 1930~2004)는 비판한다. 데리다의 해체주의를 대표하는 작품『문자론(*Grammatologie*)』은 루소 그리고 레비스트로스(C. Lévi-Strauss, 1908-2009)[52]에 대한 비판적 연구이다.

루소는 문자 언어에 대한 음성 언어의 우위성을 말하는 것에 관해『언어 기원에 관한 시론(*Essai sur l'origine des langues*)』에서 이렇게 말한 바 있다. "군집해 있는 대중에게 들리지 않는 언어는 모두 노예의 언어라고 말하고 싶다." 이 말은 음성이 직접적으로 전달될 수 있는 사정권 안에서 언어가 음성을 타고 전달되는 것이 이상적이며, 이 사정권을 넘어 문자 같은 것이 의존하는 언어는 부정적이라는 점을 함

52) 그는 루소를 자신의 인류학적 연구에 영감을 불어넣는 스승으로 여긴다.

축한다. 여기에 레비스트로스는 더 얹어 말한다. "문자 언어 자체는 그 기원부터 인간에 의한 인간의 착취에 토대를 둔 사회와 끊임없이 관계 맺고 있는 것 같다."

이렇게 서구 사상은 목소리의 직접성을 선호하고 문자의 간접성을 악마적인 것으로 여긴다. 왜 그런걸까? 이는 '로고스'라는 그리스 말의 의미만 살펴보아도 쉽게 알 수 있다. 로고스의 뜻은 '이성'이기도 하고 '목소리'이기도 하다. 이성의 사유는 목소리 안에서 충만하게 구현된다. 반면 문자는 이 로고스와 이질적인 것이며, 따라서 로고스 '바깥에' 있는 것이다. 그러므로 로고스가 문자에 의존하면, 이는 로고스 바깥에 있는 문자의 침입에 의해 로고스의 내면이 오염되는 것을 뜻한다. 문자의 등장은 음성 언어(로고스)의 활동에 손상을 끼치면서 '바깥쪽이 안쪽으로' 난입하는 것이다.

따라서 문자 중에서도 음성언어가 담긴 문자(알파벳)가 상형문자(한자)보다 더 우월한 셈이다. 이는 서구 중심주의를 간접적으로 시사하는 것이며, 이런 곳곳에 숨겨져 있는 서구의 민족중심주의에 대해 데리다는 그 폐해를 폭로하려는 것이다. 그는 이에 대해 이렇게 말한다. 서구 사상의 장, 특히 프랑스에서 지배적인 담론(구조주의)은 오늘날 자신이 형이상학(로고스 중심주의)을 뛰어넘었다고 성급히 주장하나, 형이상학 속 그 성층화(成層化)의 한 단층에 의해, 때론 가장 풍성한 형이상학의 단층에 의해 사로잡혀 있다.

서구 형이상학이 지닌 로고스 중심주의, 순수한 목소리 내지 유럽적 표음문자 중심주의가 암암리에 구조주의를 지배하고 있으며, 그 예가 레비스트로스이다. 레비스트로스는 『슬픈 열대(*Tristes tropiques*)』에서 자신이 연구한 브라질의 남비콰라(Nambiqwara)족이 지닌 야생의 순수함에서 '인간적 애정의 가장 감동적이고 가장 진실한 표현 같은 무엇을 느낀다.'라고 말한다. 그런데 이런 순수한 사회를 망쳐놓은 것이 문자라는 것이다. 문자와 배신이 한꺼번에 자기네 사회로 들어오는 것을 느꼈음에 틀림없다.

어떻게 문자에 대한 이런 비판을 하게 됐을까? 레비스트로스는 남비콰라 족이 애초에 문자를 가지고 있지 않았다고 생각한다. 그런데 어느 날 원주민 사회에 들어선 이 유럽인 인류학자가 종이와 연필을 나누어 주자 그들은 바로 유럽인을 흉내 내 종이에 글씨 쓰는 시늉을 했다. 영리한 추장은 문자의 기능을 간파했다. 문자에 대한 추장의 태도는 시사하는 바 크다. 그는 곧 문자의 기호 역할과 그것이 부여하는 사회적 우월성을 이해했다. 문자를 통해, 위계가, 바로 불평등이 순수한 사회에 침투한 것이다. 그리고 이 문자란 야생인들의 삶에 속했던 것이 아니라, 유럽인이 옮기는 전염병처럼 외부로부터 인위적으로 침입한 것이다.

레비스트로스는 문자를 인위적인 악의 일종, 야생사회를 오염시키는 서구의 문명의 전형으로 보고 있는 것이다. 그러나 사실 남비콰라 족은 정말 애초에 문자가 없는 것이 아니였다. 이 부족의 말 중 '이에카리우케듀투(iekariukedjutu)'이라는 단어가 '기록하는 행위, 글을 쓰는 행위'를 지칭했다. 이것을 레비스트로스는 '선을 긋는 것'이라 번역했다. 이는 한 민족이 가진 글을 쓴다는 의미를 빈약하게 번역해서 그들에게서 글을 빼앗은 것이나 마찬가지다. 요컨대 레비스트로스가 가진 서구인의 순수성의 신화가 남비콰라 족에게서 글을 빼앗고, 그들을 최초의 문맹자인 아담과 이브처럼 만들었던 것이다. 이와 달리 모든 민족은 애초에 문자에 의해 오염되어 있다.

이렇게 문자라는 오염 이전의 순수한 삶, 자신의 마음과 정확히 동일한 목소리만 가지고 사는 사회는 없고, 문자는 모든 삶의 방식에 애초부터 침입해 있다는 것이 데리다의 생각이다. 이런 생각은 '순수한 기원'과 그로부터 '타락한 문명'이라는 위계적 질서를 비판에 붙인다. 이런 위계적 질서의 와해는 '순수함과 타락'이란 잣대로 이런저런 문명을 저울질해서 불평등의 위계를 세우는 일을 불가능하게 한다는 점에서 힘을 지닌다.

한편으로는 그 반대의 주장을 펼치기도 하였다. 플라톤은 '이상국가로부터의 시인의 추방'이라는 주장을 펼쳤다. 전통적인 구송(口誦)문화보다 둔자문화를 중시한 플라톤은 시인들이야말로 구송문화의 유력한 대표자이자 구송문화를 젊은이들에게 전파하는 교육자라고 보고 이들이 추방돼야 문자문화가 활성화될 것이라고 본 것이다. 플라톤이 살았던 시기 역시 알파벳이 보급되기 시작하면서 구송문화에서 문자문화로 전환되던 시기다. 플라톤은 이 시기에 종래의 구송문화 속에서 만들어진 인간의 사고습관과 교육 형태를 비판하고 문자문화에 걸 맞는 사고유형과 교육제도를 만들고자 했다. 전자는 문자의 저주를 후자는 문자의 축복을 보내고 있어 '문자옥'을 보게 한다. 일부는 전설이고 또 일부는 야사로 볼 수밖에 없을 것 같다.

아테네 시대에는 더욱 의아스런 사건이 이 밖에도 있었다. 아리스토텔레스는 소크라테스에 대항하여 웅변술의 학교를 열었다고 하고 그 후 얼마 안 되어 도시국가 아타르네이오스의 참주가 된 부유한 헤르미아스(Hermias of Alexandrinus)는 이 학교의 생도의 한 사람이었다고 말하는 전기 작가도 있다. 높은 지위에 오른 헤르미아스는 아리스토텔레스를 그의 궁전으로 초청하였다.

그리고 기원전 344년 과거 은혜를 갚기 위하여 아내로서 그에게 조카딸을 주었다. 이것은 그리스 사람의 증여라고 의심할런지 모르겠으나 역사가들은 아리스토텔레스는 그와 같은 천재였음에도 불구하고 아내와 충분히 행복한 생활을 보냈으며, 그 유인장 속에는 애정에 넘치는 문구가 있다고 주장하고 있다.

리케이온의 설립

이국인 아리스토텔레스는 기원전 335~34년경 아테네로 돌아온 즉시 그의 생애 중 가장 생산적인 시기를 보내게 된다. 그는 마케도니아의 안티파트로스(Antipatros, BC.397~BC.319)의 지원하에 자신의 '학원'을 세웠는데, 그 학원은 소크라테스가 사색하며 산책했다고 전해지는 수림, 즉 아폴론 신전 부근의 '리케이온(Lykeion)'의 숲속에 건립한 〈리케이온(Lykeion)〉이다.

이 학교는 일설에 의하면 기원전 334년 왕위에 오른 알렉산더가 아리스토텔레스에게 거액을 주어 아테네에 학교를 세우도록 했다고 전해지기도 한다. 세계의 모든 지식을 모으고 생산하기 위해 프톨레마이오스 II세(혹은 1세?)는 아리스토텔레스의 학원을 뛰어넘으려 브루케이온 지역에 세워졌던 〈리케이온(Lykeion)〉을 모방하여 기원전 280년 〈무세이온〉이라는 학문 연구소를 설립하였으며, 반면에 아리스토텔레스는 기원전 335년에 자신의 학교를 아테네 동부의 〈리케이온〉에 세웠는데, 그것이 학문을 진작시키기 위해 세운 〈리케이온〉이라는 학원이다.

〈리케이온〉은 숲속에 위치한 지명으로서 이를 명칭으로 한 것이 〈리케이온〉이라는 학원 이름이다. 이것이 모두 '알렉산드리아 학파'의 단초가 되며 또한 〈Bibliotheca Alexandrina〉 즉 '알렉산드리아 대도서관'의 모체가 된다. 이로부터 세계의 모든 지식은 알렉산드리아로 부터가 된 것이다.

이처럼 아리스토텔레스는 기원전 335년에 아테네의 동쪽에 학교를 세웠는데, 그의 학파를 '페리파토스(peripatos) 학파', 즉 '소요(逍遙) 학파'라고 불렀다. 그리스어로 '페리파토스(peripatos)'라는 말은 '페리파테오(peripataew)'에서 유래한 것이고, '페리파테오'는 '걸어 다닌다'라는 뜻과 '생활 한다'라는 이중적인 뜻이 있다. 즉 아리스토텔레스는 학원 안에 있는 지붕 덮인 산책로인 페리파토스(peritatos, 산책하며 철학하는 사람들)에서 학생들을 가르쳤기 때문에 'peripatikoi', 즉 '페리파토스 학파'[53]라고 부르는데, 이 이름은 아리스토텔레스와 그의 제자들이 함께 거닐며 철학적 대화를 나누던 'peripatos(回廊)'에서 온 것이다. 즉 '페리파토스(peripatos)'는 〈리케이온〉의 지붕 덮인 산책로를 일컫는다.

이처럼 교육의 형태는 소요하면서 즉 걸어 다니면서 하는 학습이고, 생활은 기숙을 통한 것이 아닌가 생각된다. 여기에서 '걸어 다닌다'는 말을 '소요'라고 했고, '산책'이란 말과 같은 뜻이다. 그래서 '소요학파(peripatetics, 消遙學派)'를 해석하면 '산책학파'가 된다.

이 학파의 교육의 장이 〈리케이온〉이다. 〈리케이온〉의 교육환경이 산책코스로 형성되어 있는 곳이다. 〈무세이온〉은 〈리케이온〉을 본 떠 왕궁 안에, 〈리케이온(Lykeion)〉은 왕궁 밖에 위치한 것으로 전자는 국립 연구소이며, 후자는 사립 연구소 성격에 해당된다. 이 학원에서 배운 사람을 좁은 의미에서의 '아리스토텔레스 학파'라고 한다.

아리스토텔레스는 〈아폴론 리케이오스(Apollon Lykeios)〉에게 봉헌했던 숲이 있던 곳을 매입하여[54] 새로운 학원을 만들고 이곳을 〈리케이온〉이라고 명명하였다. 앞서 설명한 바처럼 〈리케이온(Lykeion)〉은 사원인 아폴론의 경내에 있는 도시의 북동쪽 지명에서 비롯된 것이다. 아리스토텔레스는 숲속의 건물을 사용하면서, 오전에는 제자들과 산책로를 거닐거나 숲 속에 앉아서 어려운 철학적인 문제들을 토론했고, 오후에는 일반 대중을 상대로 덜 어려운 철학문제들을 가르쳤다고 한다. 이러한 교육행태는 후세에까지 영향을 미쳤다.

53) peripateticism, 그리스어 peri는 '둘레', patein은 '걷다'라는 뜻이며, 또는 산책학파라고도 함.

54) 아리스토텔레스는 책을 필요한 대로 구입하여 개인도서관을 구밀 정도였으니까 그 당시에 상당한 재력가로 알려져 있다.

칸트(Immanuel Kant, 1724~1804)는 오전 중에는 강의와 저술을 하고 오후 1시에는 점심을 먹었는데, 그 뒤 1시간은 반드시 산책을 하고 돌아와서 독서를 했다고 한다. 정해진 시간에 산책을 했기 때문에 동네 사람들이 시계를 맞추었다는 일화도 있다. 칸트는 『순수이성비판(*Kritik der reinen Vernunft*)』에 대한 구상을 산책 중에 구상했다고 답하기도 했다.

그런데 이 걷는다는 행동은 정신활동을 활발하게 하고 기분을 좋게 하고 우울증 치료의 효과도 있다고 한다. 신경정신과에서는 종종 환자와 걸으면서 상담을 하는데, 처음에는 싫어하던 환자도 걷는 것의 효과에 놀란다고 한다. 헤밍웨이(Ernest Miller Hemingway)가 의자가 없는 방에서 항상 서서 글을 썼다든지, 학교 의자가 딱딱한 것도 근육의 긴장으로 두뇌 활동을 활발히 하는데 효과가 있기 때문이다.

우리 두뇌 속에 있는 그물 모양의 '망양체(網樣體)'가 머리의 활동을 활발하게 하는데, 그 망양체가 활동을 활발히 할 때는 근육이 긴장할 때라든지 운동을 할 때이다. 그래서 머리가 무거울 때나 우울할 때는 걷는 것이 약이 된다는 이야기다. 산책을 나갈 수 없을 때는 잠시 몸을 긴장시키는 것도 좋다. 이 모두가 '소요학파'에서 기원한다.

당송 8대가의 한 사람인 구양수(歐陽詢, 557~641)는 옹이가 박힌 울퉁불퉁한 목침을 만들어 독서할 때만 사용하는 이른바 '옹이가 박힌 독서침(讀書枕)'을 사용하였는데, 이는 뇌 속에서 작동하지 않았던 기억력과 창의력이 활성화 된다는 것이며, 잠을 자는 순간 오감은 멈추고, 사물을 받아들이는 눈과 귀가 닫히게 되며, 눈과 귀는 많은 정보를 제공하지만 반대로 뇌의 다른 부분 활성화는 저해된다고 옹이가 박힌 독서침을 애용하였다.

깊이 잠들지 않게 하여 독서 삼상지학(三上之學)인 침상(沈床), 측상(廁上), 마상(馬上)을 추천하기도 하였다. 구양수 베게는 명문장은 깊이 생각하고 끝없이 상상하는 그 힘에서 나온다는 것을 암시하고 있다. 남들이 높은 베개를 베고 편안한 잠에 취해 있을 때 눈 떠 있는 자, 그 불면의 밤 속에서 어둠 속에서 명문은 알을 까고 나온다.

조조는 두통이 날 때마다 진림(陳淋)[55]의 글을 읽었다고 한다. 그의 글을 읽으면 머리가 맑아지고 아픈 것을 잊을 수 있었기 때문이다. 그는 원소의 편에서 자신을 비방해 오던 진림이 포로로 잡혀 왔을 때에도 벌하지 않고 문서계로 등용시켰다. 중국에서는 그래서 명문(名文)을 쓰는 일을 경국대업(傾國之大業)이라고까지 했다.

"만 권의 책을 읽고, 만 리 길을 여행하라[讀書萬卷 行萬里路]"라는 천고의 명언을 남긴 인물은 고염무(顧炎武)이다. 임어당(林語堂)은 그의 수상집『생활의 발견』에서 10년은 독서에 바치고, 10년은 여행에 바치고, 10년은 그 보존과 정리에 바치고 싶다고 토로하였다. 그래서 도서관에 영원히 양서로 소장하고픈 욕구를 표현하고 있다.

독서정신을 극대화시키기 위해 그는 박학(博學)의 벗과의 정담은 희구(稀覯)의 서를 읽는 것과 같고, 시취(詩趣)를 아는 벗과의 청담은 우수한 작가의 시문을 읽는 것과 같고, 근신한 벗과의 청담은 성현의 경서(經書)를 읽는 것과 다름이 없고, 기지있는 벗과의 청담은 소설이나 전기소설(傳奇小說)을 읽는 것과 다름이 없다고 하였다.

시기별 독서법으로는 청년시기에 책을 읽는 것은 하극(罅隙, 벌어진 틈)을 통해서 달을 바라보는 것과 같고, 중년시기에 책을 읽는 것은 자기 집 뜰에서 달을 바라보는 것과 같고, 노경에 이르러 책을 읽는 것

---

55) 후한의 문신. 건안칠자의 한 사람. 광릉사람으로 자는 공장(公璋). 주부 벼슬에 있으면서 하진의 십상시를 토벌하기 위하여 외부 군사를 불러들이자는 계획을 반대하다가 이루지 못하고 기주로 돌아가 있었을 때, 원소의 부름을 받아 조조를 치는 격문을 초하였는데 그 내용이 매우 격렬하였다. 원소가 패망한 뒤 붙잡혔으나, 조조는 그의 재능을 아껴 그 죄를 묻지 않고 종사로서 부리기로 하여 목숨을 보전하였다.

은 창공아래 노대(露臺)에 서서 달을 바라보는 것과 같다. 독서의 깊이는 체험의 깊이에 따라서 변하기 때문이다. 독서는 모든 기쁨 중에서 최대의 기쁨이다.

시간대별의 독서법도 권장하고 있다. 경서(經書)는 겨울에 익는 것이 좋다. 겨울은 마음을 집중시킬 수 있는 시기이기 때문이다. 사서(史書)는 여름에 읽는 것이 좋다. 여름은 한가(閑暇)가 많기 때문이다. 선철의 서는 가을에 읽는 것이 좋다. 사상에 매력이 있기 때문이다. 후대 문인의 문집은 봄에 읽는 것이 좋다. 봄은 대자연이 또 다시 소생하는 시기이기 때문이다. 그러나 봄에 독서함은 춘의(春意)에 어긋나고, 여름은 낮잠 자기에 가장 알맞은 계절, 겨울이 가을을 재촉하면 기다리라 다음 봄까지.

책을 읽는 '讀書'는 기본이다. 읽고 싶은 책은 돈을 모아 사서 읽는데 이를 '買書'라고 할 수 있다. 그러나 돈이 없거나 살 수 없으면 빌려서라도 읽는데 이를 '借書'라 할 수 있다. 누군가 자신이 읽고 싶은 책을 갖고 있는데, 살 수도 빌릴 수도 없으면 그 사람을 찾아가 기어이 보고 오는 독서행위를 '訪書'라 할 수 있다. 그런데 '訪書'가 안되는 경우에는 책 절도로 '盜書'하는 경우도 있다. 원하는 책을 간직하는 '藏書'도 책 좋아하는 사람에게 공통으로 나타나는 특징이다. 폭넓고 깊은 독서 편력을 바탕으로 책을 저술하는 '著書'의 단계로 가는 경우도 적지 않다. "독서 ↔ 매서 ↔ 차서 ↔ 방서 ↔ 도서 ↔ 장서 ↔ 저서", 이상 독서와 관련한 일곱 조항이자 단계는 독서인의 가장 기본적 특징이다. 이를 편한 대로 '七書'라 부를 수 있다. 여기에다 보고 싶거나 사고 싶은 책을 보지도 사지도 못할 때 방서하여 베껴 오는 '抄書'를 포함하면 '八書'가 된다.

독서인의 특징은 이런 것 말고도 얼마든지 더 있을 수 있다.[56] 이 팔서행위가 두뇌 활동을 활발히 하는데 가장 효과적인 방법은 애서가적 활동이라고 할 수 있다. 상기의 모든 독서행위는 '소요'와 깊은 연관성이 있음을 알 수 있다.

〈리케이온(Lykeion)〉에는 도서관과 박물관이 잘 갖추어져 있었으며, 이곳에서 아리스토텔레스는 왕성한 연구와 저술 활동에 몰두할 수 있었다. 아리스토텔레스는 그 뒤 12년 동안 많은 학문연구를 통합하여 〈리케이온〉을 모든 탐구의 중심지로 만들었으며, 과학과 철학의 광범한 영역에 걸쳐 강의를 제공했다.

〈아카데미아〉와 〈리케이온〉의 가장 중요한 차이점은 플라톤주의자들은 수학에 관심의 초점을 맞춘 반면, 〈리케이온〉은 생물학과 역사에 이바지했다는 점이다. 나중에 이집트의 알렉산드리아에 건설된 도서관은 〈리케이온〉을 본 뜬 것이다.

그곳에는 수백 권의 수고(手稿)본들과 지도들, 동식물 표본들이 소장되어 있어서 그는 그것들을 강론 도중에 예증(例證)하는 것으로 적절하게 사용하였다. 〈리케이온(Lykeion)〉은 제자들끼리 자체 내의 지도자를 서로 교대하며 담당하는 형식적 절차를 발전시켰다. 아리스토텔레스는 이러한 절차를 위한 규율을 제정해 그 규율에 따라 자신도 공동 식사를 하고 한 달에 한 번씩 향연을 베풀었다.

그 향연에서는 한 명의 제자로 하여금 나머지 제자들의 비판에 대해 자신의 철학적 입장을 고수하는 방식을 익히게 하는 자리이기도 하였다. 이것은 플라톤의 『향연』 즉 〈심포지움〉의 한 형태이다. 12년 동안 아리스토텔레스는 〈리케이온(Lykeion)〉의 원장으로 재직하며 교육과 강론뿐만 아니라 그의 주요 사상들을 발전시켰다. 이곳에서 여러 과학의 분류에 대한 그의 생각과 시도들, 그리고 새로운 논리학, 철학과 과학의 모든 주요 분야에 대한 그의 사상들과 특히 보편적 지식에 대한 비상한 지적과 관심을 표출하였다.

---

56) http://blog.daum.net/lyk8814/7256608(cited 2012.5.1)

아리스토텔레스는 자신의 제자가 왕(알렉산더)으로 등극하였을 무렵인 기원전 335년경 다시 아테네로 돌아와 〈아카데미아〉와는 달리 자기 스스로 학교를 설립하고 알렉산더가 사망하는 기원전 323년까지 12년간 아테네에서 체류하였다. 그는 여기서 〈리케이온(Lykeion)〉이라 불리는 학교를 개설하여 1,000명 이상의 학생들을 교육하는 등 플라톤의 〈아카데미아〉를 능가하는 강의활동을 하였다.

여기에서 그는 제자들과 더불어 물리학 · 형이상학 · 생물학 · 경제학 · 정치학 · 윤리학 등의 토대를 마련하였다. 이토록 방대하고 종합적 업적이 그의 이름으로 이루어졌다는 것은 역사상 전무후무한 일이다. 이와 같은 방대한 학문체계를 이룩한 데 대하여는 두 가지 의의가 있다고 생각된다.

하나는 공포의 시대로부터 지식의 시대로 들어갈 때에는 간혹 이러한 총관적 체계에 대한 가능성과 요청이 생기는 것 같다. 다시 말해서, 아리스토텔레스는 지식을 거두어들일 수 있는 광대하고 비옥한 처지를 찾아서 자유자재로 자기의 역량을 다하고도 또한 창조자답게 자기의 방법과 성과를 비교할 아무런 것이 없는 마당에 있어서 자신 만만하게 산출하는 데 있어서만 노력할 수 있었던 행운아이다.

또 하나는 그가 플라톤의 철학을 극복하고 독자의 경지를 얻는 데 있어서 새로운 방법론을 도입한 데서부터 세분하고 있다. 즉 그는 플라톤의 신비주의적 경향 · 이상주의적 편향에서 벗어나기 위하여—이는 그의 성격에 있어서 더욱이 충동된 것이라고 하는 것이 가당할지도 모른다—형상을 중요시하였다. 이것이 그의 형상론의 출발이다. 즉, 아리스토텔레스는 소크라테스로부터 이어지는 고대 그리스 사상의 맥을 잇는 플라톤의 제자로서 그들의 덕론을 계승하였으나, 중요한 철학적인 문제에 있어서 그의 스승과 견해를 달리하였던 것으로 보여진다.

이처럼 아리스토텔레스의 사상형성에 있어서, 그의 출생의 배경과 가정환경, 아카데미아에서의 수학, 또한 알렉산더 왕자와의 인연 등은 매우 중요한 기반이 되었다. 특히 알렌산더 왕자와의 인연은 훗날 그가 자유로운 연구 활동과 강의 활동을 하는데 있어서 커다란 힘이 되어 주었다.

리케이온의 별칭

본 절에서는 〈리케이온(Lykeion)〉과 〈아폴론(Applon)〉의 관계성을 설명하여야 할 것 같다. 아폴론은 모든 신들 중 가장 그리스적인 신이었지만, 그 기원은 분명 외래적인 것으로 그리스 북부나 아시아로부터 들어온 것으로 보인다. 사실 〈리케이온〉은 아폴론의 별칭 가운데 하나이다. 아폴론은 본래 성질은 분명하지 않지만, 호메로스 시대 이래로 그는 신적인 거리를 지닌 신으로, 멀리서 메시지를 보내거나 위험을 경고해주고, 인간에게 그들 자신의 죄를 깨닫게 하는 동시에 정화시켜 주며, 종교적인 법과 도시의 법령들을 주재하고, 예언과 신탁을 통해 인간에게 미래의 일과, '찬란한 하늘'이라는 뜻을 가진 그의 아버지인 제우스(Zeus)의 뜻을 전달해 주는 신이다.

신들조차 그를 두려워했으며, 그의 아버지 크로노스(Cronos)와 어머니 레토(Leto)만이 그의 존재를 견디어낼 수 있었다. 이러한 '거리감 · 죽음 · 공포 · 두려움'은 그를 상징하는 '활(Arrows)'에 잘 집약되어 있다. 반면 그의 보다 부드러운 성격은 그의 또 다른 상징물인 '리라(Lyra)'에서 보이는데 이는, '음악 · 시 · 춤'을 통해 올림포스와의 교류의 기쁨을 나타낸다.

이러한 그의 특성만큼이나 그가 지닌 별칭은 매우 다양하다. 민간에서의 그의 별칭인 알렉시카코스(Hercules의 별명으로 악을 막아주는 사람 또는 백성을 지키시는 이)는 야생동물과 잔병에 대한 신성한 수호자로서 또는 농작물과 가축의 신으로 군림한다. 또 그의 별칭인 포이보스(Phoebus, 빛, 환함)는 '밝다' 또는 '순수하다'는 의미로, 그가 태양과 관련된 찬란한 자, '광명의 신'으로 널리 퍼졌다.

그 밖에도 곡물을 쥐로부터 지켜주는 스민테우스(Smintheus, 쥐의 신), 그의 출생지에 경배를 표하기 위한 델리우스(Delius), 아폴론의 또 다른 별칭은 노미오스(목동)로 불리운데, 그는 제우스의 무기를 만들던 키클롭스(Cyclops)들을 죽인 데 대한 벌로 페라이 왕 아드메토스(Admetos)의 마부와 목동이라는 천한 신분으로 일했다고 한다. 그의 신탁이 모호한 데서 비롯된 이름이라 추정되는 록시아스(Loxias)[57], 치유의 신으로서의 아폴론, 역병과 재앙을 몰아내고 승리를 가져다 주는 파이안(Paian), 퓌티오스(Pythios)로서 아폴론의 도상적 특징은 리라(Lyra) 또는 활을, 또는 둘 모두를 지니고 있는 것이며, 나중에 그가 태양신과 동일시되는 것은 그가 태양신처럼 활 쏘는 신이기 때문이다.

아폴론의 가장 큰 업적 중의 하나는 태어난 지 얼마 안 되어서 퓌톤(Python)이라는 전설상의 괴물을 활로 죽이는데, 그 결과로 퓌토(Pytho)의 신탁이 나중에 돌고래(dolphin)를 의미하는 델피(delphis)로 개명되었다. 이 신탁에서 신의 매개자는 최소한 50세 이상의 여성으로 퓌티아(Pythia)라는 이름을 계속 물려받았다. 퓌톤의 살해는 8년마다 델피(Delphi)의 스텝테리온(Stepterion) 축제에서 재연된다. 델로스(Delos)와 테네도스(Tenedos)에 아폴로의 신탁소의 중심지가 된다.

---

57) 이는 loxos(모호하다) 또는 lego(말하다), logos(말)이란 단어의 집합이다.

전설에 따르면 아폴론과 쌍둥이 누이인 아르테미스(Artemis)는 델로스 섬(The island of Delos)에서 태어났다. 그곳에서 아폴론은 퓌토(Phyto, 델포이의 옛 이름)로 가서 그 지역을 수호하던 암용 퓌톤(Phyton)을 죽였다. 그는 돌고래로 가장하여 크레타인의 배 위로 뛰어올라 선원들을 그에게 복종시킴으로써 그의 신탁소를 세웠다.

그리하여 퓌톤은 돌고래(delphis) 사건 이후 델포이(Delphoi)로 이름이 바뀌었으며, 예전에 그곳에서 숭상되던 땅의 여신인 가이아(Gaia) 대신 아폴론 델피니오스(Delphinios)가 숭상되었다. 초기 그리스 시대(BC.8~6세기)에 델포이 신탁의 명성은 멀리 아나톨리아(Anatolia)의 리디아(Lydia)까지 퍼져나가 그리스 전역에서 확고한 지위를 차지했다. 아폴론의 중개인 피티아(Pythia)는 50세가 넘는 그 고장의 여자로서 아폴론의 영감을 받아 아폴론의 주(主) 신전에서 신탁을 전했다. 그러면 성직자들이 그 신탁들을 해석하고 운문으로 만들었다. 그리스 본토와 델로스(Delos) 및 아나톨리아(Anatolia)에도 아폴론의 다른 신탁소들이 있었지만, 델포이의 신탁소 만큼 중요하지는 않았다.

아폴론을 기리는 그리스의 축제 중 가장 흥미로운 것은 8년마다 열리는 델포이 스텝테리온으로, 이 축제 동안에 소년이 퓌톤(Phyton)의 살해 장면을 재연하고 일시적으로 템페(Tempe) 계곡으로 추방되었다. 아폴론과 관련된 연애 사건들은 많지만 대부분 불행하게 끝난다. 다프네(Daphne)는 그에게서 도망치려고 애쓰다가 월계수로 변했으며(그 후 월계수는 그를 상징하는 나무가 되었음), 코로니스(Coronis)는 부정한 행위가 드러나 아폴론의 쌍둥이 누이 아르테미스의 화살에 맞아 죽었으며, 카산드라(Cassandra, 트로이 왕 프리아모스(Priamos)의 딸)는 그의 구애를 거절한 끝에 진실한 예언들을 해도 아무도 믿지 않게 되는 벌을 받았다.

아폴론은 또한 리케이오스(Lykeios, 늑대의 신)라고도 불렀는데, 이 별칭은 아마 그가 늑대들(lykoi)로부터 양떼를 보호한 데서 비롯된 것으로 보인다. 목동들과 양치기들은 시간을 보내기 위해 음악을 즐겼기 때문에, 학자들은 이것이 아폴론의 원래 역할이었다고도 주장했다. 리케이오스(Lykeios)는 헬라(Hella)의 질투로 아이를 낳을 수 있는 곳을 찾아 레토(Letto)가 유랑을 하다 도착한 곳의 지명이 리키아(Lykia)이다. 리키아는 그리스어로 '늑대'를 의미하며 아폴론의 별칭으로 〈Lykeios〉를 얻게 되었다.

〈리케이온(Lykeion)〉은 아리스토텔레스가 세웠던 학당이 〈아폴론 리케이온(Applon Lykeion)〉 신전 가까이 있어서 붙여졌던 이름이었으나, 이후에 학교나 교육기관을 가리키는 일반적인 명사로 쓰이게 되었다. 제우스의 별칭으로 〈리케이온〉은 신전의 하나이다.

리케이온의 전통

아리스토텔레스가 가르치는 철학은 플라톤의 철학과 달랐다. 플라톤이 '이데아'의 세계를 역설했다면, 아리스토텔레스는 '이데아'의 세계가 다른 세계 속에 있는 것이 아니라 '실재' 속에 존재한다고 가르쳤다. 그가 스승이자 정신적 친구인 플라톤을 비판한 것은 진리를 추구하는 그의 정신 때문이었다.

기원전 322년 아리스토텔레스가 죽은 뒤, 아리스토텔레스의 학문은 그가 생전에 세운 〈리케이온(Lykeion)〉을 통해서 지속적으로 발전되었다. 〈리케이온〉은 플라톤의 〈아카데미아〉에 비해서 강의 체계가 잡히고, 구체적인 방법론이 정립되어 제도적으로 분명한 틀이 잡히면서 꾸준히 성장했다. 플라톤의 〈아카데미아〉는 일종의 철학 공동체로서, 피타고라스(Pythagoras, BC.582~BC.500) 교단과 마찬가지로 아직 종교적 색채가 남아 있었고, 비공식적이고 사교적인 성격이 강했다.

피타고라스 교단의 사람들은 영혼불멸을 믿었으며, 영혼 정화를 위해 수학을 사용하는 등 수비주의(number mysticism)적 요소를 강하게 띠고 있었다. 하지만 〈리케이온(Lykeion)〉에서는 아리스토텔레스의 저작을 비롯한 철학적 저작을 조직적으로 수집하는 한편, 자연사 분야에서도 협동적 연구를 하는 등 상당히 체계적인 연구 전통이 만들어졌다.

〈리케이온(Lykeion)〉에서 활약하던 대표적인 학자로는 테오프라스투스(Theophrastus, BC.372?~BC.287?)와 스트라톤(Straton, BC.340?~BC.270?) 등을 들 수 있다. 테오프라스투스는 아리스토텔레스가 죽은 뒤 약 36년간 아리스토텔레스의 연구 프로그램을 계속 발전시켰던 학자였다. 그의 학문은 전반적으로 아리스토텔레스의 학문적 전통을 이어받았지만, 부분적으로 아리스토텔레스의 주장과는 다른 차별화도 추구했다.

아리스토텔레스 사후에는 형이상학적인 관심은 줄어들었고 대신 개별과학의 연구가 활발해졌다. 식물학의 테오프라스투스, 지리학의 디카이아르코스(Dikaiarchos), 음악론의 아리스토크세노스(Aristoxenos), 자연학의 스트라톤 등이 개별과학의 대표자이다. 그러나 기원전 1세기에 로도스의 안드로니코스(Andronicos of Rhodes)가 『아리스토텔레스 전집』을 편집, 간행한 이후부터는 그 주석(註釋)이 이 학파의 주된 활동이 되었다.

529년 유스티니아누스(Justinianus) 황제가 고대 철학을 가르치는 일을 금지하고부터 연구의 중심은 동방으로 옮겨졌고 아라비아 세계에서 많은 뛰어난 주석자가 배출되었다. 이것이 서유럽에 전해졌고 13세기에 아퀴나스에 의해 아리스토텔레스주의는 가톨릭교회의 공인철학이 되어 크게 번성하였다. 근세 철학이 대두되면서 한때 아리스토텔레스주의는 쇠퇴하였으나, 19세기에 고전문헌학이 번창하면서 다시 아리스토텔레스에 대한 주석이 활발해졌으며, 신(新)스콜라철학의 등장과 함께 오늘날에도 아리스토텔레스주의를 표방하는 학자가 많이 있다.

이국인인 아리스토텔레스가 살아 있는 동안의 〈리케이온(Lykeion)〉은 일반 공개의 김나시온(Gymnasion)을 차용한 것이었으나, 2대째 학두(學頭) 테오프라스투토스에 이르러 팔레론의 데메트리우스의 원조로 비로소 부지나 시설, 성전을 갖춘 학원이 되었다. 테오프라스투스는 아리스토텔레스가 기원전 323년에 칼키스(Khalkís)[58]로 떠난 뒤에 학교의 지휘를 이어받아 또 한 사람의 수제자인 로도스의 에우데모스(Eudemos of Rhodes)와 공동으로 직무와 연구에 임했다.

먼저 스승의 강의와 기타 편집과 간행에 종사하면서 스승의 학설을 발전시키는 데에 노력하였다. 제자들은 스승의 학문적 방법 중 하나인 학설사적 연구를 진전시켜 각각 전문분야에서 전기나 사상을 정리하였다. 테오프라스투스는 자연학 특히 감각론의 역사를, 에우데모스(Eudemos of Rhodes)는 기하학 · 산수 · 천문학 등의 역사를, 타라스의 아리스토크세노스(Aristoxenos)는 음악사를, 디카이아르코스(Dikaiarchos)는 그리스인의 생활사를 썼다. 특히 마지막 두 사람의 학설에는 피타고라스 학파 학설(영혼의 조화설 등)이 들어 있다.

3대째의 학두인 람프사코스의 스트라톤(Straton of Lampsacus)은 모든 물체는 무게를 가지며 그 하강(下降)운동만이 유일한 자연운동이라 하였다. 즉 스승의 목적론적 자연관을 떠나 에피쿠로스 학파(Epicurean school)에 접근하였다. 그러나 원자론과 달라서 세계의 내부에만 무한과 공허를 허락하였고 스승의 질적 역동설에 따라 시간과 운동의 연속을 인정하였다. 그리고 혼을 육체 전체로 퍼지는 프네우마(Pneuma)

---

58) 그리스 에보이아 섬 에보이아 주의 주도이다.

라고 하여 지적 활동도 그 운동이며 사상은 감각적 인상이 약한 반향이라 하였다. 이리하여 아리스토텔레스의 경험주의는 순수한 감각주의가 되었다.

이에 대하여 키프로스의 크레아르코스는 플라톤이나 아리스토텔레스가 젊었을 때 주장한 것과 같이 영혼의 유리(遊離)를 인정하고 있다. 이러한 두 경향이 있다는 것은 독단주의에 빠지지 않는 이 파(派)의 특색임과 동시에 다른 학파처럼 영속하지 않는 이유이기도 하다.

4대째 학두인 뤼콘 및 후계자들은 실천 철학적 관심이 주가 되었다. 6대째 학두 크리톨라오스는 최고 선을 테오프라스투스가 말한 영혼과 육체와 운동 등 세 개의 선을 총체라고 한다든지, 7대째 학두인 티로스의 디오도로스(Diodorus)는 덕에 무고(無苦)를 더한다든지 하여 스토아 학파와 유사해진다. 또한 로도스의 히에로니무스(Hieronymus)는 쾌(快)의 결여로서의 아포노이아(無苦)를 최고 선이라 하여 에피쿠로스 학파와 흡사하게 되면서도 부동의 쾌(快)를 아파티아(apatia, 無苦)라고 한 에피쿠로스와도 다르다.

그런데 테오프라스투스가 유언으로 스켑시스의 넬레우스에 맡겨 지하실에 비장된 그 문고는 그 후 애서가 아펠리콘이 아테네로 가져오게 되었고, 다시 술라(Sulla)가 로마로 반입하여(BC.86) 곳곳의 사설 문고에 수장되었다. 이런 경로로 아리스토텔레스와 테오프라스투스의 원고는 문법가 티라니온의 복사를 기초로 10대째 학두인 안드로니코스(Andronicos of Rhodes)에 의하여 로마에서 간행되었다.

그는 그때까지 유포되고 있던 여러 저작(대화편 등)에 이들 학문적인 저작을 대립시켰다. 먼저 오르가논(Organon)을 만들어 철학적인 예비 학문으로 삼음과 동시에 다른 저작도 체계적인 견지에서 배열하였다. 이것이 오늘날에 와서도 아직껏 근본적인 개혁이 어려운 아리스토텔레스 전전(全典)인 것이다. 이 전전을 기초로 하여 그 후의 아리스토텔레스 철학의 주석과 연구는 진행되었다.

기원전 323년 알렉산더 대왕이 33세의 나이로 바빌론에서 급서한 후, 반 마케도니아 감정이 고개를 들자 그는 소크라테스를 불경죄로 몰아붙였던 아테네로 하여금 다시 '철학을 모독하는 죄'를 범하지 않게 위하여, 제자인 테오프라스투스에게 학원을 맡기고, 어머니의 출생지인 칼키스로 은퇴하였다. 또한 아리스토텔레스는 마케도니아와 오랫동안 관계를 맺고 있었고 아테네를 섭정한 마케도니아 장군 안티파트로스와도 친했기 때문에 신변의 위협을 느끼고 아테네를 떠나 에우보이아 섬의 칼키스에 있는 어머니의 영지로 귀국한 것으로 전해지고 있다. 어머니의 고향 그곳에서 기원전 322년에 위장병으로 62세를 일기로 세상을 떠났다.

제2회 아테네 체류기를 그의 성숙기라고 하는데, 이 때에는 그가 플라톤적인 관념론의 테두리를 벗어나, 자기 독자적인 포괄적 경험론에로 발전했던 시기라고 한다. 이 시기에 강의했던 『니코마코스 윤리학』은 초월적인 '선의 이데아'가 아닌 공동체에 있어서의 인간적 선을 추구한 것이다. '인간은 본성에 있어서 정치적 동물이다'라는 그의 명제는 우리에게 익히 알려져 있지만, 그 말은 그의 성숙기에 『니코마코스 윤리학』과 『정치학』에서 똑같이 사용한 말이다. 그가 아테네를 떠난 까닭은 아테네인들이 철학에 대해 2번 죄짓는 것(첫 번째는 소크라테스를 죽인 일을 가리킴)을 막기 위해서였다고 한다. 이렇듯 〈Bibliotheca Alexandrina〉는 '아리스토텔레스 학파'의 많은 영향을 받아 성립되었다.

제 5 장

Bibliotheca Alexandrina

Bibliotheca Alexandrina 이전의 상황

문명사에 있어 날줄과 씨줄인 문화적 동향은 도서관, 그 기록물(장서)의 본질, 그 기록물이 조직되어지고 관리되는 방식, 그리고 도서관이 수행했던 서비스 등을 구체화 하는데 있어서 결정적인 요인이 된다. 수메르(Sumer)와 니네베(Nineveh, 앗시리아의 수도)의 점토판과 고대 이집트의 파피루스로부터, 중세 수도원의 빈약한 설비와 초기 학교의 교본들로 이루어진 장서를 거쳐, 현대의 자유롭게 이용 가능한 공공도서관에 이르기까지, 도서관은 연속적으로 변모를 견디어 내었고, 그 각각은 동시대의 사회적 필요성에 의해 결정되었다. 사회적 전형(典型)에 있어 모든 주요 변화는 도서관의 변화를 초래하였다.

그러나 이러한 변화에도 불구하고 불변의 요소로 존재하는 것은 본질적으로 변하지 않는 도서관이 갖고 있는 제도적 일관성이다. 도서관의 기원은 미기록 상태로 과거의 안개에 가려져 있으며, 첫 문자 기록물로 우리를 안내해 주는 것은 단편적으로 남아있는 점토판들뿐이다. 그러나 이러한 잔재조차도 무엇이 있었는지에 대한 암시만을 제공해 주고 있을 뿐이다. 초기 문명사에는 단지 기록물이 있었을 것이라는 것만을 추측할 수 있는데, 그러한 가정은 기록의 역사로 미루어 보면 필연적인 것이다.

수메르가 문명의 요람이기 때문에 도서관이 그곳에서 시작되었다고 추정할 수 있으며, 모든 것이 이곳에서부터 시작된 것으로 보인다. 그러나 현존하는 기록으로 보면 고대 이집트와 최초의 도서관으로 알려진 이집트의 사원들을 주시해야 한다. 모든 이집트인들의 생활의 중심은 사원이었다. 이집트에서는 교회와 국가는 하나였고, 백성들은 신정정치(神政政治, theocracy)의 통치하에 있었다.

고대 이집트인들은 풍부한 문헌과 그 당시의 일반적인 기록도구였던 파피루스의 경작에 관한 실제적 독점권을 갖고 있었다. 디오도루스(Diodorus of Sicily)는 테베(Thebe)의 유적들을 묘사하면서 정문 위에 "영혼을 위한 약(Medicine for the Soul)"이라고 새겨진 한 도서관을 언급하고 있다. 카르나크(Karnak)에서 나일강 맞은편에 기원전 약 1,200년경의 람세스(Ramses) 시대에 재직했던 미아문(Miamun)이라고 부르는 두 부자(父子) 사서의 무덤들이 발견되었다.

이들 무덤들은 고대 이집트의 다른 공직과 마찬가지로 사서라는 지위가 세습적이었을지도 모른다는 것을 암시해 주고 있다. 카르나크의 도서관에 대해서는 단지 그 잔해로만 알 수 있는데, 이 도서관은 "책의 집(House of Book)"이라는 명칭으로 예술과 과학의 신의 보호를 받았다. 그러나 "파피루스의 집(House of Papyrus)"이라고 알려진 아직도 존재하는 에드푸(Edfu)의 도서관 건물은 과거에 소장했던 필사본들이 잔존해 있지는 않지만 여전히 건재하다.[59)]

59) Jesse H. Shera. *Introduction to Library Science; Basic Elements of Library Service.* Littleton, Colorrado, Libraries Unlimited, Inc., 1976. p.14.

이 건물의 한쪽 벽에는 그 도서관의 소장목록이 새겨져 있다. 이 목록은 두개의 부분을 보여주고 있는데, 첫 부분은 그 국가의 행정과 기능 등에 대한 저작을 포함한 다양한 주제에 관한 12개 자료 상자의 내용을 기입하였고, 두 번째 부분은 22개 상자의 내용을 기입하였는데, 그 내용은 모두 마술, 신화 그리고 그 당시에 통용되던 의술과 과학에 대한 문헌들에 관한 것들이다.

예를 들자면, 암흑과 불화의 신(神)인 세트(Seth)[60]를 퇴치하는 법, 별 점, 악어 퇴치법, 파충류와 뱀 퇴치법, 그리고 "모든 신비에 관한 책" 등이다. 고대 이집트의 기록이 보존된 이유는 보존하기에 적절한 온난하고 건조한 기후와 죽은 자들이 후세에 이용하도록 하기 위하여 무덤에 자료(사자의 서(Book of the Dead))를 저장하는 것이 장려되었던 종교적 믿음 덕분이다. 그러나 파피루스는 가장 양호한 기후 조건 아래서도 부서지기 쉬운 물질이었기 때문에 점토에 글을 새겼던 바빌로니아와 앗시리아의 도서관들에 대해 더 알아야 할 것 같다.

티그리스와 유프라테스 강 계곡에서 한때 번성하였던 문화로부터 잔존했다는 지식을 가지고 있는 한 위대한 도서관은 약 기원전 4,000년부터 시작되었다. 이 도서관은 앗슈르바니팔왕(King Assurbanipal)에 의해 상속되어 크게 확장되었던 니네베(Nineveh)에 있는 〈왕립 도서관〉이었다. 모든 타 도서관의 장서들을 압도하는 이 도서관의 거대한 장서는 문법, 시가, 역사, 과학 및 종교에 관한 작품들이 대부분이었다. 이 시기에는 왕궁으로 많은 기록물들이 보내졌는데, 이 중 다수가 왕궁에 주재하고 있는 학자에 의해 필사된 후 원본은 원적지로 반환

---

60) 세트(Seth, Setesh, Setekh, Set)는 이집트 신화에서 나쁜 신 원래 세트는 하늘의 신, 사막의 왕, 태풍 · 무질서 · 전쟁의 주인이었고, 일반적으로 믿을 수 없는 사기꾼으로 본성이 사악하다. 고대 이집트 신화에서 세트는 수텍, 세테라고도 하며 원래는 사막, 폭풍, 혼돈의 신이였다.

되었다. 그 총 장서는 수 만 권에 이르렀다고 한다. 그러나 점토판의 시대는 앗시리아 제국이 고대 오리엔트에서 더 이상 권력을 행사하지 못하게 됨에 따라 종말을 맞게 된다. 이 제국을 거치면서 이제 우리가 주목해야 할 국가는 바로 그리스이다.

그리스 지리학자인 스트라보(Strabo)는 그가 아는 바로는 "아리스토텔레스가 최초로 책을 수집했으며, 이집트 왕에게 도서관을 정리하는 방법을 가르친 최초의 인물"이었다라고 기록하고 있다. 하지만 스트라보가 이 저명한 학자 사후 약 500년 후쯤에 기록하였기 때문에 그 기술에 상당한 의혹이 남는다는데 유념해야 한다.

책이 보물 대접을 받은 것은 기원전 4세기부터였다. 이때 세워진 〈Bibliotheca Alexandrina〉가 그 증거다. 도서관은 '교양교육을 통해 자유 시민을 양성하기 위해' 세워졌다. 그럼에도 왕실의 관리와 감시는 엄격했다. 책에 담긴 통찰과 비판의 힘에 대한 두려움 때문이었다. 하지만 지식과 지혜는 빛의 날개가 있어 가둘 수 없었다.

기원전 5세기는 그리스 학문과 문화가 활짝 꽃피었던 시기다. 운문에 있어서는 비극과 희극이, 산문에 있어서는 역사와 철학이 절정에 도달했다. 이를 고려할 때, 공적이든 사적이든, 어떤 형식으로든 책을 모아두었던 '도서관'이 있을 법한데, 유감스럽게도 이에 대해서는 어떠한 직접적인 자료도 남아 있지 않다. 일부 연구를 보면, 플라톤이 개인 도서관을 가지고 있었다 한다. 물론, 이도 추정이다. 이른바 '도서관'이라 부를 수 있는 시설이 등장한 것은 기원전 4세기부터다.

황금 따위의 보물이 아닌 책들이 매우 중요한 전리품으로 취급받았다고 전한다. 단적으로, 심지어 로마의 독재자인 술라가 도서관을 주요 전리품으로 취하고 있다. 도서관을 아예 통째로 옮겨왔다는 보고가 흥미롭다. 도대체 무슨 일이 벌어졌던 것일까? 핵심은 책이 큰 대접을 받게 되었다는 소리다. 책과는 거리가 먼 것으로 보이는 왕과 독재자가 책을 수집하고 도서관을 세우기에 혈안이 될 정도다. 책들을 빼앗기지 않으려고 땅을 파고 책을 숨기는 일까지 벌어질 정도다.

예측컨대 책이 보물 대접을 받고, 도서관이 주요 공공 기반시설로 인정받았던 것은 기원전 4세기부터였음이 분명하다. 그 결정적인 증거가 이때에 세워진 〈Bibliotheca Alexandrina〉이다. 로마의 산문 작가 겔리우스(Aulus Gellius, 123?-165?)는 다음과 같이 기록하고 있다.

> 누구였던가? 최초로 공공 교육을 위해 책들을 제공했던 자는? 교양교육을 통해 자유 시민을 양성하기 위해 아테네인들에게 책들을 공공 차원에서 처음으로 제공한 이는 참주 페이시스트라토스(Peisistratos, BC. 605~BC. 527)라 한다. 물론, 아테네인 자신들도 큰 열성을 가지고 도서관을 풍부하게 가꾸고 키웠다. (중략) 많은 책들이 알렉산드리아의 프톨레마이오스 왕조에 의해 수집되었다. (중략) 알렉산드리아에서 벌어진 전쟁 중에 이 나라가 약탈당하는 과정에서 군인들이 의도적으로 혹은 계획적으로 그런 것은 아니었다. 보급을 담당하는 병사들에 의해서 이 책들은 모두 불태워졌다.[61]

이집트에서는 〈Bibliotheca Alexandrina〉 이전에 도서관이 있었다고 보여진다. 일반적으로 상류계급만이 글을 읽고 쓸 줄 알았다고 추정되나, 유물들로 보아 노동자 계층도 읽을 수 있었음을 유추할 수 있다. 이런 사회배경 아래 〈Bibliotheca Alexandrina〉가 성립, 발전 할 수 있었으리라 생각된다. 알렉산더 대왕의 정복 이후에는 그리스의 영향을 받았으며, 그리스는 기원전 560년 이후 공공도서관이 있었다.

아리스토텔레스는 초기 '개인 도서관'이라 할 수 있을 정도의 많은 장서를 보관하고 있었고, 그리스에서는 학문의 발달로 많은 학자들이

61) 〈아티카의 밤들〉, 제7권 17장 1절) 인용은 서양 도서관의 역사에서 자주 언급되는 대목이다.

도서관을 이용했으리라 추측된다. 이러한 학문적, 문화적 영향을 받은 그리스 태생의 데메트리우스가 이집트에서 이를 적용시켜 도서관을 건립하는데 큰 역할을 한 것은 어쩌면 당연한 일일 것이다.

당시 세계의 지식의 거점으로 구축하려는 도서관의 꿈은 다음과 같은 다양한 요인이 상호 작용된 결과로 예측할 수 있다. 즉, 도서관 성장의 선행조건에 있어서 1) 사회적 조건이다. 대도시의 발달, 교육(기록과 보존의 필요성), 글을 읽고, 쓸 수 있는 능력 등이 기능한 것이며, 2) 경제적 조건으로서 국가 전체의 경제적 풍부함과 번영이 직접 관련되며, 서사재료의 발달이 그 몫을 더 한 것이며, 상업도시 알렉산드리아가 성장한 것이며, 3) 정치적 조건으로서는 정치, 사회적 안정시기였다. 강력한 국가를 건설하기 위해서는 영토뿐만 아니라 지식의 흡수 통합도 불가결한 요소로 인식한 통치자의 강력한 리더십에서 시작된 것이다.

한편 〈Bibliotheca Alexandrina〉의 시대적 배경을 분석해 보면 다음과 같다. 1) 프톨레마이오스 왕조의 성립이다. 알렉산더 대왕 사후 마케도니아(그리스), 셀뉴시드(Seleucids) 제국(시리아), 프톨레마이오스 제국(이집트)의 3나라로 분열된 상황에서 이집트는 알렉산더 대왕의 부하였던 프톨레마이오스가 그 뒤를 이어 그리스 성격의 나라를 건설했다. 2) 헬레니즘문화의 성장이다. 알렉산더의 동서 문화 융합 정책은 새로운 문화를 탄생시켰는데 이를 헬레니즘(Hellenism) 문화라고 한다. 헬레니즘 문화의 특색은 세계 시민주의와 개인주의이며, 오늘날 유럽 문화의 기저는 헬레니즘과 헤브라이즘(Hebraism)의 두 흐름이며 유럽문화의 고대 진원지가 〈Bibliotheca Alexandrina〉이었다고 할 수 있다. 3) 경제적 발전이다. 경제적 발전과정에는 첫째, 상공업의 발달로 많은 교역활동과 국가수입 증가로 상공업이 촉진, 장려되었으며, 대규모의 생산 · 무역 · 금융 등의 제도가 성장하였고, 국가는 주요한 기업가 및 자본가의 역할을 하였다. 둘째, 경제적 발전의 한 결과로서 대도시의 성장을 들 수 있으며, 헬레니즘 시대의 가장 큰 도시는 이집트의 알렉산드리아이다. 알렉산드리아는 인구 50만이 거주하는 세계적인 교역과 풍요의 대도시였다. 셋째, 필사자료의 파피루스의 생산 등이 포함된다. 이러한 다양한 환경구축으로 세계 최대 규모의 도서관인 〈Bibliotheca Alexandrina〉가 탄생되게 된다.

헬레니즘 시대의 자연철학의 본산인 학교제도는 아테네 4학당으로 대표된다. 플라톤의 〈아카데미아(Academia)〉, 아리스토텔레스의 〈리케이온(Lykeion)〉, 그리고 〈스토아 학파(Stoics school)〉와 〈에피쿠로스 학파(Epikourean school)〉가 그것이다. 〈리케이온〉은 플라톤 사후 아리스토텔레스가 설립한 것으로 자연사 및 고대 철학 문헌의 수집 활동을 통해 협동연구의 시초가 된다. 개별자를 중시하는 아리스토텔레스의 형이상학적 관심에 따라 생물학에 관심을 두었던 〈리케이온〉은 수학에 관심을 두었던 〈아케데미아〉와 그 방법론적으로 달랐다.

아리스토텔레스 사후 〈리케이온〉은 테오프라토스(Theophrastus), 스트라토에 의해 운영되는데, 이들은 '소요학파(逍遙學派, Peripatetics)'라 불린다. 소요학파의 저작들은 시돈의 보에티우스(Boetius), 다마스커스의 니콜라스(Nicholas), 아프로디시아스의 알렉산더(Alexander of Aphrodisias)에 의해 주석이 붙여지고 확산되며, 1세기 중반까지 지속적인 영향을 끼친다.

Bibliotheca Alexandrina 건립

〈Bibliotheca Alexandrina〉의 설립은 책의 출판과 상업적 매매의 거대한 성장에 따른 자연스러운 결과였다. 그 결과에는 아테네 시민들이 기원전 5세기 이후 앞장서 온 노력이 집약되어 있다. 헬레니즘 시대에 관한 언급에서 우선순위는 〈Bibliotheca Alexandrina〉이다. 〈Bibliotheca Alexandrina〉는 그리스인들에게 그 시대에 있어, 그리스인들의 지적 최고의 상징이며, 독립된 국가로서 연방에 불과하던 그리스인들을 하나로 결합하게 해 주었던 통합 요소였다.

이상하게도 그 계획의 착안과 실행에서 모두 매우 거대한 것이었음에도 불구하고, 〈Bibliotheca Alexandrina〉는 사람들이 기대해왔던 공공도서관으로서 이용되지 못하였다. 그 〈Bibliotheca Alexandrina〉의 분위기는 그 자체로 특별했고, 그곳의 이용자들은 전문적인 엘리트들로 국한되어 있었다. 그렇게 놀라운 소장량의 책의 축적이 가능했던 것에는 세 가지 중요한 이유가 있었다. 첫째, 그리스 세계와 동방 사이의 관계 개방, 둘째, 본문 연구에서 새로운 문학 분야의 소개, 마지막, 이집트 프톨레마이오스 왕조의 첫 번째 왕이 가장 두드러지게 보여 주었던 책에 대한 애정 때문이었다.

'도서관(bibliothek)'이란 말은 그리스어의 '비블리오테카(bibliotheka, biblion은 책, theka는 작은 상자를 의미한다)'에서 유래된다. 최초의 도서관은 인류 역사상 최초의 문자인 설형(楔形)문자를 만든 유프라테스강 유역 메소포타미아에서 기원전 4,000년경에 세워졌다. 고대 이집트 테베의 궁전(기원전 2000년경 창건)에서도 입구에 '책은 짐(朕)', '영혼의 치유장', 즉 도서관을 연상케 하는 이름이 전해진다.

그리스 최초의 도서관은 기원전 330년에 나타난다. 제왕들은 자신의 카리스마와 권위를 상징하는 도서관을 앞 다투어 세웠지만 고대 도서관 중의 도서관은 바로 〈알렉산드리아 도서관(Bibliotheca Alexandrina)〉이다. 이를 포함하여 〈페르가몬 도서관(Bibliotheca Pergamon)〉과 〈셀수스 도서관(Bibliotheca Celsus)〉을 포함하여 고대 '3대 도서관'이라고 칭한다. 이 '3대 도서관'은 후에 기술된다.

알렉산더 대왕은 정복지마다 자신의 이름을 딴 신도시 〈알렉산드리아〉를 건설하였는데 전 세계에는 〈알렉산드리아〉라는 도시가 70개 넘게 존재하지만, 이집트 알렉산드리아만큼 빛났던 곳은 없었다. 이곳은 그리스계 왕조인 프톨레마이오스 왕조가 이집트를 통치하던 시절에 이집트 수도였던 곳이다. 동서양의 학자들이 헬레니즘이라는 모자를 쓰고 치열한 연구와 토론을 진행했던 세계 최고의 도시였으며, 〈알렉산드리아〉를 거점으로 활동했던 학자들의 면면만 보아도 대단하다.

피타고라스(Pythagoras, BC.582~BC.497), 유클리드(Euclid, BC.330?~BC.275?), 아르키메데스(Archimedes, BC.287~BC.212), 에우클레이데스(Eucleides, BC.450~BC.380), 에라토스테네스(Eratosthenes, BC.450~BC.380), 클라우디오스 프톨레마이오스(Klaudios Ptolemaeos, BC.85~BC.165), 아리스타르코스(Aristarchos, BC.310?~BC.230), 칼리마쿠스(Callimachus, BC.3C~1C) 등 활동하였던 학자시서들의 면면이 눈부시기가 이루 말할 수 없다.

그 빛의 중심에는 〈무세이온(Museion)〉이 자리 잡고 있었다. 프톨레마이오스 I세는 알렉산더 대왕의 부하로, 대왕이 사망하자 그 정복지들 가운데 이집트를 차지한 디아도코이 장군 중 한 사람이었다. 따라서 그의 출신지는 엄밀히 말하면 그리스가 아니라 그리스 북쪽에 있는 마케도니아가 된다. 그리스인들은 마케도니아 인들을 일종의 '오랑캐'처럼 바라보았으나 알렉산더 대왕을 비롯한 마케도니아들은 자신들을 위대한 '범헬라계' 소속으로 생각하며 그리스인이라 자처했다.

그런 이유로 '그리스계' 왕조의 시조가 된 프톨레마이오스 I세는 '그리스인 답게' 학문에 대한 사랑이 컸으며 스승인 아리스토텔레스의 영향으로 그 사랑이 더욱 깊은 편이었다. 프톨레마이오스 I세 소테르는 어린 시절 알렉산더 대왕과 함께 아리스토텔레스 밑에서 동문수학했다. 그가 파라오가 된 다음 왕궁 옆에 대규모 학술기관인 〈무세이온〉을 세워 적극적인 학문 장려정책을 펼친 것은, 그러므로 조금도 이상한 일이 아니었던 것이다.

〈무세이온〉에는 강당, 연구실, 체육관, 숙소들이 갖춰져 있었고 천문대와 해부실, 동물원과 식물원 같은 부속기관과 이들과 유기적으로 연결하도록 〈Bibliotheca Alexandrina〉를 중앙에 위치시켜 학문연구에 필요한 모든 지식을 제공했다. 물론 이들 기관 중에 으뜸으로 꼽을 수 있는 시설은 〈Bibliotheca Alexandrina〉이다. 프톨레마이오스 I세가 알렉산더 대왕을 기념하여 세웠다는 이 도서관에는 무려 70만 권의 파피루스 두루마리 책이 소장되어 있었는데, 그리스 문헌들뿐만 아니라 중동과 인도의 문헌들까지 그리스어로 번역되어 소장되었다. 말하자면 도서관과 연구실, 강의실과 기숙사 등을 갖추고 있는 〈무세이온〉은 오늘날의 대학과 같은 공간으로 세계 최초의 대학과 종합연구소가 공존했던 곳이라 할 수 있다.

이처럼 〈Bibliotheca Alexandrina〉의 모태와 요람은 알렉산더 대왕(재위 기원전 336~23)이 세운 도시 〈알렉산드리아〉에 위치하였다. 그리스 · 페르시아 · 인도에 걸친 대제국을 이룩한 대왕은 스스로 페르시아의 공주를 왕후로 삼고 1만 명 이상의 장병들로 하여금 페르시아 여인과 혼인하도록 한 동서 문명의 융합에 큰 뜻을 품은 코스모폴리탄이었다. 그는 아리스토텔레스를 스승으로 받들고 호메로스의 『일리아스(Ilias)』를 머리맡 책으로 삼고 오리엔트 원정에 학술연구단을 동반할 만큼 학예를 사랑한 교양인이었다.

그리고 대왕은 수도를 상업 · 교역과 함께 학문과 문화의 중심지로 만들고자 하였다. "알렉산드리아에 없는 것은 눈(雪) 뿐이다."라고 일컬어졌을 만큼 그 거리에서는 인도의 승려도 볼 수 있었다. '동서 문명의 교차로', '세계 문물의 집산지'로 불리며 세계를 향해 열린 〈알렉산드리아〉는 이후 900년간에 걸쳐 동서 문명의 십자로가 되었다.

기원전 300년경 또는 그 몇 십 년 후에 세워진 〈Bibliotheca Alexandrina〉는 대 도서관이자 고대의 역사 유물을 통틀어 가장 훌륭하다. 〈Bibliotheca Alexandrina〉는 왕이 이용하기 위해 지어졌다고 전해지며, 왕의 특정한 필요를 위해 자료들을 전문화 시켰다. 이를 위해 여러 지역에서 수집한 온갖 종류의 책을 소장하였고, 학문적으로나 문화적으로나 자격이 있는 모든 사람들에게 열려있는 특별한 도서관이기도 하였다.

〈Bibliotheca Alexandrina〉는 한때 두루마리와 파피루스 문헌을 70만 권이나 보존했으나 기원전 48년 로마군과의 전쟁 당시 불에 탔다. 클레오파트라는 남은 장서로 재건을 시도, 그 후로도 도서관으로서의 명맥은 유지된 것으로 보인다.

프톨레다이오스 I세는 그런 〈무세이온〉을 기반으로 해서 그리스와 동방의 뛰어난 학자들을 〈알렉산드리아〉로 불러들였다. 학자들에게는 숙식이 무상으로 제공되었고,[62] 높은 봉급이 주어졌다. 또한 그 봉급에 대해서는 세금이 면제되었다. 한마디로 당시의 알렉산드리아는 '학문 특구'나 다름없었기 때문에 동서양의 학자들이 〈알렉산드리아〉로 몰려들어 알렉산드리아를 헬레니즘 문화의 메카로 만들었던 것이다. 학자들을 파격적으로 지원하는 데 필요한 비용은 프톨레마이오스 I세가 설립한 기부금에서 충당되었다.

---

62) 프톨레마이오스 I세는 숙소가 부족하자 왕궁의 일부까지 학자들의 숙소로 내줬다고 한다.

아르헨티나의 학자사서이면서 작가였던 보르헤스(Jorge Luis Borges)의 소설 『바벨의 도서관(*La bibliotica de Babel*)』속 미궁 도서관의 모델 즉 카오스 같은 '장서관'을 창조해낸 것은 〈Bibliotheca Alexandrina〉으로 알려지고 있다. 또한 움베르토 에코(Umberto Eco)의 소설 『장미의 이름(Il nome della rosa)』에 등장하는 '장서관'도 직접적으로는 보르헤스의 '미궁의 도서관'을 간접적으로는 〈Bibliotheca Alexandrina〉를 모델로 삼은 것이다.

〈Bibliotheca Alexandrina〉는 기원전 300년 경에 세상의 모든 책들, 즉 '인간 지식의 집대성'을 목표로 해서 건립되었고, 기원후 270년에 아우렐리우스(Marcus Aurelius) 내전으로 소실되었다는 설이 유력하다. 당시의 이집트가 로마제국의 속주였기 때문에 아우렐리우스 내전의 영향을 받은 것이다. 다만, 딸 도서관 〈세라피스(Serapis)〉로 불리던 별관은 그때에도 건재했다가 391년, 로마에서 기독교 공인이 이루어진 직후에 이교도의 유산이라는 이유로 로마 기독교인들에 의해 파괴되었다. 〈딸 도서관〉이 이집트 신인 '세라피스(Serapis)'를 모시는 신전 '세라피움(Serapium)'에 자리잡고 있었기 때문이다. 〈세라피움 도서관〉이라고 하였다.

연구의 주류는 '문헌학(文獻學)'이었으나, 수학 · 물리학 · 천문학 · 해부학 등에도 뛰어난 성과를 남기기도 하였다. 기원전 2세기 말엽 이후 쇠퇴하였으나, 아우구스투스(Augustus) 황제와 하드리아누스(Hadrianus) 황제 치하에 한때 번영을 되찾았다가 다시 쇠퇴해 갔다.

역대의 왕은 사재(私財)를 털어 해외에서 학자를 불러모아 그들에게 수당과 식사를 제공하며 재산을 공유하는 단체로서 연구에 종사시켰다. 따라서 강당(講堂) · 주랑(柱廊) · 홀 · 도서관 · 동물원 · 천문 설비 외에 식당 · 승려 숙소 같은 공동 생활시설도 마련되어 있었다.

이처럼 '뮤즈' 신들을 섬기기 위해 문화광장을 설립하고자 한 생각은 프톨레마이오스에 의해 고안된 것은 아니다. 그리스 세계에는 이미 이와 유사한 종류의 '광장'들이 존재하고 있었고, 그것들 중 일부의 근원은 피타고라스와 그의 '원형광장'으로까지 소급할 수 있다. 가장 고도로 발달한 예는 테오프라스투스(Theophrastus, BC.372~BC.287)[63] 하에 존재했던 〈아리스토텔레스 라이시움(Aristotle's Lyceum)〉의 〈무세이온〉인데, 강의실과 안뜰이 있는 도서관, 열주(列柱) 화랑, 정원 산책로 및 신과 인간들의 수많은 동상들, 그리고 센터에 신전과 제단을 갖추고 있는 전문 교육 및 연구센터이다.

디오게네스 라에르티오스(Diogenes Laertius)[64]는 광장의 출현을 암시하고 있는 테오프라스투스의 유언의 한 구절을 인용하고 있다. '나는 나의 재산이 다음과 같이 사용되도록 히파르쿠스(Hipparchus, BC.1907~BC.125)에게 위탁하고 싶다고 유언하였다. 그러면서 그 유산의 사용처를 일일이 명시하고 있다.

> 우선 <무세이온>과 신의 동상을 완성시키는데 사용할 것, 또한 동상의 완성에 필요한 모든 것들에 사용할 것, 두 번째로, 아리스토텔레스의 흉상과 신전에서 사용될 다른 봉납품들을 재건설하는데 사용할 것, <무세이온>에 인접한 조그만 주랑이 예전의 모습만큼 훌륭하게 재건설되고, 세계의 지도가 그려진 현판이 아래쪽의 주랑에 재배치되는 데 쓸 것, 그리고 마지막으로, 제단이 가능한 한 아름답고 격조있는 모습으로 수리되는 데 사용할 것 등이다.

63) 아리스토텔레스의 제자인 고대 그리스 학자이다. 시간은 인간이 소비할 수 있는 가장 가치 있는 것이다(Time is the most valuable thing a man can spend)라는 유명한 말을 남겼다.

64) 디오게네스 라에르티오스(그리스어: Διογένης Λαέρτιος)는 기원후 3세기 고대 그리스의 전기 작가였다. 그의 삶에 관해서 알려진 것은 매우 적다. 다만 그가 저술한 철학자 전기인 《유명한 철학자들의 생애와 사상》(Vitae Philosophorum / Lives and Opinions of Eminent Philosophers)만이 현재까지 전해지는데, 고대 그리스의 철학자들의 삶에 관한 많은 정보를 알려주는 귀중한 자료이다.

이처럼 테오프라스투스의 유언을 따라 그대로 건축된 것으로 추측된다. 신전같은 아름다움과 경건함을 동시에 갖추게 된 학문의 전당을 꿈꾸었던 것이 아닌가 생각된다. 지식은 이상을 좇는 한 과정이므로 이후 '도서관이 조직의 심장이거나 센터'의 개념이 확립된 것으로 보인다.

프톨레마이오스 I세가 테오프라스투스를 도서관의 경영을 위해, 또한 그를 우선적으로 임용하고자 하기 위해 〈알렉산드리아〉로 초빙하고 싶어 했던 한 가지 이유는 그가 아리스토텔레스가 가장 사랑했던 제자였고, 어떤 의미에서 그는 아리스토텔레스의 작업을 계승받은 자였으며, 따라서 새로운 연구소에 거대한 명성을 가져다 줄 것으로 기대되었기 때문이었다.

그러나 더 중요한 이유는 소요학파의 학교에 무려 2,000명 가량의 학생과 청강생이 있었기 때문에 프톨레마이오스는 그 학교 전체를 〈알렉산드리아〉로 옮겨오고 싶어 했다는 것이다. 그의 야망은 그리스 전 세계의 저명한 학자들, 아테네 출신의 스트라토(Strato), 코스(Cos) 출신의 필레테스(Philetas), 에베소 출신의 제노도투스(Zenodotus), 그리고 데메트리우스, 극히 소수의 명성을 지닌 이들까지 초빙하려고 계획한 그 목적과 함께 교육과 학문의 범 그리스주의적 광장을 세우려는 야망을 가지고 있었던 것이다.

기원전 297년에 〈알렉산드리아〉에 정착했던 데메트리우스는 소요학파 학교의 구성과 그것과 관련된 다른 것들로도 잘 알려져 있다. 그가 아테네에 총독으로 있는 동안 그는 학교가 합법적인 승인을 얻을 수 있도록 도왔으며, 테오파라스투스가 자신이 소유한 약간의 땅을 양도할 수 있도록 해 주었다.[65] 불행하게도 프톨레마이오스 I세의 통

65) Attica에서는 재류 외국인이 자신의 땅을 소유하는 것은 금지되어 있었다.

치 기간 동안의 사료에는 단지 압데라의 헤카테우스(Hecataeus of Abdera)나 마네토(Manetho)와 같은 도서관에 관계된 것만 언급되어 있다. 도서관에 관해 유일하게 현존하고 있는 직접적인 묘사는 기원전 1세기에 〈알렉산드리아〉를 방문하였고 그곳의 도서관에서 연구했던 스트라보(Strabo)[66]에 의해 전해지고 있을 뿐이다.

프톨레마이우스 I세 소테르는 자녀들의 교육을 위해 대학자 스트라토를 아테네에서 초빙했으며, 좀 더 조직적인 교육을 위해 기원전 306년 〈무서이온〉을 설립했고 이것이 〈Bibliotheca Alexandrina〉의 기원이 되었다. 이 〈Bibliotheca Alexandrina〉는 이집트 알렉산드리아에 위치하게 되었고, 고대에 가장 크고 영향력 있는 도서관이었다. 〈Bibliotheca Alexandrina〉는 프톨레마이오스 왕조의 후원으로 발전했으며, 기원전 3세기 건립된 이후 로마가 이집트를 점령한 기원전 30년까지 지식과 학문의 중심지 역할을 했다.

〈Bibliotheca Alexandrina〉 설립 배경으로는 크게 두 가지를 살펴볼 수 있다. 첫 번째는 프톨레마이오스 I세 소테르의 도서관 건설에 대한 애착이다. 소테르 왕은 지적이고 문화적인 국가를 건설하고자 하였던 알렉산더 대왕의 이상을 존경하였다. 그래서 그는 자신의 왕국을 지적이고 문화적인 공간으로 만들고자 하였으며, 도서관 건설을 문화발전에 적합한 정책으로 수용하였다. 그의 열정은 지식이 곧 국력이라는 당대의 인식이 한 몫 하기도 했다.

---

66) 스트라본(고대 그리스어: Στράβων, 라틴어: Strabo, 기원전 63/64년 ~ 기원후 24년경)은 고대 그리스의 지리학자, 역사가, 철학자이다. 프톨레마이오스와 함께 고대 그리스에서 가장 뛰어난 지리학자로 일컬어진다. 소아시아에서 태어나 알렉산드리아에서 아리스토텔레스 등의 지도를 받았다. 그는 유럽과 이집트 · 리비아 · 아시아 등 여러 곳을 다니면서 지형 · 지구대 · 땅 위의 동물과 식물을 관찰하여 도두 17권으로 된 〈지리지〉를 만들었다.

두 번째는 데메트리우스가 〈Bibliotheca Alexandrina〉 설립에 대한 아이디어를 제안한 것이다. 지적이고 문화적인 공간에 대한 단초를 제공한 것이다. 데메트리우스는 정치적인 이유로 알렉산드리아로 망명한 사람이었는데 부강한 국가 건설에 있어서 도서관의 중요성을 강조한 것이다.

이 두 사람의 공통점은 아리스토텔레스의 책을 중시하고 독서를 장려한 영향을 받은 데서부터 그 사상을 찾아볼 수 있으며, 당대 아리스토텔레스학파의 영향력을 추측할 수 있는 대목이다. 그러면서 두 사람의 지적이고 문화적인 공간에 대한 열정의 합의에서 이루어진 결정체라고 할 수 있다.

〈Bibliotheca Alexandrina〉설립과 관련하여 데메트리우스를 특별히 설명할 필요가 있다. 그는 날카로운 지성과 문학에 대한 성실한 열정을 지닌 박식가였다. 그는 어떤 조직화된 사회에 있어서 독서를 장려하는 것에 대한 중요성을 열렬히 신봉하는 사람이었다. 그의 아버지는 파노스트라투스(Phanostratus)라는 캐논(Conon) 왕조의 노예였지만, 그는 그런 그의 천한 태생을 초월하고, 그들이(캐논 왕조) 그의 일을 방해하지 못하게 하려고 애썼다.

키케로(Cicero)에 의하면 그는 테오프라스투스의 가까운 벗이 되었고, 웅변술과 철학에 있어 조예가 깊었다. 그는 기원전 325년에 정치계에 등장하였으며, 그 때 아테네의 연설가들은 그들의 권위를 잃어가고 있었으며, 결과적으로 그는 빠르게 그가 원하던 명성을 얻게 되었다. 정치계에서 그는 지체없이 반 마케도니아 민주당을 나와서 과두정치 당파의 리더가 되었던 까닭에 그는 모험가였고, 그의 충성은 쉽게 변하였다.

이런 능력으로, 그는 마케도니아 통치가였던, 카싸데르(Cassader)의 사랑을 얻었고, 기원전 317년 이후로 10년간 그의 총수로서 아테네를 통치하였다. 키케로는 그의 개화된 법률이 그 도시에서 많은 지지 세력을 얻게 하였다고 기술하고 있다. 또한 소요학파 학교에 대한 그의 헌신과 교육체계에 쏟아 부었던 혁신의 노력이 평판을 더욱 좋게 한 것으로 추정된다. 그는 또한 정부에서 더 이상 비용이 많이 드는 작품들에 대해서 보조금을 지원하지 않았던 까닭에 침체되어 있었던 연극계에 활력을 불어 넣었는데 이것은 아테네 시민들이 그를 우상화시킨 또 하나의 이유가 되었다.

그러나 이런 번영과 평안의 상태는 데메트리우스-폴리오르데테스(Demetrius-Poliordetes)가 피레우스(Piraeus)의 항구에 그의 함대를 이끌고 들어와, 총독이 사형을 면하도록 도망가게 놓아두면서, 아테네 민주주의자들의 반란을 자극했던, 307년 파괴되었다.

데메트리우스는 마침내 〈알렉산드리아〉에 망명지를 찾았다. 그 결과 프톨레마이오스의 가장 중요한 집단에 수용되었으며, 스트라토 처럼 그 역시 아테네의 〈라이세움(Lyceum)〉과 〈알렉산드리아〉의 도서관 · 박물관 사이에 연관성을 제시했던 일이 가능했다. 그러나 박물관과 도서관에 대한 그의 공헌도가 중요한 것이었음에도 불고하고, 그가 이 일을 했다는 사실을 증명해 줄 신뢰할 만한 증거가 남아있지 않다. 그가 도서관 체계에 시도했던 노력에 관한 두 가지의 언급(아리스테아스의 서한(*Letter of Aristeas*)과 비잔틴 학자 체체스(Ioannes Tzetzes)에 의한 『*Prolegomena to Aristophanes*』) 중 어떤 것도 신뢰할 만한 것으로 여겨지지 않는다.

이처럼 〈Bibliotheca Alexandrina〉는 기원전 3세기 말, 프톨레마이우스 왕조의 왕들이 한편으로는 알렉산더 왕의 유지를 계승하고 다른 한편으로는 아리스토텔레스의 가르침을 충실하게 따르기 위해 세운 학술도서관이다. 그리스 지리학자 스트라본이 기원전 1세기에 쓴 책에 따르면, 〈Bibliotheca Alexandrina〉에는 아리스토텔레스의 저작들이 보관되어 있었다. 스승의 저작들을 물려받은 제자 테오프라투스는 그 책들을 스켑시스의 넬리우스에게 물려주었고, 넬리우스는 〈Bibliotheca Alexandrina〉의 건립에 참여하면서 이것을 도서관에 기증했다는 것이다.

즉 도서관 기능에 맞게 책들을 분류하고, 단지 책을 보관하기 위해서가 아니라 교육을 위해서 도서관을 세운 이가 역사의 무대에 등장하니, 그가 바로 아리스토텔레스다. 개인 서재가 아닌, 자신이 건립한 학교 〈리케이온〉에 도서관을 마련한 것이다. 하지만 그의 도서관이 겪어야 했던 운명은 그 주인 만큼이나 기구했다. 다음은 이에 대한 지리학자 스트라보의 보고다.

> 그들은 아탈로스(Attalos, BC.241~BC.197 재위) 왕이 페르가몬에 도서관을 세우기 위해 책들을 구하고 모은다는 소식을 접하게 된다. 그들은 땅을 파서 참호를 만들고 여기에 아리스토텔레스의 책들을 숨겼다. 테오프라스토스가 유언으로 스켑시스의 넬레우스에 맡겨 지하실에 비장된 그 문고는 그 한참 후 책들이 습기와 벌레들에 의해서 손상을 입자, 애서가 아펠리콘은 벌레들에 먹혀 손상된 부분을 복구하였고, 새로운 복사본을 만들었다. 그러나 정확하지 않게 보충되었고, 오류와 오식들로 가득 찬 것들이었다. 여기에는 로마도 한몫 거들었다. 왜냐하면 당시 아테네를 장악하고 있었던 술라는 아펠리콘이 죽자 곧바로 도서관을 전리품으로 가져왔고, 즉 술라가 로마로 반입하여(기원전 86년) 곳곳의 사설 문고에 수장하였다. 이런 경로로 아리스토텔레스와 테오프라스토스의 원고는 문법가 티라니온의 복사를 기초로 10대째 학두인 안드로니코스(Andronicos of Rhodes)에 의하여 로마에서 간행 되었다. 그는 그때까지 유포되고 있던 여러 저작(대화편 등)에 이들 학문적인 저작을 대립시켰다. 먼저 오르가논을 만들어 철학적인 예비 학문으로 삼음과 동시에 다른 저작도 체계적인 견지에서 배열하였다. 이것이 오늘날에 와서도 아직껏 근본적인 개혁이 어려운 아리스토텔레스 전전(全典)인 것이다. 이 전전을 기초로

하여 그 후의 아리스토텔레스 철학의 주석과 연구는 진행되었다. 이 도서관에서도 필경사들이 도서들을 교정하고 고쳤다. 필사본들을 전혀 대조하지도 원본을 비교하지도 않았기 때문이다. 이는, 로마뿐만이 아니라 알렉산드리아에서도 흔히 있는 일이었다.

〈Bibliotheca Alexandrina〉가 건립되기 전까지 고대 세계의 도서관들은 한 사람의 개인적인 서고이거나 정부가 법적인 자료와 문학적인 작품을 공식적인 참고문헌으로 보관하던 창고였다. 이런 초기의 도서관들은 호기심을 채우려는 욕망보다는 안전하게 보관하려는 소박한 욕심에서 세워졌고, 또한 만물 박사가 되려는 욕망보다는 특정 분야에 대한 참조를 위해 설립하였다. 그러나 〈Bibliotheca Alexandrina〉는 독표와 규모에서 기존의 도서관을 능가하는 새로운 모습을 보여주었다.

소아시아 북쪽에 있던 페르가몬에서 아탈리드(Attalids) 왕조의 왕들이 〈Bibliotheca Alexandrina〉에 도전장을 던지고 〈페르가몬 도서관〉을 짓기 시작했지만, 〈Bibliotheca Alexandrina〉의 규모에는 미치지 못했다. 게다가 프톨레마이오스 왕들은 그들의 경쟁자들이 도서관을 채울 필사본을 제작하는 걸 막으려고 파피루스 수출을 금지시키기도 하였다.

이런 방해에 반발해 〈페르가몬 도서관〉의 운영자들은 새로운 필사 자료를 발명해 냈고 그것에 도시의 이름을 붙여 '페르가몬'이라 불렀다. 이것이 바로 '양피지(parchment)'이다. 오늘날의 책의 형태인 '코덱스'의 기원이 된다.

기원전 2세기경의 흥미로운 문서로 위작으로 짐작되는 『아리스테이스의 서한(*Letter of Aristeas*)』[67]에는 〈Bibliotheca Alexandrina〉의 기

67) 〈Letter of Aristeas〉는 거짓된 역사를 기록한 위서로 알려져 있다. BC. 2세기 중엽 알렉산드리아에서 유대교를 옹호하려는 목적으로 씌어졌다. 알렉산드리아

원에 얽힌 이야기가 기록되어 있다. 이 도서관의 원대한 꿈을 요약한 듯한 그 기록에 의하면 프톨레마이오스 I세는 전 세계의 책을 한 곳에 모아두기 위해서 '지상의 모든 군주와 지배자'에게 시인과 산문작가, 수사학자와 궤변학자, 의사와 예언자, 역사학자 등 온갖 유형의 작가가 쓴 모든 종류의 책을 보내달라는 부탁의 편지를 보냈다. 또 왕의 학자들은 '세계의 모든 종족이 쓴 모든 책'을 알렉산드리아에 모아 놓으려면 50만 두루마리가 필요할 거라고 계산했다. (시간이 흐르면서 인간의 꿈도 커졌던지 미국 의회도서관은 1988년 한 해에만 50만권을 받아 고르고 골라 40만권을 보관했다).[68)]

왕의 권한을 충분히 행사하면 왕 전용의 훌륭한 서적 컬렉션이 될 것입니다. 왕의 격에 맞는 도서관이라면 중요한 저작은 전부 사본으로서 수집해야 합니다.

사회에서 유대인 공동체는 그 규모와 명성으로 인해 이미 결정적인 위치를 확보했고, 아직 반(反)셈족주의가 심각하게 대두되지 않았는데도 갈등을 겪고 있었다. 어떤 유대인들은 그리스 문화와 철학을 받아들인 데 반해, 다른 유대인들은 헬레니즘 문화와 타협하기를 철저히 거부했다. 이 위서를 쓴 저자의 목적은 유대교를 이교도들에게 호의적으로 비치도록 소개하고, 엄격한 종교법을 헬레니즘계 유대인들의 마음에 맞게 고치려는 데 있었다. 저자는 BC 2세기의 한 저자 이름을 도용하여 마치 히브리어 모세오경(〈구약성서〉의 처음 5권)의 그리스어 번역본을 동시대의 입장에서 해설하는 듯한 태도를 취했다. 그는 자신을 알렉산드리아에 있는 프톨레마이오스 II세 필라델푸스(BC.285~246)의 대신(大臣)으로서 유대교를 존경하는 이방인으로 소개했다. 저자는 그 시대에 쓰였던 헬레니즘 문학의 관용구들과 알렉산드리아 궁정의 전문용어들을 사용했지만, 그의 그리스어 문체와 사실(史實)에 위배되는 몇 가지 점들로 미루어보아 그가 스스로를 교묘하게 가장한 고어(古語) 연구가였음을 알 수 있다. 유대인 노예들의 복지에 관심을 보이고, 팔레스타인 유대인 사회를 낭만적으로 묘사하고, 유대교의 식사규례법 배후에 있는 이론을 설명하고자 노력한 점으로 볼 때 그는 이교도라기보다는 유대인이었다고 짐작된다.

68) Charles A. Goodrum & Helen W. Dalrymple. *Guide to the Library of Congress*, rev. edition. Washington, LC., 1988.

데메트리우스의 상기와 같은 아이디어를 프톨레마이오스 I세는 그의 건의를 기뻐하며 사자(使者)들을 지중해 · 중동의 여러 지역에 파견하여 모든 분야의 책을 수집했다. 구입할 수 없는 책은 차입(借入)하거나 온갖 술책을 써가며 강탈하기까지 하였다. 그밖에도 이집트의 항구에 정박한 모든 선박을 수색하여 책을 몰수하고 사본을 뜬 뒤 사본을 돌려주고 원본은 압수하였다. 똑같은 예를 우리는 고대 중국의 제왕들로부터도 본다. 예부터 책 도둑은 도둑이 아니라지만 70만 권으로 일컬어지는 〈Bibliotheca Alexandrina〉는 장서를 '빼앗은' 책이 과연 얼마나 될까.

〈Bibliotheca Alexandrina〉는 예부터 '환상의 도서관'으로 일컬어져 왔다. 그 이유인즉 방대한 장서를 지니고 호화로운 건물과 시설을 갖춘 점보다도 약 7세기경 바다에 가라앉아 유적 한 점 남기지 않아 고고학적으로도 전혀 추적할 수 없다는 사실에서 온다. 이러한 의미에서는 〈Bibliotheca Alexandrina〉의 이미지는 환상과 상상의 산물일 뿐이다.

〈Bibliotheca Alexandrina〉의 창건은 알렉산더 대왕이 서거한 뒤 이집트를 다스린 프톨레마이오스 왕조 초창기 3대에 걸친 왕들의 공적이라고 할 수 있다. 그러나 그 이념과 인프라는 알렉산더 대왕에 의해 갖추어졌다. 프톨레마이오스 I세(기원전 323~285)는 그리스의 학자들을 〈알렉산드리아〉로 초빙하여 그리스화 정책을 추진하였다. 그의 후계자인 프톨레마이오스 II세는 왕조 최대의 부강을 자랑하는 한편 부왕의 뜻을 이어 국내외로부터 뛰어난 학자 · 문인 · 예술가들을 궁정에 초빙하였다. 그는 대단한 서적 애호가로서 아리스토텔레스의 장서 전부를 구입하였다. 그의 치세의 가장 빛나는 공덕은 〈Bibliotheca Alexandrina〉의 완성이었다.

기원전 288년 경에 세워진 것으로 전해지는 〈Bibliotheca Alexandrina〉는 〈무세이온〉과 함께 도시 중심부 그리스인의 거주 지역에 왕궁 · 사원 · 극장 · 상품거래소와 나란히 자리 잡았다. 도서관의 장서는 705만 권으로 그 열람은 처음에는 왕실의 귀빈에만 한정되고 차차 학자들도 이용할 수 있게 되었다. 그 건물과 내부 구조에 대해서는 전혀 알 수 없다. 학문연구소에 관해서는 단편적으로나마 전해지고 있다.

〈Bibliotheca Alexandrina〉의 지위는 그 자체로서 특별했고, 도서관의 사용자들은 특정 계급의 엘리트들이었다. 여기에는 매우 놀랄만한 많은 수의 책들이 축적되게 된 세 가지 이유가 있는데, 첫째, 그것은 그리스 세계와 동방과의 관계의 길이 열렸던 것이며, 둘째, 본문비판으로 인한 새로운 문학 분야의 소개이며, 마지막으로는 특히 프톨레마이오스 왕조의 첫 번째 왕에 의해 펼쳐진 책에 대한 사랑이었다. 사실은 이 모두가 아리스토텔레스의 애서가적 사상으로 개인 도서관을 설립한 영향과 학원인 〈리케이온〉을 설립한 것에서 영향을 받은 것으로 해석할 수 있다.

학문연구소는 아리스토텔레스의 학원을 본받아 지붕이 달린 산책로, 아케이드와 함께 예술의 여신 〈무사(musa)〉를 모신 신역(神域) 〈무세이온〉에 자리하였다. 그리고 좋은 식당과 숙박시설이 달리고 그 관리자는 신관(神官) 사제였다. 학문연구소의 멤버인 학자들은 고액의 봉급과 면세의 특권을 누렸다. 그들 중에서도 특히 수사가와 시인이 우대받았다. 도서관을 자유로이 이용할 수 있었던 사람들도 아마 이 〈무세이온〉의 회원이었을 것이다. 사실 도서관과 학문연구소는 서적과 학문 연구가 통합되듯 하나의 공동체를 이루였다.

학문연구소는 그 황금기 75년 동안 모든 지역의 제1급의 뛰어난 학자들로 성황을 이루었다. 그 중에서도 특히 기하학의 대성자인 에우클레이데스(Eukleides, BC.450~BC.380) 즉 유클리드(Euclid), 천문학자이며 수학자 물리학자이기도 한 아르키메데스(Archimedes, BC.287~BC.212), 코페르니쿠스에 앞서 지동설을 주장한 천문학자 아리스타르코스

(Aristarchos of Samos, BC.310~BC.230) 같은 그리스 출신이며 동일한 이름의 문헌학자 아리스타르코스(Aristarchos of Samothrace, BC.217~BC.145)는 과학적 문헌학의 수립자이며 도서관의 관장을 지낸 인물이기도 하다.

그러나 철학자 내지 사상가로서는 뛰어난 인물이 없으나 과학적 업적은 그 뒤 1천년 이상 유럽에 영향을 주었지만, 연구소도 도서관과 함께 유적 한 점 남기지 않고 홀연히 바다 속으로 파묻혀 버렸다.

〈Bibliotheca Alexandrina〉는 아마도 지금껏 존재했던 도서관 중에 가장 규모가 큰 도서관일 것이다. 그래서 위대하다라는 '대(great)' 자를 붙여 '대도서관'이라고 하지 않았던가. 오늘날의 대영 박물관은 거대한 도서관이다. 그곳의 장서들을 땅에 일렬로 진열시킨다면 지구를 세 바퀴 돌 수 있을 정도이다. 그렇게 많은 책이 대영 도서관에 보관되어 있다. 그러나 〈Bibliotheca Alexandrina〉는 대영 도서관보다 수 십 배가 넘는 규모를 자랑하였다.

〈미의회도서관〉의 경우도 세계 최대 최고 도서관의 꿈은 다를 바가 없다. 19세기 초 미합중국은 대담한 실험 그 자체였다. 헌법적 민주주의의 기초를 세운지 10년이 거의 되지 않았고, 한 국가로서의 지속적인 미래가 아직 확보되지 않았고, 또한 국가의 특성이 이제 막 나타나려는 시기였다.

이러한 상황에서 미국 의회는 가장 위대하고 뚜렷한 미국적인 기관이 되는 기관을 창설하였다. 학식있는 사람들과 기능적인 통치의 연결에 유념하면서 1800년 의회는 5,000달러를 충당하여 〈의회도서관〉을 설립했다. 당시 이 금액으로 740권의 책과 3개의 지도를 구입했다. 토마스 제퍼슨(Thomas Jefferson) 대통령은 1802년 도서관의 역할과 기능을 정의한 법에 서명을 하고 최초의 〈도서관연합위원회〉를 설립했으며 의회 사서의 입지를 세우는 등 점점 성장하는 도서관을 위해 초기에 잊혀지지 않는 기여를 했다.

1812년 전쟁기간 동안에 영국이 의회 의사당에 화재사고로 대략 3,000권의 도서관 장서가 파괴되었을 때 다시 의회도서관이 미국의 민주주의 문화 그리고 지성에 중심적인 기여자로서 일어서도록 도운 사람이 제퍼슨 대통령이었다. 도서관을 재건하기 위해 막 퇴임한 대통령의 제안을 받아들여 1815년 의회는 제퍼슨 전 대통령의 당시 미국에서 가장 훌륭했던 개인 장서 6,487권을 23,950달러에 구입했다. 이 장서에는 다양한 언어와 폭넓은 주제를 가진 책들이 포함되어 있어 의회 의원이 참고할 필요가 있는 모든 주제가 있다라는 제퍼슨의 믿음을 반영하였다.

1815년 『National Intelligencer』지의 사설에서는 다음과 같이 기술하였다. "이처럼 보편적인 지성의 국가에서 미합중국의 의회 또는 국립도서관은 전 세계 학문의 위대한 보고가 될 것이다.[69]라고 하였다. 그 예언은 현재에 적중하고 있다.

〈의회도서관〉은 초창기부터 변화하는 시대와 필요에 부응하여 발전하여 왔다 가장 중요한 변화들 중의 몇 가지는 법령의 결과이다. 다른 것들은 필요에 의해 탄생하였다. 이러한 발전을 통해서 도서관 부서와 기능 그리고 프로그램들을 응집성 있는 전체로 묶는 끊임없고 핵심적인 연결이 있어왔다. 의회도서관은 의회와 일반 대중에게 다음과 같이 서비스를 한다.

- 지식을 수집하고 보존하고 제공하며 접근할 수 있도록 한다.
- 상상력과 창의력의 발단이 된다.
- 성취한 업적들을 인정하고 축하한다.

---

69) Stuart A. P. Murray. The Library ; An Illustrated History. Chicago, ALA., 2009. p.174.

오늘날 〈미의회도서관〉이 세계 최대 규모로 성장할 수 있었던 것은 먼저 푸트남(Herbert Putnam, 1861-1955)을 비롯한 많은 도서관장 및 사서들의 도서관 확장에 대한 노력으로 인한 장서의 폭발적인 증가를 들 수 있다. 미국 의회의 장이 〈의회도서관〉의 발전에 큰 기여를 하였으며, 이 모든 것은 설립자인 제퍼슨의 철학이 밑바탕 되었기 때문이다.

〈의회도서관〉은 1800년 필라델피아에서 워싱턴 D.C로 수도를 옮기면서 설립되었다. 1800년 4월 24일, 애덤스(John Adams) 대통령은 의회에서 도서관 지원금 5천불을 지불하도록 승인한데서부터 장서개발은 시작되었다. 1802년 1월 26일, 제퍼슨은 〈의회도서관〉의 역할과 기능을 지정한 최초의 법률을 승인했다. 이는 대통령의 사서(관장) 임명, 예산 요구 및 집행에 관한 규정이었다.

초기에 이룬 세 가지 발전은 〈의회도서관〉의 근간을 세우게 되었다. 그것은 〈의회도서관〉이 의회에 의해 설립되었다는 점과 미국 정부의 첫 번째 도서관으로 봉사했다는 점, 1815년부터 도서관의 장서가 계속 증가했다는 점이다. 여기에는 제퍼슨의 이상, 지적 호기심 그리고 실용주의가 주 역할을 했다.

제퍼슨은 지성(知性)이 자유와 민주사회를 형성할 수 있다고 믿었다. 책 없이 살 수 없었던 그는 대통령 재임 시(1801-1809) 〈의회도서관〉에 깊은 관심을 두었고, 도서관 장서를 개인적으로 추천하기도 하였으며, 최초의 두 사서(관장)를 임명하기도 하였다.

1814년 영국군에 의해 국회의사당이 불타 3천 권의 〈의회도서관〉 장서를 방화했을 때도 그는 당시 가지고 있던 최고, 최대의 개인 장서 6,487권을 〈의회도서관〉에 ($23,940) 팔아 이전보다 더 나은 도서관을 1815년에 다시 시작하게 하였다.

그의 장서가 갖는 주제의 다양성(보편주의)은 〈의회도서관〉의 기능이 팽창하는 기틀이 되었다. 즉, 지식의 힘에 대한 신념, 지식과 민주주의의 직접적인 결합은 도서관이 장서를 공유하고 널리 봉사하는 철학을 형성한 것이다. 당시 유럽 국가가 갖는 문화를 의식하여 미국 고유의 문화가 필요하고 그래서 〈의회도서관〉이 더욱 필요하다고 옹호하였다.

19세기 중엽 스미소니언 연구소(Smithsonian Institution)의 한 부분으로 제 2의 국립도서관이 쥬엣트(Charles Coffin Jewett)에 의해 추진되었지만, 후임자인 헨리(Joseph Henry)가 1854년 쥬엣트의 계획을 백지화시키고 1966년 그곳의 장서 44,000 권을 〈의회도서관〉에 양도함으로써 일단락 되었다.

1850년대에는 남북간의 갈등, 화재로 인해 〈의회도서관〉이 어려움을 겪은 시기로, 특히 1851년 화재로 인해 55,000권의 2/3 정도가 파괴되었는데, 이후 의견 차이로 도서관의 발전 속도는 계속 늦어졌다.

제퍼슨의 정신으로 〈의회도서관〉을 국가적으로 중요한 기관으로 키운 사람은 1865년부터 1897년까지 사서로 재직한 스포포드(Ainsworth Rand Spofford)이다. 그는 입법도서관과 국립도서관을 영구히 묶는 일을 했는데, 1897년 법으로 재조직하기도 했다. 그는 '미국 국립도서관'의 위엄과 중요성에 걸맞게 설계된 건물을 지을 것을 제안했다. 스포포드는 '도서관의 중앙에 지붕이 돔으로 된 원형의 열람실을 짓고 그 주위에 도서관의 다양한 부서가 들어갈 수 있는 충분한 공간을 두는 건물'을 구상했다.

1888년, 건축가 토머스 케이시(Thomas Casey)와 버너드 그린(Bernard Green)이 건물의 내부 설계에 중점을 두고 설계에 임했다. 이들은 〈의회도서관〉을 미국의 예술가와 건축가의 재능을 보여주는 대표적인 건물로 만들고자 했다. 〈의회도서관〉이 완공되었을 때, 이 건물은 세계에서 가장 크고 가장 비싼 도서관 건물이 되었으며, 미국의 지식과 배움을 장엄하게 보여주는 대표적 건물이 되었다. 1980년, 이 건물은 미국의 제3대 대통령인 제퍼슨을 기리는 뜻으로 제퍼슨 빌딩으로 명명되었다.

〈의회도서관〉이 국가도서관으로 기능을 지니도록 6가지 법률을 승인 받았는데, 1865년 초 Capitaol building에 의회도서관의 확장 승인, 저작권법 개정으로 납본법 승인, 1866년 Smithsonian 장서의 이전, 1867년 10만 달러로 역사학자인 피터 포스(Peter Force)의 개인문고 구입, 국제적 교환, 1870년 저작권법으로 저작권 등록이 그것이다.

스포포드 또한 도서관의 광범위한 공공서비스 전통을 출범시킨 장본인이기도 하다. 1865년 서비스 시간을 확장시켰으며 심지어는 야간개방도 주장하였다. 이후 1898년 야간 개방이 실시되었다. 1870년에는 복본이 있으면 대출시키는 제도를 부활시켰다.

1876년에는 보스턴 공공도서관과 함께 각각 30만 권의 장서를 소장한, 미국의 2대 도서관이 되었다. 1897년 제퍼슨 빌딩(The Jefferson Building)으로 옮길 때는 84만 권을 소장한 미국 최대의 도서관으로 자리 잡았으며, 직원도 42명에서 108명으로 증원시켰다. 그리고 1901년 말에는 100만 권을 넘은 최초의 미국 도서관이 되었다.

스포포드가 장서 확대를 최고 목표로 두었다면 1899년부터 1939년까지 재임한 푸트남은 "전 세계적인 범위 : 국제적인 서비스" 라는 목표를 두고 서비스를 오늘날과 같이 확장하였다. 심지어는 미국 도서관운동과 결합하여 국민에게 뿐만 아니라 도서관에 대해서도 봉사를 넓혔다. 카드배포 프로그램, 국가 종합목록의 유지, 국내 · 국제적으로 도서관 후원, 서지 및 다른 도서관 도구 출판, 다른 도서관 혁신, 의회도서관 중심으로 각 주의 맹인 도서 위탁도서관 운영 등의 봉사를 진행했다.

그 이후로도 계속된 장서의 증가로 공간 부족의 문제를 해결하기 위해 1939년 애덤스 빌딩(Adams Building)과 메디슨 빌딩(Madison

Building)(1980년)을 더 건축하였고, 도서관 역할 확대와 활동 범위의 확장을 위한 사서들의 끈임 없는 노력은 계속되었다.

1987년 13번째 〈의회도서관〉 관장으로 임명된 빌링톤(James H. Billington)은 MAP(Management and Planning)를 통해 도서관의 인적훈련을 실시했다. 또한 학교와 도서관의 연계를 통한 교육 지도 프로그램 확장에 힘썼다.

〈의회도서관〉이 200년의 역사를 이어오기까지는 제퍼슨의 지식에 대한 신념과 철학이 그 길잡이가 되었으며 정부와 학문과 사서와의 조화로운 관계가 이뤄낸 것으로 미국의 학문과 문화에 막대한 영향을 끼쳤다.

장서수, 예산액, 직원수 모든 부분에서 세계 최대 규모를 자랑하는 도서관이다. 장서수는 1억3 천만 점(책, 사진, 지도, 그 외), 서가의 총거리는 530 마일(약 852 ㎞)에 해당되며 사서수는 5,000명이 넘는다. 미의회도서관의 발전에도 틀림없이 〈Bibliotheca Alexandrina〉가 전범으로 사용되었을 것이다.

〈Bibliotheca Alexandrina〉의 발전사는 크게 3가지로 나누어 볼 수 있다. 초창기에는 〈무세이온〉이 설립되었다. '뮤즈 신'을 섬기기 위해 지은 건물에서 학자들은 학문연구를 하였다. 이 기관 안에 박물관과 도서관 본관은 궁전내의 〈브루케이움〉이라고 하는 구역에 설치하였다. 〈무세이온〉은 도서관 · 박물관과 학문 연구소의 기능을 수행하였다. 〈알렉산드리아〉의 번성과 함께 〈부루치움 도서관〉이 등장하였는데 왕궁 안에 박물관, 도서관, 대학의 기능을 통합하여 세운 것으로 종합연구소의 특성을 지녔다. 학자들이 연구활동을 하거나 학생들을 지도하였다. 왕실 도서관, 대학 도서관 겸 학술도서관의 성격을 띠었다.

약 50년 후에 프톨레마이오스 Ⅲ세 에우에르게테스(Ptolemy Ⅲ, Euergetes)가 세라피스 신전에 보조적인 '딸 도서관' 〈세라피움 도서관〉을 설립하였고, 40,000개 이상의 두루마리를 소장했다. 〈무세이온〉의 자료보관 장소 부족으로 인해서 별도의 도서관이 필요했으며, 그래서 궁전과 떨어진 도시 남쪽에 분관을 설치하게 되었다. 이 〈세라피움 도서관〉은 〈부루치움 도서관〉보다는 소규모였다. 이곳은 개방적이고 공공도서관의 성격을 띠었다. 〈세라피움 도서관〉은 알렉산드리아 시민에게 공개되었지만 하지만 알렉산드리아에는 여러 민족이 함께 살고 있었으며 그리스 인들만이 시민이었음을 감안하면 완전한 개방은 아니었을 것이다.

아리스토텔레스의 학원을 뛰어넘으려 브루케이온 지역에 세워졌던 〈Bibliotheca Alexandrina〉는 무세이온 근처에 세워져 서로의 영향권 안에 들도록 하였다. 도서관은 정원과 공동 식사실, 독서실과 강의실, 집회실 등을 포함하고 있었으나, 정확한 설계는 알려지지 않고 있다. 이러한 구조는 현대의 대학 구조에도 영향을 끼치고 있는 것으로 보인다.

도서관은 그 당시 신간 도서 관리와 책의 분류를 하는 것으로 알려져 있었는데, 이들을 관리하는 부서가 따로 존재하였다. 이 도서관이 신간 도서를 효과적으로 관리할 수 있었던 까닭은 서고 근처에 지어졌거나 항구로부터의 접근성이 뛰어났기 때문이라고 추측된다. 회랑은 파피루스 두루마리들을 보관하는 책장들로 채워졌으며, 이들을 도서관(bibliotheca)이라고 불렀다. 책장의 벽에는 '영혼의 안식처(Sanctuary of the soul)'라는 글귀가 있었다고 전해져 내려온다.

〈Bibliotheca Alexandrina〉의 주요기능은 1) 당시의 세계 최대의 도서관의 역할을 하면서 왕실도서관(royal library)의 기능을 수행하였다. 2) 국립학술원의 성격을 가졌다. 도서관의 기능과 학문 연구의 대학 기능을 같이 했다. 특히 자연과학 연구의 중심지였다. 에우리피데스, 소포클레스, 아리스토텔레스를 비롯한 그리스 학자들 책의 원본을 상당수 소장했던 것으로 알려져 있으며, 학자들에게 연구실과 연구비를 지원하였다. 〈Bibliotheca Alexandrina〉는 수학, 천문, 기하학, 의학, 응용과학 등의 분야에서 당시 학계를 주도했다. 3) 문화의 중심지로서 역할을 수행하였다. 적어도 200년 동안은 고대 희랍세계 문화 발달에 중요한 역할을 했으나, 몇몇 학자는 〈Bibliotheca Alexandrina〉가 그리스 문명 수집, 보존에 치우쳐 새로운 학문 저술이나 희랍문헌에 큰 영향을 주지 못했다고 주장하기도 한다. 4) 고대 지식의 보고였다. 그리스의 문헌 수집, 배열, 주석을 부가하였다. 그리스 문헌을 취합함은 물론 지중해, 중동, 인도 등지의 모든 언어를 그리스어로 번역하여 보전하였다. 특히 이곳에서 히브리어 성서인 〈70인의 성경〉이 그리스어 판 구역성서로 번역되었다.

이상과 같은 〈Bibliotheca Alexandrina〉 성립배경에 대해 다음과 같이 요약할 수 있다. 첫째, 알렉산드리아 도서관 설립에 관해 데메트리우스의 제안을 프톨레마이오스 I세가 수용한 것은 단순한 사고에 의한 것이 아니라 문화발전에 적합한 정책의 일환이었던 것이다. 예상한 도서관 규모의 대 · 소가 실현 되었는지의 여부는 차치하고 자료를 수집하고 학문을 부흥시키며 사회 · 문화를 한층 더 발전시키고자 하는 것은 학문에 종사하는 학자들의 소망인 것이다. 또한 국가를 경영하는 사람에게는 즉, 그것이 전제 군주라면 한번은 생각하는 업적 중의 하나였음에 틀림없다. 그 이유는 왕들에게 있어서 헬레니즘 시대에서는 '지식왕국'이 가장 이상적인 국가로 굳게 믿었기 때문이다.

둘째, 프톨레마이오스 I세가 그의 업적을 위한 길잡이를 발견하여 박물관과 부속 도서관을 조직하게 된 것은 "아리스토텔레스의 〈리케이온〉으로부터 영향을 받았고, 아리스토텔레스와 테오프라스투스의 교육으로부터 형성" 되었다. 또한 "아리스토텔레스는 도서관을 정리하는 방법을 이집트 왕에게 가르친 학자"로서 그의 영향력은 아주 컸다. 그리고 프톨레마이오스 I세에게 도서관 설립을 위한 사상 정립에 도움을 준 제자 데메트리우스와 연관성을 생각해 볼 수 있다.

비록 도서관 설립이 프톨레마이오스 II세 때에야 비로소 이루어졌을지라도 도서관의 설립계획은 프톨레마이오스 I세의 독창적인 생각이었다. 프톨레마이오스 III세 때에는 두 개의 도서관이 있었다. 그것이 〈부루치움과 세라피움 도서관〉인데 이를 총칭한 것이 바로 〈알렉산드리아 대 도서관〉이다. 주 도서관 〈부르치움 도서관〉은 무세이온의 회원이 직접 이용할 수 있도록 왕궁 안에 있었고, '딸 도서관(daughter library)' 〈세라피움 도서관〉은 왕궁에서 멀지 않은 사라피스 신의 성소 안에 의치하고 있었다.

〈Bibliotheca Alexandrina〉는 당시 세계 최대의 도서관으로 그 의미가 있다. 또한, 도서관의 기능과 학문 연구의 대학 기능을 동시에 했다는 점에서 국립학술원의 성격을 가지고 있는 것도 특징이다. 특히 자연과학 연구의 중심지였고, 에우리피데스, 소포클레스, 아리스토텔레스를 비롯한 그리스 학자들 책의 원본을 상당수 소장했던 것으로 알려져 있으며, 학자들에게 국가 차원에서 연구실을 제공하고 연구비를 지원하였다. 이러한 점에서 〈Bibliotheca Alexandrina〉는 수학, 천문학, 기하학, 의학, 응용과학 등의 분야에서 당시 학계를 주도했다고 볼 수 있다.

또한, 문화의 중심지로써의 역할도 담당하였다. 〈Bibliotheca Alexandrina〉 주변의 고대 희랍 세계 문화 발달에 중요한 역할을 하였다. 하지만, 몇몇 학자들은 〈Bibliotheca Alexandrina〉가 그리스 문명 수집과 보존에만 치우치다가 새로운 학문 저술이나 희랍 문헌에 큰 영향을 주지 못했다고 주장하기도 한다. 하지만, 그리스의 문헌 수집, 배열 주석 등을 부가하였고, 그리스 문헌을 취합함은 물론 주변 국가들과 지중해, 중동, 인도 등지의 모든 언어를 그리스어로 번역하여 보전하였다고 한다. 이러한 점에서 당시 〈Bibliotheca Alexandrina〉가 문화와 학문의 중심지였다는 것은 확실할 것이다.

고대 그리스의 위대한 탐구자이자 구도자인 피타고라스는 〈Bibliotheca Alexandrina〉를 방문했을 때, 천재지변으로 대서양에 가라앉은 아틀란티스 대륙에서 내려온 최면의 과학에 대한 방대한 문헌을 접할 수 있었다. 아마도 아틀란티스는 가장 위대하고도 오래된 문명이었을 것이다. 그리고 고대 이집트는 아틀란티스의 대학과 교사들로부터 가능한 한 많은 지식을 전수 받으려고 하였다. 이집트의 왕 파라오는 접근 가능한 모든 지식의 근원을 수집하는데 엄청난 관심을 가지고 있었던 것이다.

고유한 시민적 · 정치적 제도 및 백성들의 믿음과 종교를 존중했던 프톨레마이오스 I세는 문화발전에 적합한 관용과 보호의 풍토를 이집트에 조성했다. 그로 말미암아 프톨레마이오스 I세와 아들 프톨레마이오스 II세(Philadephos)는 그리스 학자를 비롯한 당대의 훌륭한 학자들을 초청하였으며, 알렉산드리아는 마침내 헬레니즘 학문의 중심지로 성장하게 되었다. 이러한 풍토와 사상으로 인해 프톨레마이오스 I세는 그의 재위기간 중에 오늘날 잘 알려진 〈Bibliotheca Alexandrina〉를 설립하였던 것이다.

〈Bibliotheca Alexandrina〉 창립 연대에 대해서는 불확실한 점이 많다. 그것은 창립이라는 말의 의미에도 근거하지만 〈Bibliotheca Alexandrina〉의 창립 연대는 몇 가지 맹아로부터 즉, 건물, 장서 등의 물질적인 기초 확립까지를 포함한 넓은 의미에서 해석하지 않을 수 없다. 기존 연구자들은 대개 창립 연도에 대해서 명확한 기술은 하지 않고 있다. 따라서 광의의 의미에서 본다면, 〈Bibliotheca Alexandrina〉의 창립연대는 대략 기원전 290년경부터 기원전 240년경까지의 근 50년간으로 추정할 수 있다. 그러나 이것은 대략적인 범위를 나타낸 것이고, 엄밀히 말하자면 〈Bibliotheca Alexandrina〉는 데메트리우스가 도서관에 관계한 기원전 290년경에 설립된 것으로도 볼 수 있다. 그리고 〈Bibliotheca Alexandrina〉는 "처음부터 도서관이라는 명확한 형태로서 독립적으로 건설된 것이 아니다." 즉 대학을 포함한 복합적 연구소로 설립된 것이다.

(그림 4) 391년 알렉산드리아 도서관 전경[70]

70) 출처:http://blog.naver.com/PostView.nhn?blogId=grimm1863&logNo=80119574787&categoryNo= 19&viewDate =&currentPage=1&listtype=0)

자매 도서관 부루치움과 세라피움

고대 그리스에서 가장 중요한 도서관은 아테네가 아닌 이집트에 건립되었다. 알렉산더 대왕은 문화의 요람으로서 아테네에 버금가는 대도시를 나일 강 어귀에 건설할 계획이었으나, 자신의 꿈이 이루어지는 것을 보지 못하고 운명을 달리하였다. 그러나 알렉산드리아는 프톨레마이오스 왕조시대에서 중요한 학문의 중심지가 되었다.

유명한 동양학자 실베스터 드 사시(Silvestre de Sacy)는 〈Bibliotheca Alexandrina〉에 별도의 4개 도서관이 있었다고 주장하고 있다. 4개의 도서관이란 "초창기 프톨레마이오스에 의해 설립된 '부루치움(Brucheium)'과 '세라피움(Serapeum)', 그리고 아우구스투스(Augustus) 사원의 '세바스테움(Sevasteum) 도서관', 마지막으로 '알렉산드리아 학교 도서관'"[71]을 열거하고 있다. 이 부분에 대해 자세한 연구는 이루어지지 않았지만 알렉산드리아에 다른 도서관이 있었다는 추측은 가능하다.

그러나 도서관 역사상 〈Bibliotheca Alexandrina〉라고 일컬어지고 있는 것은 하나의 도서관이 아닌 박물관 및 대학과 연관된 두 개의 도서관이 통합된 것이다. 하나는 기원전 약 290년경에 건립된 〈부루치움〉에 있는 주(main) 도서관이며, 다른 하나의 도서관은 약 50년 후에 프톨레마이오스 III세 에우리게이트(Euergetes I, BC.288~BC.221)가 건립한 세라피스 신전에 있는 분관인 '딸 도서관'으로 알려진 〈세라피움〉이다.

그러므로 〈Bibliotheca Alexandrina〉는 〈부루치움〉과 〈세라피움〉으로 불리는 두 도서관 시설의 총칭이다. 이들 두 도서관은 주제 분야로 장서를 소장한 도서관뿐만 아니라 대학 역할도 한 것으로 전해지

---

71) Edward Edward. *Memoirs of Libraries : a Handbook of Library Economy*. vol. 1. New York, Burt Franklin, 1859, p.22.

고 있다. 그 목적은 "모든 그리스 문학뿐만 아니라 지중해와 중동과 인도의 다른 언어의 저작을 그리스어로 번역하는 것까지 통합하여 거대한 국제적인 연구 도서관을 건립하는 것이었다."[72]

〈부루치움 도서관〉은 왕궁 안에 도서관을 포함한 박물관 또는 대학으로 구성되었다. 그러나 도서관과 대학의 기능은 명확히 구분되지 않고 오히려 일체화되어 있었다. 또한 〈부루치움〉의 조직을 구성하는 주요한 멤버는 학자 · 문학자 · 과학자들이었으며, 그중 한 사람이 관장이 되어 〈부루치움〉의 경영을 맡았다. 학자사서인 데메트리우스를 필두로 〈부루치움〉의 도서관장들은 모두 헬레니즘 문화의 저명한 학자 · 문학자였다. 〈Bibliotheca Alexandrina〉의 학자 · 문학자들은 각각 전문분야를 가지고 각자가 연구 활동을 수행함과 동시에 각지에서 모인 학생들을 종제(從弟)의 형식으로 지도할 때도 있었다.

장서수집에서는 적극적인 수서정책이 이루어졌고 학자들의 공통 임무는 「호머로스(Homeros)」로 시작되는 고전 그리스 저술가의 서적을 필사하고 교정을 가하여 편집하는 업무였다. 또한 히브리어 · 중동 제국어 등의 서적을 그리스어로 번역하는 것도 중요한 업무 중 하나였다. 그러므로 〈부루치움〉은 학자들의 집회장소가 되었고 학문연구의 중추적인 기능을 담당한 도서관이 된 것이다.

한편 〈세라피움 도서관〉은 아마도 프톨레마이오스 IX세 소테르 II세 라튀로스(Ptolemy IX Soter II Lathyros)의 통치기간 동안 운영되었고, 로마 시대에 재 건축된 것으로 보인다. 그것은 아포티오니우스(Aphthonius)의 묘사가 로마의 건물을 언급하고 있는데서 추측할 수 있다. 〈세라피움 도서관〉에서 도서를 대출했는지 여부와는 관계없이, 그들의 마지막 편집의 형태로 문학 작품들의 사본을 보유하고 있었던

---

72) Raymond Irwin, Callimachus : Studies in the History of Libraries-IX, *The Library Association Record*, (May 1956), p.169.

'공공 도서관'으로 추측된다. 그것은 학자들과 박물관의 공적인 학자가 아니거나, 도서관에 출입하지 않았던 다른 지식인들의 수요를 공급하려는 의도였다.

왕궁 밖에 설립된 〈세라피움 도서관〉을 '외부 도서관'(또는 제2도서관)이라고 지칭하기도 한다. 이 말은 〈부루치움〉에 있는 '내부 도서관'(또는 제1도서관)은 박물관 소속의 학자들 이외에는 접근할 수 없다는 뜻이다. 4세기의 저술가인 살라미스의 에피파니오(Epiphanius of Salamis)는 〈셉투아긴타(Septuaginta)〉가 〈브루케이온〉에 있는 '첫 번째 도서관'에 비치되어 있다고 언급하면서 이렇게 덧붙였다. "후대에 첫 번째 것보다 작은 도서관이 〈세라피움〉에 건설되었는데 첫 번째 도서관의 자매 도서관으로 불렀다." 그가 '후대에'라고 말한 것은 이 〈세라피움 도서관〉을 말하며, '외부 도서관'이라고 지칭하기도 한다. 〈세라피움 도서관〉은 '외부 도서관'이기 때문에 일종의 도시국가 시민들에게 열린 공공도서관의 역할을 한 것으로 추측된다.

〈세라피움 도서관〉은 4세기에도 여전히 도서관으로서 기능을 다하고 있었으며, 그의 증거는 70인 역의 성서와 성경의 해석에 관한 문서들이 보존되고 있었던 곳에 대한 언급을 한 다른 기독교의 학자들에 의해 뒷받침된다. 〈세라피움〉의 말기인 4세기에 이곳을 방문했던 수사학자 아프토니우스(Aphthonius of Antioch)는 주랑 곁에 책 보관실 즉 벽감(壁龕)이 붙어 있었다고 전하고 있다. 또 연구하기를 원하는 모든 사람에게 도서가 개방되어 있었고 그래서 많은 시민들이 지혜를 찾아 이곳에 몰려들었다고 전하고 있다.

〈세라피움 도서관〉은 세라피움의 본관 건물과 마찬가지로 프톨레마이오스 III세 치세에 건립된 것으로 추측될 뿐이다. 일반적으로 〈세라피움 도서관〉에 대한 자세한 연구는 아직 상세하게 이루어진 바가 없으며, 대개 〈부루치움 도서관〉에 관한 내용이거나 이 두 도서관의 확실한 구분 없이 도서관사에서 다루고 있는 실정이다.

이러한 〈세라피움 도서관〉의 건립 목적에 대해서 살펴보면 프톨레마이오스 Ⅲ세 에우르게테스(Euergetes)는 왕궁 밖에 "그리스와 이집트 국민을 통합하려는 시도에서 프톨레마이오스 I세 소터(Soter)가 만든 가상의 신 '세라피스(Serapis)'의 이름을 딴 〈세라피움 도서관〉을 건립한 것으로 추정하고 있다. 이 목적과 관련하여 설립연도는 앞에서 기술한 바와 같이 '약 50년 후'라는 어구와 "세라피스 신전 자체 발견을 통하여 원래 프톨레마이오스 사원이 프톨레마이오스 Ⅲ세가 건축한 것"으로 추정된다. 그러므로 〈부루치움 도서관〉 설립을 기원전 약 290년경으로 추정한다면 두 번째 도서관인 〈세라피움 도서관〉은 약 50년 후인 약 기원전 235년경으로 추산할 수 있다.

〈세라피움 도서관〉은 부루치움과 같이 대규모가 아니지만, 알렉산드리아 시민에게 공개되었다. 그래서 〈부루치움 도서관〉은 왕실 도서관의 성격이 강하면서 오늘날의 연구 또는 대학도서관과 비슷하다고 할 수 있으며, 〈세라피움 도서관〉은 공공도서관의 성격이 강한 것으로 볼 수 있다. 이 〈세라피움 도서관〉은 기원전 47년 〈부루치움 도서관〉이 파괴된 후 알렉산드리아를 대표하는 도서관이 되었으며, 기원전 43년에는 〈페르가몬 도서관〉의 20만 권 장서가 이관되어 크게 확장되었다.

그러나 200년 이후는 〈세라피움 도서관〉에 관한 기록이 거의 전해지지 않고 있다. 〈세라피움 도서관〉 장서에 대해서 J. 세티스는 "42,800권을 소장하고 있다"고 기술하였다. 이것은 〈세라피움 도서관〉의 초기 소장 장서수일 것이고 언급한 바와 같이 후에 많은 장서가 증가되었을 것이다. 〈세라피움 도서관〉은 물론 현재의 공공도서관처럼 완전히 개방된 형태는 아닐지라도 〈부루치움 도서관〉과 비교해서 훨씬 더 개방적이었던 점을 감안하면 공공도서관의 성격을 가진 도서관으로 볼 수 있다.

부루치움과 세라피움 자매 도서관은 학습센터와 유일한 정보원으로 도서관의 명성을 한층 드높였다고 할 수 있으며, 알렉산드리아를 헬레니즘시대의 최대 학문도시로 성장하여 많은 뛰어난 학자를 배출했다. 이는 도서관이 국가경영을 위한 필수적인 존재로서 국가발전과 불가분의 관계를 가지고 있다는 것을 보여주고 있다.

이집트 〈알렉산드리아 도서관〉과 에베소 북쪽의 베르가마(Bergama)에 있었던 〈페르가몬 도서관〉, 그리고 〈셀수스(Celsus) 도서관〉과 함께 고대 세계 3대 도서관으로 불린다.

Bibliotheca Alexandrina와 경쟁관계 페르가몬 도서관

기원전 281년 리시마코스(Lysimachus, BC.355~BC.281)가 서거 후 필레타이로스(Philetaeros)는 페르가몬(Pergamon)[73)]을 중심으로 왕국을 설립하고 왕권을 자신의 조카인 아탈로스 I세(Attalos, BC.269~BC.197)에게 양도하였다. 아탈로스 왕조는 기원전 278년 이 지역으로 진출한 갈리아 민족을 물리치고, 패전한 갈리아 민족은 프리기아(Phrygia)와 카파도키아(Cappadocia) 지역에 정착해서 이때부터 이 지역이 갈라티아(Galatia)로 불리게 된다.

---

73) 소아시아에서 번영을 누린 헬레니즘 제국가의 하나이다. 에게 해에서 25.6km 떨어진 미시아 지방에 있었던 고대 그리스 도시이다. 페르가몬(Pergamon)의 고대 유적은 알렉산더 대왕 사후(死後) 그의 충신(忠臣) 리시마코스가 에게해(海)와 함께 대부분을 차지했다. 그가 죽은 후 필레타이로스 때 28개국의 중심지가 되었다. 아탈로스와 에우메네스 왕이 다스릴 때 이 페르가몬은 모든 서부 아나톨리아를 다스렸다. 그 후 황제 아탈로스 III세의 유언에 따라 기원전 2세기 중반에 로마제국으로 편입되었다. 페르가몬은 알렉산드리아와 함께 로마제국의 문화 중심지가 되었다.

페르가몬(Pergamon) 사람들은 이 사건을 계기로 자신들을 아테네의 후계자로 자부심을 가졌다. 페르가몬은 이집트보다 앞서 도서관을 세웠고, 제우스 제단에서 나타나듯이 수준 높은 석재 조형문화를 발전시켰다. 페르가몬 왕국의 아탈로스 Ⅲ세는 기원전 133년 유언으로 국가를 로마 세력에게 양도함으로써 이 지역에 로마가 본격적으로 진출하는 계기가 되었다.

베르가마(Bergama)는 페르가몬 왕국의 수도였다. 이곳에 아크로폴리스, 아테나 신전, 도서관, 트라야누스 신전, 야외극장이 건설되었다. 페르가몬은 에게 해에서 25.6㎞ 떨어진 미시아(Mysia) 지방에 있었던 고대 그리스 도시명이다.

에우메네스(Eumenes)의 아들이자 2번째 후계자인 아탈로스 Ⅲ세는 후계자를 남기지 않고 죽으면서 기원전 133년 왕국을 로마에 넘겨주었으며, 로마는 그것을 받아서 기원전 129년에 아시아 속주를 설치했다. 아시아 속주에는 이오니아와 페르가몬의 영토가 포함되었지만, 나머지 지역은 로마의 신하인 이웃 왕들의 몫으로 남았다.

아탈로스 왕조의 통치자들은 페르가몬 시를 헬레니즘 시대의 모든 그리스 도시들 가운데 가장 중요하고 아름다운 곳으로 만들었다. 페르가몬은 그 당시의 가장 뛰어난 도시계획을 보여주는 본보기이며, 이곳의 도서관은 〈Bibliotheca Alexandrina〉 다음 가는 훌륭한 지식의 전당이었다. 아탈로스 I세의 뒤를 이은 여러 왕들은 현지 예술가들에게 주문한 수많은 조각품 · 그림 · 장식물과 그리스에서 수집한 많은 예술품으로 도시의 신전과 정원을 아름답게 꾸몄다. 로마 시대의 인구는 20만 명으로 추산된다.

1878년 베를린 박물관의 후원으로 발굴 작업이 시작되어 예술적 가치가 있는 수많은 보물들이 출토되었을 뿐만 아니라, 고고학자들은 이 발굴 결과를 토대로 헬레니즘 시대에 가장 중요했던 지역의 시가

지를 재구성할 수 있었다. 극장과 아테나 니케포로스(Nikephoros) 신전, 헬레니즘 예술의 걸작품인 벽을 화려하게 장식한 거대한 제우스 제단 등이 주요 유적이다. 이 제단의 일부와 돋을새김 조각은 정교하게 복원되어 오늘날 베를린의 박물관의 섬 〈페르가몬 박물관〉에 서 있다.

평민들이 살던 아래쪽 도시에는 시장, 체육관, 헤라 신전, 데메테르 신전이 있었다. 로마 시대의 유적으로는 원형투기장 · 극장 · 경주장 등이 있다. 아탈로스 왕조의 초기 통치자들도 위쪽 도시에 건축물들을 세웠지만, 이 도시가 위대한 건축물과 예술품으로 높은 평판을 받고 있는 것은 주로 많은 건축물로 짓고 재건한 후기 통치자들(에우메네스 II세와 아탈로스 III세) 덕분이다.

로마가 몰락한 뒤 페르가몬은 비잔틴 제국의 통치를 받다가 14세기 초 오스만 투르크의 손으로 넘어 갔다. 기원전 133년 페르가몬의 마지막 왕 아탈로스 III세(Attalos III, BC.170~BC.133)는 왕국을 로마에 넘긴다는 유언을 남기고 죽었다. 이로써 150년 동안의 페르가몬 왕국 역사는 끝났다. 그리고 곧 사람들의 기억에서 지워졌다. 시작도 끝도 모두 전설 같은 왕국이었다.

아탈로스 I세(Attalus I Soter, BC.241~BC.197)가 프톨레마이오스에 필적하는 도서관을 건립하려 했는지, 어떤 조처를 취하였는지는 알려진 정보는 없다. 그래서 〈페르가몬 도서관〉의 창시자는 일반적으로 기원전 197년에서 158년까지 통치하였던 에우메네스 II세로 알려져 있다. 이집트의 도서관 사업처럼 페르가몬의 아탈로스 왕은 그들의 프로젝트를 '위대한 업적'으로 칭하려 했다. 그리고 소요학파(Peripatetics school)의 일류 지도자를 참가시킴으로서 그 성공을 확신시키려 하였다.

그러나 라사이데스(Lycydes)와 라이콘(Lycon)은 페르가몬의 제안을 정중히 거절하였다. 반면에 비잔티움의 아리스토파네스는 갈 수가 없었다. 프톨레마이오스 V세는 필요하다면 무력을 행사하더라도

〈Bibliotheca Alexandrina〉의 학자들을 보호하려고 하였다. 사실 이 사건으로 이집트와 페르가몬과의 사이가 악화된 것으로 전해지고 있다. 에우메네스 II세가 이집트 유명한 학자들을 페르가몬 왕실로 초빙하려는 시도는 유일하게 스토아학파 철학자인 말루스의 크라테스(Crates of Mallus)에 그쳤다.[74] 이 후의 사건들을 비판하기 위해 페르가몬 왕조는 알렉산드리아에 버금가는 시인, 문예가 학교를 세움으로서 도서관과 경쟁하려는 의도가 없었던 같았다.

〈Bibliotheca Alexandrina〉와 함께 서양 고대의 대 도서관으로 한 때에는 50만 권이라는 방대한 장서를 자랑한 〈페르가몬 도서관〉이다. 알렉산더 대왕이 서거한 뒤 그의 제국은 〈알렉산드리아〉를 수도로 하는 이집트 왕국과 페르가몬을 수도로 한 페르가몬 왕국으로 분열되었다. 소아시아, 즉 오늘날의 터키 서부에 위치한 페르가몬은 헬레니즘 시대의 대표적인 도시이며 문화의 한 중심지였다.

〈페르가몬 도서관〉은 제2대의 왕 에우메네스 II세(제위 기원전 197~159)에 의해 세워졌다. 크라테스는 도서관을 확장시켰고 페르가몬에서 원문연구 분야에서의 주 동력인 것 같았다. 그는 부왕의 업적을 기리는 미네르바의 신전(Tempio di Minerva)과 나란히 도서관을 세웠다. 그것은 왕궁, 신전과 더불어 산 언덕 위 '신성불가침'의 정상에 자리 잡았다. 도서관은 〈Bibliotheca Alexandrina〉와 마찬가지로 그 구체적 모습이나 내용을 알수 있는 자료가 없다. 그러나 〈페르가몬 도서관〉 건립을 전후하여 세워진 고대 그리스풍의 여러 도서관의 위상에 비추어 그 대강의 모양새를 짐작할 수 있다.

---

74) Konstantinos Sp. Staikos. *The Great Libraries; From Antiquity to the Renaissance (3000 BC. to AD. 1600)*. New Castle, Oak Knoll Press & The British Library, 2000. p.91.

도서관은 서고와 열람실로 구성되고 건물 입구 정면에는 지혜의 여신 미네르바 상(像)이 받들어지고 장식되었다. 파피루스의 두루마리 책과 양피지의 책자본이 배열된 작은 방 혹은 서가 위에는 플라톤, 아리스토텔레스 등 뛰어난 저작자의 대리석상 혹은 청동상이 장식되었다.

도서관 부속의 '사본실'에서는 대개가 노예 신분인 사자생(寫字生, 그들은 교양 있는 가문 출신의 전쟁 포로였다)들이 사본 제작에 종사하였다. 여러 뛰어난 언어학자들로 하여금 텍스트를 교정, 복원하게 하고 각 텍스트마다 한 권의 '원형본'을 작정(作定)하게 하고 그 본보기에 따라 사본을 대량으로 만들어 도서관에 보관하고 판매하기도 했다. 당시 큰 도시에는 책 공방이 있어 책 제작과 판매를 겸했으며 로마시대에 이미 사자생의 동업조합이 생겨났으며 희귀본과 호화 미장본도 나타났다.

〈페르가몬 도서관〉을 포함하여 고대의 도서관은 책을 소장하고 열람하는 '책의 집'이기에 앞서 제왕과 대귀족의 권위의 상징이자 제사와 통치를 위한 '기록보관소'의 성격이 짙었다. 그리하여 도서관은 대개 왕실에 의해 임명된 학자 혹은 성직자에 의해 관리되었으며, 도서관을 이용할 수 있는 인사들도 왕과 왕실의 빈객, 귀족, 왕에 의해 선정된 학자, 문인, 성직자에 한하였다. 그리고 도서관은 '뽑힌 사람들'의 살롱, 사교장이기도 하여 안락한 식당과 휴게소, 침실도 갖추어 왕이 마련한 작은 아르카디아(Arcadia)의 세계를 이루었다. 많은 제왕들이 왕궁을 꾸미듯 장려한 도서관을 염원한 진의가 짐작된다. 〈페르가몬 도서관〉은 그것을 세운 왕조와 운명을 같이하여 기원전 3세기에서 기원전 2세기에 걸쳐 존재했을 뿐 자취를 감추었다.

페르가몬 왕국 전성기의 우메네스 II세(Eumenes, BC.197~BC.159)는 책에 대해 광적인 애착을 가지고 있어 왕국 안의 모든 책을 뒤져 왕궁의 도서관에 수장하였다. 그 효과는 금방 나타나서 도서관의 장서 수는 20만 권에 달해 당시 세계 최대 도서관이었던 이집트 〈Bibliotheca Alexandrina〉와 맞먹는 명성을 얻기에 이르렀다. 안토니우스는 〈페르가몬 도서관〉으로부터 클라오파트라에게 200,000만 권의 장서를 선물하였다고 전해지고 있는데 이 장서수가 이 도서관의 전체 장서수라면 도서관 자체를 선물로 받은 셈이 된다.

〈Bibliotheca Alexandrina〉는 기존의 아테네(Athens)[75]나 〈페르가몬의 도서관〉과 경쟁하기 위해 기발한 방법을 사용하게 되었다. 이집트의 파라오 프톨레마이오스 V세 에피파네스(Ptolemaios V. Epiphanes, BC.210~BC.180)는 〈페르가몬 도서관〉의 성장에 위협을 느끼고는 필사 자료인 파피루스의 수출을 전면 금지시켰다. 페르가몬 왕국이 책을 더 이상 새로 만들 수 없게 하기 위함이었다. 따라서 이집트의 파피루스 수출 금지는 페르가몬 왕국에 심각한 위기를 불러일으켰다. 기록을 하지 못하고 또 책을 만들 수 없게 되면 지식과 정보에서 경쟁국인 이집트에 뒤질 수밖에 없기 때문이다. 또 그 시대에는 책이 지식과 정보의 귀중한 매체이자 한 권의 값이 도시의 집 한 채와 맞먹을 정도로 귀중품이었다.

갈대과 식물인 파피루스는 나일강 삼각주에서만 자랐다. 당시의 책은 30㎝ 정도 너비의 파피루스 양 끝에 둥근 나무막대를 댄 두루마리로 'volume'이라 불렀다. '말다'를 뜻하는 라틴어 동사 'volvere'에서 파생된 말이다. 가장 오래된 파피루스 두루마리는 기원전 3,500년까지 올라가지만 보통은 기원전 2,500년부터 일반화되었다. 그리스인들은 기원전 650년에 와서야 이집트에서 파피루스를 수입해 책을 제작하였다.

---

75) 아테네의 최초의 도서관은 기원전 330년 경에 세워졌다. 하지만 그것은 독서문화 내지 장서문화의 기반 위에 세워졌다기보다 정치가인 리클로고스의 '정치적' 사업이었다.

파피루스는 고대 이집트에서 부터, 그리스, 로마시대를 거쳐 10세기 말까지 사용되었다. 10세기 말 유럽에서의 사용 용도는 미관상 아름답고 길이 조정이 가능한 파피루스의 특성을 살려 외교 문서로 사용되어 왔다. 가장 최근에 알려진 파피루스의 사용은, 양피지와 종이가 일반적인 서사재료로 사용되기 직전인, 1022년에 로마 교황의 칙서에서였다. 10세기 경에 와서는 종이로 대치되었고, 12세기에는 파피루스 제조는 완전히 중지되었다. 파피루스는 이집트뿐만 아니라, 고대 지중해 연안 국가에서 널리 사용되었고, 오래 동안 인류 문화 발전에 크게 기여하여 왔다고 볼 수 있다. 파피루스는 영어권에서 종이(Paper)와 성경(Bible)의 어원이 된다.

파피루스를 수입하여 기록자료로 사용하던 지중해 연안지역과 유럽지역에서는 파피루스의 수출이 금지되자, 다른 기록자료로의 대체가 시급하게 되었다. 파피루스를 구할 수 없었던 민족들은 얇게 말린 짐승 가죽에 기록하기 시작하였다. 하지만 이 시대에는 가죽을 다루는 기술이 조잡해 필사자료로는 파피루스와 경쟁이 되지 않았다.

우메네스 II세는 파피루스를 대신할 수 있는 서사 자료를 찾아내라고 명령했다. 페르가몬의 학자들과 기술자들은 가죽을 석회 물에 2주동안 담갔다가 틀에 팽팽하게 잡아 말리면 파피루스에 버금갈 정도로 얇은 가죽을 만들 수 있음을 알아냈다.

이렇게 해서 '양피지(parchment)'가 탄생되었다. 그렇지만 파피루스에 비해 가죽은 부피가 크고 만드는 과정이 복잡해 값이 비쌌다. 성경 한 권을 기록하려면 양 5,000마리의 가죽이 필요했다. 그래서 양피지의 필사시대를 일컬어 '양들의 수난시대'라고 불리기도 한다.

그러나 양면에 글을 쓸 수 있어 어느 정도 경제성도 맞출 수 있었고 또 보전성은 파피루스보다 훨씬 뛰어났다. 페르가몬 사람들은 양피지를 둘둘 마는 방법 대신 네모반듯하게 잘라 한쪽 귀퉁이를 끈으로 묶었다. 이로써 현대 책 모양의 '코덱스(codex)'가 출현했다. 코덱스는 두루마리에 비해 정보검색과 인용에서 절대적으로 유리했다. 우선 책은 자신이 원하는 부분까지 돌려야 하는 두루마리와 달리 자신이 원하는 쪽으로 단번에 옮길 수 있었다.

또 파피루스 두루마리에서는 인용이나 검색을 쉽게 하기 위해 장과 절로 나누는 방법을 썼지만, 코덱스는 각 쪽에 번호를 매겨 훨씬 쉽게 이 문제를 해결했다. 이런 코덱스의 장점에 힘입어 결국 양피지가 파피루스를 몰아냈다. 코덱스 형태의 책이 발명된 지 400년이 지난 기원후 4세기부터 동양에서 종이가 전해져 일반화되는 13세기까지 유럽에서는 양피지만 사용했다.

이렇게 양피지는 당시 프톨레마이오스 왕조의 이집트가 페르가몬에 대하여 파피루스의 수출을 금지하였으므로, 이에 대항하기 위한 수단으로 개발된 것이다. 가죽을 보다 철저하게 세척하고 늘이고 문지르는 새로운 방법이 개발됨에 따라 필사지의 양면 사용이 가능해졌고, 그 결과 두루마리 사본이 철을 한 책자(코덱스)로 대체되기에 이르렀다. 양의 생가죽을 얇게 펴서 석회로 약품 처리를 한 후에 건조 표백하여 말린 것이다.

양피지(Farchment)란 말은 헬라어 페르가메네(Pergamene)에서 나왔는데, '버가모(Pergamum) 가문에서 나온 가죽'이란 뜻이다. 이런 이유에서 양피지는 그 생산지의 이름을 따서 헬라어로 '페르가메네(pergamene)'라고도 불린다. 그 후 8세기 초엽에 이르러서는 유럽에서 양피지의 사용이 파피루스를 능가하였다. 이것은 양피지가 제2의 기록재료로 폭넓게 사용되는 계기를 마련하게 하였다.

양피지(parchment)는 희랍어로 'pergamene', 라틴어로 'charta pergamena', 불란서어로 'parchenin'라고 한다. 양피지는 양, 염소, 소 등의 가죽으로 만들어진 서사 자료이며, 양이나 염소 가죽으로 만든 것은

'parchment'라 하고, 송아지 가죽으로 만든 것은 'vellum'이라 불렀다.

이를 계기로 페르가몬 등의 도시에서는 양가죽을 얇게 가공하여 책을 만드는 새로운 방법을 고안한 것이다. 즉 양피지로 된 코덱스(codex) 책의 출현을 가져오게 하였다. 이 코덱스는 현대의 책과 비슷한 형태로 낱장을 묶어서 표지로 싼 것이다. 이 말은 나무토막을 뜻하는 라틴어에서 나왔다.[76)]

로마의 발명품으로 두루마리를 대체했으며, 유라시아 문화에서 책의 형태로 나온 최초의 것이다. 기술적으로 보면 요즘 책은 거의 모두가 코덱스라고 해야 한다. 그러나 보통은 고전시대 후기부터 중세에 나온 필사본을 지칭하는 용어로만 사용한다. 고전적인 양장 제본으로 묶은 필사본을 학문적으로 연구하는 분야를 '사본학(codicology)'이라 한다. 한편 고문서 전반을 연구하는 것을 '고문서학(paleography)'이라고 부르는데 모두 이 코덱스에서부터 시작된 학문분야이다.

원래 양피지는 기원전 2,000년경 발명되었으며, 기원전 150년 무렵 소아시아의 페르가몬왕 에우메네스 II세에 의해 그 제작법이 개발되었다. 'Parchment'라는 말의 어원도 이 왕의 이름에서 연유한 것이다. 페르가몬 왕국의 이탈로스 왕조는 3대만의 단명으로 끝났다. 그러나 그 왕 모두가 학예의 애호가로서 수도 페르가몬은 헬레니즘 시대 문화의 일대중심지였으며 특히 대도서관은 그 상징이었다.

76) Latin caudex for 'trunk of a tree' or block of wood, book; plural codices.

셀수스 도서관

고대 세계 3대 도서관 이야기 중 막내 격의 도서관은 〈셀수스 도서관(Celsus Library)〉이다. 서기 2세기 초반 티베리우스 율리우스 셀수스 폴레마에아누스(Julius Celsus Polemaenus)라는 사람이 소아시아 담당 총독으로 근무를 했다. 그가 사망 후인 서기 114년, 그의 아들이었던 티베리우스 율리우스 아쿠일라(Tiberius Gaius Julius Aquila)가 아버지를 기념하기 위해 도서관 신축 공사를 시작하였다. 전면 계단 구석에 새겨진 라틴어와 헬라어 문장속에 그런 내용이 기록되어 있다.

셀수스(Publius Juventius Celsus, 67?~130?)는 도서관 서쪽 바닥 아래에 잠들어 있다고 한다. 도서관 입구에 남겨져 있는 비문에 의하면 도서관을 지으라고 명한 아쿠일라는 이 건축물이 완성하기 전에 숨을 거두었지만 그의 후계자에 의해 건축은 계속되었다. 기원후 135년 〈셀수스 도서관(Celsus Library)〉은 그런 유래를 가지고 태어난 것이다.

한때는 이 도서관에 약 12,000권 내지 15,000권의 책이 보관되어 있었다니 앞선 두 도서관에 비하면 소장서가 대단한 것은 아니지만 그 당시 상황의 국가 규모에 의하면 상당한 규모였음에 틀림없다. 소장 도서의 대부분이 습기에 취약한 양피지인 까닭에 통풍이 잘 되도록 벽면을 이중으로 건축하였다.

도서관 정면은 세 개의 출입문이 있다. 도서관 안쪽의 외벽과 내벽은 약 1미터 정도의 거리를 두고 떨어져 있는데 이는 습도와 공기변화로 부터 도서를 잘 보관하기 위해 고안된 특수 시설이다. 도서관을 정면으로 대하면서 오른쪽을 보면 3개의 아치형 문이 있음을 볼 수 있다. 그 문이 바로 아우구스투스의 문이다. 다르게 표현하면 마자에우스와 '미트리다테스(Mithridatés) 문'이라고도 알려져 있다. 그 문으로 들어서면 식료품과 예술품을 팔던 아고라가 나타나게 되어 있다.

아우구스투스 황제와 그 가족들에게 바쳐졌다고 해서 '아우구스투스 문'이라고 알려졌는데 역시 대단한 위용을 자랑한다. 여기서 말하는 아우구스투스는 우리가 잘 아는 옥타비아누스이다. 아우구스투스의 사위 겸 친구가 그 유명한 아그리파(Agrippa, Marcus Vipsanius, BC.62 ~BC.12)이다.

율리우스 카이사르가 암살당한 해가 기원전 44년 3월 15일의 일이고, 그 후 몇 년간의 피비린내 나는 권력투쟁 끝에 절대자의 자리가 앉은 사람이 바로 아우구스투스이다. 그렇다면 이 문의 제작년도를 대강 짐작해 볼 수 있을 것이다. 쉽게 말하면 기원전 약 2000년 전의 건축물이 되는 것이다.

전면 벽속을 자세히 보면 안으로 살짝 들어간 것 같은 곳에 4개의 여신상 비슷한 것이 자리잡고 있음을 볼 수 있다. 여신상 밑에 새겨진 헬라어를 읽어보면 소피아(Sophia)이다. 소피아란 지혜를 의미하는 말이다. 그러니까 벽감속에 들어선 네 개의 여신은 각각 '지혜(Sophia)', '미덕(Arete)', '통찰(Ennoia)', '지식(Episteme)'을 의미하도록 만들어져 있음을 알 수 있다.

고대 3대 도서관중 가장 완벽한 모습으로 남아있어 터키의 에페스(Efes) 최고의 유적지이자, 이곳을 찾는 관광객들이 가장 많은 사진을 찍는 곳이기도 하다. 모두 16개의 거대한 코린트식 기둥들이 완벽하게 그 모습을 유지하고 있는 이곳은 2층짜리 건물로 되어있다. 9개의 넓은 계단을 올라 1층에 오르면 세 개의 입구가 나오는데 그 양옆의 벽감에는 각각 '지혜, 사색, 학문, 미덕'을 상징하는 정결한 여성상들이 조각되어 있다.

하지만 이는 복제품으로 진품은 현재 오스트리아의 비엔나 〈에페스 박물관〉에 보관되어 있다. 2층은 마치 1층을 그대로 복제해 놓은 듯한 모양으로 세워져 있다. 입구 바로 앞에 서서 고개를 위로 들면 청명한 하늘에 다을 듯이 높게 세워진 도서관의 위용에 다시 한 번 놀라게 된다. 코린트 양식의 기둥들에서 풍겨나는 묘한 아름다움뿐만 아니라 각각의 처마에 새겨진 꽃무늬 조각들이 한층 더 세련된 예술적 가치를 뽐내고 있기 때문이다. 그곳에 화려하진 않지만 여성스런 부드러움이 듬뿍 묻어난다.

내부는 그다지 넓지 않았다. 웅장한 외부의 모습과는 달리 왠지 허전해 보였지만 건축 당시만 해도 무려 12,000여 권의 장서가 과학적인 구조에 의해 최적의 온도와 습도를 유지하며 보관되어 있었다고 한다.

2만 5천명 이상의 관객을 수용할 수 있는 규모의 이 야외극장은 헬레니즘 시대에 처음 만들어졌다고 하나 현재 남아있는 것은 1~2세기경의 유적이다. 총 3단 구조로 이루어진 원형극장의 각 단은 모두 22개의 계단으로 이루어져 있다. 3층의 일부는 아직 발굴, 복원중이다.

3층 꼭대기에서 바라본 극장의 모습은 마치 오늘날의 야외 오페라극장과도 같았다. 야구경기장의 홈베이스처럼 파인 중앙의 홈에는 당시 바닥에 깔았던 대리석들이 그대로 남아있다. 그 앞으로 총 높이가 18미터에 달했다는 실내 정면의 흔적이 부서진 채로 남아있다. 한참 동안 밑을 내려다보고 있으면 현기증이 날 정도로 엄청난 규모를 자랑하는 곳이었다.

티베리우스 폴레마에아누스가 에베소의 집정관이었던 아버지의 무덤 위에 웅장한 이 도서관을 세운 것이다. 이 건물은 135년에 완성됐으며, 260년의 화재로 파괴됐으나 건물의 전면은 손상을 입지 않고 지금까지 형태를 유지하고 있다. 높이 16m, 높이 21m이다.

(그림 5) 셀수스 도서관 잔해[77]

Bibliotheca Alexandrina 장서개발 및 수집정책

알렉산드리아의 격언에 "책은 열정이고, 책을 수집하는 일은 고질병"이라는 말이 있다. 이는 〈Bibliotheca Alexandrina〉의 장서 수집정책을 두고 한 말이기도 하다. 〈Bibliotheca Alexandrina〉의 장서 수집은 도서관 설립과 더불어 시작된 것으로 볼 수 있다. 〈Bibliotheca Alexandrina〉는 "예술 및 과학을 총망라한 수집을 목적으로 장서구축에 노력하였지만 자금문제나 지리적인 문제보다는 그리스 시대의 원고를 수집하는데 많은 어려움을 겪었다"[78]

77) http://www.glggo.com/zeroboard/zboard.php?id=gallery&page=11&sn1=&divpage=1&sn=on&ss=off&sc=off&keyword=%C1%B6%B5%CE%B8%AE&select_arrange=headnum&desc=asc&no=76&PHPSESSID=1c3136664d9f158fbe8171b4ddc7b430(cited. 2012. 2.29)

78) L. S. Thompson. Roman and Greek libraries, *Encyclopedia of Library and Information Sciences*. vol.26. New York, Marcel Dekker, 1979, pp.3~40.

〈Bibliotheca Alexandrina〉 장서개발 및 수집은 또한 아리스토텔레스의 영향을 받았다. 아리스토텔레스는 '소요학파(The Peripatetic School)'로 알려진 학원 또는 철학학교 〈리케이온〉을 설립한 것은 주지의 사실이다. 그의 개인 도서관에 소장된 수백 권의 도서는 문하생들이 기증하거나 구입한 것으로 그의 학생들과 친구들도 함께 이용되었다.

아리스토텔레스는 마케도니아 왕의 초빙을 받아 당시 14세였던 소년 알렉산더의 스승이 되었다. 후에 알렉산더 대왕의 후원으로 도서관, 박물관, 동물원이 부설되어 있는 〈리케이온〉이라는 학원을 설립하고 대화식의 강의를 하게 된다. 알렉산더 대왕이 죽자 아리스토텔레스는 아테네의 고등법원으로부터 사형선고를 받고, 아테네를 빠져나와 망명생활을 하다가 장티푸스에 걸려 62세로 일생을 마감하였다.

아리스토텔레스의 강의는 당시의 학문과 지식을 모두 망라한 것으로, 형이상학, 자연학, 윤리학, 심리학, 정치학, 경제학, 논리학, 예술학, 생물학, 천문학, 기상학 등 다방면에 걸쳐 있다. 그가 집필한 책은 모두 400여 권에 달하며 그 중 50여 권이 지금도 남아 있다. 양적으로는 플라톤 다음이며, 과학 저작물로는 히포크라테스의 전집이후 두 번째 전집이다.

아리스토텔레스는 당시에 필사본으로 만들어진 서적 수집에 돈을 아끼지 않았고, 에우리피데스(Euripides, BC.480~BC.406) 이후 도서관을 만든 최초의 인물로 알려져 있다. 그래서 플라톤은 아리스토텔레스 집을 '독서인의 집'이라고 불렀고, 이 말은 가장 진지한 칭찬이었던 것 같다. 그러면서 플라톤은 "대화는 민첩한 사람을 만들며, 필기는 정확한 사람을 만들고, 독서는 해박한 사람을 만든다!"고 하였다. 독서로서 '해박한 사람'으로서 아리스토텔레스를 보았던 것같다.

아리스토텔레스는 "학문은 번영의 장식이며 가난의 도피이며 노년의 양식이다!"라고 하였다. 또한 케게로도 "책은 소년의 음식이 되고,

노년을 즐겁게 하며, 번영과 장식과 위급한 때의 도피처가 되고 위로가 된다. 집에서는 쾌락의 종자가 되며, 밖에서도 방해물이 되지 않고 여행할 때도 야간의 반려자가 된다"라고 하였다. 어디 그 뿐이겠는가? '공자'는 그의 제자들과 자리한 설법 중에 이렇게 말했다. "책을 많이 읽어서 교양과 학식이 풍부하다면 나는 나이에 관계없이 기꺼이 그를 스승으로 받아들일 것이다!"라고 하였다. 만년에 『역경(易經)』을 읽으면서 독서시간의 짧음을 한탄하면서도 위편삼절(韋編三絶)[79]이라는 일화를 남기기도 하였다.

정치인, 군인의 사회였던 고대 로마에는 그들의 권세를 나타내기 위해 건립된 개인 도서관이 많았는데 이 도서관들은 어느 정도 학자나 시민들에게 공개되었다. 동방 원정에 나선 장군들은 전리품으로 그리스 문헌을 가지고 돌아오기도 하였다.

기원전 2세기 중엽 가장 열렬한 그리스 문화의 애호가는 스키피오 아이밀리아누스(P. Cornelius Scipio Aemilianus, BC.185~BC.129)였다. 그의 아버지 아이밀리아누스 파울루스(Aemilius Paullus, BC.229~BC.160)는 기원전 168년 제3차 마케도니아 전쟁을 지휘하여 왕국을 멸망시킨 바 있는데 스키피오(Publius Cornelius Scipio, BC.236~BC.184/183)와 그의

79) 고대 중국에서는 책이 소위 몇 십 장의 죽간(竹簡)을 가죽 끈으로 철하여 만들었다. 그런데 그 끈이 몇 번이나 끊어지도록 책을 계속하여 읽는 것을 '韋編三絶'이라고 한다. '三絶'이란 딱 세 번에 한정된 수가 아니라, 몇 번이나 되풀이하여 끊어진다는 뜻으로 해석해야 할 것이다. 이것은 고대 중국의 가장 위대한 역사가로 알려진 전한(前漢)의 사마천 (司馬遷)이 쓴 사기(史記) 가운데 공자전(孔子傳)에 실려 있는 말로, 공자가 만년에 역경(易經)을 애독하여 '위편삼절(韋編三絶)'에 이른 데서 나왔다고 한다. 공자(孔子)가 만년(晩年)에 역경(易經)을 좋아하여, 단(彖), 계(繫), 상(象), 설괘(說卦), 문언(文言)편을 서(序)하고, 역경(易經)을 읽어 위편삼절(韋編三絶) 하였다. 공자가 말했다. "만일 내게 몇 년의 시간을 더 준다면 나는 주역의 문사(文辭)와 의리(義理)에 통달할 수 있을 것이다." 죽간이 끊어질 정도로 책을 읽었다는 것은 그만큼 그에 빠지고 탐닉했다는 것이다. 이는 학문에 몰입하는 지극한 경지를 표현한 말이다. 독서를 권장하는 말에 개권유익(開卷有益)이란 것도 있다. 책은 읽지 않고 펼치기만 해도 유익하다는 뜻이다.

형제는 마케도니아 '왕립 도서관'을 탈취하여 로마로 옮겨왔다. 도서관 자체를 몽땅 로마로 옮겨져 로마의 최초의 도서관이 되었다. 도서관에 대한 대단한 열정을 엿볼 수 있다.

다음으로 술라(Lucius Cornelius Sulla Felix, BC.138~BC.78)와 루쿨루스(Lucius Licinius Lucullus, BC.118~BC.56)의 도서관이 있다. 술라의 부하장군이던 루쿨루스는 기원전 66년 이후 은퇴한 후 북부 소아시아 미트라다테스 전쟁(Mithradates, BC.88~BC.65)의 전리품으로 주랑과 거실이 있는 도서관을 설립하였고, 그리스 학자와 친지들에게 개방하고 키게로도 이용한 것으로 저해지고 있다.

술라는 아테네를 정복하고 애서가(愛書家) 아펠리콘(Apellicon)의 도서관에 소장되었던 아리스토텔레스의 작품을 포함하여 가치 높은 진품의 문헌들을 수집하였다. 아펠리콘은 원래 페리파토스 학파(소요학파)의 학교에 속했던 땅으로 아리스토텔레스가 세웠던 학교였다. 이 도서관에는 아리스토텔레스와 테오푸라스투스의 장서(volumen)가 소장되어 있었다.

아리스토텔레스가 사망하자 이 도서관은 아리스토텔레스의 교육후계자인 테오프라스투스(Theophrastus, BC.371~BC.287)에게 인계되었고, 테오프라스투스는 다시 제자 넬레우스(Neleus)에게 유증하였다. 넬레우스의 후세들은 이 도서들을 잘 관리하였고, 페르가몬(Pergamon)의 아탈리드(Attalid, BC.241~BC.197)의 왕들이 약탈하지 못하도록 땅에 묻어 두었다. 이것은 나중에 테오스(Teos)의 아펠리콘에게 팔렸고, 그의 죽음 후에 로마의 장군 술라(Sulla)가 아테네를 정복해 이 장서를 로마에 옮겼진 것이다.

술라의 아들 파우스토스(Faustus)는 그리스 출신의 학자 티란니온(Tyrannion; 수석 사서)에게 이 장서들을 정리하도록 하였다. 티란니온은 루쿨루스의 원정시에 전쟁포로가 된 노예출신이었다. 후에 전제

군주 티란니온 도서관의 한 부분이 되었다. 그러나 약탈을 통해서가 아닌 순수한 장서가들의 도서관도 생겨났다. 키케로와 그의 친구 아티쿠스(Atticus)의 도서관이 그 예이다.

다른 이야기로는 프톨레마이오스 II세가 넬레우스(Neleus)로부터 직접 아리스토텔레스의 도서를 구입하여 알렉산드리아 도서관 장서의 한 부분을 만들었다는 설도 있다. 이상에서 언급한 내용을 근거로 알렉산드리아 도서관 장서 중 일부는 아리스토텔레스의 도서관으로부터 수집된 것으로 이는 성립배경과 장서 모두 큰 영향을 받았다는 사실을 알 수 있다. 이처럼 〈Bibliotheca Alexandrina〉 장서 또한 아리스토텔레스의 영향을 받았다.

도서관의 사서들은 아테네(Athens)와 페르가몬 등에 파견돼 책을 구입하거나 필사하였다. 이와 같은 장서를 기본으로 〈Bibliotheca Alexandrina〉는 학자들의 연구 활동을 진행시키기 위해서 자료수집에 노력하였다. 또한 프톨레마이오스 왕조의 역대 왕들은 〈Bibliotheca Alexandrina〉가 헬레니즘 문명의 요람이 되게끔 모든 수단과 방법을 동원하여 도서관을 지원했다.

〈Bibliotheca Alexandrina〉는 최초로 국경에 상관없이 그 당시의 모든 교양서적들을 수집하여 세계의 지식들을 망라적으로 수집하였다. 이는 로도스(Rodos)와 아테네의 서적 박람회 방문과 입항하는 모든 선박들의 책을 꺼내는 것과 같은 진취적이며 강력한 왕의 명령이 없었으면 불가능하였을 것이다. 그들은 모든 책을 복사하여 보관하고, 원문은 그들의 주인에게 돌려주었다.[80] 본토와 파로스 섬을 잇는 항로와 동서간의 무역, 국제 무역의 중심지라는 알렉산드리아 시 고유의 특성 또한 〈Bibliotheca Alexandrina〉의 서고를 채우는 데 일조하였다.

---

80) Andrew Erksine. *Culture and Power in Ptolemaic Egypt: The Museum and Library of Alexandria*. Greece & Rome, 2nd ser., 42(1), 1995. 38-48.

프톨레마이오스 왕조의 장서정책은 지구상의 모든 민족의 책을 수집하여 보관하는 정책을 폈다. 그러한 측면에서 사서들을 각지에 파견하여 책을 구입하였으며, 도서관 자체가 큰 도서 수요자였다. 장서정책의 우선책으로는 구매에 의존하였다. 이는 오늘날 관종을 불문하고 가장 적극적인 장서정책의 전통을 확립한 것으로 보인다.

다음으로는 필사정책이다. 항구의 정박 중인 선박의 책을 빌려 필사하고 원본을 돌려주지 않거나 하는 방법 등으로 방대한 장서수인 70여만 권을 수집하였다. 상업을 위주로 한 선박들의 출입항이 자유로운 항구 도시라는 지리적 혜택을 받았음을 알 수 있다.

장서의 수집방법을 통해서 보면 그 열의를 짐작할 수 있다. 많은 서기를 고용하여 학자들의 연구결과를 필사하는 것은 기본이었으며, 인근 국가로 서기들을 파견하여 원본을 모으는 것도 앗수르바니팔(Assurbanipal, BC.668~BC.626)이 고대 근동에서 체계적으로 서적을 수집한 최초의 도서관을 건립한 인물이지만, 그 방법 면에서는 더욱 적극적이었다.

〈Bibliotheca Alexandrina〉 장서정책은 2세기의 의사이자 의학전문 저술가인 갈렌(Galen, 129~199)에 의한 두 가지 일화로서 좀 더 자세히 설명되어 질 수 있다.[81)] 첫 번째 일화는 알렉산드리아 항구에 도착한 모든 배에서 검색된 도서들은 입수되고 복사된 후 복사본은 소유자에게 보내졌다. 그리고 원본은 〈ek ploion(from the ships)〉라는 특정한 라벨을 붙인 후 도서관에 보관되었다. 이러한 프톨레마이오스 III세 에우에르게테스(Euergetes)의 명령은 도서관 장서구축에 많은 중점을 두었음을 알 수 있다. 그러나 이런 두서없는 수집은 도서관 소장 장서수를 제대로 파악하지 못하는 결과를 야기시키도 하였다.

---

81) J. Platthy. *Sources on the Earliest Greek Libraries*. Amsterdam, Hakkert, 1968. pp.118~119.

즉 〈알렉산드리아〉에 들어오는 모든 배를 수색하여 책들을 압수한 다음 출항시 돌려주었는데, 이 기간 동안 필사하거나, 필사본과 바꿔치기 하는 수법으로 책들을 수집한 것이다. 갈렌에 따르면 프톨레마이오스 Ⅲ세는 항구에 들어오는 모든 배를 수색하고 이때 발견된 책들을 압류하고 그것을 필사한 뒤 주인에게는 원본 대신 복사본을 주도록 명했다 한다.[82] 〈배로부터 온 책들(books from the ship)〉이라 불린 이것은 곧 바로 정식 도서관으로 가지 않고 아마 도서관 직원에 의해 조사되고 평가되기 위해 방에 미정리 '더미'로 쌓였을 것이다.

갈렌이 전한 또 다른 일화로서 기원전 230년경 그리스 아테네에는 고대의 위대한 시인 아이스킬로스(Aischylos, BC.523~BC.456)의 『전작집』이 유일본으로 보존돼 있었다. 이 전집을 소장하기를 원했던 이집트의 프톨레마이오스 III세는 아테네와 수차례 협상을 벌인 뒤 '존경의 대상'인 이 두루마리 책자를 이집트 알렉산드리아로 옮겨 학자들이 정확한 필사본을 하나 만든 뒤 아테네로 반환키로 합의했다.

이 협약이 지켜지는 것을 보증하기 위해 프톨레마이오스 Ⅲ세는 아테네 사람들에게 은화 15탈렌트(talents)[83]를 보증금으로 예치했다. 이 예치금은 아이스킬로스의 희곡 텍스트가 아테네로 반환됐을 때 그대로 돌려받기로 했다. 결국 협약에 따라 희곡 사본이 〈알렉산드리아〉에 당도했다. 하지만 세상에 단 한 권만 존재하는 유일본 전작본을 손에 넣게 된 뒤 프톨레마이오스 Ⅲ세의 생각은 바뀌었다. 15 탈렌트의 은화는 전 세계 유일본의 가치에 비하면 포기할 수 있는 규모의 재산이었다.

---

82) Galen, Commentarium 2, 4 in Hipporcratem, epidemiai 3.

83) 그리스 등의 고대 무게 또는 화폐단위. 이 금액은 약 미화 4백만 달러에 상당하는 금액이라고 한다. 당시 이집트에 조공을 바치던 유대인들의 연간 조공금액이 20 탈렌트였다고 한다.

결국 아이스킬로스 『전작집』을 베낀 필사본은 절대로 만들 수 없다는 명령이 내려진 가운데 이 책은 〈Bibliotheca Alexandrina〉에 소장되었다. 이후 세월이 흘러 프톨레마이오스 Ⅲ세는 사망하였고, 그의 후계자들도 모두 세상을 뜬 뒤 마침내 이집트 제국도 멸망했다. 하지만 이 유일한 '원본'은 여전히 살아남았다. "절대로 베껴쓰지 말라"는 명령은 명령을 내린 사람이 죽고, 그 후손 대대가 모두 죽었어도 여전히 유효했다.

결국 당시 서구세계에서 아이스킬로스에 관심이 있던 모든 학자들은 알렉산드리아로 원본을 읽으려고 몰려들었다. 신플라톤주의자 플로티노스(Plotinus, 204-270)부터 알렉산드리아의 클레멘스(Clemens, 150-215), 시칠리아의 디오도로스 시켈로스(Diodōros Sikelos, 그리스 사학자), 아프리카의 네포티안(Nepotian) 등이 원본을 읽기 위해 먼 길을 마다하지 않은 학자들로 전해진다.

수많은 학자들이 이 작품을 보기 위해 발품을 팔고, 작품을 읽은 뒤 경탄을 금하지 못했지만 그 누구도 작품이 왜 거기에 있는지, 왜 작품을 복사하지 못하는지에 대해선 이의를 제기하지 않았다. 하지만 640년 12월 22일, 전혀 다른 가치관을 지닌 정복자(암루 이븐 엘아스)가 〈알렉산드리아〉를 지배하면서 이 책의 운명도 종지부를 찍게 된다.

그는 어떤 책이 살아남느냐 여부를 결정하는데 있어 매우 엄격한 미학적 기준을 제시했다. 바로 "신의 말씀과 어긋나는 것들은 불경스러운 것이고, 신의 말씀과 일치하는 것은 굳이 없어도 괜찮은 것"이라는 무지막지한 기준이었다. 결국 고대의 전적들이 모여있던 〈Bibliotheca Alexandrina〉는 불태워졌고, 아이스킬로스의 유일본 『전작집』도 이때 잿더미가 되어 버렸다. 결국 아이스킬로스의 작품 거의 대부분도 영원히 사라져버렸다. 고대 그리스의 대시인 아이스킬로스는 평생 여든 편이 넘는 작품을 썼다고 전해지지만, 지금은 겨우 일곱

편만 전할 뿐이다.

프톨레마이오스 Ⅲ세는 15탈렌트를 맡긴 대신 아이스킬로스(Aeschylus, BC.525~BC.456) 전작만을 빌린 것이 아니었다. 그리스 3대 비극시인 소포클레스(Sophcles, BC.496~BC.406), 에우리피데스(Euripides, BC.484/80~BC.406)의 작품을 빌려오도록 하였다. 그리고 결국에는 이 예치금을 포기하고 작품의 복사본만 되돌려 보내고 원본은 소장함으로써 아테네인들을 속여서 빼앗는 방식이었다. 이처럼 도서수집방법은 힘으로부터 나온 강제성으로 장서되었다. '지식이 힘이'지만 이 힘보다 더 센 것이 힘의 힘이다.

어찌 보면 냉혹했던 프톨레미 피스톤(Ptolemy Piston)왕은 〈Bibliotheca Alexandrina〉를 호화롭게 장식하는데 열정을 기울였다. 그는 기근에 허덕이던 시기에 관례적으로 이집트에서 밀을 반입하던 아테네인에게 밀 수출을 거부하면서, 아킬로스와 소포클레스, 유리피데스의 비극 원전들을 양도하게 하여, 자신이 그 원본들을 소장하고 그들에게는 충실히 베껴 쓴 복사본들만을 보내면서, 원전을 담보로 한 위탁금으로 15탤런트를 내준다는 조건을 걸었다는 얘기가 전해지고 있다. 장서량이 얼마인지는 차치하고 그 당시에 수집하려는 열정만으로도 도서관이 국가의 위상과 정체성을 밝히는데 그 중요성을 짐작케 한다.

갈렌의 언급은 수많은 의문점과 다양한 추측이 가능하게 만들었다. 먼저 배의 출항을 지연시키지 않을 만큼 빠르게 책을 필사할 수 있는 많은 필사생들이 존재 했느냐이다. 쉬운 일도 아니고 특히 〈알렉산드리아〉는 매일 한 척 이상의 배가 도착하는 분주한 항구였다. '배로부터 온 책들'을 위해 특별히 공간을 준비한 목적은 아마 세 부분으로 이루어 졌다.

그들이 조사하고 편집하고 있던 도서들과 새롭게 획득한 도서를 분리하기 위해서, 순수한 파피루스를 합성된 것으로부터 분류할 시간을 주기 위해서, 도서의 원산지로 라벨을 붙이기 위해서(어떤 것은 종종 특별히 지시하지 않은 것을 합리적으로 추측했을 것이다)이다. 갈렌은 도서관이 문학 작품에만 관심을 가졌는지 아니면 일기, 항해일지, 지도, 차트, 편지와 알렉산드리아인들의 백과사전적 지식과 다양한 『피나크스(Pinakes)』로 그들이 분류한 도서의 거대한 기록을 확장시키도록 도운 그 밖의 형태의 모든 종류의 필사 자료에도 관심을 가졌는지는 언명하지 않았다.

이렇게 수집된 문헌은 학자들에 의해서 연구되었으며 그 과정에서 정리되어 이후의 이용을 위해 보관되었다. 만약 이러한 작업을 '수서시스템'이라 부른다면 〈Bibliotheca Alexandrina〉는 모든 주제에 대한 모든 도서들을 취사선택하는 방법을 사용하였다고 할 수 있다.

다시 말하면 〈Bibliotheca Alexandrina〉의 '수서정책'은 여러 도시들의 모든 필사본 그리고 호머(Homer)와 같은 고대 그리스 저자들의 문학적인 비평도서들을 획득하기 위한 체계적인 수단을 동원하였던 것이다.

이러한 〈Bibliotheca Alexandrina〉 자료수집은 "사전, 용어색인, 백과사전과 같은 기본적인 탐색도구의 생성과 원문해석, 원전비평연구 개발을 활발하게 했다."[84] 즉, 자료의 편집이나 비평문헌 등 사서들의 주요 업무에 이용될 수 있는 2차 자료를 생산하는 문헌적 변형들을 나타내는 결과를 가져오게 된 것이다. 이런 과정을 거쳐 정리된 문헌목록이 칼리마쿠스(Callimachus, BC.310~BC.240)가 편찬한 분류 · 목록 형태인 『피나크스(Pinakes)』로 탄생된 것으로 볼 수 있다.

이렇게 해서 그들이 수집한 서책들은 무려 70만 권에 이르렀다. 종류도 매우 다양해서, 그리스의 희곡들도 있고, 점토판으로 된 고대 수

---

84) Steven Blake Shubert. The Oriental Origins of the Alexandrian Library, *Libri*. vol.43, no.2(1993). p.143.

메르인들의 서적도 있고, 길가메시 서사시로부터, 알렉산더 일대기, 이집트 신화의 사자의 서(Book of the Dead)나, 생명의 서, 에라토스테네스의 천문학 서적, 프톨레마이오스(용케도 왕조와 이름이 같은 천문학자)의 천문학 이론서까지 세계 지식의 모두를 소장하려는 그들의 노력이었다.

〈Bibliotheca Alexandrina〉는 세계 전역으로부터 문헌을 수집하고 또 그렇게 해서 모은 것들을 보존하려는 노력 덕분에 사상 최초로 진정한 세계적 도서관이 되었다. 또한 당대의 가장 뛰어난 철학자 · 학자 · 연구자들을 끌어들여 헬레니즘 문명의 산실로 역사에 공헌하였다. 이는 또한 학자사서의 개념을 싹트게 하였다. 〈Bibliotheca Alexandrina〉의 노력은 문화유산의 총체, 즉 철학적 사상의 주류와 그리스 세계의 지식체계를 도서관에 모으고 자료를 이용할 수 있도록 조직하고 이용하게 하였다.

과거의 자료들을 수집하는 것 이외에도, 도서관은 여행과 숙박, 급여를 제공해 주는 프톨레마이오스 왕조의 든든한 후원을 받는 국제 학자들에게 학문의 쉼터를 제공해 주었다. 연구기관으로써의 도서관은 수학, 천문학, 물리학, 자연과학 등 많은 주제에 대한 새로운 연구 결과들을 보유하게 되었다. 이러한 경험론적 기반은 처음으로 가장 강력한 원문 비평의 초석이 되었다. 같은 책들이 간혹 많은 변형들을 가지고 여러 편 존재하는 경우가 있기 때문에, 원문 비평은 학자들의 지식을 확실히 하는 데 중대한 역할을 하였다. 이러한 방법으로 검증된 책들은 학자들에 의해 정확한 복사본으로 만들어졌고, 세계의 부유한 책 애호가들이 이러한 책들을 사 들임에 따라 도서관의 부는 증대되었다.

위와 같은 수서정책을 뒷받침 하듯이 〈Bibliotheca Alexandrina〉는 프톨레마이오스 I세 시대에 5만 권의 파피루스 책을 수집했고, 프톨레마이오스 II, III세 시대에 걸쳐 소장 장서수가 49만 권으로 증가되었다. 체체스(J. Tzetzes)는 칼리마크스 사료를 인용하여 〈Bibliotheca Alexandrina〉가 소장하고 있는 장서 수에 대하여 "딸 도서관 세라피움 장서는 42,800권, 주도서관인 〈부루치움 도서관〉 장서는 490,000권, 이들을 합하면 합계 532,800권"[85]이라고 자세히 기록하고 있다. 소장된 책들은 그리스의 필사본, 해외 원본(주로 이디오피아, 페르시아, 히브리, 북부 인도에서 가져온 것), 그리스어 번역본, 기타 문서로 분류하여 알파벳순으로 배열하였다.

그러나 『아리스테아스(Aristeas)의 편지』에서 주어진 두 합계를 함께 첨가하여 나온 통계치였을 것이다. 문제의 진실이 무엇이든 간에, 몇 수천의 파피루스 두루마리가 도서관의 소장품이었다는 점은 의심할 여지가 없다. 그리고 모든 믿을만한 동시대의 증거들을 검토했을 때, 전체 최고 수량은 700,000 두루마리라는 것은 과소평가된 것이라면 모를까 과대평가로 들리지는 않는 것은 이유 있는 주장이다.

〈Biblictheca Alexandrina〉의 장서수에 대하여 여러 학자들의 주장이 다양하다. 예를 들면, "54,800권(Epiphanos), 70,000권(Isidurs Hisp.), 100,000권(Euscbios, Chron. 등), 20,000권(Aristeas et Josephos), 40,000권(Seneca et Oroius), 700,000권(Ammianus Marcellus et A. Gellius)"[86] 등이다. 이러한 장서 추정 수치는 대체적으로 10만 권에서 70만 권까지로 볼 수 있는데 그 당시로는 대단한 소장 장서라고 할 수 있다. 이렇게 소장 장서수의 추정치가 분분한 것은 〈Bibliotheca Alexandrina〉 존재 자체가 신화적인 성격이 강한 부분 때문이기도 하

85) Rudolf Blum. *Kallimachos : The Alexandrian Library and the Origins of Bibliography*. translated from the German by Hans H. Wellisch. London, The Univesity of Wisconsin Press, 1991, pp.106~107.

86) 粟野頼之祐. アレクサンドリア圖書館長目錄の硏究(1), 關西學院史學 I(1952). p.4.

다. 이상의 장서 추정치들을 표로 작성하면 다음 〈표 1〉과 같다.

〈표 1〉 학자별 장서소장 추정치

Author	Number of scrolls	Date of citation	Reference to source
Aristeas	200,000 rising to 500,000	100 BC.	Letter of Aristeas
Seneca the Younger	40,000	AD. 50	Tranquillity of the Mind 5
Orosius	400,000	AD. 400	History against the Pagans 6
Aulus Gellius	700,000	AD. 150	Attic Nights 7:17
Ammianus Marcellinus	700,000	AD. 390	Roman History 22:16:15
Epiphanius	54,800	AD. 380	Weights and Measures 9
Isidore of Seville	70,000	AD. 600	Etymologies 6:3:3
John Tzetezes	490,000	AD. 1100	Prolegomena to Aristophanes

프톨레마이오스 왕조의 장서벽은 특히 I세 소테르(Soter, 구원자), II세 필라델포스(Philadelphos, 형제를 사랑하는 이라는 뜻), III세 에우르게테스(Euergetes, 은인이라는 뜻)는 도서관의 장서개발 역사에서도 전례가 없을 정도로 극성이었다. 130년에 〈알렉산드리아〉의 큰 경쟁자였던 도서관의 고향인 페르가몬에서 태어난 갈렌(Galen)은 그의 시대에 여전히 유포되고 있는 수많은 이야기들을 전하고 있다. 프톨레마이오스는 그가 말하길, 가능한 많은 수천의 필사본뿐 만 아니라, 최상급의 사본들이 아니면 소장하지도 않았다.

프톨레마이오스 왕조는 돈과 강력한 왕권을 바탕으로 온갖 종류와 모든 주제를 포괄하는 책을 사 모았다. 이때, 수집된 책들은 고양된 서사시에서부터 지루한 요리책들까지도 포함되어 있었다. 이들 왕조는 수집한 장서들은 연구를 위한 참고자료로 이용했을 뿐만 아니라 그리스어 기록물의 총괄적 자료로 만들었다. 또한 다른 언어로 쓰여진 중요한 작품들의 그리스어 번역본도 포함시켰다. 가장 잘 알려진 번역판은 「70인역 성서」로 그리스어판 구약성서이다. 번역의 주된 목적은 그리스어만을 사용하는 대다수의 유대인들에게 보급하기 위해서였다. 이 책의 번역은 이 작품을 도서관에 보관하고 싶어했던 프톨레마이오스 II세에 의해 진행되었다.

도서관장은 왕실에서 직접 임명하였는데, 왕의 자녀들의 개인 교사인 유능한 학자들이 종종 이 일을 담당했다. 첫 번째 도서관장은 호메로스의 시를 정통의 원문으로 정립한 제노도토스였다. 그는 도서관학의 선구자였을 뿐만 아니라 장서들을 서가에 정리하는 도서관의 체계를 성립한 인물이었다. 제노도토스의 첫 번째 작업은 산문이나 운문, 문학작품이나 과학 작품, 문학 작품의 분류법 등을 내용의 성격에 따라 두루마리 종류를 분류하여 방 별로 나누었을 것으로 추측된다. 다음 작업은 분류된 방 별이나 방의 일부에 결정된 저작물의 다양한 목록을 배정 한 뒤 알파벳순으로 저자명을 배열하여 서가에 작품들을 꽂아 놓는 일이였다. 알파벳으로 조직화하는 형식은 알렉산드리아 도서관의 학자들이 오늘날 우리에게 선사한 가장 큰 선물 중 하나이다.

이러한 끊임없는 수집 노력 덕택에 〈Bibliotheca Alexandrina〉는 장서가 70만 권이나 되는 고대 세계 최대의 규모로 발전했고 서기 I세기에는 무려 100만 권에 달했다고 한다. 대부분의 책들은 왕의 대리인들에 의해 아테네, 로데스 혹은 에페소(Ephesus)의 대형 책 시장들에서 구매하였다. 서점이 내줄 수 있는 것은 주문형식으로 예약하였고, 서점이 제공할 수 없는 것은 다른 경로로 구하거나 필사하였다.

예를 들어 4세기 말의 주교인 성 에피파니오(Flavius A. E. Epiphanius, 412~414)는 보고하길, 프톨레마이오스 I세가 지구위의 모든 왕과 통치자들에게 편지를 써서 "모든 저자들, 즉 시인과 산문 작가, 수사학자와 소피스트, 의사와 예언자, 역사학자와 기타 다른 모든 저자들의 작품을 그에게 보내줄 것"[87]을 요청하였다.

이 맥락에서 사서들은 대형 도서관에 채워진 저작물들의 규모가 아마도 글자와 책 형태의 규격화—두루마리 당 한 권의 책—로 이어졌을 것이라고 추측했는데, 이는 성장해가던 서점도 분명 원하는 바였을 것이다. 완성된 저작물들은 작업장으로 보내졌는데 여기서 경계를 표시하는 봉강(棒鋼, bar steel)이 정교하게 세공되었고 꼭지가 부착되었으며, 두루마리 끝부분에 고정되었다. 도금사가 꼭지와 봉강을 장식했고 두루마리를 담게 될 통—이것은 또 다른 수공업자가 만들었다—에 표제를 써넣었다.

프톨레마이오스 II세는 알렉산드리아 도서관장에게 유대인들의 경전을 수집하라는 명령을 내렸다. 이 도시의 유대인 지도자였던 아리스테아스(Aristeas)는 그 대가로 이집트에 구금돼 있는 10만 명의 유대인 포로를 석방해줄 것을 요구했다. 각 지파별로 6명씩 모두 72명의 학자들이 예루살렘으로부터 알렉산드리아에 파견되어 72일에 걸쳐 그리스어 구약성서가 완성됐다. 번역자의 수를 따라 「칠십인 역」이라 불리는 그리스어 성서는 예수와 제자들이 즐겨 읽었던 성서였으며 복음서 기자들도 구약의 본문을 인용할 때마다 「칠십인 역」을 참고했다.

그 당시 시장에서부터, 책의 내용과 원문의 진실성뿐만 아니라, 기원 때문에 문제가 있었지만 애서가들이 웃돈을 내기를 원하는 책들이 나왔다. 이 경향은 특히 로마시대에 현저하게 나왔다. 갈렌은 우리에게 오래된 책들이나 작품들을 각색한, 처음부터 끝까지 모조 작품인, 모든 종류의 가짜 필사본들을 팔아서 큰 이익을 얻는 날조자들에 대

87) Epiphanius. Liber de mensuris et ponderibus 9 = Patrologia Graeca[= PG] Band 43, 167 a.

해 말하고 있다. 다수의 전문가들, 날카로운 지성과 그리고 많은 시간을 들여 종종 이 위조 작품들의 정체를 벗기는 것이 필요하다. 왜냐하면, 아리스토텔레스에 관한 후기 고전학자의 경우처럼, 훌륭한 솜씨로 진짜하고 가짜의 구절들을 함께 짜내진 것이기 때문이다.

도서관의 조직자들의 첫 번째 관심사들 중 하나로, 도서의 방대한 축적물에 대하여, 학자들로 하여금 그들의 방식을 발견하게 만든 방법과 미래의 독자들을 위하여 너무 많은 어려움 없이 자료들을 참고하기 위한 방법을 생각하게 했다.

텍스트들은 자주 대대적인 교정이 필요하기 때문에 모든 복사본은 역사적 비교를 위해 유용하다. 4세기 말경 텍스트들의 상태는 대개 확실하다. 이미 언급했다시피 리쿠르고스(Lycurgus, BC.800~BC.730?)는 새로 주문해야만 하는 나쁜 상태의 고전 그리스 비극의 관청 복사본을 발견했다. 어느 경우든 도서관관장은 복사본은 원본에 의해 분류되어야 한다고 제안했다. 예를 들어 Chian, Sinopic, Argive 등으로 알려진 호메로스의 복사본이 있다. 저자에 의해 분류하는 방법은 원고가 지은이 또는 교정한 사람에 속하는 것을 의미한다. 따라서 복사본은 '제노도투스 저' 또는 'Mnemon of Side 교정'이라고 라벨이 붙을 것이다.

원문 교정은 새 복사본을 만들기 위해서만은 아니다. 그리스 작문 방법인 단어 사이의 공간과 강세, 발음구별 구호, 구두점(의구표(疑句標))에 있어 비잔티움의 아리스토파네스(Aristophanes)가 소개한 혁신들은 읽기 쉬울 뿐만 아니라 신뢰할 수 있는 복사본들로 새로이 쓰여진 그리스 문학 전집을 위해 필요하다.

프톨레마이오스 왕조에 중동인의 문학과 다른 작품들이 체계적으로 수집되고 번역되었다는 명확한 증거가 없지만, 그러한 프로젝트가 존재했다고 가정한 것은 매우 가능한 또는 꽤 있음직한 일이다. 프톨레마이오스 I세와 안디오쿠스(Antiochus) I세가 그들의 피지배인의 주제사에 대해 배우려고 하였으며 문화는 기원전 3세기 프톨레마이오스 왕조 시절의 이집트 역사가 마네토(Manetho)[88]의 『이집트사(*Aegyptiaca*)』와 베로수스(Berossus)[89]의 『이집트사(*Aegyptiaca*)』 그들이 각각 쓴 역사서로부터 분명해진다.

우리가 여기서 고려해야 할 한 사람 마네토에 의하면 그는 역사가들이 접근하기 어려운 자료로부터 그의 대표작 자료를 모았다고 한다. 사원의 파피루스, 관청의 파라오 자료, 문학과 덜 알려진 종교에 관한 것, 천문학과 수학 공식들, 이집트 역사에 대한 정보의 숨겨진 보물 창고를 구성하는 모든 것이었다. 어떤 경우든 파타고라스, 솔론(Solon), 헤로도투스, 플라톤 등과 같은 이집트를 방문한 그리스 지식인들에 의해 전통적으로 발견되어지고 연구되어진 중동 도서관에 저장된 거대한 필사 자료를 무시하는 캐묻기 좋아하는 그리스적 성질은 터무니없다.

이 가정은 성 헤르미푸스(Hermippus)가 편찬한 조로아스터(Zoroaster)의 페르시아 시 줄거리에 관한 신켈 로스(Georgios Synkellos)와 체체스(Johannes Tzetzes, 그의 『Prolegomena』에서)의 증거에 의해 지원을 얻는다. 명백한 한 가지 사실은 「70인역 성서」의 그리스어로의 번역이다. 처음에는 소테르(Soter) 또는 필라델푸스(Philadelphus)의 통치하에 외국서적 번역 작업을 떠맡았다.

---

88) 마네토(Manetho)는 이집트의 역사가로 그리스어로 이집트 역사서 즉 세권의 이집트지를 저술했지만 전해오지는 않는다. 그가 활동했던 시기는 알렉산더가 이집트를 지배하고 이후 제국이 분열되지만 여전히 이집트가 그리스의 지배를 받던 프톨레마이오스 I세(BC305-BC282) 때로 추정되며 그의 역사서는 요세푸스, 아프리카누스, 유세비우스, 신셀루스 등의 작품에 소개되어 남아있는 정도이지만 고왕국, 중왕국, 신왕국과 30왕조로 분류한 이집트 왕조표는 오늘날도 여전히 신뢰할 만한 것으로 사용되고 있다.

89) 바빌로니아의 사제 겸 천문학자 베로수스(Berossus)는 기원전 3세기 바빌로니아의 역사가, 점성가. 베로소스(Berossos)라고도 한다. 시리아의 왕 안티오코스 I세에게 바빌로니아 역사인《바빌로니아지(誌)》(3권)를 그리스어로 저술하여 바쳤다.

라틴 문학이 도서관에서 필라델푸스 시대보다 먼저 출현했다는 체체스의 발언과 같이 에라토스테네스가 이집트 기록으로 연대표를 번역했다는 신켈로스(Synkellos)의 발언은 심각하게 논의 되어졌다. 그리고 비록 프톨레마이오스 시대 말경에 알렉산드리아에 라틴문학이 알려졌다는 것을 의심할 이유가 없을지라도 최악의 것을 말하고 기원전 3세기에 그같은 것이 사실임을 나타내는 경솔한 짓이었다.

만약 기원전 1세기 말 전에 쓰여진 모든 그리스 문학이 여전히 존재 했다면—빌라모비츠(Wilamowitz)는 고대 문학의 단지 1/5만이 현재 남아 있다고 추정했다—오늘날 '세계 도서관'의 이상적 규모의 정의는 아마도 유토피아 같지 않았을 것이다. 우리는 우리의 연구결과의 효과에 있어 주제에 대한 어떤 실험적인 결과를 나타내고 그리는 의문점들을 고려해야 한다.

예수그리스도 시대에 그리스 문학의 우리 지식의 결핍을 보여주는 작품은 10세기에 요약본만 15권이고 AD.238 이후에 30권으로 완성된 아데나우스(Athenaeus)의 『연회론(*Deipnosophistai*)』이다. 아데나우스는 여기서 지금은 분실한 약 700인의 작가 이름과 1,500권 이상의 책 제목을 언급했다. 이것은 원본으로 주목되어진 수많은 도서가 상당히 대단한 것이었음을 추측할 수 있게 한다. 더 대단한 것은 아데나우스가 유일한 자료인 중세와 새 코메디의 각본가들의 모든 결과물이 무엇인가 하는 의구심을 만든 소재를 알렉산드리아로부터 얻었다고 한 것이다.

그리스의 거대한 문학 결과물에 대한 적절한 대우를 말한 또 다른 작가는 비록 그 시대 이후 약 3세기 가량 더 살았을지라도 우리가 다루고 있는 중요한 자원인 갈렌이다. 책과 관련된 모든 문제에 매우 통찰력 있는 다작 작가 갈렌은 그의 작품들이 500 파피루스 두루마기보다 적지않게 채워질 것을 요구한 자신 작품의 목록 『On My Own

Books』를 편찬했다. 그리스의 철학자 카르네아데스(Carneades)의 제자이자 대학에서 그의 후계자인 클리토마쿠스(Clitomachus)는 400개 작품이 쓰여 졌다고 말했다.

그러나 얼마나 많은 두루마기를 채웠는지는 알려지지 않았다. 문학의 성정과 원문연구는 비판문의 범람을 양산했고 그것은 점차 앞으로의 학문의 물결이 일어나도록 했다. 칼리마쿠스는 적어도 2,000개 두루마기를 채워 800개 이상의 작품을 썼다. 그리고 그의 『피나크스(*Pinakes*)』의 120개 두루마기는 비잔티움의 책 『On the Pinakes of Callimachus』의 에라토스테네스 같은 비판문의 새로운 땅을 만들었다.

가장 주목할 만한 통계치는 지칠 줄 모르는 연구와 『도서의 망각(*Bibliolathas*)』 때문에 박물관의 학자들이 칼켄테로스(Chalkenteros, 쇠로 만든 내장)로 별명 지은 기원전 1세기의 문학가 디디무스(Didymus of Alexandria, 308-494)와 관계있다. 그가 전부 기억할 수 없을 만큼 많이 저술했기 때문이다. 그의 작품은 모두 3,500~4,000개 두루마기라고 말하여 진다. 그래서 '세계 도서관'에 있는 수많은 두루마기가, 특히 가장 많이 사본 되어진 출판물, 출처에 의해 주어진 수치를 뛰어 넘는 것을 쉽게 본다.

단지 그들의 크기에 대하여 어떤 증거도 프톨레마이오스 시대에 개인 도서관의 존재를 우리가 고려하게 하지 않았다. 그러나 스트라보(Strabo)의 시대부터 우리는 사고력에 양식이 되는 개인 도서관과 관련된 목격자를 가지고 있다.

약 기원전 30년에 로마의 그리스 노예 티라노(Tyranno)가 30,000개 두루마기가 있는 도서관을 가지고 있다는 리포트를 무엇으로 판단하는가? 아니면 의사였던 세레누스 사모니쿠스(Serenus Sammonicus)라고 불려지는 실제 잘 안 알려진 로마인이 3세기에 황제 고르디아(Gordia) II세에게 62,000개 정도의 두루마기가 있는 그의 아버지의 도서관을 남겼을까? 아니면(Souda 의하면) 에바브로디도(M. Mettius Epaphroditus)가 30,000권의 개인 문고를 가지고 있었을까? 아니면(Athenaeus에 의하면 『Deipnosophistai』) 리비우스 라네시우스(Livius Larnesius)의 도서관이 풍요함에 있어 유명한 다른 도서관들 보다 더 크거나 나을까? 이러한 것들은 이미 언급했다시피 '세계 도서관'이 되길 갈망했고 많은 책들의 2개 또는 그 이상의 복사본을 소유하고 있던 알렉산드리아 도서관에 얼마나 많은 도서가 있었을까 하는 의구심을 만든다.

프톨레마이오스가 그것에 거액의 돈을 낭비하는 동안 우리는 그 도서관이 2.5세기가 넘는 기간 동안 지어졌다는 것을 잊은 적이 없다. 이상에서 언급한 도서관 장서수의 소장 추정치는 다음 〈표 2〉와 같다.

〈표 2〉 도서관별 장서 추정치

도서관(Library)	Page reference in Casson[90]	장서량
Palatine Library at Temple of Apollo in Rome	page 82	6,000
Library at Trajan's Baths in Rome	page 85	20,000 (Casson 자신의 추정)
Library at Caracalla's Baths in Rome	page 90	7,500
Hadrian's Library in Athens	page 113	10,000
Library of Celsus in Ephesus	page 116	3,000 (Casson 자신의 추정)
Library of Pergamon	page 50	30,000

90) 라이오넬 카슨(Lionel Casson)은 뉴욕대학교 명예교수이며, 고대 문화사의 세계적 권위자로 손꼽힌다. 주요 저서로는 『고대의 여행 이야기』(Travel in the Ancient World), 『고대의 배와 항해 이야기』(Ship and Seamanship in the Ancient World), 『고대 로마에서의 일상생활』(Everyday Life in Ancient Rome), 『고대의 선원들』(The Ancient Mariners) 등이 있다.

알렉산드리아에는 진리의 등불인 도서관 외에도 고대 세계의 7대 불가사의 중의 하나인 〈파로스 등대(*Pharos Lighthouse*)〉가 있었다. 프톨레마이오스 II세는 유명한 건축가 크니두스(Sostratus of Cnidus)로 하여금 알렉산드리아 앞바다 한 섬에 오늘날의 일반적인 기준으로 볼 때 36층 건물 높이의 거대한 〈파로스 등대〉를 건축했다.

(그림 6) Pharos Lighthouse

등대는 3개의 층계로 만들어졌다. 맨 아래층이 4각형, 가운데층이 8각형, 꼭대기 층은 원통형이었다. 각 층은 모두 약간 안쪽으로 기울게 지어졌다(기울지 않았다고 하는 사람도 있음). 등대 안쪽에는 나선형의 길이 있어서 등대 꼭대기의 옥탑까지 이어져 있었다. 옥탑 위에는 거대한 동상(여신상)이 우뚝 솟아 있었는데 아마도 알렉산더 대왕이나 태양신 헬리오스(Helios)의 모양을 본떴을 것으로 여기지고 있다.

등대 꼭대기의 전망대에서는 수십킬로 미터나 떨어진 지중해를 바라볼 수 있고 또 먼 본토까지도 볼 수 있었다고 한다. 7세기 이후 이집트를 정복했던 아랍인들에 따르면 램프 뒤쪽의 반사경으로 비치는 타오르는 불길은 43㎞정도 떨어진 바다에서도 볼 수 있었고, 맑은 날에는 콘스탄티노플(Constantinople)까지도 반사경이 비쳤으며 또 햇빛을 반사시키면 160㎞ 정도 떨어져 있는 배도 태울 수 있었다고 한다.

기원전 280년경 건설된 이 등대의 총비용은 모두 은 20톤(시가 약 60억원)이며, 최대 높이 180m 정도였다고 한다. 이 등대는 지식의 등이며, 모든 지식은 〈Bibliotheca Alexandrina〉로 부터라는 프톨레마이오스 왕조의 자긍심을 의미한다.

〈Bibliotheca Alexandrina〉가 그 위대성을 성취한 시기는 프톨레마이오스 II세 필라델푸스 시대에 이르러서이다. 책을 수집하려는 필라델푸스의 열정은 엄청난 것으로 전해지고 있다. 상선이 항구에 정박하면 화물 중에 필사본이 있는지 검색하고 선적되어 있으면 원본은 도서관에 소장시키고 정서된 복사본은 주인에게 돌려주는 것을 관행으로 삼을 정도로 책 수집에 열광적이었다. 프톨레마이오스 II세는 아테네로부터 그리스 극작가의 희곡들의 공식극 사본들을 빌리면서 그 회수를 보증하는 보증금까지도 지불하였다. 그러나 그는 그 보증금을 단념하고 원본은 알렉산드리아 도서관에 소장하고 복사본을 돌려주었다.

〈Bibliotheca Alexandrina〉의 장서는 그리스의 필사본뿐만 아니라 에티오피아(Ethiopia), 페르시아(Persia), 히브리(Hebrew), 북부 인도의 원본들까지 포함되었다. 프톨레마이오스의 통치기간 동안의 알렉산드리아 도서관에 대해서 언급할 때, 도서관이 정확히 책을 축적하는 곳이라고 지칭되었지만, 도서관을 서지 및 문헌 활동들을 뒷받침했던 박물관과 다른 시설들로부터 분리시켜 생각하면 안 된다.

학자사서의 지적 전통

도서관의 흔적들은 기원전 3,000년경으로 추정되는 고급관리의 묘에서 '도서관의 관리인' 또는 '권자본의 관리인'이라는 명칭이 발견되었으며, 기원전 2,600년경으로 추정되는 제 4왕조의 군주 쿠푸(Khufu)가 상당수의 도서관을 건립한 것으로 알려져 있으며, 그 후계자의 한 사람인 카프라(Khafra)는 대규모의 피라미드를 만들었던 인물로서 그도 도서관을 가지고 있었던 것으로 전해지고 있다. 또한 기원전 1,300년경 람세스 II세(Ramses II, BC.1300)는 테베(Thebes)에 있던 자신의 궁전에 상당한 규모의 도서관을 소유한 것으로 알려지고 있다.

당시의 도서관 현관 문 위에 새겨놓은 그리스어 팻말은 '영혼의 시약소(Dispensary of the soul)', '영혼의 진료소(Healing place of the soul)' 또는 '영혼의 요양소(Sanatorium of the soul)', '영혼을 위한 약방(Medicine chest for the Soul)'으로 불리었으며 다분히 종교도서관의 성격을 지닌다. 『세계사(Bibliotheca historica)』 40권을 저술한 디오도루스 시켈로스(Diodorus Sikelos, BC.60~BC.30)가 소개 인용하였다.

람세스 도서관의 사서로 알려진 아멘 엠 한트(Amen em hant)라는 서지 전문가의 이름이 그의 묘지에서 발견되었으며, 텔 엘 아마르나(Tell el Amarna)의 궁전에서도 설형문자 외교 점토판 기록이 발견되어 기록보존소가 존재했음을 추측할 수 있게 한다. 당시의 장서는 학문의 신이 만든 것으로 알려진 토트서(Book of Thoth)와 그 해설서 및 주석서가 중심을 이루었고, 종교 의식에 관한 의례서와 〈오리시스의 드라마〉라는 성극(聖劇)도 있었으나 모두가 전체 내용을 알 수 없는 편린만이 전해질 뿐이다.

고대 도서관에 있어서 '사서'나 '도서관리인(keeper of the book)'은 많은 교육을 받은 사람이었다. 우선 그들은 사자생(scribes, 예컨대 람세스

도서관의 사서였던 아멘 엠 한트(Amen-em-hant))을 위한 필사생 학교를 졸업해야 했고, 그 다음으로는 그가 보관해야 할 문헌이나 기록문서에 관하여 철저하게 교육받아야 했다. 그 후에 사서직에 관한 지식과 몇 개의 외국어를 동시에 배우면서 수년의 사서 견습생활(apprenticeship)을 거쳐야만 했다. 사서가 반드시 몇 개의 외국어를 배워야 했다는 것은 장서 속에 여러 가지 언어로 기록된 많은 저술이 있었다는 사실을 입증하고 있다.

프랑스 철학자 가스통 바슐라르(Gaston Bachelard, 1884~1962)는 매일같이 지혜의 신에게 '저희에게 일용할 굶주림을 주시옵고'라고 기도했다고 한다. 그러면서 "천국은 도서관과 같으리라."라고 상상하였으며, 인도의 『베다(Veda)』 경전에서는 창조주가 스스로 창조되기 전부터 '우주에는 거대한 도서관이 있었다'라고 하였다.

이외에도 사서는 흔히 높은 지위의 관리 또는 성직자를 위하여 문헌을 편집, 복사, 번역하였다. 그는 '점토판의 사람(Man of the Written Tablets)', '점토판 관리인(Keeper of the Tablets)', 또는 '도서의 주인(Master of the Books)' 등으로 호칭되었다. 또한 사원 도서관의 사자생-사서들은 높은 지위에 있던 승려였으며, 궁전 도서관의 사서는 높은 직위의 관리였다. 어떤 경우에나 사서는 흔히 상류계급에 속하였으며 종종 귀족의 젊은 아들이었다.[91)]

프톨레마이오스 왕조의 역대 왕들은 많은 서기를 고용하여 학자들의 연구결과를 필사케 하고, 서기들을 이웃 나라로 파견하여 의도적, 체계적으로 원본을 모았으며, 이 도서관의 장서가 전성기 때엔 60~70만 권에 이른 것으로 전해지고 있다. 이 도서관에 근무했던 사서들의 역할은 'Scholar librarian으로서 학자사서' 또는 'Learned librarian으

---

91) M. H. Harries. *History of Libraries in the Western World*, Compact Textbook Edition. Metuchen, The Scarecrow Press, Inc, 1984. pp.20-21.

로서 학자사서'로서 기능 했다는 사실이 두드러진다. 이 도서관이 배출한 '학자 문헌사'는 무수히 많다. 더욱이 고대 사회에 있어서 도서관은 어디까지나 왕족, 귀족, 승려 등과 같은 일부 특수층의 전유물로서 당대의 기록보존을 위한 권위와 존경의 상징을 위한 것이었으며 오늘날과 같은 민중의 도서관은 아니었기 때문에 '학자사서'를 요구할 수 밖에 없었다.

〈Bibliotheca Alexandrina〉의 발전에는 '학자사서'들이 주 역할을 하였다. 그들은 사서로 근무하면서 도서관의 자료를 사용하여 학술연구를 할 수 있었다. 대표적인 학자 사서로는 서고의 정리를 실시하고 그리스 문학의 편찬을 주도한 문법학자 제노도투스, 분류목록인 〈피나크스〉를 고안한 칼리마쿠스, 인류 최초로 지구의 둘레를 측량한 연대지와 지리학의 창시자인 에라토스테네스, 기하학자 유클리드, 기계공학자 아르키메데스, 최초의 여성 수학자 히파티아(Hypatia) 등을 꼽을 수 있다. 이들은 모두 〈Bibliotheca Alexandrina〉의 '학자 문헌사' 집단이다.

학자사서의 계보에 대해서는 여러 가지 설이 있으나 벨로크(K. J. Beloch)[92] 등의 학자들의 주장이 가장 타당하게 받아들여지고 있다. 하지만 기원전 145년, 프톨레마이오스 Ⅷ세가 도서관장직을 군 장군 사이다스(Cydas)로 교체하면서 군인이나 관료가 관장직에 임명되었고 학자 사서들은 더 이상 도서관장직에 임명되지 못했다. 〈Bibliotheca Alexandrina〉의 성격은 점차 변질되었다.

이 당시 사서들이 수행했던 역할은 아슈르바니팔 시대에 수행했던 문헌의 기록자 및 생산자(출판인), 체계적인 수집자, 보존과 전승자 등의 역할 외에 몇 가지가 부가된다. 그 첫째는 문헌의 단순한 정리자가

---

92) Karl Julius Beloch. *Griechische Geschichte*. vol. II, pt. 2. Leipzig, 1927.

아닌 '서지학자'로서의 역할을 수행했다는 점이다. 이 도서관에는 10개의 주제별 연구실이 있었고, 연구자들은 자신의 연구 분야에 따라 한 곳에 배정되었다. 그들은 자신의 연구결과를 책으로 저술하고, 이를 분류, 편목하고, 관리했다. 분류, 편목도 오늘날 도서관이 하는 것과 같은 피상적인 것이 아니라, 문헌학적, 또는 역사적인 비평, 내용의 평가와 진위여부의 판별, 판종(版種)의 비교를 통한 정확한 원문의 제작 등 문헌의 정리 그 자체가 학술이었고 문화였다. 따라서 이 도서관의 사서들은 단순한 사서가 아니고 '학자 문헌사'였던 것이다.[93)]

이와 더불어 이 도서관의 사서들은 오늘날의 도서관처럼 서비스 제공자로서 기능했다. 궁내의 〈브루치움〉은 학자들을 위해 완전히 개방되었고, 세라피스 신전의 〈세라피움〉은 일반인을 위해 공개되고 활용되었다. 이 당시 수행되었던 서비스 제공자로서의 기능은 근세 도서관에 이르러 비로소 부활된다.

중국에 있어 노자(老子, BC.579?~BC.479?)가 주(周)나라 〈수장실(守藏室)〉의 사(史) 출신이었다는 사실과 한서(漢書)의 찬자인 반고(班固, 32~92)가 궁중의 장서와 문서를 관장하는 〈난대(蘭臺)〉의 영사(令史) 및 교서랑(校書郎)이었다는 사실과 목록학의 시조로서 〈칠략(七略)〉을 찬술하여 「한서예문지」의 기초를 닦아준 유향(劉向, BC.77~BC.6)도 한조(漢朝)의 장서각(藏書閣)이었던 〈석거각(石渠閣)〉의 낭중(郎中) 출신이었다는 사실, 그리고 고려국의 해동 제일의 문장가였던 김황원(金黃元, 1045~1117)이 왕의 부름을 받아 〈연영전(延英殿)〉에서 서적을 관장하였다는 사실, 또한 〈집현전(集賢殿)〉 및 〈규장각(奎章閣)〉의 학자들도 대부분 '학자사서'였다는 사실 등이 이것을 입증해 주고 있다.

---

93) 박준식, 사서직의 지적 전통; 그 역사적 변용과 전망. 도서관, 제48권, 2호9(1993, 4). pp.8-9

이처럼 고대 도서관의 한 특징은 동서양을 막론하고 그것이 학술 전문도서관임과 동시에 학문연구소의 성격을 띠고 있으며, 그곳에 종사하는 관원은 도서의 정리, 대출, 관리만을 담당하는 사무적 내지 '기술적인 문헌직'이 아니고, 학문 또는 '연구적 성격을 띤 문헌직'이었다는 점이다. 사서직은 곧 학자 출신이었으며 학자가 종사하는 '문헌직'이었다. 즉 '학자사서(Scholar-librarian)'이었던 것이다. 'Scholar-librarian'란 어휘를 잭슨(Sidney L. Jackson)도 사용하고 있다.[94] David Hume,[95] Richard Wendorf,[96] Bradley L. Schaffner[97] 등도 'Scholar-librarian' 용어를 사용하고 있다.

이러한 역사적 사건을 랭카스터(F. Lancaster)도 의식하는 가운데 "도서관은 사서들이 존재하기 이전부터 존재하였다"고 전제하면서 "라이브러리언쉽은 가장 제도화된 전문직이다."[98]라고 강조하였다.

학자사서(Scholar-librarian)란 웹스터(Webster) 사전의 전문직에 대한 정의의 별항에서 이와 유사한 '학문적 전문직(Learned Profession)'에 대해서 설명해 주고 있는데 '교양교육을 포함한 고도의 아카데믹한 학술연구를 기초로 하는 전문직 즉, 신학, 의학, 법학 중 어느 것에 해당되는 직종'[99]이라고 규정하고 있다. 여기서 학자사서의 개념은 '학술적 전

---

94) Sidney L. Jackson. *Libraries and Librarianship in the West: A brief history*. New York, McGraw-Hill, 1974. p.11

95) David Hume. Scholar as Librarian. *Library Quarterly*, Vol. 36, No. 2(Apr. 1966).

96) Richard Wendorf. *The Scholar-librarian: Books, Libraries, And The Visual Arts*. Oak Knoll Press, New Castle With The Boston Athenaeum, 2005.

97) V. F. Odoevsky and I. V. Got'e: scholar-librarians in service to the state. *Indiana Slavic Studies*. 2006.

98) F. Lancaster. *Libraries and librarian in the age of electronics.* Arlington, Va., Information Resources Press, 1982.

99) Philip Babcock Gove et al. *Webster's Third New International Dictionary of the English Language Unabridged*. Springfield, Merriam, 1969. p.1811.

문직'의 개념과 상통하는 개념이다. 즉 학자가 아닌 한 학자사서가 될 수 없으며, 또한 전문직이라고도 할 수 없다. 이러한 측면에서 학자사서는 사서직의 전문직성을 도출할 수 있는 의미로 설명되며 이러한 사실들을 뒷받침할 수 있는 사적인 근거는 고대 도서관에서 볼 수 있다.

서양에서 학자사서의 사적인 근거가 되는 경우는 〈Bibliotheca Alexandrina〉 '사서'들 집단에서 찾을 수 있다. 〈무세이온〉의 학술연구에서 특히 문법학적 연구 활동의 번성기는 소요학파인 데메트리우스가 이집트에 입성한 기원전 297년부터 프톨레마이오스 Ⅷ세의 학자 추방사건까지 약 150년간 이루어졌다. 당시 알렉산드리아 역대 도서관장들은 각각의 시대를 대표하는 학자로서 도서관장을 중심으로 여러 석학이 모여 각 시대에 상응하는 특징 있는 학풍을 만들었다. 이러한 학풍을 〈알렉산드리아 학파(School of Alexandria)〉라고도 칭한다. 또한 이 학자들은 경우에 따라 '왕실의 교사'라는 높은 지위를 차지하였다. 학파에 대해서는 이 글의 마지막 부분에서 상세하게 언급된다.

〈Bibliotheca Alexandrina〉의 초대 관장은 문법학자인 제노도투스였다. 그는 서고의 정리를 실시하였다. 이는 오늘날의 관점에서 도서관 경영에서의 인벤토리(inventory), 즉 장서점검에 해당된다. 그리고 호머(Homer)의 작품을 비롯한 희랍 문학의 편찬에 착수하였다. 그의 후계자 가운데 에라토스테네스는 예술과 과학에 많은 공헌을 한 사람으로 특히 '연대지(年代誌)'와 '지리학'의 창시자로 알려지고 있다.

다음 관장인 아리스토파네스는 '사전편찬'이라는 큰 업적을 남겼다. 이들 학자사서 중에서도 키레네의 칼리마크스는 특별한 위치를 차지하고 있었다. 그의 임무는 도서관에 수집된 모든 원본들을 정리하기 위한 체계를 개발하는 것이었다. 그리하여 칼리마크스는 「피나크스(Pinakes)」라고 알려진 도서목록을 편찬하게 되었다. 이 「피나크스」는 〈Bibliotheca Alexandrina〉 장서의 분류와 목록을 위해 일련의 규칙을 확립한 도서목록인 것이다. 또한 "각 문헌들의 개요 및 나아가서는 비판적 평가와 함께 그것들의 검색방법을 완성시킨 목록"[100]으로서 평가받고 있다. 결국 학자사서는 언어학적 재능이 있는 학자들로 서고를 정리하고 수집된 원본을 정리하는 역할을 하였다고 할 수 있다.

이러한 학자사서들의 〈Bibliotheca Alexandrina〉 관장에 대해서 연구해보면 그 임기 순서와 사서 명부가 조금은 다르게 나타나고 있다. 해리스(Michael H. Harris)는 "도서관과 관련된 학자들이 실제로 사서였다는 점은 불확실하지만 그들이 도서관에서 활동한 시기와 연관하여 생각해 볼 가치가 있다."[101]고 설명하고 있다.

학자사서에 대한 임기 순서는 조금씩의 차이가 있지만 칼리마크스의 관장직 여부에 따라 크게 두 가지로 평가할 수 있다. 먼저 에드워드(Edward Edward(1859),[102] 벨로크(K. J. Beloch(1927),[103] 존슨(Elmer D. Johnson(1965),[104] 파슨스(E. A. Parsons(1967),[105] 미네르 등(Afton M. Miner와 A. Garr Cranney & Cranney (1990),[106] 해리스(Michael H. Harris(1991)[107]

---

100) 로트팔라 솔리만. Alexandria 도서관, 세계로 열린 창. 서울, 유네스코 한국위원회, 제12권 2호(1989. 2). p.10.

101) Michael H. Harris. *A History of Libraries in the Western World*. New York, The Scarecrow Press, 1965. p.53.

102) Edward Edwards. *Memoris of Libraries : including A Handbook of Library Economy*. vol.1. New York, Burt Franklin, 1859. p.22.

103) Karl Julius Beloch. *Griechische Geschichte*. vol. II, pt. 2. Leipzig, 1927. pp. 592-599.

104) Elmer D. Johnson. *A History of Libraries in the Western World*. London, The Scarecrow Press, Inc., 1965. p.53.

105) E. A. Parsons. *The Alexandrian Library: Glory of The Hellenic World*. New York, American Elsevier Publishing Co., Inc., 1967. p.160.

106) Afton M. Miner & A. Garr Cranney. The Alexandrian Library of Antiquity, *The Annual Meeting of the International Reading Association*. (35th, Atlanta, GA), (1990. 9). p.16.

107) Michael H. Harris. *A History of Libraries in the Western World*. New York, The Scarecrow Press, 1965. p.53.

등은 제노도투스 다음에 칼리마크스를 제2대 관장으로 그 순위를 매기고 있다. 관장직에 대한 이들 학자 집단의 의견을 종합하여 연대표로 나타내면 〈표 3〉과 같다.

〈표 3〉 알렉산드리아 도서관장 연대표

연구자 / 순위	① K. J. Beloch / Michael H. Harris Elmer D. Johnson / Miner & Cranney E. A. Parsons	② Edward Edward
창건자	Demetrius of Phalerum	
1	Zenodotus of Ephesus(기원전 3C 초반)	
2	Callimachus of Cyrene(기원전 3C 초)	Callimachus of Poet
3	Apollonius of Rhodes(기원전 3C 중반)	Eratosthenes of Cyrene
4	Eratosthenes of Cyrene(기원전 3C기 말)	Apollonius of Rhodes
5	Aristophanes of Byzantium(기원전 3C 말)	Aristonymus
6	Appollonius of Eidograph(기원전 3C 중엽)	
7	Aristarchus of Samothrace(기원전 2C 말)	

상기 〈표 3〉에서 보는 바와 같이 관장 임기 년도에 관해 숫자상의 오차가 조금씩 있기 때문에 임기 년도를 기술하지 않았다. 또한 관장의 명부를 천문학자 아리스타쿠스까지만 나열하였다. 그 이후의 사서 명부는 더 불확실하기 때문이며 이 학자들이 대개 아리스타쿠스까지를 명확하게 설명하고 있기 때문이다. 〈표 4〉에 나타난 것처럼 이 집단의 학자들은 칼리마크스가 제2대 관장이라는 견해를 같이 하고 있다. 에드워드(Edward Edward)는 아폴로니우스와 에라토스테네스의 순서를 〈표 4〉의 ①번과 순서가 바뀐 연대표를 작성하였으며 제5대 관장으로 아리스톤니무스(Aristonymus, BC.183-171)라는 학자를 기술하였다.

미네르 등(Afton M. Miner & A. Garr Cranney)은 또한 '학자 사서'들이 가정교사도 겸임했음을 다음과 같이 언급하였다. 즉, "가정교사 겸 사서는 제노도투스, 아폴로니우스, 아리스타쿠스이며 가정교사가 아닌 사서로서 일했던 학자는 에라스토테네스, 아리스토파네스"[108] 등이다. 이와 같이 학자사서들은 관장직을 맡으면서 왕실의 교사도 겸임했음을 알 수 있다.

위에서 언급한 주장과는 반대로 아와노(粟野賴之祐(1942),[109] 톰슨(L. S. Thompson(1979),[110] 홀메스(Anne Holmes(1980),[111] 엘 아바디(Mostafa El-Abbadi(1991)[112]는 칼리마크스를 관장직에서 제외시켰다. 이 학자 집단의 연구를 종합하여 표로 나타내면 다음 〈표 4〉와 같다.

〈표 4〉에서 본 바와 같이 학자들은 칼리마크스가 〈Bibliotheca Alexandrina〉 도서관장을 역임하지 않은 것과 도서관장 순서가 일치하는 연구결과를 보였다. 특히 아와노(粟野賴之祐)는 제7대 사이다스(Cydas), 제8대 오네산드라(Onesander), 제9대 암모니우스(Ammonius)로 나열하며 도서관장직을 기술하였다. 〈표 4〉과 〈표 3〉을 비교한다면 창건자 데메트리우스와 제1대 관장인 제노도투스에 대해서는 의견을 같이 하였다. 그리고 칼리마크스를 빼고는 그 순서가 〈표 5〉의 ①번 학자들의 결과와 동일하다는 것을 알 수 있다. 국내에서도 〈표 5〉의 ①번 벨로크와 그 외 연구자들의 연대표가 보편적으로 인정되고 있

108) Afton M. Miner & A. Garr Cranney. The Alexandrian Library of Antiquity, *The Annual Meeting of the International Reading Association*. (35th, Atlanta, GA), (1990. 9). p.13.

109) 粟野賴之祐. アレクサンドリア圖書館長錄の硏究, 史學雜誌. 第53編 6號(1942). pp.731-732.

110) L. S. Thompson. Roman and Greek libraries, *Encyclopedia of Library and Information Sciences*. vol.26. New York, Marcel Dekker. 1979. p.9.

111) Anne Holmes. The Alexandrian Library, *Libri*. vol 30, no.4(1980). p.289.

112) Mostafa El-Abbadi. 古代アレクサンドリア圖書館. 松本愼二 譯, 中央公論社, 1991. p.84.

다. 이러한 관장 연대는 칼리마크스를 포함한 해리스외 다수 연구자들의 주장이 더 우세한 가운데 그 타당성이 인정된다고 볼 수 있다.

〈표 4〉 Callimachus를 제외한 Alexandria 도서관장 연대표

연구자 / 순위	栗野賴之祐 / L. S. Thompson Anne Holmes / Mostafa El-Abbadi
창건	Demetrius of Phalerum
1	Zenodotus of Ephesus
2	Apollonius of Rhodes
3	Eratosthenes of Cyrene
4	Aristophanes of Byzantium
5	Apollonius of Eidograph
6	Aristarchus of Samothrace

'학자 사서'는 약 기원전 145년 프톨레마이오스 Ⅷ세인 에우에르게테스(Euergetes) II세가 도서관장직을 군 장군 사이다스(Cydas)로 교체하였다. 그러면서 도서관은 점차 군인이나 관료가 관장으로 임명되어 정치적으로 군부에 의해 다루어지게 되었다. 이로 인해 로마 제정기에는 모두 학문연구에서 손을 떼고 관장이 명목만을 유지하는 지위로 전락하게 되어 학문기관으로서 점차 쇠퇴하는 결과를 가져왔다. 그러나 〈Bibliotheca Alexandrina〉의 사서들이 그들이 지닌 능력이 무엇이었든 간에 서양 도서관사에서 〈Bibliotheca Alexandrina〉의 학자사서들만큼 훌륭한 명부를 자랑할 수 있는 도서관은 극히 드물 것이다.

Callimachus의 도서관사상[113)]

Callimachus(Kallimachos, 310/305-240 BC)는 고대 그리스 식민지였던 북아프리카의 Cyrene에서 태어났다. Mair에 의하면 Callimachus의 가정이 왕족 출신으로서 그의 아버지 Battus가 Cyrene의 재흥(再興)을 기대하고 있었다고 하는 문구(文句)와 Callimachus가 자신의 풍자시에서 자신의 조부는 군사관계에서 명성을 떨쳤다고 노래하고 있는 시구(詩句) 등으로 미루어 그가 상당히 고귀한 가계출신이었을 것으로 추정했다.

Callimachus는 헬레니즘 시대의 시인 · 학자 · 비평가이다. 그는 고대 그리스 식민지였던 북아프리카의 Cyrene에서 출생하였는데 젊었을 때 Alexandria로 이주했다. 아테네에서 유학한 소요학파로서 후에 Alexandria에서 '문학'과 '일반 학교'를 열고, 교육자로서 Eratosthenes, Apollonius, Aristophanes와 같은 유명한 학자들을 배출했다.

그는 Ptolemaeos II세에게 인정받아 도서관과 인연을 맺게 되었고 이것으로 인해 『Pinakes』 '120권'을 편찬하게 된다. 학자들 간에는 Callimachus가 Alexandria 도서관의 관장이었는지의 여부에 이견이 있지만, M. Harris[114)]를 포함한 다수 학자들이 주장하듯 Callimachus를 Alexandria 도서관의 제2대 관장으로 보는 견해가 더 설득력을 갖고 있다고 볼 수 있다.

그는 고전 작가에 조예가 깊어 온갖 장르의 시(詩)를 썼다. 현학적 냄새가 강하게 풍기기도 하나, 특히 능한 짧은 시형에서는 정교한 세련미가 엿보이고 있다. 고대에 있어서도 그의 명성은 대단하였으며, 로마 시인들 가운데 모방하는 사람들이 수없이 많았다.

---

113) 이 항목은 남태우. 문헌정보학사. 대구, 태일사, 2011. pp.5~45의 내용을 수정 보완하였다.

114) 전명숙, 정연경 공역. 서양도서관사. 서울, 지문사, 1991. p.55.

주요 작품으로는 『아이티아(Aitia)』, 소(小)서사시 『헤칼레(Hekalé)』, 『찬가(Hymns)』, 『이암보이(Iambi)』 등의 시와 고전 작가의 작품에다 설명을 붙인 Alexandria 도서관목록 120권의 『Pinakes』 산문 등이 있다. 그는 또한 도서관 뿐만 아니라 문헌정보학에도 심대한 영향을 미친 최초의 학자 또는 '학자사서' 였다.

학자사서 전통을 세운 Callimachus

Alexandria 도서관이 문명에 기여한 바는 학자이면서 사서로 근무한 연구자 집단에서도 찾아볼 수 있다. Museion의 학술연구에서 특히 문법학적 연구활동의 번성기는 소요학파인 Demetrius가 Egypt에 입성한 기원전 297년경부터 Ptolemaeos Ⅷ세의 학자추방사건(BC. 145년)까지 약 150년간 이루어진다. 당시 Alexandria 역대 도서관장들은 각각의 시대를 대표하는 학자로서 도서관장을 중심으로 여러 석학이 모여 각 시대에 상응하는 특징있는 학풍을 만들었다. 또한 이 학자들은 경우에 따라 '왕실의 교사'라는 높은 지위를 차지하고 있었다.

Alexandria 도서관의 창설자는 Demetrius이며, 1대 관장은 문법학자인 Zenodotus(BC. 260)였다. 그는 서고정리를 실시하였고, Homer의 작품을 비롯한 희랍 문학의 편찬에 착수하였다. 그의 후계자 가운데 Eratosthenes(BC. 275?-194?)는 예술과 과학에 많은 공헌을 한 사람으로 특히 연대지(年代誌)와 지리학의 창시자로 알려지고 있다. 다음 관장인 Byzantium의 Aristophanes(BC. 257-180?)는 '사전편찬'이라는 큰 업적을 남겼다.

이들 학자사서 중에서도 Cyrene의 Callimachus는 특별한 위치를 차지하고 있다. 그의 임무는 도서관에 수집된 모든 원본들을 정리하기 위한 체계를 개발하는 것이었다. 그리하여 Callimachus는 『Pinakes』

라고 알려진 도서분류목록을 편찬하게 된다.

이『Pinakes』는 Alexandria 도서관장서의 분류와 목록을 위해 일련의 규칙을 확립한 도서목록이다. 또한 "각 문헌들의 개요 및 나아가서는 비판적 평가와 함께 그것들의 검색방법을 완성시킨 목록"[115]으로서 평가받고 있다. 결국 학자사서는 언어학적 재능이 있는 학자들로 서고를 정리하고 수집된 원본을 정리하는 역할을 하였다고 할 수 있다.

고전 학자들이 Callimachus에 대해 관심을 갖는 데에는 나름대로의 이유가 있다. 그 중 하나는 Callimachus의 문학적 업적이 전해내려 오면서 그가 Alexandria 도서관 역사에서 중추적인 위치에 있었다는 사실과『Pinakes』편찬으로 인해 사서에 관한 관심을 불러 일으켰다는 것이다. Callimachus는 문학사와 도서관사의 두 가지 영역에서 매우 중요한 자취를 남겼다. 특히 도서관사 측면에서 Alexandria 도서관의 관장 및 학자사서로서 5, 6명의 이름이 거론되는데 그 역할과 영향 등에서 논의의 중심이 된 인물이 Callimachus이다.

Callimachus에 대한 정확한 자료는 많지 않으며 그의 일생에 대해서도 자세히 알려진 것이 없다. 본 연구에서는 A. W. Mair[116]가 그리스 사전인『Suidas』[117]를 연구한 자료와 Raymond Irwin[118]의 연구를

115) 로트팔라 솔리만. Alexandria 도서관, 세계로 열린창. 서울, 유네스코 한국위원회, 제12권 2호 (1989. 2). p.10.

116) A. W. Mair. *Callimachus : Hymns and Epigrams, Lycophron, Aratis*. London, Harvard, University Press, 1955. pp.1-16.

117) 10세기 후반 비잔틴 문헌학자. Lexicon Suidas라는 자모순으로 배열된 그리스 사전으로 알려졌다. 그리스 고문헌으로부터 발췌, 인용하여 字書(Lexicon)를 편찬하고 오래된 묻혀있던 사료에 주석을 만들었다. 이 주석은 완전하지는 않지만 Suidas가 없었다면 영원히 잃어버렸음에 틀림없는 그리스학문과 학파에 관한 지식을 보존했다는 의미에서 중요하다는 평가를 받고 있다. 지금은 Suda라고 한다.

118) Raymond Irwin. *Callimachus* : Studies in the History of Libraries-IX. *The Library Association Record*(May 1956). pp.168-173.

토대로 분석하였다.

그는 젊었을 때 아테네에 유학하고 소요학파(Peripatetic, 즉 Aristotle 학파)의 Praxiphanes에 들어가 여기에서 약 7년간(BC. 287~281)을 보냈다. 그 후 그는 Alexandria의 Eleusis에서 문학과 일반학예 학교를 개설하였다. 그는 Ptolemaeos II세에게 인정받아 도서관과 관계하게 되었고 이것으로 인해 『Pinakes』 120권을 편찬하게 된다. 이 부분에 대해 Irwin은 Callimachus가 Alexandria 도서관에 조수로서 황실에 진입하였음을 기술하고 있다. 그러나 Alexandria 도서관의 임용날짜는 정확치 않으며 정평있는 자료인 Byzantine 문헌학자의 사전인 『Suidas』, 12세기 학자인 John Tzetzes, 그리고 'Poxy. 1241'의 파피루스 조각에서도 일치하지 않고 있음을 지적하고 있다.

그리고 Callimachus가 Alexandria 도서관관장이었는가에 대한 논쟁은 학자들 사이에서 아직까지도 논쟁거리로 남아있다. Callimachus의 관장직 논란에 대한 의견들을 살펴보면 그가 관장이 아니라고 한 연구자는 구리노(栗野頼之祐)[119]이다. 그러나 구리노는 조심스럽게 Callimachus를 관장직에서 제외하면서 앞으로 더 연구되어야 할 부분이라고 지적하고 있다. 그밖에 Raymond Irwin, Anne Holmes, James W. Thompson, Polly Archuletta 등의 학자들도 구리노와 의견을 같이 하고 있으나 정확한 근거는 제시하지 못하였다.

또 다른 의견으로 아우사와 오사마(鮎澤修), 아시야(芦屋清)[120] 등은 Callimachus가 초대 관장이라고 주장하는 한편, Alfred Hessel[121]은 그가 일종의 하급관리직에 있었던 것으로 설명하는 등 학자들마다 다

119) 栗野頼之祐. アレクサンドリア圖書館長錄の研究, 史學雜誌, 第53編 6號(1942). pp.677-733.

120) 鮎澤修, 芦屋清. 資料分類法. 東京, 東京書籍, 1984. p.34.

121) Alfred Hessel. *A History of Libraries.* Translated, with Supplementary Motorial, by Reuben Peiss. Washington, D. C., Scarecrow Press, 1950. p.4.

양한 주장을 하고 있다.

Callimachus의 관장직 논란에 대하여 Mair는 다음과 같이 설명하고 있다. Callimachus가 도서관장이었다고 하는 해석은 그리스 문학의 많은 저작에 나오지만, 문헌적인 하나의 자료로 1819년 F. Osann이 로마에서 발견한 15세기경의 양피지 사본[122)]에서 Aristophanes의「Plutus」에 대한 주석 속에 Callimachus를 '사서'로서 표기한 내용이 나타나 있다고 기술하고 있다. 하지만 그 자료에는 'chief'라 하는 의미는 없기 때문에 결국 관장으로 단정하는 자료는 없다고 주장하고 있다.

이것은 Callimachus가 관장은 아니었으나 사서임에는 분명하다는 것을 의미한다. 그러나 이러한 부분에 대해서는 하나의 사료를 가지고 학자들이 번역하는 과정에서 오역이나 의역을 하는 오류를 범할 수도 있기 때문에 구리노와 같은 연구자들은 조심스럽게 관장에 대한 의견을 제시하고 있는 것이다.

또 다른 의견으로 위에서 언급한 동일한 양피지 사본이 "1839년 A. Meineke에 의해 발표되고 이것이 나중에 Alexandria 도서관 연구의 논문을 쓴 F. Ritechi[123)]에 의해 문제 제기가 되어 Callimachus는 도서관장이었다."[124)]라고 하는 학설을 낳았고, A. Couat 등 유력한 학자들의 지지를 얻었다. 이러한 연구결과를 따라 Michael H. Harris, Elmer D. Johnson, K. J. Beloch, Edward Edwards, Steven Blake Shubert, Jean Bingen, E. A. Parsons 등 다수의 연구자들이 Callimachus가 관장이었다는 의견을 제시하였다.

---

122) 현재 로마의 Collegio Romano 도서관소장.

123) F. Ritschl. *Die Alexandrinischen Bibliotheken unter den ersten Ptolmaeern.* 1838.

124) 粟野頼之祐. アレクサンドリア圖書館長錄の研究. 史學雜誌, 第53編 6號(1942). p.689.

이와 같이 연구자들은 Callimachus가 관장이었는지 혹은 사서였는지 아니면 전혀 도서관과 관계없는 인물이었는지에 대해 다양한 주장을 하고 있다. 이러한 연구를 종합해 보면 결국 Callimachus의 도서관장직 수행여부에 대한 사료적 근거는 불분명하다. Callimachus의 관장직에 대한 문제가 논의되는 것에 대해서는 두 가지 관점에서 접근해 볼 수 있다.

첫째, Callimachus가 『Pinakes』를 편찬했다는 업적은 사서라는 중요한 지위를 갖지 않고도 얻을 수 있다는 점이다. 따라서 연구자들은 Callimachus가 관장이 아니며, 또한 사서가 아니라는 주장을 한 것으로 볼 수 있다.

둘째, Callimachus는 당시 Alexandria 문단의 유명한 시인, 학자였으며 이러한 중심 인물이 관장의 지위에 있으면서 학문을 발전시킨 것으로 볼 수 있다. 이러한 역사적인 사실 때문에 "K. J. Beloch와 같은 역사가들이 Callimachus는 기원전 260~235/240년까지 도서관장이었다."[125)]라고 간주하는 근거로 삼고 있다.

이러한 관장직과 사서에 대한 논란이 있음에도 불구하고 Callimachus의 학문적 명성은 무엇보다도 그가 이루어 놓은 『Pinakes』에 있다. 여기에서는 후자의 논리로 Callimachus가 방대한 '도서목록', 그 밖의 서지학상 중요한 여러 글을 저술하여 많은 공헌을 남겼다는 의미에서 그를 도서관장으로 전제하고 기술하였다.

Callimachus가 훌륭한 시인이라는 사실은 문학사에서 이미 인정받은 사실이다. 그의 문학적 재능에 대해 J. U. Powell은 『The Bath of Pallas』에서 "Callimachus는 뛰어난 수준의 시적인 능력을 타고나지는 않았다. 그리고 위트, 발명, 뛰어난 기민함을 다루기에는 부족했지

125) ibid. p.693.

만, 그의 강력한 힘은 예술적 편안함과 매력으로 이야기를 전개하는 능력을 지녔다. 이것은 그의 애수적인 시에서 가장 크게 나타난다."[126]고 설명하고 있다. 이러한 문학적 기질은 Callimachus가 『Pinakes』를 기술하는 성향과 연관지어 생각해 볼 수 있다.

또한 Callimachus는 "문학사에서 문법학자, 도서관사에서는 문헌학자"[127]로서 업적을 평가받고 있지만, 그는 단순히 언어학자가 아닌 고전학자로서도 이해해야 할 것으로 주장하는 학자도 있다. Callimachus는 Alexandria 도서관의 다른 학자와 마찬가지로 문헌을 수집하고 주석 · 교정 · 정리하여 목록작성 및 문학사 연구에도 힘썼다.

Callimachus의 사료 단편 중 하나에서 "나는 입증되지 않은 것은 얘기하지 않는다. 여기서 입증되지 않은 것이란 확인되고 인정되지 않은 것"[128]이라고 했다. 그가 이야기를 전개해 나가는 능력과 입증되지 않은 것을 기록하지 않은 그의 성향을 『Pinakes』 작성 과정에서 볼 수 있다. 그리고 이러한 측면은 Callimachus가 훌륭한 서지학자로서 자격요건을 갖추고 있었다는 것을 알 수 있다.

Callimachus의 서지업무는 최소한 두 명의 계승자에 의해 지속되었다. 한명은 그의 제자이자 도서관장 중에 한사람이었던 Byzantium의 Aristophanes이다. Aristophanes는 문헌적이고 비평적인 작업에서 Callimachus가 시작했던 서지적 작업을 개정하고 전개시켰다. 또 다른 한명은 Aristophanes의 제자로 Samothrace의 Aristarchus이다.

『Suidas』에 의하면 Callimachus의 작품 수가 800건에 이른 것으로 추정하였다. 그러나 오늘날에 전해지는 것은 약 64작품의 풍자시와 6

---

126) Raymond Irwin. Callimachus : Studies in the History of Libraries-IX. *The Library Association Record*(May 1956). p.168.

127) W. A. Smith. *A dictionary of Greek and Roman biography and mythology.* New York, AMS Press, 1971. p.128.

128) Raymond Irwin. op. cit. p.171.

작품의 찬가에 지나지 않는다. 그 가운데에서도 유명한 작품으로 "시로는 각지의 제례습관의 연기(緣起)를 노래한 『Aitia』 4권, 그리스 신화 Theseus 이야기의 주인공 Theseus의 에피소드를 노래한 소서사시 『Hekale』, Ptolemaeos Ⅲ세의 왕후 Berenike에게 헌상한 『The Lock of Berenike』"[129] 등이 있다.

앞에서 언급한 Callimachus의 업적은 문학분야에서 뿐만 아니라 서지분야까지 그 명성을 이루었다. 『Pinakes』는 단순한 발명품이 아니라 최초로 실제 도서관목록을 작성하였으며, 단순한 기록이 아닌 도서관 장서에 실제적으로 접근할 수 있도록 작성한 것이다. 이러한 『Pinakes』는 도서관 이용자를 위한 도구 그 이상이었다. Callimachus는 『Pinakes』에 저자와 관련된 서지데이터를 포함시켰으며, 도서관에서 이용 가능하도록 사본의 원래 형태를 재구축 하려고 시도했다.

이러한 Callimachus를 Wilamowitz는 "학문의 조직자"[130]라 칭하였으며, Howald는 "Callimachus는 정보를 안내하는 방법을 알고 있었으며, 그러한 그의 지식은 많은 학문적 도움을 주는데 충분했다."[131]라고 평가하였다. 도서관 목록을 위한 Callimachus의 사고와 그리스 저자의 서지를 작성하기 위한 통찰, 그리고 이러한 목적을 성취하기 위한 아이디어의 적용은 Callimachus 자신에 의한 것이다.

다시 말하면, Callimachus는 전체 학문세계에 대해서 Alexandria 도서관에 소장한 정보를 제공하고 배포하기 위해 노력하였던 것이다. 이러한 정보를 전달하려는 노력의 소산물이 『Pinakes』라고 할 수 있

129) 副島秀夫. KallimachosのPinakesとその現代的 意義. 圖書館學, no.18(1971). p.5.
130) Wilamowitz. vol.1, 1955.(Rudolf Blum. Kallimachos : *The Alexandrian Library and the Origins of Bibliography*. Translated from the German by Hans H. Wellisch. London, The University of Wisconsion Press, 1991. p.245에서 재인용)
131) Rudolf Blum. loc. cit.

다. 그러므로 학자사서로서의 Callimachus는 학문에 대한 정보의 전달자와 배포자로서 볼 수 있다. 즉, 학문은 연구자들의 저작에 의존하지만 학문을 위한 도구를 생성하기 위해서는 목록, 서지, 사전 편찬자 등과 같은 여러 학자들의 지원과 노력이 필요하다는 것을 그는 이미 인지한 것이다.

Callimachus는 Alexandria 도서관장으로서 『Pinakes』란 도구를 창안한 편찬자이자 발명가이기 때문에 도서관 역사에서 가장 먼저 알려진 인물이며, "서지학의 아버지"[132)133)]로서 평가받고 있다. 또한 서양 목록저록의 전통에 '저자주기입'이라고 하는 서구적인 목록원칙을 세운 학자이며, 학자사서의 전통을 세운 인물이기도 한다. Callimachus는 생애 전반을 Ptolemaeos 왕가의 비호하에 궁정에서 생활했으며 기원전 240/248년경 사망했다.

Callimachus와 Pinakes

Alexandria 도서관관장 및 학자사서였던 Callimachus는 그의 문학적 업적 외에도 Alexandria 도서관 역사에서 중추적인 위치에 있었다는 사실과 『Pinakes』 편찬자로서 주목을 받는다. 그의 임무는 도서관에 수집된 모든 원본들을 정리하기 위한 체계를 개발하는 것이었다. 그리하여 Callimachus는 기원전 3세기경에 『Pinakes』라고 알려진 분류목록을 편찬하게 된다.

---

132) Afton M. Miner & A. Garr Cranney. The Alexandrian Library of Antiquity. *The Annual Meeting of the International Reading Association.* (35th, Atlanta, GA), (1990. 9). p.15.

133) E. A. Parsons. *The Alexandrian Library : Glory of The Hellenic World.* New York, American Elsevier Publishing Co., Inc., 1967. p.217.

이 『Pinakes』는 Alexandria 도서관 장서의 분류와 목록을 위한 일련의 규칙을 확립한 도서분류목록이다. 또한 "각 문헌들의 개요 및 비판적 평가와 함께 그것들의 검색방법을 완성시킨 목록"[134)]으로 평가받고 있다. Callimachus의 학문적 명성은 무엇보다도 그가 이루어 놓은 이 『Pinakes』에 있다고 볼 수 있다.

『Pinakes』란 그리스어로 'pinax'의 복수형이고, 'pinax'는 한 장의 'clay tablet', 요컨대, '점토판'을 의미한다. 따라서 『Pinakes』는 그 복수형이기 때문에, 그 의미는 '몇 장의 점토판', 또는 '점토판의 집합'이 된다. 더구나 그것은 점토판의 단순한 집합이 아니고, 점토판 책을 보관하는 서고의 벽면에 비치된 책장에 그것들이 집적된 양태를 나타내고 있다.

Alexandria 도서관에서 말하는 『Pinakes』의 의미는 점토판이 아닌 파피루스에 의한 것이기 때문에 '서가 상부에 붙은 게시판으로 서가 위에 놓인 자료에 대한 안내판의 의미를 가진 것'이라고 해석하기도 한다. 이는 후에 '목록(catalog)' 또는 '리스트(list)'의 의미로 사용되었다. 목록법의 시대구분에서 살펴보면 『Pinakes』도 그 이전의 목록들과 같이 재산목록의 시대에 포함되나, 목록법의 내용면에서 볼 때는 목록사에서 일정한 목록법으로 정비되어 있다는 점을 알 수 있다.

이러한 『Pinakes』는 도서관 이용자를 위한 도구 그 이상이었다. Callimachus는 『Pinakes』에 저자와 관련된 서지데이터를 포함시켰으며, 도서관에서 이용 가능하도록 사본의 원래 형태를 재구축하려고 시도했다. "Callimachus는 정보를 안내하는 방법을 알고 있었으며, 그러한 그의 지식은 많은 학문적 도움을 주는 데 충분했다."[135)]라고 평가받고 있다.

---

134) 로트팔라 솔리만. Alexandria 도서관, 서계로 열린창. 서울, 유네스코 한국위원회, 제12권 제2호(1989. 2). p.10.

135) Rudolf Blum. loc. cit.

Pinakes 이전의 목록

앞에서 언급했듯이『Pinakes』어원은 '어떤 정리된 상태로 보관되어 있던 점토판의 집적(集積)'을 의미한다. 이 의미는『Pinakes』이전에도 자료조직의 어떤 방법이 있었다는 추정을 낳게 한다. 그러나 목록이 단지 서적을 물리적으로 정리할 목적으로 장서통정(stock control)[136]의 단계 기법으로만 사용된 것인지, 아니면 문헌에 관해 기록하고 정리하는 서지통정의 기법에까지 추진되어 있었는지는 명확하지가 않다. 그러나 역사적인 몇 가지의 사실은『Pinakes』보다 이전에 목록의 존재성을 가능하게 하고 있다.

먼저, Italy의 고고학자 Paolo Matthiae에 의해 발굴된 Ebla 왕궁도서관(BC. 2300년경 기록상 최초의 왕궁도서관)의 점토판을 들 수 있다. "Ebla는 기원전 2600~2240년경에 Syria 지역의 제국 중 영향력을 크게 행사하였던 국가"[137]로 상업과 예술, 문자에 관심을 보였다.

1975년 왕궁의 입구 한 방에서 1,000매의 점토판과 다른 방에서 14,000매의 파손되지 않은 점토판이 발굴되었다. 이 점토판 가운데는 약 3,000항목의 Ebliaite와 Sumerian 관계를 나타낸 100여개로 된 점토판 사전과 정부의 공문서, 화물 인환증, 서기학교의 교과나 시험문제, 성서의 인명과 지명을 연상시키는 이름, 즉 다윗(David), 에서(Esau), 사울(Saul), 아브라함(Abraham), 이스라엘(Israel), 시나이(Sinai), 가자(Gaga), 심지어는 예루살렘과 유사한 이름이 나오고 있어서 이보다 천년 후에 쓰여진 구약성경의 내용과 비슷한 기록이 있었다."[138] 이

---

136) 문헌정보학 용어사전에 의하면 장서제어 또는 수서제어로서 장서구성을 고려, 수서계획에서부터 장서의 보존관리까지를 포함한다.

137) *The New Encyclopaedia Britannica,* vol.4. 15th ed., Chicago, Encyclopedia Britannica Inc., 1988. p.344.

138) 朴俊植. 古代圖書館史의 再照明 : 메소포타미아 地域을 중심으로. 도서관, 제41권 5호(1986. 9 & 10). pp.17-18.

도서관에 목록이 있었는지는 불분명하지만 점토판이 방에 따라 주제별로 모여져 있었다는 점에서 목록의 존재 가능성을 배제할 수 없다.

두 번째로 Sumer의 Nippur에서 발굴된 기원전 2000년 경의 점토판에 새겨진 문헌 리스트를 목록의 예로 들고 있는데, S. N. Kramer[139]는 이 점토판에 관해서 조사 보고하고 있다. 이 점토판은 높이 6.3cm 넓이 3.8cm정도의 작은 조각으로 현재 펜실바니아 대학 도서관에 소장되어 있다. 이 점토판은 한 면을 두 개의 난으로 나누고, 양면을 네 개의 난으로 나누어 작은 설형문자로 62점의 문헌이 기록되어 있다.

이들 문헌에서 최초의 40점은 점토판에 횡괘선을 새기는 것에 의해 10구분으로 유별되고, 나머지 22점은 다시 둘로 나누어져 있으나 어떠한 분류법에 의한 것인지는 알려져 있지 않다. 이 점토판 목록은 현재 루브르 박물관에 소장되어 있는 같은 종류의 점토판 목록과 어떠한 관계가 있을 것이라고 추정되고 있다.

세 번째로는 기원전 7세기경 Assyria의 Nineveh에 있던 "Ashurbanipal 도서관에 목록이 존재하고 있었다는 것이 Assyria에 대한 연구자들 사이에는 정설로 되어있다."[140] "연구자들은 Alexandria 도서관의 『Pinakes』와 같은 것이 Ashurbanipal 도서관에도 존재하였을 것으로 보고 Callimachus는 이 목록을 전개하여 『Pinakes』 편찬 방법을 고안하였을 것이라 추정했다."[141] 그러나 이것은 추정일 뿐 여기에 관한 연구가 자세하게 이루어진 것은 없다.

---

139) S. N. Kramer. *History begins at Sumer : thirty-nine-first in man's recorded history.* Philadelphia, University of Pennsylvania Press, 1981. pp.250-254.

140) J. W. Clark. *The care of books : an essay on the development of libraries and their fittings from the earliest times to the end of the eighteenth century.* Cambridge, University Press, 1909. p.4.

141) 澁川雅俊. 目錄の歷史. 東京, 勁草書房, 1985. p.42.

Ashurbanipal 도서관에서는 점토판 장서가 〈역사 · 법률 · 과학 · 주술 · 교리〉 등으로 분류되어 보관되어 있었다. 이 점토판에는 "저작의 제목, 각 저작에 사용된 점토판의 수, 행수, 중요한 세목, 소재표시, 분류번호"[142] 등을 알려주는 사항 등이 기재되어 있었다.

이상과 같이 발굴 유적들의 분석으로 "당시 어떤 형태의 목록체계가 존재하고 있었을 것"[143]이라는 것을 추정하게 하는 근거들이다. 오늘날 도서관에서 사용하고 있는 분류, 목록, 서지 등의 원형이 될만한 개념들을 이미 도입하고 있었다는 점에서 그 우수성을 짐작할 수 있다. 따라서 『Pinakes』 이전 목록들이 점토판의 형태로서 어떤 목록체계가 있었다는 추정이 가능하다.

그러나 『Pinakes』 이전의 목록들은 왕실의 소장품이었고, Alexandria 도서관처럼 교육과 학문분야의 역할이 아닌 장서를 재산적 가치로 보고 기록하기 위한 목록이라고 할 수 있다. 즉, 이용을 주된 목적으로 하는 도서관의 성격보다는 고대 왕실의 문서를 보존하는 문서관적 그리고 재산 보존의 역할을 수행한 것으로 추측된다.

Pinakes 구성 및 체계

Pinakes 편찬자의 논란

Alexandria 도서관의 대규모 소장 장서를 정리한 『Pinakes』의 작업은 매우 방대한 일이었을 것이다. 이로 인해 『Pinakes』의 편찬자에 대한 이견이 있다. 이견은 『Pinakes』가 Callimachus의 작품인지에 대

142) Michael H. Harris. 西洋圖書館史(History of Libraries in the Western World). 全明淑, 鄭然卿 譯. 서울, 지문사, 1991. p.29.

143) Elmer D. Johnson. *A History of Libraries in the Western World.* London, The Scarecrow Press, Inc., 1965. pp.24-28.

한 의심스런 의견을 제시한 것으로서 "『Pinakes』가 Callimachus의 저작인지에 대한 확증이 없다는 것"[144]이다. 또한 D. M. Norris는 "Callimachus 이전에 도서관을 설립한 Ptolemaeos Soter의 아들인 Ptolemaeos Philadelphus가 '두 개의 목록을 편찬하였다는 설'이 있으나 실증할 만한 근거는 없다. 또한 Callimachus가 이 목록을 편찬하지 않고 그의 조수 Hermippus에 의해 기원전 220년에 작성되었다는 이론도 있다."[145]고 소개하면서 이것 또한 신빙성이 없다고 설명하고 있다.

이러한 『Pinakes』 편찬에 대한 이견에 대해 Tzetzes는 "Callimachus가 자료를 수집하고 교정한 후 목록을 작성했다."[146]라고 기술하고 있다. 그리고 "2세기부터 3세기에 걸쳐 Dionysios와 Diogenes 등에도 『Pinakes』는 Callimachus의 저작으로써 인용되었기 때문에 다른 사람의 노력이 있었다고 해도 그의 저작이라는 것은 사실이다."[147]라는 주장이 『Pinakes』가 Callimachus의 저작이라는 뒷받침을 더해주고 있다.

그러므로 Callimachus의 『Pinakes』 편찬 발상은 "Callimachus의 고전학자로서의 소양과 Brucheium 업무에서 생겨난 것으로 그가 Alexandria 도서관장 재임중인 기원전 260년부터 235/240년에 이루어진 것"[148]으로 결론지을 수 있다. 이러한 이유로 "Callimachus는 도서관에서 필수적인 분야의 선구자가 된 최초의 목록자"[149]로 평가되고 있다.

---

144) 副島秀夫. KallimachosのPinakesとその現代的 意義. 圖書館學, no.18(1971). p.5.

145) Dorothy May Norris. *A History of Cataloguing and Cataloguing Methods 1100-1850 : With an Introductory Survey of Ancient Times.* London, Grafton & Co., 1939. p.5.

146) Rudolf Blum. *Kallimachos : The Alexandrian Library and the Origins of Bibliography.* Translated from the German by Hans H. Wellisch. London, The University of Wisconsion Press. p.113.

147) 副島秀夫. op. cit. p.10.

148) 澁川雅俊. 目錄の歷史. 東京, 勁草書房, 1985. p.38.

149) E. A. Parsons. *The Alexandrian Library : Glory of The Hellenic World.* New

Pinakes의 표제 문제

『Pinakes』에 관한 내용은 학자에 따라 여러 가지로 설명되고 있다. 먼저 『Pinakes』 표제에 대하여 학자들이 평가해 놓은 것을 살펴보면 두 가지로 분석된다. 첫째, 〈Tables of All Those Who Were Eminent in Any Kind of Literature and of Their Writings in 120 Books〉[150)]로서 『학문의 각 분야에서 저명한 사람과 그들의 저작물의 일람표 120 책』이다.

둘째, 〈Tables of Those Who Were Outstanding in Every Phase of Culture, and Their Writings-in 120 Books〉[151)]로도 기술하고 있는데, 이는 『모든 문화면에 뛰어난 사람과 그들의 저작 일람 120 책』이다. 이 두 가지 표제의 표현상의 차이로는 'Eminent'와 'Outstanding', 'Literature'와 'Culture'의 단어상의 차이가 있지만, 큰 의미의 차이가 없는 유사한 것으로 볼 수 있다.

전자의 표제에서 'Tables of All Those Who'라는 표현에서는 도서관의 목록은 도서관 소장 장서의 전체를 대상으로 작성한다는 측면에서 보면 그 당시의 도서관 목록을 의미한 것으로 추정이 가능하며, 후자의 경우, 즉 'Tables of Those Who'에서는 뛰어난 작품으로 선정한 도서만을 대상으로 작성한 선정목록으로 해석이 가능하다.

표제에 사용된 단어의 차이는 그리스 원 자료를 해석하는 연구자들의 주관적 해석에서 오는 단어 사용의 차이일 수도 있다. 다만, 고대·중세의 문헌에는 현대적인 의미에서의 서명이 생성되어 있지 않

York, American Elsevier Publishing Co., Inc., 1967. p.206.

150) A. W. Mair. *Callimachus : Hymns and Epigrams, Lycophron, Aratis.* London, Harvard University Press, 1955. p.12.

151) Francis J. Witty. The Pinakes of Callimachus. *Library Quarterly*. vol.28(1958). p.133.

고 'Incipit(冒頭, 시작의 말)'[152]라고 불리는 본문 중의 첫 어구(語句)가 그 역할을 수행하였다. 120책으로 된 『Pinakes』의 'Incipit'에는 "Tables and resister of dramatic poets, chronologically arranged from earliest times"[153]가 기술되었으며, 이러한 연속적인 표에는 서사시와 다른 시, 법, 철학, 역사, 수사, 그리고 잡다한 주제들을 다루고 있다. 이것은 『Pinakes』 각 장에 대한 부서명으로 간주할 수 있다.

『Pinakes』 표제에 대하여 다카스(高津春繁)는 "'그리스 문헌사 겸 문학사'라고도 칭하며 모든 분야에 있어서의 우수한 사람들과 그 작품 120권에 이르는 목록(Pinakes)"[154]으로 해석하고 있다. 이 표제는 그리스 철학 연구자인 소에지마(副島)에 따르면 "『Pinakes』는 『Suidas』보다 오래된 3세기 전반의 Diogenes Laertios의 철학사[155]에 인용되고 있다.

그 원문의 뜻은 『모든 학문에 있어서 유명한 저작자의 표 및 작품』이 되지만, 내용상 표라는 단어를 저자와 작품 양쪽에 걸친 저자 및 작품의 표, 즉 목록이라 번역하는 것이 보통이다."[156] 라고 해석하고 있다. 또한 『Pinakes』를 "그리스 고전 전기목록 전 120권",[157] 그리고 "Pinakes 그리스 고전문헌 총람"[158]으로 명명하는 등 다양한 해석을 하고 있다.

이처럼 『Pinakes』에 대해서 다양하게 해석하고 있지만 『Pinakes』의 표제를 보면 이 목록은 문화, 학문의 모든 부문에 걸쳐 있다는 점에 유

---

152) 라틴어로 이곳에서 시작이란 의미. 중세 필사본 또는 고대 인쇄 책자의 시작 단어로 때로는 저작자명과 서명을 기입하기도 한다.

153) Raymond Irwin. Callimachos : Studies in *the History of Libraries-IX, The Libary Association Record*. vol.58, no.5(May 1956). p.170.

154) 副島秀夫. KallimachosのPinakesとその現代的 意義. 圖書館學, no.18(1971). p.5.

155) 현재 전승되고 있는 그리스 철학사의 자료로서 가장 중요하다.

156) 副島民雄. 列伝体哲學史と問題別哲學史, 講座哲學大系(2). 昭和38年. p.388.

157) 澁川雅俊. 目錄の歷史. 東京, 勁草書房, 1985, p.40.

158) loc. cit.

의해야 한다. 그러나 학문 전반에 있어서 모든 작가를 망라하는 것이 아니라 적어도 '저명'한 것에 한하고 있다는 것은 표제가 나타내는 대로이며 오늘날의 도서목록과 다른 점이다. 따라서, 다음과 같은 내용을 기반으로 『Pinakes』의 내용에 대한 특성을 이해 할 수 있을 것이다.

> Callimachus는 Alexandria 도서관 사서가 아니기 때문에 『Pinakes』는 Alexandria 도서관의 장서목록이 아니라 단지 그리스 문학의 저명한 작가와 작품을 나타낸 일람표, 아니면 간단한 문학적 참고서에 지나지 않다. 그렇지만 이 설은 근거가 매우 약하다. Tzetzes는 Callimachus를 '왕궁도서관의 사서'로 기록하고 있고, 도서관 장서수를 보고하고 있는 것에 대해 실제 수치에 가깝게 기록하고 있는 것, 그리고 사료들을 검토해보면 목록에 대해서 정확한 기술적 지식을 가진 것으로 증명할 수 있다. 또한 이러한 목록을 Callimachus가 작성했다라는 사료검증으로 인해 『Pinakes』는 간단한 문학작품 목록이 아니라 Alexandria 도서관의 장서목록으로 인정해야 한다.[159)]

이와 같은 논리라면 『Pinakes』는 Alexandria 도서관의 장서목록이라 할 수 있다. 그렇다면 『Pinakes』가 왜 도서관에 소장되어 있던 모든 책의 목록이 아니라 '저명한 작가'만의 목록이었는지는 고려해 볼 필요가 있다. 이것은 Alexandria 도서관 수서정책에 따라 서적이 파피루스 문서든 양피지 문서든 상관없이 수집되었기 때문에 아마 이 중에서 이름 없는 작가와 유명한 작가의 서적만을 선정하는 사서의 정리 작업은 매우 힘든 작업이었을 것이다.

그리고 일단 정리가 될 때까지는 저명한 학자 및 그들의 작품 목록을 편집하는 것만이라도 쉽지 않은 작업이었다고 할 수 있다. 그렇기

159) 栗野賴之祐. アレクサンドリア圖書館長目錄の硏究(2). 關西學院史學II, (1953). p.12.

때문에 Callimachus는 작품성과 소장가치가 있는 문헌을 우선적으로 『Pinakes』에 포함시켰을 것이다. 또한 Callimachus는 피상적인 기록이 아니라 역사적인 비평, 내용의 평가, 진위여부의 판별 등 문헌의 정리를 체계적으로 기록하는 작업이 필요하다는 것을 인지했을 것이다. 이러한 측면에서 『Pinakes』는 한 주제의 자료만을 선택적으로 수록한 서목으로서 '선택서지'라고도 볼 수 있다.

그러므로 『Pinakes』는 Alexandria 도서관 장서에 기초한 목록으로서 도서관의 모든 문헌을 수록하진 않았지만 저명한 학자를 선별한 서지이면서 장서목록이라고 해야 할 것이다. 또한 이러한 업무과정에서 Callimachus는 『Pinakes』의 목록 양식에 대한 발상을 하였고 이와 같은 Callimachus의 노력이 Alexandria 장서에 접근하도록 하는 참고자료를 제공하기에 이른 것이다.

Pinakes의 형태 · 수록 문헌 수

『Pinakes』의 어원은 '점토판'이지만, 『Pinakes』는 파피루스 조각에 쓰여진 목록이다. 그러나 현재에는 약간의 단편만 남아있기 때문에 『Pinakes』의 전체적인 형태는 알 수 없다. 우선 『Pinakes』 형태에 대해 Norris는 "이 목록은 파피루스의 슬립으로 만들어지고, 각 슬립에는 짧은 타이틀이 기술되어 있어 이 타이틀이 도서의 라벨과 명확히 일치"[160)]하고 있다고 기술하였다. 당시의 서사재료가 파피루스였고 이 파피루스 슬립 1장의 크기가 보통 40 × 15cm 정도의 것이 많았다. 한 권의 길이는 30m에서 40m에 이르는 것도 있었다. 그 형태는 이러

160) Dorothy May Norris. *A History of Cataloguing and Cataloguing Methods 1100-1850 : With an Introductory Survey of Ancient Times.* London, Grafton & Co., 1939. p.4.

한 사실에 의해 추정해 볼 수 있다.

따라서 『Pinakes』는 우선 한 장 한 장의 슬립에 도서에 대한 필요사항을 기입하고 이것을 일정 순서로 나열하고 조합하여 권자본으로 만든 것이라고 추측할 수 있다. 그러나 『Suidas』에서 보면 『Pinakes』가 '120 books'의 목록이라는 것은 추정할 수 있지만 권자본의 형태인지 책자형이었는지는 명확하지 않다. 일반적으로 고대 파피루스 서적의 형태는 권자본이었다. 그래서 대개 학자들은 '120 권'으로 기술하고 있지만 Johnson이 말한 것처럼, "Callimachus가 어떤 형태로 권자본에서 책자형으로 형태의 전환을 이루었다면 『Pinakes』를 '120권의 목록'으로 하기보다, 120 책의 목록"[161]으로 하는 것이 더 적합할 것이다.

책자형 서적의 출현에 관해서는 Alexandria 도서관과 경쟁관계이기도 한 Pergamon 도서관이 양피지 서적을 수집하고 있었고 그 대부분이 Codex[162)163)] 즉, 책자형이었다고 생각하면, 파피루스 서적이라도 Callimachus 시대부터 서서히 책자형 형태로 나타났으리라 짐작할 수 있다. 또한 Lois M. Chan도 "책자형 목록의 근거는 Pinakes까지 거슬러 올라간다."[164]라고 주장하였다. 이러한 책자형 형태에 관한 추측은 Alexandria 도서관업무 중 '두루마리를 적당한 표준적인 형태로 편집' 하는 업무를 참고하고 위에서 언급한 내용과 같이 여러가지 상황을 생각한다면 책자형 출현의 시기를 Callimachus 시대까지 소급할 수

161) 澁川雅俊. 目錄の歷史. 東京, 勁草書房, 1985. p.42.

162) 라틴어 Caudex 혹은 trunk of a tree(나무의 줄기)에서 온 말이다. 고대 로마시대 즉, 초기의 Codex의 형태는 나무나 상아의 얇은 판을 둘로 접은 기록판이다. 이러한 뜻에서 Codex는 寫本을 말하는 것으로 현재의 도서형식으로 된 책자본을 말한다.

163) Elmer D. Johnson. *A History of Libraries in the Western World*. New York, The Scarecrow Press, 1965. p.16.

164) Lois Mai Chan. 分類編目論(Cataloging and Classification : an introduction), 鄭鎭植, 卓惠慶 共譯. 서울, 영미서적, 1992. p.4.

있는 근거가 될 수 있을 것이다.

『Pinakes』에 수록된 문헌의 양에 대해서도 정확히 알려진 바는 없다. 결국 Alexandria 도서관의 장서수는 『Pinakes』가 대상으로 한 당시의 도서관 문헌량의 크기를 추정해 볼 수밖에 없다. 도서관 장서수를 보면 "Brucheium에는 약 40만 권의 믹스롤(symmigeis)과 9만 권의 싱글롤(*amigeis*)이 소장되어 있고, Serapeum에는 4만 3천 권의 싱글롤이 소장"[165]되어 있었다. 믹스롤이란 한 권의 파피루스 권자본에 몇 개의 저작 · 문헌이 어수선하게 필사되어 있었던 것으로 미교정 · 미정리인 것을 말한다. 싱글롤은 한 권의 파피루스 서적에 하나의 저작이 필사된 것으로 전부 정리된 것이다.

Serapeum 설립이 Callimachus의 재직 연대보다 조금 뒤가 되는 점을 생각하면 Callimachus는 Brucheium 재직 중에 『Pinakes』를 편찬하였다는 것을 알 수 있다. 『Pinakes』 수록 문헌수에 관해서 "Callimachus는 Brucheium이 소장하고 있는 9만 권의 싱글롤 중에서 『Pinakes』에 수록할 것을 추출"한 것[166]으로 추정하고 있다.

또한 이에 대하여 "Callimachus는 도서관자료의 1/5(9만권)에 대한 목록과 설명을 완성"[167]하였다고 함으로서 『Pinakes』가 수록하고 있던 문헌이 어떠한 것인지, 어떤 정도였는지 더욱 명확히 알 수 있을 것이다. 즉, 『Pinakes』는 방대한 Alexandria 도서관 장서를 모두 수록하고 있지는 않지만 적어도 Brucheium의 9만 권에 대한 내용일 것이라는 추측은 가능하다. 이러한 대규모의 작업은 Callimachus의 제자들에 의해서 계속 전개되었던 것으로 전해지고 있다.

---

165) E. A. Parsons. *The Alexandrian Library : Glory of The Hellenic World.* New York, American Elsevier Publishing Co., Inc., 1967. p.204.
166) 澁川雅俊. 目錄の歷史. 東京, 勁草書房, 1985. p.43.
167) Raymond Irwin. Callimachos : Studies in the History of Libraries-IX, *The Library Association Record.* vol.58, no.5(May 1956). p.171.

분류법으로서 Pinakes

Alexandria 도서관에 있어서 문헌정보학상 특기할 것은 Calliamachus의 『Pinakes 분류목록』이다. Alexandria 도서관에 소장되어 있던 자료 중 실제로 얼마만큼의 문헌이 『Pinakes』에 수록되었는지는 규명된 바는 없다. 그러나 『Pinakes 분류목록』이 '120권'이라고 하였지만 Callimachus의 최초의 구상은 Alexandria 도서관 장서 전부를 포함시키는 것을 의도하고 있었을 것이다.

분류체계의 측면에서 보면, 『Pinakes』는 유별(類別)로 배열되어 있기 때문에 분류순목록이라고 볼 수 있다. 이에 대해 Norris는 "Strabo에 의하면 도서를 최초로 분류한 사람은 Aristotle였다. 그렇다면 Callimachus는 분류의 발상을 Aristotle로부터 영향을 받은 것이 아닐까?"[168]라고 추측하고 있다.

『Pinakes』의 분류체계가 어떤 것인지 또는 분류항목이 몇 가지 정도였는지는 학자에 따라 다소 차이가 있다. 이는 『Pinakes』 자체가 일실되었기 때문에 확실한 분류체계를 알 수 없고, 후세의 문헌에 단편적으로 나타난 기록을 복원하는 방법에 의존할 수밖에 없기 때문이다. 지금까지 연구된 학자들의 다양한 『Pinakes』 분류체계는 다음과 같이 구분 요약 할 수 있다.

첫째, C. Wachsmuth(1860)의 3구분법으로 이는 연대순으로 된 상연극 목록과 수사학편, 법률과 철학을 포함시킨 총서편이다.[169]

둘째, C. F. Blomfield(1815)의 4구분법으로 분류하고 그 내용은 연대순으로 된 상연극 목록과 역사서편, 수사학편, 법률편이다.[170]

---

168) Dorothy M. Norris. op. cit. p.5.

169) C. Wachsmuth. *Die Pinakographische Thaetigkeit des Kallimachos*. Philologus XVI. 1860. pp.653-666.

170) C. F. Blomfield. London, 1815.(粟野賴之祐. アレクサンドリア圖書館長目錄

셋째, Fr. Neitzsch(1869)의 5구분법으로 그 내용은 각 분류의 자모순으로 수사학편, 시편, 잡총서편, 사학편, 철학편이다.[171] 가토(加藤)도 5구분으로 분류하였지만 시인, 법률가, 철학가, 역사가, 수사가로 구분하고 있다.[172] 이들 구분법에 있어서 주제와 분류명사 표현이 다르다. Neitzsch는 분류명사를 학문으로 표현하면서 잡총서를 포함시킨 반면에 가토는 학자로 표현하고 잡총서가 아닌 법률가를 포함시켰다.

넷째, O. Schneider(1873)는 6구분법으로 그 내용은 상연극 목록을 포함하여 시편, 법률편, 철학편, 수사학편, 잡총서편으로 모두 연대순 배열이다.[173] W. Christ, W. Schmid(1920)는 시인, 법률편, 철학자, 역사가, 변론가, 잡편으로 학문과 학자별로 혼용하여 6구분하고 있다.[174] V. Gardthausen(1922)은 법률가, 철학가, 시인, 역사가, 변론가, 잡총서편으로 구분하였다.[175] E. C. Richardson(1964)은 시인, 법률가, 철학가, 역사가, 수사가, 잡록가로서,[176] Raymond Irwin(1966)은 서사시 및 다른 시, 법률, 철학, 역사, 수사학, 잡서로 구분하였다.[177] 이처럼 6구분법으로 분류를 하지만 분류명사는 동일하지 않음을 알 수 있다.

다섯째, F. Susemihl(1891)는 7구분법으로 그 내용은 시인, 희곡작가, 법률가, 철학자, 역사가, 변론가 및 수사학자, 잡편(총서)로 구분하

の研究(2), 關西學院史學 II (1953). p.13에서 재인용).

171) Fr. Nietzsche. *De Laerti Diogenis fontibus.* RM. 24, 1869. p.189.

172) 副島秀夫. KallimachosのPinakesとその現代的 意義. 圖書館學, no.18(1971). p.6.

173) Otto Schneider. *Callimachea.* vol. II. Leipzig, 1873. pp.97-322.

174) W. Christ & W. Schmid. *Geschichte der griechischen Litteratur.* Munchen, 1920. p.126.

175) Victor Gardthausen. *Die alexandrinische Bibliothek : ihr Vorbild Katalog und Betrieb.* Leipzig, 1922. p.73.

176) Ernest Cushing Richardson. *Classification : Theoretical and Practical.* Hamden. The Shoe String Press, 1964. p.89.

177) Raymond Irwin. *The English Library : Sources and History.* London, George Allen & Unwin Ltd., 1966. p.32.

였다.[178] A. W. Mair(1955)도 7구분법을 사용하였지만 시인, 희곡작가, 법률, 철학, 역사, 수사학, 잡서로 구분하고 있다.[179]

여섯째, E. A. Barber(1928)는 8구분법으로 그 내용은 희곡작가, 시인, 법률가, 철학자, 역사가, 변론가, 수사학자, 잡편으로 구분하였다.[180] 이와 동일하게 D. M. Norris(1939)는 시인, 희곡작가, 법률가, 철학자, 역사학자, 웅변작품, 수사학작품, 잡서로 분류하였다.[181] 그리고 Francis J. Witty(1958)[182]와 Elmer D. Johnson(1965)[183]은 잡서의 순서만 바뀌고 동일하게 수사학, 역사, 법률, 철학, 잡서, 의학, 서정시, 비극 등으로 8구분하였다.

일곱째, Edward A. Parsons(1952)[184]은 10구분법으로 그 내용은 서사시 및 다른시, 희곡, 법률, 철학, 역사, 수사학, 의학, 수학, 과학, 잡서로 구분하고 있다.

여덟째, Fr. Schmidt(1922)[185]는 2류 11강목으로 구분하였는데, 그 내용은 제1류, 서사시(및 비가조시), 단가조시, 가요조시, 비극, 희극과 제2류에는 사학, 수사학, 철학, 의학, 법률, 잡편 총서로 구분하고 있다.

---

178) Franz Susemihl. *Geschichte der griechischen Litteratur in der Alexandrinerzeit.* Leipzig, 1891. p.337.

179) A. W. Mair. *Callimachus : Hymns and Epigrams, Lycophron, Aratis.* London, Harvard, University Press, 1955. p.12.

180) E. A. Baber. *Alexandrian Literature.* vol. Ⅶ, ch.Ⅷ, C.A.H., 1928.

181) Dorothy May Norris. *A History of Cataloguing and Cataloguing Methods 1100-1850 : With an Introductory Survey of Ancient Times.* London, Grafton & Co., 1939. p.4.

182) Francis J. Witty. The Pinakes of Callimachus. *Library Quarterly.* vol.28(1958). pp.133-136.

183) Elmer D. Johnson. *A History of Library in the Western World.* New York, The Scarecrow Press, Inc., 1965. p.54.

184) E. A. Parsons. *The Alexandrian Library : Glory of the Hellenic World.* New York, American Elsevier Publishing Co., Inc., pp.210-211.

185) Friedrich Schmidt. *Die Pinakes des Callimachos.* Berlin, 1922. p.57.

마지막으로 구리노(粟野賴之祐)의 12구분법이다. 먼저 시문서와 산문서로 크게 나누어 제1류 시문서에는 서사편, 비가조편, 단가조편, 가요조편, 비극편, 희극편, 제2류 산문서에는 법률편, 철학편, 수사학편, 사학편, 의학편, 잡편으로서 2류 12강목으로 세분하고 있다.[186] 또한 Milkau, Leyh(1957) 등도 서사시, 애가조, 풍자조, 가요조, 비극, 희극, 역사, 수사학, 철학, 의학, 법률, 잡서로 12구분하고 있다.[187] 이상과 같이 연구자들이 다양한 주장하고 『Pinakes』 분류구분을 종합하면 다음 〈표 5〉와 같다.

〈표 5〉 Pinakes의 분류구분

구분지	연구자	주제내용
3구분법	Wachsmuth(1860)	고대부터 연대순으로 된 상연극목록-비극, 희극, 수사학편, 총서편(법률, 철학 포함)
4구분법	Blomfield(1815)	고대부터 연대순으로 된 상연극 목록 역사서편, 수사학편, 법률편
5구분법	Neitzsch(1869)	수사학편의 목록(α-Ω) 24권 시편의 목록(α-Ω) 24권 잡총서편의 목록(α-Ω) 24권 사학편의 목록(α-Ω) 24권 철학편의 목록(α-Ω) 24권
	加 藤	시인, 법률가, 철학가, 역사가, 수사가(웅변가)
6구분법	Schneider(1873)	고대부터 연대순으로 된 시편목록 〃 상연극목록 〃 법률편 목록 〃 철학편목록 〃 수사학편목록 〃 잡총서편목록

186) 粟野賴之祐. アレクサンドリア圖書館長目錄の硏究(2). 關西學院史學 II, (1953). pp.23-24.

187) Fritzo Milkau, Georg Leyh. *Handbuch der Bibliothekswissenschaft.* Wiesbaden, Harrsassowitz, 1957.

6구분법	Christ, Schmid(1920)	시인, 법률편, 철학자, 역사가, 변론가, 잡편
	Gardthausen(1922)	법률가, 철학자, 시인, 역사가, 변론가, 잡총서편
	Richardson(1965)	시인, 법률가, 철학가, 역사가, 수사가, 잡록가
	Irwin(1966)	서사시 및 다른 시, 법률, 철학, 역사, 수사학, 잡서
7구분법	Susemihl(1891)	시인, 희곡작가, 법률가, 철학자, 역사가, 변론가 및 수사학자, 잡편(총서)
	Mair(1955)	시인, 희곡작가, 법률, 철학, 역사, 수사학, 잡서
8구분법	Barber(1928)	희곡작가, 시인, 법률가, 철학자, 역사가, 변론가, 수사학자, 잡서
	Norris(1939)	시인, 희곡작가, 법률가, 철학자, 역사가, 웅변작품, 수사학작품, 잡서
	Witty(1958)	수사학, 역사, 법률, 철학, 잡서, 의학, 서정시, 비극
	Johnson(1965)	수사학, 역사, 법률, 철학, 의학, 서정시, 비극, 잡서
10구분법	Parsons(1952)	서사시 및 다른시, 희곡, 법률, 철학, 역사, 수사학, 수학, 과학, 잡서
2류 11강	Schmidt(1922)	제1류 서사시목록(및 비가조시), 단가조시목록, 가요조시목록, 비극목록, 희극목록 제2류 사학목록, 수사학목록, 철학목록, 의학목록, 법률목록, 잡편총서목록
12구분법 (2류 12강)	粟野頼之祐(1953)	제1류 시문서 서사편목록, 비가조편목록, 단가조편목록, 가요조편목록, 비극편목록, 희극편목록 제2류 산문서 법률편목록, 철학편목록, 수사학편목록, 사학편목록, 의학편목록, 잡편목록
	Milkau, Leyh (1957)	서사시, 애가조, 풍자조, 가요조, 비극, 희극, 역사, 수사학, 철학, 의학, 법률, 잡서

〈표 5〉에 나타난 학자들의 연구 결과를 보면 분류지가 최소 '3구분'에서 최고 '12구분'까지 매우 다양함을 알 수 있다. 이러한 분류지는 단편적인 전거자료의 사료로 인해 연구자들마다의 해석에 따른 임의적인 구분이라 할 수 있다. 〈표 5〉에서 보는 바와 같이 Neitzsch는 Athena의 연극 상연 목록을 Callimachus의 도서목록과 별개의 저술이라는 것을 지적하여 이를 제외하면서 5구분법으로 나누었다. 그리

고 Neitzsch는 각 분류를 자모순이라고 생각 한 것에 대해 Schneider는 연대순으로 배열한 것을 알 수 있다.

Norris는 이 8구분은 목록의 주요 구분이고, 이것들은 다시 세구분하였다. 예를 들면 "철학자는 철학의 학파에 의해 배열되고…"[188]라고 하였다. 그러나 여기서는 8구분만 제시하고 세구분하는 분류의 전 항목을 분석하지 못하였다. 또 다른 서술에서 "Callimachus는 120류(classes)에 배열된 분류목록을 만들었다."[189]고 기술하고 있는데 '120 classes'는 주제를 120구분하고 있다는 것으로 분석할 수 있다.

그렇다면 Norris의 주장대로 『Pinakes』는 더 구분한 세목들을 가지고 있었다는 의미이지만, Norris는 앞서 말한 바와 같이 이러한 분류에 대해 설명하지 못하고 있다. 그러므로 이것은 '120 classes'가 아닌 '120 books'의 오기일 것으로 추정된다. 이는 『Pinakes』의 표제를 보면 '120 books'로 기재되어 있기 때문이기도 하다.

『Pinakes』의 분류구분에 대해서 Mair도 "8구분으로 분류되어 있는 것으로"[190] 주장하고 기술했지만 이 사항에 대하여 〈표 5〉과 같이 7구분을 하고 있다. 이렇게 8구분이라고 하면서 7구분한 것은 수사학(Rhetoric)의 탈락일 것으로 추정된다. 이러한 추정은 수사학을 제외하고는 Norris의 분류구분과 동일하기 때문이다. 특히 Parson의 10구분은 다른 연구자들과 달리 수학과 과학을 포함시킨 정확한 근거를 설명하지 못하고 있다. 단순히 Alexandria 도서관에서 수학과 자연과학이 연구되었음에 틀림없다는 추측만 하고 있을 뿐이다.

---

188) Dorthy May Norris, *A History of Cataloguing and Cataloguing Methods 1100-1850: With an Introductory Survey of Ancieny Times.* London, Grafton & Co., 1939. pp.4-5.

189) ibid. p.4.

190) A. W. Mair. *Callimachus : Hymns and Epigrams, Lycophron, Aratis.* London, Harvard, University Press, 1955. p.12.

Schmidt는 종래의 분류표 연구가 기준 사료를 제시하지 못하는 한계점에 대하여 Proklos(AD. 412-485)의 『문전학선집(文典學選集)』[191]의 분류와 'Alexandria의 고전작가표'[192]를 기초로 해서 새롭게 11구분의 분류표를 복원했다. 구리노(粟野)는 Schmidt의 11구분에 대하여 사료 검증으로 획기적인 분류를 제시하여 여러 학설 가운데 큰 기여를 했다. 그리고 구리노는 Schmidt가 사용한 사료를 그대로 발췌하고, 빠뜨린 사료를 추가함과 동시에 재분석 · 검토하였다.

또한 Schmidt가 찾은 시문서의 항목에 대한 복원을 높게 평가하면서 이를 일부 수정하여 비가조시(悲歌調詩)를 서사시와 별도로 구분하였다. 또한 산문서 항목에 대해서는 Callimachus의 제자 Hermippus의 작품 '전기, Bioi'의 항목배열을 근거로 하여 Schmidt와 같은 구분을 하였으나, 산문서 안에서의 배열은 조금 다르게 하고 있다. 이러한 연구결과로 2류 12강이라는 분류를 새롭게 복원한 것이다.

이와 같은 구리노(粟野)의 연구는 설령 "Pinakes 그 자체가 전승되고 있지 않다고 하더라도 권위의 모방성에서 생각하면 후세의 유형으로부터 역으로 원류를 찾는다."[193]는 의미에서 그 신뢰성은 극히 높다

---

191) 그리스 철학자 Proklos의 저서인 '문전학선집(文典學選集)'은 총 4권으로 각 2권씩 시와 산문으로 이루어져있다. 이 선집은 2세기경 Alexandria 학자 Aelios Dionysios의 '음악사' 또는 기원전 1세기말 Alexandria에서 활동한 Didymos의 '시론'을 근본사료로 하고 있다는 것이다. 그러므로 이 선집은 Alexandria 문전학 전성시대의 '문학사'에 원류를 두고 있다는 점에서 평가받고 있다.

192) 「Alexandria의 고전작가표」는 18세기 중엽 '크와슬린 문고의 사본 제387호'를 연구한 David Ruhnken에 의해 제창된 명칭으로 중요한 그리스 표준고전작가를 열거한 표이다. 그 후 학계에서는 오랜 기간, 이 표의 성질에 대하여 논쟁을 벌여왔다. 그러나 현재 일반적으로 작가표는 Callimachus의 문하생인 Aristophanes와 제자 Aristarchus 두 명의 유명한 Alexandria문법학자가 문법학연구 입문자를 위해서 고른 주요한 그리스 고전작가의 일람표일 것이라고 알려져 있다. 한편이 작가표가 만들어지기까지는 도서관의 오랜 세월 고전의 수집 · 교정 · 주석 · 정리사 업이 어느 정도 진척되고, 당시 점차적으로 대표적 작가의 원전이 대략 결정되었기 때문에 이러한 것이 만들어졌다고 한다.

193) 副島秀夫. KallimachosのPinakesとその現代的 意義. 圖書館學, no.18(1971). p.7.

고 할 수 있을 것이다.

Milkau의 핸드북은 우선 크게 운문 관계와 산문 관계의 2류로 크게 구분하였다. 이는 Schmidt, 구리노와 동일하나, 제1류의 세목 즉 시편에서 단가조시 대신 풍자시가 포함되었고, 특히 제2류 안에서의 배열은 Schmidt와 동일하다. 그러므로 Schmidt, 구리노와 Milkau, Leyh의 구분이 유사하다는 것을 알 수 있다.

이상의 제 분류표 가운데 Pinakes 분류에 가장 근접한 것은 구리노의 연구라고 후쿠시마(副島秀夫)는 다음과 같이 주장하고 있다. "Pinakes 분류체계의 복원상 구리노의 연구가 중요한 이유는『Pinakes』의 근본 사료가 되는 단편 사료를 비롯하여 유럽 제가(諸家)의 연구결과를 상세히 비교검토하고 보완하였기 때문이다. 또한 Norris와 Mair, 그리고 Milkau의 핸드북 등 여러 학자들이 연구에 사용한 모든 자료를 섭렵한 것이기 때문에 그 신뢰성은 가장 높다고 말해야 할 것이다."[194]라고 평가하고 있다.

『Pinakes』의 분류구분이 Norris의 주장대로 2류 12강의 분류에 그치지 않고 각 강이 더욱 세구분 되었다면 그 구분이 어떠한 것이었지는 명확하지는 않다. 하지만 Callimachus의 분류가 2류 12강목의 소분류였더라도 이 목록은 Alexandria 도서관의 도서 전부를 망라한 것이 아니고 그 가운데서 교정이 끝난 '유명한 저자'의 작품을 선정한 것이다. 그리고 수록 수가 도서관 장서에 비하여 비교적 적었다는 점과 당시에는 오늘날과 같은 열거식 분류항목의 설정보다도 도서를 즉물적(卽物的)으로 분류할 필요가 있었다고 생각되는 점 등을 고려하면 이 정도의 분류로도 장서관리가 충분했으리라 생각된다.

---

194) ibid. p.6.

상기 〈표 5〉에서 나타난 분류구분을 보면 분류명사가 두 가지로 표현되고 있음을 알 수 있다. 이것이『Pinakes』연구결과의 특징이라고 생각된다. 〈표 5〉에서와 같이 Gardthausen 이나 Norris, 그 밖의 Baber 등 연구자들은 분류명사를 시인, 입법가, 철학자와 같은 '인간중심'으로 표현하고 있다. 반면에 Schneider와 연구자들은 시, 법률, 철학과 같이 '학문명' 또는 '주제명'으로 표현하고 있다. 아니면 Christ, Schmidt와 Mair 같이 학문명과 학자 양자를 혼용한 분류명사를 표현한 연구자도 있음을 알 수 있다.

이 표현상 문제에 대해서 구리노(粟野)에 따르면 "『Pinakes』의 분류는 '유인별(類人別)'이 아니고 '유서별(類書別)'"[195]이라고 결론짓고 있다. 그 근거가 되는 것은『Pinakes』에 대한 사료 단편의 예이다. Athenaeus의 단편에 '수사학자 Dionysius가 Chalcus의 시인으로 불리우는 것은 그가 아테네인들에게 청동 화폐를 사용토록 권유했기 때문이지만 Callimachus는 이 변론을 수사학편 목록에 기입했고, Athenaeus XV. 669d'에 기입되어 있다.

이 외의 단편에도 '법률편 제3도서목록'이라든가 '잡편 도서목록'과 같이 학문별로 제시하고 있다. 사료 단편 속에는 '수사학자편 목록', '철학자편'과 같이 학자별로 기재된 것도 있지만, 구리노에 의하면 이 사료는 "인용사료 계통이 엉성하기 때문에 신뢰할 수 없다."[196]는 것이다. 따라서 새로운 사료의 발굴이나 연구가 없는 한 연구자들은『Pinakes』가 학문별 즉, 유서별 분류라는 주장에 따를 수밖에 없을 것이다.

다음은『Pinakes』분류에 대한 국내연구를 살펴보고자 한다. 국내연구자들 또한 원자료를 연구한 것이 아니라 2차 자료를 인용하여 소

195) 粟野頼之祐. アレクサンドリア圖書館長目錄の硏究(2). 關西學院史學II, (1953). p.13.
196) ibid. p.12.

개한 것에 불과하다. 『Pinakes』 분류에 대한 연구논문은 사실상 전무한 편이며 일반적으로 분류학 텍스트에 소개된 『Pinakes』 분류체계로서 다음과 같이 유형화 할 수 있다.

첫째, 정필모(1990)선생[197]은 Alexandria도서관 장서를 시, 역사, 철학, 수사, 잡록으로 5구분하였는데 이는 James Thomson[198]의 논문을 인용한 것이다. 또 다른 문헌[199]에서는 주제가 같은 5구분을 소개하였으나 시인, 법률가, 철학가, 역사가, 수사가(웅변가)로서 학문별이 아닌 학자별로서 5구분을 제시하였다. '유서별(類書別)'이 아니고 '유인별(類人別)'로 구분한 것이다.

둘째, 김명옥(1989)[200]과 최달현 · 이창수(1998)[201]등은 6구분하였는데 주제가 동일한 시인, 법률가, 철학자, 역사가, 수사가, 잡록가로서 학자별에 따른 구분을 하고 있다. 여기서 김명옥은 E. C. Richardson의 연구를 인용하였다.

셋째, 정필모 · 오동근(1991)[202]은 8구분하였는데 수사학, 역사, 법률, 철학, 의학, 서사시, 비극, 잡록의 학문에 따라 구분하고 있다. 김남석(1995)[203]도 8구분을 소개하면서 먼저 Norris의 자료를 인용해 시인, 희곡작가, 법률서의 저서, 철학자, 역사학자, 웅변작품, 수사학작품, 잡서로 구분하였다. 그리고 주석에 E. A. Parsons의 10구분을 소개하고 있다. 동일한 연구자라 할지라도 구분이 각기 다른 것은 인용한 문헌에 따라 천차만별로 나타나고 있다. 따라서 이 문제를 집중적

197) 정필모. 문헌정보학원론, 제3개정판. 서울, 구미무역, 1990. p.122.
198) James W. Thomson, *Ancient Libraries*. Berkley, University of California, 1940. p.79.
199) 정필모. 도서분류법개론. 서울, 숭의사, 1964. p.39.
200) 김명옥. 자료분류법. 서울, 구미무역출판부, 1989. pp.26-27.
201) 최달현, 이창수 공저. 정보자료의 분류. 서울, 한국도서관협회, 1998. p.50.
202) 정필모, 오동근 공저. 도서관문화사. 서울, 구미무역, 1991. p.29.
203) 김남석. 자료목록학, 제3증보판. 대구, 계명대학교출판부, 1995. p.114.

으로 연구하지 않았기 때문에 시공간에 따라 분류지가 다르게 나타나고 있다.

넷째, 김명옥(1993)[204]과 최정태 · 양재한 · 도태현(1998)[205] 그리고 윤희윤(1998)[206] 등은 2류 12강으로 구분하고 있는데, 그 내용은 제1류 시문서에 서사편, 비가조편, 단가조편, 가요조편, 비극편, 희극편, 제2류 산문서에 법률편, 철학편, 수사학편, 사학편, 의학편, 잡편목록으로 구분하였다. 윤희윤은 김명옥의 논문에서 인용하였고, 김명옥은 마루야마(丸山昭二郎) 등의 『主題組織法概論』[207]의 연구를, 최정태 · 양재한 · 도태현은 곤마도코(今まど子) 등의 『資料分類法及び演習』[208]에서 재인용하였다. 1차 자료를 인용하지 못하고 재인용에 그치고 있음은 이 분야에 대한 원자료의 부족이 원인이기도 하지만, 체계적인 연구가 되어 있지 못한 결과이기도 하다.

마지막으로 김세익(1992)[209]은 2부로 나누어 그 안에서 다시 8개 주제별로 구분하였다고 설명하고 있다. 이 구분법은 즉, 2류 16강이 되는 것으로서 자세한 설명은 없다.

상기에서 국내의 분류법 텍스트에 나타난 『Pinakes』에 관한 분류 구분을 인용문헌과 함께 요약하면 다음 〈표 6〉와 같다.

---

204) 김명옥. 서양의 자료분류법의 발달과정-고대에서 해리스까지. 한국문헌정보학회지, 제25집(1993. 12). pp.191-192.
205) 최정태, 양재한, 도태현 공저. 문헌분류의 이론과 실제. 부산, 부산대학교출판부, 1998. p.52.
206) 윤희윤. 정보자료분류론 : 이론과 실제. 대구, 태일사, 1998. p.26.
207) 丸山昭二郎, 岡用靖, 澁谷加彦 共著. 主題組織法概論 : 情報社會の分類. 東京, 紀伊國屋, 1986. p.23.
208) 今まど子 外 著. 資料分類法及び演習. 東京, 樹村房, 昭和59. p.16.
209) 김세익. 도서 · 인쇄 · 도서관사. 서울. 아세아문화사, 1992. p.77.

〈표 6〉 우리나라 목록학자들의 Pinakes분류구분

구분지	연구자	주제내용	출처
5구분법	정필모 (1964, 1990)	시인, 법률가, 철학가, 역사가, 수사가(웅변가)	
		시, 역사, 철학, 수사, 잡록	James Thomson (1940)
6구분법	김명옥(1989)	시인, 법률가, 철학가, 역사가, 수사가, 잡록가	E. C. Richardson (1964)
	최달현, 이창수 (1998)	시인, 법률가, 철학가, 역사가, 수사가, 잡록가	
8구분법	정필모, 오동근 (1991)	수사학, 역사, 법률, 철학, 의학, 서사시, 비극, 잡록	
	김남석(1995)	시인, 희곡작가, 법률서의 저서, 철학자, 역사학자, 웅변작품, 수사학작품, 잡서	D. M. Norris (1939)
		수사학, 역사, 법률, 철학, 잡서, 의학, 서사시, 비극	F. J. Witty (1958)
10구분법	김남석(1995)	수사학, 역사, 법률, 철학, 잡서, 의학, 서사시, 비극, 수학, 과학	E. A. Parsons (1952)
12구분법 (2류 12강)	김명옥(1993)	제1류 시문서 서사편, 비가조편, 단가조편, 가요조편, 비극편, 희극편 목록 제2류 산문서 법률편, 철학편, 수사학편, 사학편, 의학편, 잡편 목록	丸山昭二郎, 岡用靖, 澁谷加彦 (1986)
	최정태, 양재한, 도태현(1998)	제1류 시문서 서사편, 비가편, 단가편, 가요편, 비극편, 희극편 제2류 산문서 법률, 철학, 수사학, 사학, 의학, 잡	今まど子 外 著 (昭和 59)
	윤희윤(1998)	제1류 시부 서사편, 비가조편, 단가조편, 가요조편, 비극편, 희극편 목록 제2류 산문부 법률편, 철학편, 수사학편, 사학편, 의학편, 잡편 목록	김명옥(1993) 한국문헌정보학회
2류 16강	김세익(1992)	시부와 산문부로 나누고, 각부를 다시 역사, 철학, 문학, 법률, 의학 등 8개 주제별로 구분	

〈표 6〉에서 나타난 국내 문헌에 소개된 『Pinakes』의 분류는 〈표 5〉보다 적은 유형의 구분법이 소개되고 있는데, 이는 저자들이 인용한 2차 자료에만 의존한 때문이라고 할 수 있다. 또 책을 출간하는 시기와 그 시기에 인용할 수 있는 연구자료에 의해서 동일 저자가 다른 문헌에서 또 다른 구분법을 소개하고 있는 경우도 볼 수 있다. 즉, 〈표 6〉과 같이 국내에서는 5구분, 6구분, 8구분, 10구분, 12구분으로 나타나며, 최근에 들어서는 12구분이라는 더 자세한 항목을 가지고 있는 분류구분을 소개하고 있다. 〈표 6〉과 같이 12구분에 대해 인용한 출처는 다르나 이 구분은 粟野의 연구결과이다.

상기에서 논의된 바와 같이 粟野의 연구는 학자들이 『Pinakes』 분류연구에 사용한 모든 사료들을 검증하고 추가하여 가장 타당성 있는 분류를 복원했다고 고려된다. 본 연구에서는 粟野의 연구결과인 2류 12강의 구분법이 가장 합리적이라고 생각되어 이 구분지를 따르고자 한다. 粟野의 2류 12강은 시문서 6부문(각 10책), 산문서 6부문(각 10책)이 합쳐서 총 120권이 있다고 볼 수 있는 것이다. 이에 따른 『Pinakes』의 분류체계는 다음 〈표 7〉와 같이 정리할 수 있다.

〈표 7〉 Pinakes의 분류체계

제1류 시문서	제2류 산문서
서사편 목록 비가조편 목록 단가조편 목록 가요조편 목록 비극편 목록 희극편 목록	법률편 목록 철학편 목록 수사학편 목록 사학편 목록 의학편 목록 잡편 목록

각 주제 부문에 있어서는 저자명의 ABC순으로 배열하고, 각 저자에 대해서는 간단한 전기와 그들의 저작을 열거하였다. 그리고 각 저

작에 대해서는 서명과 그 저작의 첫 구절의 행수를 기입하였다. 이 『Pinakes』 목록은 오랫동안 표준서목으로서의 평가를 받아 왔고, 그 후 모든 고문헌 서지의 기초가 되었으며,[210] 동시에 서양의 '서지학(bibliography)'의 기초가 되었다.

이상의 분류체계에서 학자들의 분류구분을 보면, 분류하는 명사가 '인명 구분'과 '학문명 구분'의 두 종류로 나타나고 있는데, 이에 대해 구리노(粟野頼之祐)는 "『Pinakes』 분류체계는 유인별(類人別)이 아니고 유서별(類書別)"[211]이라고 결론지었다.

학자들에 따라 견해가 다르기는 하지만 고대 『Pinakes』에는 서적이나 문헌을 주제별로 구분하기 위한 일정 체계에 의한 분류표가 있었음이 확실하다고 할 수 있다. 또한 이런 주제별 분류체계는 문헌의 서가배열의 기준으로 사용되었으리라 추측된다.

목록법으로서의 Pinakes

목록법의 측면에서 접근하면 『Pinakes』의 목록기술법은 현대 목록법의 기술방법과는 차이가 많다. 우선 『Pinakes』에서는 전기 서지의 형식을 채용하고 있었기 때문에 저자에 관한 내용이 기술사항에 포함되어 있었다. 그 기술사항은 획일화되어 있지는 않지만 대부분 "저자명, 출신지, 부친명, 학력, 스승의 이름, 필명 등 간단한 전기사항이 기록되고, 서명 그리고 서명이 없을 때에는 새로운 서명이 기입되고, 그 출처의 확증에 관한 주석, 작품의 첫 단어, 즉 권두어구, 마지막에는 파피루스의 사본의 행 수"[212]가 기재되었다.

---

210) Alfred Hessel. op. cit. p.13.
211) 粟野頼之祐. op. cit. p.13.
212) E. A. Parsons. *The Alexandria Library : Glory of the Hellenic World*. New York, American Elsevier Publishing, 1967. p.211.

『Pinakes』 저록양식에 대해서는 위에서 언급한 내용과 더불어 구리노(粟野)의 사료검증 결과로서 다음과 같이 분석된다.[213] 각 작가의 작품 도서목록 저록양식은 다음과 같다.

A. 약력
1. 작가명 때로는 필명(筆名), 작명(綽名 · 別名)을 붙인다.
2. 부친명
3. 출신지명
4. 직업명
5. 학력, 그 스승의 이름
6. 기타 정치적 · 사회적 경력
7. 연대(생년, 최초의 上演, 盛時, 享年 등)
8. 가족, 처, 자손 및 우수한 문하생의 이름

B. 서명
1. 종전부터 서명이 있는 것은 그대로 서명을 기입한다.
2. 서명이 없는 것은 적당한 새로운 서명을 붙인다.
3. 때로는 저자의 창작번호를 더한다.
4. 서명 다음에는 반드시 최초의 행문을 게재한다.
(첫 행의 문장을 언급 한다)

C. 참고사항
1. 저작연대
2. 저작사정
3. 작품의 진위
4. 용어
5. 본서(本書)에 대한 평론

---

213) 粟野賴之祐. アレクサンドリア圖書館長目錄の硏究(3). 關西學院史學V, (1959). pp.8-9.

D. 문서의 행수
소장 원본에는 100행마다 '부분행수'가 있고, 각 도서목록의 권말에는 '총행수'와 이 도서목록보다 앞 페이지에 기록되어 있는 그 작가의 다른 작품 행수를 가산한 '누계행수'를 기록하고 있다. 단, 목록에는 '총 행수' 만을 등록한다.

상기와 같은 저록양식에서 유의해야 할 점은 "이 양식은 어디까지나 기준이 된 일반적 양식이며, 각 작가들이 이 기준 양식대로 상세한 저록이 있었다는 의미는 아니다."[214] 때로는 『Pinakes』에 지나치게 상세하게, 경우에 따라서는 간략하게 기입한 경우가 있었다는 것이다.

여기에 언급한 '저록양식'에 대하여 각 작가의 약력, 작품명과 그 배열법 및 행수 등을 상세하게 알기 위해서 구리노(粟野)는 "Callimachus 이전에 있던 저명한 작가의 전승 사본의 본질, Callimachus의 『Pinakes』와 비슷한 도서목록의 배열법, 각 작가의 전기, 인용고전, 사본, 파피루스, 비문 등에 남겨진 전기, 서명, 행수 등의 사료를 차례차례 검토"[215]하였다. 이것은 'Alexandria 도서목록'의 영향이 미치는 면을 볼 수 있을 것이라 기대하는 측면에서 이루진 것이다.

이상과 같이 살펴본 『Pinakes』의 저록형식을 현대 목록의 형식적 목록에 비교해 본다면 다분히 산문적 목록이었다고 분석된다. 그리고 후쿠시마(副島秀夫)는 "저자명 기본저록은 인물전기 형식이고, 이 인물전기 형식은 소요학파에서 유래한 것이기 때문에 Aristotle 학파에서 출발했다."[216]라고 하는 기본저록에 대한 근원을 더 거슬러 올라가는 주장을 하고 있다. 이러한 주장은 Callimachus가 도서관자료를 조직

214) 粟野賴之祐. アレクサンドリア圖書館目錄の硏究(3). 關西學院史學V. (1959). p.9.
215) loc. cit.
216) 副島秀夫. op. cit. p.10.

하는 데 있어서 Aristotle의 사상에 영향을 받았다는 Norris의 추측이 어느 정도 타당한 것으로 보인다.

이로 인해 『Pinakes』의 형식을 짐작할 수 있으며, 이상의 기재사항 즉, 약력, 서명, 참고사항, 문서의 행수를 토대로 오늘날 목록법과 비교하여 분석해보고자 한다.

저자의 약력

『Pinakes』에는 저자명 밑에 저자에 관한 약력이 기입되어 있다. 앞서 언급한 양식과 같이 『Pinakes』는 주제를 구분하여 각 저자의 내역, 그 저작의 본문 행수, 그리스 문헌의 평전, 서지개요를 기재하고 있으므로 작품 자체의 간결한 분석과 저자의 전기사전을 겸한 '분류목록'이라고도 할 수 있다. 이와 같이 목록에 전기를 기입한 것은 오늘날의 도서관목록에서 보면 특이한 것으로 생각되지만, 당시에는 모두 이 저록양식을 취하는 것이 일반적이었을 것이다.

이와 같이 서목을 기록한 경우, 기본저록을 저자명에서 도출해 내는 것은 헬레니즘 문화의 인간중심 사상의 반영이라고 생각할 수 있다. 첫째로 목록기술상 저자 밑에 저자의 모든 작품을 배열하는 것이 보다 능률적이고 합리적이라는 것을 인지하고 있었다는 사실이다. 그리고 저자로부터 도출해낸다는 이 저록형식은 오늘날 "저자 기본저록의 서양 전통이 Callimachus의 『Pinakes』에서 시작된 것"[217]으로 평가할 수 있다.

副島民雄은 Diogenes Laertios의 철학사를 예로 들면서 『Pinakes』와 극히 닮았다는 것을 설명하였다. "Diogenis Laertios의 '철인전(哲人

217) Steven Blake Shubert. The Oriental Origins of the Alexandrian Library. *Libri,* vol.43, no.2 (1993). p.144.

傳) De clarorum philosophorum vitis etc. 10권'으로서 표제가 '철학에 있어서 저명한 사람들 및 각 학파에 속하는 사람들의 생애와 학설의 요구'가 기술되어 있다. 그리고 그 구조는 처음에 철학자의 전기를 기술하고, 그 후에 학설을 기입하는 형태를 취하고 있다.이 방법은 『Pinakes』와 유사하며, 처음의 '철학에 있어서'를 '학문에 있어서'로 바꾸고 나중의 '학설의 요구'를 '작품의 요구'로 하면 그대로 『Pinakes』가 되어 버린다."[218] 이것은 Diogenis가 『Pinakes』에서 영향을 받은 것이라고 추측할 수 있다. 또한 "저자명 기본저록은 인물전기 형식의 흔적이고, 이 인물전기 형식은 소요학파에서 유래하는 것이기 때문에 Aristotle 학파에서 출발했다."[219]고 하는 기본저록에 대한 근원을 더 거슬러 올라가는 주장을 하고 있다. 그렇다면 이 주장은 Calliamchus가 도서관자료를 조직하는데 있어서 Aristotle의 사상에 영향을 받았다는 Norris의 추측이 어느 정도 타당성이 있다고 볼 수도 있다.

또 저자명 기본저록이 동일 분류내에서는 당연히 저자의 알파벳순이나 혹은 저자의 연대순이 되기 때문에 분류목록이라 하더라도 『Pinakes』는 실제 저자목록에 가깝다. 또 『Pinakes』가 학문에 따른 목록이었다 하더라도 그것은 오늘날과 같은 분류목록 기능보다는 오히려 저자목록 기능이 강했다고 추정할 수 있다. 이러한 다양한 시각에서 연구한 결과 『Pinakes』는 전기서지 형식을 가진 분류목록이나 저자목록의 기능이 강한 목록이라 할 수 있다.

---

218) 副島秀夫. KallimachosのPinakesとその現代的 意義. 圖書館學. no.18(1971). p.10.

219) loc. cit.

서명

『Pinakes』의 기술 데이터의 하나인 저작명은 오늘날의 서명과는 조금 다르다. 서명은 현대 목록법에서 표제지상에 인쇄되어 있는 표제이다. 물론 고대 문헌에도 서명이 있다면 그대로 서명을 기입하지만 현대적인 의미에서 보는 표제지상의 서명이 없다. 따라서 『Pinakes』 등 고대의 목록에 기재되어 있던 서명은 현대 목록법의 '보충표제(supplied title)'에 해당되는 것으로 볼 수 있을 것이다.

보충표제란 목록작성자가 기술의 대상이 되는 자료에 관해서 자료 그 자체의 본문이나 그 밖의 부분을 참고로 하여 서명을 붙이거나 참고자료로 들 수 있는 서명을 적용하여 목록에 기재하는 것을 말한다. 즉, 목록중인 단행본의 내용이나 주제범위를 표시하기 위하여 목록자가 임의로 보충하여 기입한 표제이다.

고대 목록작성자는 그 당시 일반적으로 알려져 있던 통칭의 서명을 참고로 하면서 보충표제를 결정하고 있었던 것으로 추정된다. 그렇기 때문에 보충표제가 붙여지는 과정은 명확하지 않다. 그래서 'incipit'[220]의 기재가 의미를 갖게 된다. 'incipit'의 기술은 현대 목록법에 있어서 서명의 기술에 해당된다. 'incipit'는 고대의 'stichometry'[221]라는 특수한 서지기술법에 의해서 기입되었다. 물론 목록에 수록되어 있는 동일 저작에 대한 다른 사본과의 식별에 필요했지만 'incipit'만으로는 불충분했기 때문에 사본에 쓰여진 필사의 행수도 기재했다. 이 부분은 현대 목록법에서는 대조사항에 해당한다.

---

220) 라틴어로 이곳에서 시작이란 의미. 중세 필사본 또는 고대 인쇄 책자의 시작단어로 때로는 저작자명과 서명을 기입하기도 한다.

221) 구두점이 발달하지 않았던 시대의 서기법이고, 그리스 고전 등의 산문을 그 행의 길이를 의미와 리듬에 따라서 행분하는 방법이다.

'incipit'는 동일 저작의 다른 사본 서적을 구별하는 기능을 하는 기술 데이터지만 이 역할 이외에도 서적과의 관계에서 필요한 기술요소였다. 고대 사람들은 서적 한 권의 서명을 정할 때 본문 텍스트 최초의 어구 속에서 의미있는 어구를 추출해서 서명으로 채용한 것이 상례였다.

이것은 즉, "오늘날 이용자가 Homeros의 『Iliad』를 읽고 싶을 때 목록 안에서 서명인 『Iliad』를 검색하는 것과 마찬가지로, 고대 사람들은 『Iliad』의 'incipit'인 'M ???'을 검색하려고 했다."[222]는 추정도 성립한다. 즉, 다시 말하면 『Iliad』 본문 텍스트 최초 어구 속에서 'M…'으로 시작하는 키워드를 추출하여 목록안에 『Iliad』의 'incipit'를 기록하였다면 검색시 『Iliad』가 아닌 'M…'으로 검색했을 수도 있다는 의미이다.

그렇다면 서명 저록에 대해 현재 목록법 측면에서 살펴볼 때 『Pinakes』에 원본의 서명이 그대로 충실하게 저록 되었을까라는 의문이 생길 수 있다. 위에서 언급한 보충표제와 같이 Alexandria 도서관 당시 Callimachus는 상당히 자유롭게 원본의 서명에 보충하거나 수정을 더하거나, 혹은 원본의 서명을 생략하고, 그 키워드만을 기재했을 가능성이 크다. 이러한 과정은 그 당시 저작의 서명에는 불완전하고 부적합한 것이 많고, 일부는 서명이 없는 것도 있었기 때문에 서명 저록시 편찬자가 새로운 서명의 기입이 필요했기 때문이라고 생각할 수 있다. 그러나 현재의 목록법과 비교한다면 『Pinakes』의 서명저록이 자유로웠던 반면에 오늘날 서명은 임의로 작성하는 것이 극히 제한되어 있고, 목록상의 서명은 어디까지나 원본에 충실해야 한다는 사실이다.

『Pinakes』에는 서명 외에 그 저작의 '첫 행(first line)' 혹은 '첫 단어(opening words)'가 기재되었다. "당시는 스승의 작품명으로 저작했기 때문에 동일한 서명으로 인해 많은 혼란이 있었기 때문에 이런 수단

---

222) S. H. Stinberg. *Five hundred years of printing.* Harmondsworth, Middlesex, Penguin Books Ltd., 1955. p.105.

이 강구 된 것"[223)]으로 볼 수 있다. 당시의 저작은 서명이 극히 불안정하고, 또 오늘날과 같이 정밀한 청구기호가 연구되어 있지 않았기 때문에 목록상의 도서와 서가상 도서의 동일성을 확인하는 것은 확실히 용이하지 않았을 것이다. 이러한 일련의 작업들로 인해서 서명 다음에 첫 행의 문장을 언급함으로써 다른 작품과 식별하는 방법을 취했을 것이다. 또한, 이러한 방법은 목록이 불완전했던 중세의 수도원도서관에서도 자주 사용되고 있었다.

다음으로 목록상의 서명과 서가상 문헌에 표시된 서명과의 관계이다. 이것에 대해 Norris는 앞서 말한 바와 같이 'Slip에는 간단한 타이틀이 쓰여지고, 이 타이틀이 도서의 라벨과 정확히 일치하도록 하고 있었다.'고 기술하고 있다. 만약, 이것이 사실이라면 라벨에는 긴 서명은 부적당하기 때문에 목록상 서명의 첫 단어를 취하거나, 키워드를 선택하여 기입하는 것도 있었을 것이다. 이것은 "Callimachus의 『Pinakes』가 단순한 서지목록에 그치지 않고, Alexandria 도서관의 검색용을 겸한 장서목록"[224)] 이었던 것의 유력한 열쇠 중에 하나가 되는 것이다.

참고사항(저작의 간단한 분석)

작품에 대한 분석은 현재의 '일반주기'에 해당된다. 그리고 그 기재형식은 상당히 자유롭게 저작의 특징을 기재한 것으로 짐작된다. 여기에는 저작 연대, 저작 사정, 작품의 진위, 용어, 작품에 대한 평론에 이르기까지 기술되어 작품의 분석이 철저했던 것을 알 수 있다.

---

223) Dorothy May Norris. *A History of Cataloging and Cataloguing Methods 1100-1850 : with an introductory survey of ancient times.* London, Grafton & Co., 1939. p.5.

224) 副島秀夫. KallimachosのPinakesとその現代的 意義. 圖書館學, no.18 (1971). p.8.

저작 연대는 지금의 발행연도에 해당되며, 저작 사정은 저작에 관련된 정보로서 오늘날 발행지명이나 발행처, 발행년 등을 기술한 것으로 추측할 수 있다. 그리고 저작에 관련된 용어에 대한 해설과 작품에 대한 평론은 현재의 주기사항과 비슷한 것이다.

이러한 일련의 작업에 대해서 Callimachus는 도서목록의 작성을 맡아 가능한 한, 작가의 연구, 서명의 옳고 그름, 분류, 교정 등 작품의 진위에 이르는 정확한 원문의 제작 및 정리를 위해 연구 · 조사하여 의견을 썼을 것이다. 그리고 이와 같은 조사가 필요했다는 것은 도서관으로 동일한 사본이면서 저자명, 서명, 내용을 달리 한 위조문헌, 낙장이 있는 것 등 많은 불필요한 문헌들이 유입되었기 때문이라고 생각 할 수 있다.

이러한 내용적인 면에서 보면 동양의 교수학 내지 교감학의 형식이 초기 형태의 목록임이 동서양 공히 유사하였다는 사실도 증명된다. 더불어 Callimachus가 작품을 세심하게 분석하였다는 사실은 그가 서지학자로서 '서지학의 아버지'라 인정받는 것은 당연한 결과라고 할 수 있다.

저작의 권수 또는 행수

저작의 권수, 행수는 오늘날 자료의 수량이나 여타 형태적 세목, 크기에 관해 기술하는 형태사항에 해당되며, 또한 도서가 몇 권으로 이루어져 있는가 하는 것이다. 예를 들면 Homeros의 『Iliad』는 24권 및 15,693행과 같이 권수와 행수를 표시하는 것이다. 또한 권수, 행수는 앞서 언급한 'incipit'만으로 부족했기 때문에 다른 사본과 구별하는 요소로서도 사용되었다. 즉, 권수, 행수가 구별 요소로도 사용되었지만 Callimachus는 원본에 포함된 행의 수를 정확히 기재하여 문헌에 대한 정확한 정보를 제공하는데 관심이 있었을 것이다.

또 다른 측면에서 권수, 행수의 기입은 고대 사서와 책 판매인에게 복사본의 확실성과 성실성을 결정하기 위해서 저작에 필요했을 것이다. 특히 "책 판매인에게는 저작의 출판과 복사비용을 산출하기 위해"[225] 이러한 정보가 필요했음을 추정할 수 있다.

『Pinakes』 목록에서의 배열체계는 분류순을 따랐고 동일 분류 내에서는 다시 세구분하여 저자명의 알파벳순이나 연대순으로 정리하였다. 대부분의 경우엔 저자의 알파벳순으로 배열하였지만, 비극이나 희극의 상연극 같은 것은 연대순으로 배열하였다. 즉, 각 주제구분 하에서 문헌의 배열은 주제에 따라서 2차 배열이 약간 달랐다. 저자배열에서 예를 들면, "Homeros와 같이 작품이 많은 저자에 관해서는 첫째로 작품이 확인된 것, 두 번째로는 추정된 작품이나 출처가 확실하지 않은 작품에 대해 주석과 함께 기술되어 배열"[226]되었다.

이렇게 『Pinakes』의 배열체계는 전반적으로 상당히 복잡한 것으로 추측되며 하나의 원칙으로 정해져 배열되지 않았던 것으로 생각할 수 있다. 오늘날 목록의 형태가 OPAC으로 변환되면서 목록의 배열이 중요하지 않게 되었지만 카드목록 당시 많은 문제에 봉착해 있었던 것도 사실이다. 더구나 Alexandria 당시는 문헌학의 창조 시대이기도 하고 책자형 목록에서는 중간 삽입이 불가능 하였으므로 목록기술상의 문제도 있기 때문에 배열은 한층 곤란하였을 것이다.

그러나 『Pinakes』에는 대략의 방침이 있었던 것으로 보이는데 그 배열체계는 다음과 같다.[227] 제 1차 배열은 분류순에 따랐으며, 동일 분류일 때 즉, 제 2차 배열은 저자의 알파벳순 또는 시대순으로 배열

---

225) Francis J. Witty. The Pinakes of Callimachus. *Library Quarterly,* vol.28(1958). p.136.

226) E. A. Parsons. *The Alexandrian Library : Glory of the Hellenic World.* New York, American Elsevier Publishing Co., Inc., 1967. p.211.

227) 副島秀夫. KallimachosのPinakesとその現代的 意義. 圖書館學. no.18(1971). p.8.

하였다. 저자의 알파벳순에 대해서 사료 단편에 나오는 저자가 A H M Φ(Ph)와 같이 배열되고 있는 것도 있다. 그러나 일부는 확실히 그렇게 되어 있지 않은 것도 있기 때문에 정확한 기준은 미확인되지만 대략 이와 같이 추측할 수 있다.

또 저자의 연대순이 어떤 저자에게 적용되었는가에 대해서도 정확치는 않지만 추측을 한다면 저자를 단순한 알파벳순으로 배열하기보다도 역사적인 시대순으로 배열하는 것이 적절한 철학자, 시인의 경우일 것이다. 이러한 추측에 근거가 되는 것은 『Pinakes』 각 장에 기재된 'Tables and Register of dramatic poets chronologically from the earliest'를 보면 더욱 명확해진다. 저자의 시대순 배열은 오늘날에도 분류상 철학자와 문학자로 사용되고 있고, 저자의 생년을 분류기호에 포함시키는 Ranganathan의 CC와 같은 분석합성식 형태이다.

제 3차 배열인 서명순에도 두 가지 방법이 있다. 『Milkau의 핸드북』[228]에서는 다음과 같이 기술하고 있다. 1) 동일 저자의 작품은 보통 서명의 최초 문자에 의해서, 그것도 가장 중요한 사항을 표시하는 말에 의해 배열된다. 2) 그 저작의 배열 순서가 예전부터 정해져 있는 것은 그 순서대로 배열한다.

이와 같은 『Pinakes』의 배열원리는 오늘날 분류목록의 배열원리와 원칙적으로는 동일하고, 분류, 저자, 서명의 목록원형이 이미 『Pinakes』에 명확히 나타나 있다. 즉, 오늘날의 인명사전과 같은 것을 생각하면 좋다. 『Pinakes』를 펼치면 우선 최초로 시인만이 그룹화되고, 기입의 상단에 시인명이 쓰여 있다. 시인명에 이어서 시인의 약력이 있고, 다음에 작품이 기재되고 그 순서는 서명의 주요 어순이나 전해 내려오는 관습을 따르고 있다. 그리고 서명에는 저작의 최초 어구와 권수,

---

228) Fritzo Milkau. Georg Leyh. *Handbuch der Bibliothekswissenschaft.* Wiesbaden, Harrsassowitz, 1957.8.

행수가 기록되면서 도서의 특징이 기입되어 있다. 그 시인이 끝나면, 다음 시인이 시작된다.

이상과 같이 살펴본 『Pinakes』와는 달리 현재의 도서관목록은 그 기술이 너무나도 형식화되어 버리고 무언가 사물(死物)과 같은 차가운 느낌을 받는다. 이용자가 목록에 매력을 느끼지 않는 것도 이와 같은 차가운 형식 때문일 것이다. 그러한 의미에서 Callimachus의 『Pinakes』는 인간 위주의 살아있는 목록임과 동시에 읽는 목록이기도 했을 것이다. 이와 같은 산문적 목록은 현재의 목록자가 보면 정말 부러운 면이 있지만 오늘날 목록에는 검색의 능률화라는 이용지상주의가 결부되어 있기 때문에 목록자의 주관이 극도로 제한되고 목록이 객관화, 형식화의 방향으로 향하는 것도 부득이한 일이다.

차치하고 『Pinakes』는 다른 고대 목록과는 달리 저자, 서명, 주제 등 다양한 검색 접근점과 일련의 배열원칙을 제공해 줌으로써 이용자들의 편의를 도모하고 새로운 목록의 전환점이 되었음을 보여주고 있다. 그리고 『Pinakes』의 형식에 있어서 오늘날과 상이한 점이 있을지라도 원리적으로는 현재의 목록과 극히 유사하다. 이 같은 정교한 목록이 2천 년 전에 연구되었다는 것은 인류문화의 지적 결정체로서 목록의 가치성을 목록사에서 인정한 것이다.

마지막으로 Callimachus의 『Pinakes』는 서지의 등장 초기에 흥미로운 기술 데이터를 제시했고, 목록에 대해 문헌의 어떠한 정보가 중요하게 고려되는지에 대한 아이디어를 제시했다는 점에서 목록발달 역사에 중요한 전환점이 되었다고 볼 수 있다.

Pinakes의 영향

앞에서 살펴본 『Pinakes』는 "서구문명이 얻은 최초의 도서관목록이고, 그 의의는 도서관 발전에 있어서, Gutenberg의 『42행 성서』에 필적"[229]한 것으로 최대의 찬사를 받고 있다. 또 목록법으로서도 『Pinakes』는 "오늘날 목록의 선구적 기법이 되는 것이고 인류는 목록 정전을 얻었다."[230]고 평가 받고 있다.

그렇지만 이러한 호의적인 평가에 대하여 비판적인 학자도 있다. Anne Holmes는 Pinakes가 "Alexandria 도서관에서 만들어진 것은 틀림없지만 장서목록이 아니라 오히려 도서관에 비치되어야 할 고전 자료의 리스트 즉, 고전연구의 서지로 보아야 한다는 견해"[231]를 나타내고 있다. Pfeiffer[232]도 이 점에 관해서 『Pinakes』가 장서목록이었는지의 여부에 대한 판단을 피하고 있다. 그러나 "『Pinakes』를 편찬한 Callimachus의 기법이 그 이전에는 없었을 만큼 정비된 것이고, 그 기법은 『Pinakes』 이후 유사한 종류의 문헌목록 작성의 모델이 되었다."[233]라고 평가하고 있다.

『Pinakes』에 대하여 주목하여야 할 것은 그 기법도 그렇지만 오히려 목록을 만들어 낸 상황이다. Callimachus의 『Pinakes』 편찬 의도는 Alexandria 도서관에 많은 문헌이 수집되어 도서관에 어떤 문헌이 있는지 알기 위해 정리, 기록하여 이용하려는 목적이었던 것으로 생각된다. 이것은 어떤 시대에서나 지식의 전달 · 탐구에서 빠뜨릴 수

---

229) E. A. Parsons. *The Alexandrian Library : Glory of the Hellenic Word.* New York. American Elsevier Publishing Comapny, Inc., 1967. p.217.

230) loc. cit.

231) Anne Holmes. The Alexandrian Library. *Libri*. vol.30, no.4(1980). p.291.

232) Rodolf Pfeiffer. *History of Classical Scholarship : from the beginnings to the end of the Hellenistic age.* Oxford, Clarendon Press, 1978. p.128.

233) ibid. pp.133-134.

없는 구상이다. Callimachus는 이러한 생각에 기초를 두어 자료에 관한 정보를 기록하는 방법을 고안·연구한 것이다.

그러므로 『Pinakes』는 장서목록으로 인식되지만, 장서목록의 여부를 떠나서 『Pinakes』의 중요성과 Callimachus의 발상에 대해 높이 평가해야 할 것이다. 또 이렇게 제작되어진 『Pinakes』가 그 이후의 사람들에게 도움이 되었다는 것은 1200년 이상이나 뒤인 10세기의 사전 『Suidas』의 기록에서도 볼 수 있다.

『Pinakes』는 Callimachus의 제자들에게 계승되었다. Alexandria 도서관관장의 한사람이던 Byzantine의 Aristophanes는 "Callimachus의 『Pinakes』 보유판이라고 할 만한 문헌목록을 작성했고, Pergamon 도서관에서도 같은 종류의 목록이 있었다."[234]라고 주장하고 있다.

Alexandria 도서관과 Pergamon 도서관 이후 도서관의 역사는 로마의 도서관으로 옮겨진다. Augustinus의 공공도서관(BC. 33-28경)이나 Trajanus의 Ulpia 도서관과 같은 유명한 도서관을 비롯하여 몇 개의 도서관이 로마에 세워졌다. 로마 도서관은 모두 Pergamon 도서관의 영향을 받은 것으로 알려지고 있다. 그러나 목록이 존재했는지의 여부나 어떤 목록법인지 그리고 『Pinakes』의 영향은 어느 정도였는지는 파악하기 어렵다.

『Pinakes』의 목록법이 그 뒤 어떻게 계승되었는가 하는 문제를 로마시대와 중세 초기의 도서관사 속에서 여러 가지의 사실을 조사하고 판단해 보면 "『Pinakes』 기법이 '원래 형태'로 후세에 전해지는 일은 없었다."[235]라고 한다.

---

234) Rodolf Pfeiffer. *History of classical scholarship : from the beginnings to the end of the Hellenic age.* Oxford, Clarendon Press, 1978. pp.133-134.

235) 澁川雅俊. 目錄の歷史. 東京, 勁草書房, 1985. p.49.

그렇다면 왜 『Pinakes』 목록법이 로마의 도서관과 중세의 도서관에 전해지지 않았던 것일까? 근세에서의 체계서지가 도서관목록 발달로 이어지는 중세 후반 목록법의 새로운 전개에 대한 연결고리는 어디서 끊어졌을까? 등의 의문을 할 수 있다. 그것은 도서 · 도서관사 내에서는 찾아볼 수 없고 오히려 그 발전의 기반이 되는 사회 · 문화의 전개 속에서 발견할 수 있을 것으로 생각된다.

로마에도 도서관이 세워지고 일부 도서관은 학자나 시민들에게 공개되어 있었다. 그러나 "Alexandria 도서관과는 달리 로마에서의 초기 도서관 건설은 국가 전체의 사업이 아니었다."[236] 그러므로 로마 도서관에서는 『Pinakes』와 같은 목록의 중요성이 고려되지 않았을 것이다. 즉, Alexandria 도서관처럼 전 세계의 모든 문헌을 수집한다는 활동의 명확한 의도가 없었던 로마의 도서관에서는 『Pinakes』 정도의 목록법이 필요하지 않았다고 생각해 볼 수 있다. 도서관활동은 문화의 융성과정과 문화를 지탱하는 국가기반에 원천이 되는 것으로 생각되지만 건국 초기의 로마는 이러한 측면이 취약했기 때문이라고 추측할 수 있다.

또한 『Pinakes』의 귀중한 목록원리가 중세가 되면서 완전히 단절되어 버리고 단순한 서가목록 및 재산목록과 같은 보존중심의 기능으로 후퇴하게 되지만, "19세기에 이르러 다시 부활"[237]하였다. 단, 이 부활의 방법으로 고려되는 것은 "첫째, 의식적으로 Callimachus의 사고를 수용한 것인지, 둘째 목록에 대한 Callimachus적 사고가 서양의 잠재적인 의식의 전통"[238]인지 그 역사적 연결에 대해서는 더욱 깊게 분석 할 필요가 있을 것이다. 그리고 『Pinakes』를 통해 오늘날 목록원

---

236) ibid. p.51.
237) 副島秀夫. KallimachosのPinakesとその現代的 意義. 圖書館學. no.18 (1971). p.9.
238) loc. cit.

리 특히 동양의 서명 기본저록에 대한 서양의 저자 기본저록을 이해하는 것에도 도움이 될 것이다.

그러나 『Pinakes』 이후 1000년 이상 이에 필적할 정도의 목록이 편찬되지 못하였을 뿐 아니라 목록법의 전개도 현저하게 새로운 형태로 나타난 것은 없었다."[239] 또한 『Pinakes』 목록의 기술형식은 오늘날의 목록데이터에까지 영향을 주어 기본적인 요소가 그대로 남아있는 것을 볼 수 있다. 즉, 저자 기본저록, 서명사항, 형태사항, 주기사항 등이 이에 해당하며 이러한 점에서 『Pinakes』는 도서관목록형식의 효시가 된 것으로 평가할 수 있다.

이상과 같이 『Pinakes』를 목록 · 분류체계 측면에서 고찰하였다. 그리고 『Pinakes』 저자인 Callimachus를 문화사적으로 조명하였다. 이를 요약하면 다음과 같다.

첫째, Alexandria 도서관 관장들은 학자사서로서 각 시대를 풍미하였으며, 그 시대를 이끌어 가는 학풍을 만들었다. 이들 관장 중 Callimachus는 시인으로서 Alexandria 도서들을 수집 · 정리하였으며 그 결과로 『Pinakes』라는 소산물을 탄생시켰다. Callimachus는 Alexandria 도서관의 2대 관장으로서 B.C.260~240년까지 재직하며 『Pinakes』를 편찬하였으며, 도서관 역사에서 가장 먼저 알려진 학자사서로서의 새로운 개념을 제시한 인물로도 평가할 수 있다.

둘째, 『Pinakes』의 분류체계는 학자들에 따라 주제구분이 3구분, 4구분, 5구분, 6구분, 7구분, 8구분, 10구분, 11구분(2류 11강), 12구분(2류 12강)으로 9가지의 유형이 나타났다. 국내에서는 인용문헌으로 인해 이보다 적은 5구분, 6구분, 8구분, 10구분, 12구분을 소개하고 있는 것으로 나타났으며, 최근에는 2류 12강이라는 구분법을 많이 언급

239) 澁川雅俊. 目錄の歷史. 東京, 勁草書房, 1985. p.49.

하고 있다. 이러한 결과는 구리노(栗野頼之祐)의 구분법으로서 그는 여러 학자들의 구분법을 분석하고 신중한 사료검토에 의한 결과로 가장 타당성 있는 분류법을 복원했다고 평가할 수 있다. 그러므로 본 연구에서는 『Pinakes』의 분류체계를 1류 시문서-서사편, 비가조편, 단가조편, 가요편, 비극편, 희극편 목록과 2류 산문서-법률, 철학, 수사학, 사학, 의학, 잡편 목록인 2류 12강으로 분류체계를 재정리하였다.

셋째, 『Pinakes』의 목록체계는 저자의 약력, 서명, 참고사항(저작의 간단한 분석), 문서의 행수를 기재하는 형식을 갖추었다. 이는 오늘날 목록요소인 저자명기본저록, 서명, 판차사항, 형태사항, 주기사항 등과 유사한 형식을 지니고 있다. 또한 『Pinakes』는 저자의 전기형식을 취하고 있는 전기서지이며 분류목록, 저자목록이다. 배열체계는 분류순, 저자의 알파벳순, 시대순, 서명순으로 이루어지고 있으며 이러한 것들이 오늘날 분류원리와 동일한 것으로 분류, 저자, 서명의 목록원형이 이미 이 『Pinakes』에서 나타난 것이라 할 수 있다. 특히 서양의 저자기본저록은 『Pinakes』에서 비롯된 것이라는 근원을 찾을 수 있다.

넷째, 『Pinakes』의 분류 · 목록의 체계는 서구문명이 얻은 최초의 도서관목록으로서 오늘날 목록의 선구적 기법이 되었다. 이것은 『Pinakes』 이후 1000년 이상 동안 『Pinakes』에 필적할 정도의 목록이 편찬되지 못하였을 뿐 아니라 『Pinakes』의 목록기술 형식은 현대 목록에까지 영향을 끼쳐 목록형식의 효시가 되었다는 평가를 받고 있는 것이다. 또한 고문헌 서지의 기초가 되었으며, 동시에 서양의 서지학의 기초가 되었다는 의의를 지닌다.

마지막으로 분류가이자 목록가인 Callimachus는 초기 서지의 등장에 대한 흥미로운 데이터 요소 즉, 저자, 서명, 주제어, 저작연대, 작품에 대한 진위, 평론 등을 제시했다. 또한 사서에게 목록기술에 관하여 어떠한 정보가 중요하게 고려되는지에 대한 아이디어를 제시했다는 점에서 『Pinakes』가 목록발달 역사에 중요한 계기가 된 것이다. 그러므로 Callimachus는 『Pinakes』를 편찬한 '학문의 조직자'이며, '서지학의 아버지'로서 평가받을 수 있다.

제 6 장

Bibliotheca Alexandrina 파괴사

〈Bibliotheca Alexandrina〉는 알렉산드리아 항구 옆에 서 있던 시절부터 하나의 전설이 되었고, 오늘날까지도 그 전설은 계속되고 있다. 〈앗수르바니팔의 왕궁도서관〉을 제외하고 이 도서관은 하나의 문화유산을 종합적으로 수집하려 했던 최초의 도서관이었다. 이 도서관은 그 후 도서관을 건립하려는 모든 국가나 사람들에게 영감을 주는 동시에 절망감을 안겨 주었다. 영감은 도서관 설립에 대한 위대한 길라잡이를, 절망감은 대도서관도 소멸하고 만다는 것에 대한 이념일 것이다.

도서관의 존재기간은 기원전 300년경부터 기원후 390년경까지로 역사 속에서 적어도 450년은 넘게 존재하였다. 건립된 도서관이 있는 곳에 기원전 48년 알렉산드리아에는 대 화재가 발생했다.

그러나 형태가 있는 모든 것들은 언젠가는 멸망할 운명을 피할 수 없다. 그렇게 생각하면 〈Bibliotheca Alexandrina〉가 수 백 년의 긴 세월 존속했었다는 사실 그 자체가 하나의 기적이라고 할 수 있다. 불덩이도 시간이 지나면 식는 것과 같이, 시간이 지남에 따라 프톨레마이오스 왕조가 쇠퇴하면서 자연히 〈도서관 · 박물관〉의 지원도 관심

밖으로 밀릴 수밖에 없었을 것이다. 따라서 더 이상 학자들은 새로운 저작을 하지 않았고, 이에 따라 도서관은 단순히 옛 서적을 보관하는 창고로서 변모해 갔다. 그러자 도서관장을 '학자사서'가 아닌 군인이나 관료가 맡으면서 도서관이 정치적인 목적으로 전용되기도 하였다. 이러한 징조는 지식의 보고인 도서관 파괴의 시작이다.

그러나 귀중한 도서관을 멸망시킨 근본적인 원인이 무엇이었는지 묻지 않을 수 없다. 대답은 종교다. 종교는 자주 남에게 대한 특히 자기와 다른 뭔가를 믿는 타인에 대한 비관용성을 가진 습성을 가지고 있다. 그 비관용성 때문에 그들 종교집단의 경전이나 장소가 아닌 책과 도서관은 항상 파괴의 대상으로 인식되었다. 심지어는 자기들의 책과 장소를 무자비하게 파괴하는 경우도 종종 있어왔다. 물론 책이나 도서관을 파괴하는 행위는 다양하다. 그렇지만 종교가 책이나 도서관을 말살하는 행태는 다른 무엇보다 특이하다. 문자 또는 책의 종교라고 하면서 그들을 파괴하였다.

도서관에 소장된 백과사전의 항목이 환기하듯, 가장 규모가 큰 도서관들도 쉽사리 소실되었다. 전 세계에서 가장 웅대했던 도서관은 〈알렉산드리아〉에 있던 프톨레마이오스 왕조의 도서관이었다. 그 도서관 건립은 프톨레미 소테르(Ptolemy Soter)에서 시작되었고 막대한 비용을 들여 모든 나라들로부터 서책을 수집했던 데미트리우스(Demetrius)의 각별한 관심하에서 이루어졌다.

서구 세계에서 도서관은 우리의 모든 것을 대신하는 두 기념물을 확실한 상징물로 갖게 된다고 알베르토 망구엘(Alberto Manguel)은 강조하고 있다. "첫 번째는 결코 도달할 수 없는 하늘까지 닿으려고 세워진 기념물(바벨탑)로, 공간을 정복하려는 인간의 욕망에서 시작된 것이다. 그 욕망에 내려진 벌 때문에 언어가 갈라지면서 오늘날에도 우리는 서로 의사소통을 하는데 애를 먹는다. 두 번째는 세계 방방곡

곡에서 각 언어가 땀 흘려 기록한 자료들을 모아놓기 위해 세운 기념물이다. 이 기념물은 시간을 정복하려는 소망에서 시작해서 현재라는 시간까지 완전히 삼켜버린 전설의 불로 끝났다. 공간을 정복하려던 바벨탑과 시간을 정복하려던 〈Bibliotheca Alexandrina〉는 인간의 야망을 상징하는 대표적인 쌍둥이 상징물이다."[240] 라고 언급하고 있다.

이 모든 것은 말 즉 로고스의 본질을 언급한 것으로 이해된다. 인간은 로고스의 동물이다. 그래서 말이 있고 이를 나타내고자 하는 욕망에서 문자가 고안되었고, 문자를 기록한 책으로 남기고, 그것을 카오스로부터 해방시키기 위해 과학적인 시스템으로 소장할 도서관이 필요하게 된 것이다. 그래서 인류가 창조한 가장 거대한 커뮤니케이션의 매체로서 도서관을 창조하게 된 것이다.

〈Bibliotheca Alexandrina〉의 사서들은 하나의 지붕아래에 최대한 많은 책을 보관함으로서 무심한 사람에게 맡겨질 때 자칫하면 파괴될지도 모를 위험으로부터 보호하려고 노력하였다. 따라서 〈Bibliotheca Alexandrina〉는 생각하고 행동하는 인간의 힘을 상징하는 건물인 동시에 시인들이 흔히 우리에게 말하듯이 기억에 종지부를 찍는 죽음을 이기기 위해 세워진 기념물이 되었다.

그러나 당시 지배자들과 사서들의 관심에도 불구하고 이 도서관은 사라지고 말았다. 〈Bibliotheca Alexandrina〉가 세워졌을 때 온전한 모습이 어떤 모습이었는지 전혀 모르듯이 도서관이 어떻게 사라졌는지에 대해서도 확실히 아는 바가 없다. 갑자기 사라졌는지, 점진적으로 사라졌는지도 알 수 없다.

〈Bibliotheca Alexandrina〉 파괴사에 관한 가장 논쟁적인 사항 가운데 하나는 기원전 48년 혹은 47년에 카이사르(Julius Caesar)와 프톨

240) Alberto Manguel. *The Library at Night*. 밤의 도서관. 강주헌 역. 서울, 세종서적, 2011. p.27.

레마이오스 XIII세 테오스 필로파토르(Theos Philopator, BC.51~BC.47) 사이에 벌어진 〈알렉산드리아〉 점령 전쟁에서 도서관이 얼마나 파괴되었는가 하는 문제이다. 이 문제에 대해서는 고대의 자료는 야사적인 이야기만 전해지고 있을 뿐이다.

플루타르코스에 의하면 카이사르가 기원전 47년 〈알렉산드리아〉에 체류할 때 병기창에서 시작된 화재가 번져 대 도서관을 완전히 태워버렸다고 하였지만, 그의 이런 설명은 잘못된 것이다. 롱기누스(Gaius Cassius Longinus, BC.85~BC.42)와 오로시우스(Orosius) 같은 학자들은 카이사르가 집적 저술한 『알렉산드리아 전쟁(De bello alexandrino)』과 로마의 역사학자 리비우스(Lucius Livius Andronicus, BC.284?~BC.204?)를 인용해서 당시 화재가 도서관을 태우지는 않고 로마로 옮겨 가려고 병기창 옆에 보관해 두었던 약 4만 권의 책을 잿더미로 만들었을 뿐이라고 주장했다. 한편 그로부터 거의 거의 7세기가 지난 후에는 다른 가능성이 제기되었다. 그렇다면 도서관의 화재가 아니라 미정리된 책 더미의 피해라는 견해인데 이것이 사실이라면 〈Bibliotheca Alexandrina〉 파괴의 역사는 훨씬 훗날의 얘기일 수도 있다.

전설에 따르면 클레오파트라(Cleopatra or Kleopatra, BC.69~BC.30)와 맞서 싸우던 그녀의 남동생 프톨레마이오스 XIV세의 선단이 부두 쪽으로 접근해 오는 것을 막기 위해 카이사르의 부하가 고의로 방화한 것이라고 한다. 카이사르가 알렉산드리아 지역에서 포위당했을 때 항구에 정박해 있던 선박에 불을 질렀던 사실은 누구나 인지하고 있는 사실이다. 불행히도 바람에 불길은 그가 미처 예상하지 못한 곳으로 번져갔다. 불길은 항구에 인접해 있던 가옥들에 옮겨 붙으면서 부루치움 지역의 밀 창고들과 그 유명한 도서관에 크나큰 손실을 입힌 것으로 전해지고 있다.

확인되지 않는 어떤 역사 기록자들은 그 때 불탄 장서는 40만 권뿐이며, 다른 많은 서책들은 화재에서 무난히 건져낼 수 있었다고 한다. 이를 보충하기 위해 〈페르가몬 도서관〉의 서책 20만 권이 마르쿠스 안토니우스(Marcus Antonius)를 통해 클레오파트라에게 건네졌고, 그로써 새로운 〈세라피움 도서관〉이 재건될 수 있었으며, 얼마 후 그곳에는 많은 서책들이 소장되게 되었다고도 한다. 하지만 로마 황제들의 치하에서 일어난 계속되는 정변의 와중에 도서관의 책들은 약탈되다가 복구되어지곤 하였다. 결국 그 도서관의 건물은 650년경에 파괴되었다.

한 기독교 역사서는 이븐 알 카프티(Umar ibn-al-Khattab)의 『현인들의 기록(*Ta'rikb al-Hukuma*)』을 인용해 무슬림 군대의 장군인 암르 이븐 알아스(Amr ibn-al-As)가 642년 〈알렉산드리아〉에 입성하자마자 칼리프 오마르(Kalif Omar) I세로부터 도서관에 불을 지르라는 명령을 받았다며 이 도서관을 파괴한 주범으로 암르 이븐 알아스를 지목하였다. 하지만 이 가능성도 지금은 신빙성을 인정받지 못한다. 그런데 기독교 역사서의 저자에 따르면 〈Bibliotheca Alexandrina〉를 가득 채웠던 책들은 공중목욕탕의 물을 데우는 땔감으로 사용되었는데 아리스토텔레스의 저작들만은 다행히 땔감의 신세를 면했다고 전하기도 한다.

알렉산드리아 학자들은 도서관에 소장된 소중한 자료들을 연구하면서 자신의 연구와 발견에 도움을 구했다. 그들 주위로는 지식과 창조작용의 모든 분야를 망라하는 지적 · 문화적 움직임이 생성되었다. 그렇게 해서 지식 생산 장소로서의 알렉산드리아 도서관은 그리스 · 로마 문화의 발전에 매우 중요한 역할을 하였다. 그러나 오늘날에는 이 인간정신의 기념물이 애석하게도 남아 있지 않다. 〈알렉산드리아 도서관〉의 소멸에 대해 역사학자들은 주로 세 단계로 구분짓고 있다.[241)]

---

241) Richard A. Desroches. The Library at Alexandia, *Current Studies in Librarianship*. vol.7, no.1&2(1983). pp.25-27.

첫째, 기원전 47년 카이사르의 공격으로 황실내의 화재로 인해 도서관의 많은 장서가 소실되었다. 이 전쟁 중에 "40만 권의 책을 유실하였지만, 그 당시 도서관에 소장된 많은 장서 수를 생각하면 거의 보존"[242]되었다고 할 수 있다. 그 후 "안토니우스가 〈페르가몬 도서관〉에 소장된 20만 권의 장서를 클레오파트라에게 주어 부분적인 보상"[243]으로 장서는 어느 정도 유지되였다. 페르가몬 장서가 세라피움에 이관되면서 〈세라피움 도서관〉은 크게 확장되었다. 이렇게 장서의 측면에서 엄격히 말하면 〈Bibliotheca Alexandrina〉의 소멸이라고 일컬을 수 없을 것이다. 그 후 서기 270년경 로마황제 아우렐리언(Aurelian)에 의해 부루치움은 완전히 파괴되었다.

둘째, 기독교 탄생이후 〈알렉산드리아 도서관〉 역사는 더욱 감춰져 버리게 된다. 4세기경에는 기독교 문화가 중요한 힘을 갖게 되었으며 테오도시우스(Theodosius 346~395)는 이교도를 붕괴시키라는 법령을 공포하였다. 〈Bibliotheca Alexandrina〉와 박물관은 이교 사상의 가장 좋은 본보기로서 금과 보석으로 치장된 상형문자와 이집트 여신들이 이교도 배척의 최초 목표가 된 것이다. 서기 391년에는 알렉산드리아 감독인 테오필루스(Theophilus)가 이방 제의(祭儀)를 처단하려는 목적으로 〈세라피움〉에 불을 질렀다고도 한다.

결국 서기 391년에 세라피움은 기독교 집단에 의해 침해당했으며 사원은 교회와 수도원으로 바뀌었다. 이 신전은 5만 권의 책을 소장한 일종의 공공 도서관이었다. 서기 642년 이집트를 정복한 무슬림 점령군은 당시 세계적인 지식의 보고였던 〈Bibliotheca Alexandrina〉의 수많은 서적들을 탈취하고 건물에는 불을 질렀다.

---

242) *Ibid.*, p.26.

243) Anne Holmes. The Alexandrian Library, *Libri*. vol.30, no.4(1980). pp.291-292.

1000년 동안 이어져 내려오던 알렉산드리아의 학문적 전통이 마침내 하루아침에 무너지는 순간이었다. 이때 이후로 알렉산드리아는 학문의 중심지로서의 위치를 다시는 회복하지 못했다. 이것이 실질적인 〈알렉산드리아 도서관〉 소멸을 의미하는 것으로 간주될 수 있다.

셋째는 642년경 오마르(Omar) 장군 지휘하에 무슬림(Muslim)들의 침공으로 남아있던 〈Bibliotheca Alexandrina〉 일부분 마저도 망각의 늪 속으로 완전히 사라지게 되었다. 오마르는 알렉산드리아 시민들을 이슬람으로 개종시키기를 원했으며 〈Bibliotheca Alexandrina〉를 파괴하기 위하여 다음과 같은 3단 논법을 사용하였다.

> 만약 〈Bibliotheca Alexandrina〉가 코란에 적대적인 책을 갖고 있다면 그것은 파괴되어야 한다.
> 만약 〈Bibliotheca Alexandrina〉가 코란의 가르침과 일치하는 책을 갖고 있다면 그것은 불필요하며 따라서 파괴되어야 한다.
> 〈Bibliotheca Alexandrina〉의 책은 코란의 가르침과 적대적이거나 동조적이다. 고로 〈Bibliotheca Alexandrina〉는 파괴되어야 한다.[244)]

대학에서 논리학 입문을 수강하였던 독자들은 아랍인들 것으로 추정되는 '비주연 중명사(undistributed middle)'의 오류를 예시하는 고전적인 삼단논법의 예를 기억하고 있을 것이다. 이와 같이 3단 논법을 통한 오마르 명령으로 "도서관장서는 알렉산드리아 대중목욕탕의 연료로 사용했고 6개월 동안이나 열기를 유지"[245)]했으며, 이후 알렉산드리아에는 다시 도서관 부흥은 없었다.

---

244) Jesse H. Shera. *Introduction to Library Science*. Littleton, Libraries Unlimited, Inc., p.16.

245) E. A. Parsons. *The Alexandrian Library : Glory of The Hellenic World*. New York, American Elsevier Publishing Co., Inc., 1967, p.371.

〈알렉산드리아〉의 책들에 도대체 무슨 일이 일어났던 것일까? 사서들이 보기에 책의 운명을 결정한 진짜 이유는 다름 아닌 시간이었다. 파피루스를 독점한 사람이 누구였던 간에, 폭동을 사주한 배후 인물이 누구였던 간에, 불을 지른 황제가 누구였던 간에 그토록 엄청난 세월 앞에서 책의 소실과 파괴는 불가피한 일이었다.

이상의 세 가지 파괴이유 이외에 마지막으로 무협소설에 자주 언급되는 복수는 복수를 낳기 때문에 살인은 철저하게 하듯이 즉 복수할 후손을 남겨두지 않는 인종말살을 행하듯이 네로가 방화한 로마시의 잔재까지 더듬어 보았다. 도서관사에서도 네로 이상 이하도 없다는 사실을 남기고 싶어했던 그였기에 자기만의 도서관을 설립하기 위해 기존의 도서관 잔재를 깨끗하게 정리하기 위해 화재를 일으켰다는 설이다.

아리스토텔레스의 장서 일부가 로마에까지 유입되었던 사실은 전술한 바와 같다. 아리스토텔레스 개인 도서관의 장서가 〈Bibliotheca Alexandrina〉의 장서의 일부가 되었고, 이는 또한 로마의 애서가 및 공공도서관으로 유입된 것이다.

카이사르의 파괴설

〈Bibliotheca Alexandrina〉가 얼마나 오래 존속되었을까? 기원전 48년까지 건재하다가 불에 타서 무너져 버렸다고 어떤 이들은 말한다. 또 다른 이들은 이 말은 전혀 사실무근이며 화재가 발생하기는 했으나 건물은 조금 손상된 정도라고 말하기도 한다. 기원전 50년에 카이사르는 루비콘 강을 건너 폼페우스(Pompeius, BC.106~BC.48) 장군이 주도하는 적군과의 내전에 박차를 가하였다. 2년 후 그리스 북쪽의

〈파르살루스 전투(Battle of Pharsalus)〉에서 카이사르는 결정적 승리를 거두었고 적장 폼페우스는 알렉산드리아로 도망쳤다. 몇 척의 배와 많지 않은 군사를 이끌고 카이사르는 그의 뒤를 좇았다.

당시 이집트는 왕족 프톨레마이오스 XIV세에 의해 지배되고 있었지만 실세를 누리며 섭정을 하던 사람은 포티누스(Pothinus)였다. 그는 어린 프톨레마이오스의 누나인 클레오파트라를 견제하고 이에 생명의 위협을 느낀 클레오파트라는 스스로 값비싼 카페트에 싸여 카이사르에게 선물로 보내지는 방법을 택하고, 카이사르는 그녀의 당당함과 아름다움에 매혹되어 사랑에 빠지게 된다.

카이사르는 클레오파트라가 그의 이복 남동생 프톨레마이오스 XIII세와의 전쟁을 돕기 위해 알렉산드리아에 도착한 것은 기원전 48년경이다(이 무렵 도시에 있던 도서관들의 나이는 이미 3백 살에 육박했다). 프톨레마이오스 II세의 어린 두 아이들이고, 그들 아버지의 뒤를 이은 공동 통치자로서 프톨레마이오스와 클레오파트라 사이의 논쟁에의 그의 연루는 카이사르에 대항하여 음모를 꾸몄던 그 어린 왕의 전능한 전략가인 아킬레스(Achillas)와 환관인 포티누스 등의 프톨레마이오스 측근에 대한 열광을 낳았다. 그렇지만 그들의 은밀한 계획은 시작 단계에서 좌절되었다. 결국 포티누스는 투옥되어 사형에 처해졌다.

그러나 아킬레스는 탈출에 성공하여 강력한 군대(많은 로마인 탈주자들을 포함하는)를 일으켰고, 육지와 바다 양면으로 모두 카이사르를 성안에 포위하였다. 이에 카이사르는 강력하게 저항하였고, 계속해서 반격을 시도하였다. 바다 성벽의 꼭대기에서 그곳에 정박하고 있는 프톨레마이오스의 60척의 배에 불을 지르면서 그 항구를 바라보았다. 그 화재는 빠르게 조선소의 설비들과 강가에 있는 건물들로 번져갔고, 스토아학파 철학자인 세네카(Lucius Annaeus Seneca, BC.4~AD.65)는 이 화재로 약 4만여 권(아니면 어떤 소문에 의하면 400,000권)의 '최상급'

책이 소실되었다고 전한다.

그런데 이 작가의 기록에 의하면 도서관에 장서가 많을 필요가 없다는 논리 즉, 필요한 책만 있으면 된다는 논리에서 기록된 것이므로 객관적이지 못하다. 그는 1세기 경에 장서가 대 규모인 대 도서관을 아예 필요 없다고 다음과 같이 매도하기까지 하였다.

> 그 소유주가 평생 동안 그 제목도 다 읽지 못할 정도로 많은 책과 도서관이 무슨 소용인가? 책이 너무 많으면 학습자에게 부담이 되고 또 그다지 도움도 안 된다. 수많은 책들 사이를 방황하기보다는 몇몇 저자들의 작품에 집중하는 것이 훨씬 더 유익하다. 알렉산드리아에서 4만 권의 책이 불타버렸다. 리비우스(Titus Livius, BC.59~AD.17, 로마의 역사가)는 이 도서관이 위대한 왕들의 좋은 취미와 후원의 결과물이라고 말했다. 왕실의 부를 과시하는 기념비적인 이러한 도서관을 찬양하는 일은 리비우스와 같은 사람에게 맡겨두기로 하자.

이상과 같이 도서관의 거대한 규모의 장서를 폄하하고 있다. 이러한 평은 사실 장서를 실용적인 측면에서 구입 소장한 것이 아니라, 자신의 부를 과시하려 하거나, 재산적 가치의 증식으로 보거나, 정치적인 이유에서 또한 가진 자의 사치품이거나 장식용으로 구입한 당시의 졸부들의 마구잡이식 장서수집 행태를 비평한 것으로 볼 수 있다. 아무튼 위의 문장에서 보면 세네카가 말한 분서된 책의 수는 4만에서 40만 권으로 수정되어야 한다는 제안도 나왔다.

이 화재에 대하여 썼던 그 시대의 유일한 역사가는 당시에 12살이었던, 리비(Livy, BC.59~AD.17)였는데, 이것은 별 생각 없이 언급된 듯하다. 그의 진술은 소실되었던 40,000개의 두루마리가 카시우스(Dio Cassius)와 다른 사람들이 정보를 얻었던 세네카에 의해 보존되었다는 것이다.

이처럼 카이사르가 알렉산드리아에 도착했을 무렵에 폼페우스는 이미 배신자들에 의해 죽은 후였으나 카이사르는 그곳에 계속 머물렀다. 그때는 프톨레마이오스 XII세의 사후여서 그의 딸인 클레오파트라는 오빠와 왕권 다툼을 벌리고 있었다. 카이사르는 이 매력적 여인이 왕위에 오르도록 도와주고 그녀를 차지하였다.

이처럼 기원전 48년(혹은 기원전 47년)에 클레오파트라와 프톨레마이오스 XIII세의 내전 과정에서 카이사르와 프톨레마이오스 XIII세 사이에 벌어진 알렉산드리아 점령 전쟁으로 도서관의 일부(혹은 전체)가 타버렸다고 전해지고 있다. 카이사르에 의한 도서관의 파괴 규모에 대해서는 많은 주장들이 있다.

알렉산드리아의 폭도들이 로마인에게 대항하여 일어났을 때 정치적인 상황은 폭력적 국면으로 치달았고 병력도 별로 갖추지 못한 카이사르는 자신이 위험에 처해있음을 깨달았다. 그는 해안 부근의 왕궁 안에서 바리케이드를 쳤고, 바로 그 지점에서 그의 선박으로부터 살해당하는 위험을 모면하기 위해 그는 불을 질러서 위험에서 벗어났으나 선박 수리소로부터 번진 불길은 위대한 도서관을 불태웠다는 것이다. 전기 작가이자 철학자인 플루타코스(Ploutarkhos, 46~125)는 카이사르의 전기에서 이렇게 기술하였다.

전술한 바처럼 카이사르는 그의 후속인 아킬레스가 카이사르의 해상 능력을 제한하려고 하자 카이사르의 배에 불을 질렀고, 그 과정에서 실수로 도서관을 불태웠다고 한다. 카이사르는 자신의 배에 불을 붙일 수밖에 없었다. 그의 적들이 그의 바다를 통한 통신 능력을 막으려 하자 자신의 배를 태워버렸다. 이 불길은 부두를 태우고 나서 번지고 번져 〈Bibliotheca Alexandrina〉까지 불태우기에 이르렀다.[246)]

---

246) Plutarch, Life of Caesar, 49.6

하지만 이 글을 어디까지나 추정일 뿐이다. 역사가 카시우스(Gaius Cassius Longinus, BC.85~BC.42)는 이에 대해 좀 더 다른 의견을 내놓았다. 사람들에게 전해지는 바로는 "많은 곳에 불이 붙었다. 전투가 벌어진 끝에 많은 곳이 불탔는데, 그 결과 다른 여러 건물들과 선박 수리소, 곡식과 책을 저장한 창고들도 불에 탔는데, 불에 탄 곡식과 책 모두 모두 방대한 양으로 최상의 질이었다." 그의 말은 곧 화마에 의한 피해가 도서관 전체에 영향을 준 것이 아니라 해안가를 따라 창고에 저장된 책에 제한된 것을 의미한다. 이 때 다수의 훌륭한 책들도 불탔는데 어느 도서관이 불탔는지는 기록되지 않았다고 했다.

반면에 에드워드 기븐(Edward K. Gibbon)은 도서관이 391년 세라페움의 파괴를 지시했던 알렉산드리아의 주교 테오필루스(Theophilus of Antioch)가 도서관 파괴 역시 지시했다고 주장했다. 도서관이 파괴된 후에, 학자들은 알렉산드리아의 다른 지역에 위치한 세라피움을 〈Bibliotheca Alexandrina〉 대신 이용했다고 기술하고 있다.

청동 배짱을 지닌 디디무스(Didymus of Alexandria, 308~494)는 기원전 48년 후에도 작업 활동을 했는데, 그가 쓴 어마어마한 양의 다양한 저서는 도서관에서 마음대로 좋은 자료를 찾아볼 수 없었다면 불가능했을 것이다. 그리고 〈Bibliotheca Alexandrina〉는 기원전 31년 악티움 전투(Battle of Actium)까지 이어지는 클레오파트라와 안토니우스 연애기간에도 분명히 존재했다고 전하고 있다.

그리고 그는 당시 사람들에 따르면 알렉산드리아에서는 책을 수집하고 바로 도서관으로 옮기지 않고 창고에 무더기로 쌓아놓았다고 하고, 바로 이 창고에 있던 책이 불탔을지도 모른다고 추정하였다. 하지만 사람들에게 전해진 것만을 근거로 삼은 주장이어서 신빙성이 부족하다. 오로시우스(Paulus Orosius, 385~420)는 카이사르가 전투 도중 항구 쪽에서 지른 불이 도시 쪽으로 번져 근처 건물에 보관되어 있던 40

만 권의 책을 태워버렸다고 주장했다. 하지만 이 역시 신빙성이 부족하다. 암미아누스 마르셀리누스(Ammianus Marcellinus, 330~395)는 고대의 기록에 따르면 70만 권의 장서가 있었고 카이사르의 공격을 받고 전쟁에서 불타버렸다고 하였다.

카이사르의 파괴설과 관련된 많은 주장들이 논란이 되고 있는 이유는 박물관이나 도서관의 정확한 위치를 모르기 때문에 이러한 이야기들의 진위를 알기 어렵기 때문이다. 그리고 도서관에 화재가 났으면 왕궁 전체가 피해를 입었을 텐데, 스트라보(Strabo, BC.64~AD.24)[247]가 기록하기를 정작 카이사르 자신은 화재가 발생했을 때 자신이 왕궁 단지에 머물러 있었다고 적고 있고, 알렉산드리아의 건물들이 목재나 나무를 사용하지 않았기 때문에 화재에 비교적 안전했다고 기술되어 있다.

게다가 만약 도서관이 파괴되었다면 카이사르의 적들, 가령 키케로 같은 사람이 그 사실을 분명히 지적했을 것이다. 더군다나 전쟁이 끝나고 20년 후에 알렉산드리아를 방문하여 도서관을 보았다는 진술에서 건물이 완전히 파괴되지 않았었음을 시사한다. 하지만 이러한 부분적으로 모순되는 정보들로부터 어떤 확실한 결론을 이끌어 낼 수는 없다. 어쩌면 책들을 보관해 둔 창고 혹은 도서관 컬렉션의 일부가 파괴 되었는데 이 이야기가 뒤로 가면서 부풀려 도서관 전체가 불타버렸다는 전설이 생겼는지도 모르는 일이다.

일설에 의하면 〈알렉산드리아 대 도서관〉 화재의 발생은 부두의 곡식창고와 기타 건물을 불태운 저 유명한 화재 사건으로부터 기인한

247) 스트라본(고대 그리스어: Στράβων, 라틴어: Strabo[1], 기원전 63/64년 ~ 기원후 24년경)은 고대 그리스의 지리학자, 역사가, 철학자이다. 프톨레마이오스와 함께 고대 그리스에서 가장 뛰어난 지리학자로 일컬어진다. 소아시아에서 태어나 알렉산드리아에서 아리스토텔레스 등의 지도를 받았다. 그는 유럽과 이집트·리비아·아시아 등 여러 곳을 다니면서 지형·지구대·땅 위의 동물과 식물을 관찰하여 모두 17권으로 된 〈지리지〉를 만들었다.

다는 설이 그 하나이다. 카시우스(Dio Cassius)는 대 도서관도 함께 불탔다고 전하고 있으나 카이사르 자신은 『내전(*Caesar's Civil War*)』이라는 자신의 책에서 폼페우스를 지원하러 온 배들과 알렉산드리아에서 늘 경계를 서고 있던 22척의 전함들만 불태웠다고 기술했다.

또한 자신의 소규모 병력으로는 항구처럼 넓은 지역을 보호할 수 없었기 때문에 불가피하게 그러한 조치를 취했다고 설명했다. 이 불은 인근의 창고와 부두의 화물에도 옮겨 붙였는데 화물 중에는 여러 무더기들의 책들이 있었을 것이다. 갈리우스(Aulus Gellius)는 프톨레마이오스 왕조 시기에 수집 복사된 모든 책들(그는 약 70만 권이라고 추산했다)이 기원전 48년 로마와 알렉산드리아의 1차 전쟁 동안에 전소되었다고 전한다. 책이 불타버린 것은 어떤 의도나 지휘관의 명령이 있어서가 아니라 하급 군인들이 저지른 우연한 사고였다는 것이다. 하지만 당시 도서관의 일부만 불탔고 그 손실도 기원전 안토니우스에 의해 복구되었다고 일반적으로 여겨지고 있다. 그는 알렉산드리아에 한 가지 지속적인 혜택을 베풀었다.

안토니우스는 카이사르가 벌인 알렉산드리아 전쟁 때 화재로 소실된 책들에 대한 보상으로 페르가몬 도서관의 장서 20만 권을 훔쳐다가 클레오파트라에게 선물로 주었다. 이러한 이야기의 출처는 플루타크가 남긴 글인데 다음과 같이 기록되어 있다.

"카이사르의 부하인 칼비시우스(Christopher Calvisius)는 안토니우스의 죄상을 매도하면서 그의 비행 가운데 이러한 것도 있었다고 비난했다. 안토니우스는 페르가몬의 도서 20만 권을 클레오파트라에게 헌정했다." 하지만 플루타크는 계속해서 이렇게 쓰고 있다. "이러한 죄상은 칼비우스가 비열하게 날조한 것이다." 위 인용문 중에서 '헌증했다'에 해당하는 그리스어는 애매모호하여 '제공했다.' '선물로 주었다.' 등으로 해석할 수 있다. 이 서책 20만 권은 〈세라피움 도서관〉 확장에 사용되었다고 전해지기도 한다.

아무튼 플루타크는 그 20만 권의 책이 알렉산드리아로 수송되었다고 명시적으로 언급하지 않았고, 또 그 이야기의 사실성을 의심한 듯하다. 그러니 페르가몬의 도서 20만 권을 클레오파트라에게 주었다는 이야기는 하나의 사실에 근거하지 않는 전해지는 이야기이거나 야설로 보인다.

도서관 장서수를 둘러싼 알렉산드리아와 페르가몬의 경쟁은 우연치 않은 사건으로 싱겁게 끝났다. 카이사르의 암살에 뒤따른 로마 내전 이후 페르가몬을 비롯한 동로마 지역은 안토니우스의 관할로 들어갔다. 이집트의 마지막 파라오인 클레오파트라와 사랑에 빠진 안토니우스는 페르가몬의 모든 장서를 클레오파트라에게 선사한다. 클레오파트라는 이를 모두 알렉산드리아로 옮겼다. 이로써 이미 50만 권을 헤아리던 〈Bibliotheca Alexandrina〉의 장서 수는 70만 권으로 늘어났다. 고대 세계에서 장서수로 세 번째 간다는 에페수스(Ephesus)의 〈셀수스 도서관〉이 가진 책이 2만 5000권이었음을 생각한다면 엄청난 양의 장서라 할 수 있다.

전쟁을 겪으면서 박물관 내의 도서관은 파괴되었다. 프톨레마이오스 왕조의 멸망 후 로마의 황실에서 도서관을 관리하였으나, 272년경 아우렐리우스 황제 때 내전으로 인하여 왕궁과 〈부루치움 도서관〉이 파괴되었다. 마르셀리누스는 "알렉산드리아는 다른 도시들처럼 서서히 확대된 것이 아니며, 아예 처음부터 그렇게 넓게 터를 잡았고 오랫동안 내분에 시달렸다. 그러다가 여러 해가 지난 후, 아우렐리우스 황제 시대에 내전은 치명적인 갈등으로 비화되었고, 도시의 성벽은 파괴되었고, 오랫동안 저명한 사람들의 거주지였던 브루케이온이라는 지역은 대부분 사라졌다."라고 하여 박물관 내의 도서관이 완전히 파괴된 것은 아마도 272년이라고 주장하였다.

또한 윌리엄 셸프는 기원전 48년 카이사르와 프톨레마이오스 VIII세와의 전투에서 처음에 불바람이 일어났고, 부두를 불태운 후에 도서관에 불이 옮아 붙어 파괴했다고 기록했다. 2세기 무렵엔 로마의 역사가 겔리우스(Aulus Gellius, 123?-165?)는 그의 저서 『Noctes Atticae (Attic Nights)』에서 카이사르의 군사가 부두에 불을 놓는 과정에서 실수로 도서관을 불태웠다고 전했다.

또 4세기 무렵엔 비기독교도 역사가 암미아누스 마르셀리누스와 기독교도 역사가 오로시우스는 도서관이 카이사르의 방화에 의해서 불태워졌다고 기록했다. 『알렉산드리아 전쟁』의 익명의 저자는 이집트 해군을 공격하려 놓았던 불이 파피루스로 가득 찬 "상점"을 불태웠다고 기록했다.[248] 하지만 브루키온 주변의 〈Bibliotheca Alexandrina〉의 위치에 대한 지리학적 연구 결과에 따르면 이 "상점" 혹은 불태워졌다는 도서관은 〈Bibliotheca Alexandrina〉가 될 수 없다.[249]

가장 설득력 있는 설명은 이 역사가들이 '책더미'를 뜻하는 'bibliothekas'와 '도서관'을 뜻하는 'bibliotheka'를 혼동했다는 것이다. 따라서 그들은 부두 주변의 책들이 불태워졌다는 기록을 알렉산드리아 도서관의 파괴와 연결지었던 것으로 보인다.

이 기록들이 도서관 책과는 별개인 다른 책들이 불탄 것이든 도서관의 책들이 실제로 불탄 것이든 로마의 스토아 철학자 세네카는 〈Bibliotheca Alexandrina〉의 40,000여의 책들이 모두 불탔다고 기록하고 있다.[250] 로마의 황제 마르쿠스 아우렐리우스는 로마 제국 동쪽을 점령하고 나서(BC.40-30) 페르가몬에 위치한 세계에서 2번째로 큰 도서관을 약탈했다. 그리고는 카이사르의 방화에 의해 불태워진

248) Caesar, de bello alexandrino(the Alexandrian Wars)
249) Jean-Yves Empereur, Alexandria: Jewel of Egypt, p.43.
250) Jean-Yves Empereur, Alexandria: Jewel of Egypt, p.43.

〈Bibliotheca Alexandrina〉의 책들을 대체하기 위해 약탈한 책들을 클레오파트라에게 선물했다. 아바디(Abaddi)는 이 이야기를 반 아우렐리우스 선전에 이용했다. 테오도르 브리토스(Theodore Vrettos)는 방화에 의한 피해를 다음과 같이 표현했다.

> 37개의 군단을 태운 로마 갤리선은 소아시아를 떠나 마침내 이집트 연안에 도착했다. 그러나 역풍에 의해 그들은 알렉산드리아로 진격할 수 없었다. 로키아스에 정박한 이집트 함대 역시 로마군을 어려움에 처하게 했다. 하지만 로마군의 기습적인 공격으로 이집트 함대는 모두 불탔고, 불길은 바람을 타고 번져 항구와 함께 주위의 건물들까지 함께 태웠고 수 천 개의 책이 보관된 건물까지 불태웠다. 역사가들은 실수로 이 사건을 도서관을 불태워진 것으로 보았지만, 사실 〈Bibliotheca Alexandrina〉는 항구와 먼 곳에 위치하고 있었다. 이 불길에 의한 피해 중 가장 치명적이었던 것은 조선소, 무기고, 그리고 곡물과 책을 보관한 창고가 불탄 것이었다. 이 때 거의 40,000여 권의 책이 불탔는데, 알렉산드리아 도서관과는 별개로 알렉산드리아에서 로마를 비롯한 많은 나라로 수출된 내역이 적혀있는 출납부와 원장이 함께 소실되었다.[251]

사실 알렉산드리아에는 〈Bibliotheca Alexandrina〉 말고도 다른 도서관이 최소 2개가 존재했다. 세라페이온 신전의 도서관과 세사리온 신전의 도서관이다. 알렉산드리아는 1세기부터 6세기까지 세계의 과학과 문학의 중심지로서 번성했는데, 이는 〈Bibliotheca Alexandrina〉가 파괴된 이후에도 이 두 도서관에 보관된 수많은 책과 참고문헌들에 의해 가능했다. 〈Bibliotheca Alexandrina〉는 왕족과 일부 학자들

---

251) Theodore Vrettos. Alexandria, City of the Western Mind. New York: The Free Press, 2001. pp.93-94.

만 이용 가능했던 반면에, 이 두 도서관은 대중에게 열려있었다.[252)]

도서관의 파괴에 대해서 기원전 28년의 스트라보의 『지리학(*Geography*)』[253)]에서도 설명을 찾을 수 있는데, 사실 이 책은 도서관을 특정하게 언급하지는 않았다. 다만 그 책에서 그는 불이 나기 전 알렉산드리아를 방문했을 때 보았던 지도를 후에 방문했을 때는 찾지 못했다고 했다. 아바디는 이 언급을 증거로 도서관이 파괴되었다고 추론했다.

하지만 문맥을 자세히 확인하면 이 설명의 신뢰도가 굉장히 떨어짐을 알 수 있다. 책에 의하면 인접한 〈무세이온〉은 아무런 이상이 없었다고 했다. 다시 말하자면 한 건물이 완벽하게 파괴되었는데 바로 옆의 건물은 아무런 이상이 없었다는 뜻이다. 또한 스트라보가 도서관을 언급하지 않았다고 해서 도서관이 파괴되었다는 뜻으로 해석할 필요는 전혀 없다.

마지막으로, 위에서 말했듯이 스트라보는 알렉산드리아 박물관의 상위 기관인 〈무세이온〉을 언급했다. 그리고 그의 다른 언급을 통해 그와 다른 역사가들이 〈무세이온〉과 〈세라페이온〉, 〈Bibliotheca Alexandrina〉에 대해서 명확하게 건물 단위로 구분짓지 않았다. 따라서 이것을 통해 〈Bibliotheca Alexandrina〉가 아니라 그 상위기관을 언급했다고 해서 도서관이 파괴되었다고 말할 수는 없음을 알 수 있다. 또한 그는 뛰어난 지리학자였고, 따라서 그가 봤던 지도가 희귀하고 소수만 이해가 가능한 수준의 것일 가능성이 높다. 그렇기에 이것이 시간이 흐르면서 소실되고 복구가 되지 않아서 그가 20여년 후에 재방문 했을 때 찾지 못할 가능성 또한 다분하다.

따라서 〈Bibliotheca Alexandrina〉는 스트라보의 첫 알렉산드리아 방문(BC.25) 이후에, 그리고 플루타르코스가 언급한 기원후 2세기보

---

252) Jean-Yves Empereur, Alexandria: Jewel of Egypt, p.41.

253) Strabo, Book 17 1.7-10

다 전에 불탔을 것이다. 만약 그렇지 않다면 플루타르코스와 그 이후의 역사가들은 도서관의 파괴를 언급하고 실수로 그 원인으로 카이사르를 지목하지 않았을 것이다. 또한 카이사르의 방화보다는 다른 원인에 의해서 도서관이 불탔을 가능성이 높다.[254] 다른 원인으로 3세기 후반에 있었던 팔미라의 여왕 제노비아와 로마황제 아우렐리아누스의 전쟁이 지목되고 있다.[255]

앞서 살펴본 도서관 파괴에 대한 기록들을 종합해본다면, 도서관이 소장하고 있던 많은 기록들이 유실된 시기는 팔미라의 여왕 제노비아의 반란을 억압하려던 로마 황제 아우렐리아누스가 도시를 점령했을 때로 보인다.[256] 전투가 본 도서관이 위치한 곳에서 일어나서 도서관에 많은 피해를 입힌 것으로 추정된다. 세라페이온 신전의 도서관은 파괴를 면했지만, 4세기 경 보관하고 있던 일부의 기록들이 새로운 수도를 장식하기 위해 콘스탄티노플로 옮겨졌다.

이설(異說)에 따르면 카이사르의 군대가 도서관에서 책을 가져가려 하자 알렉산드리아의 시민들이 그 반출을 막으려 항구의 배에 불을 질렀고, 그 불이 도시와 도서관으로 옮겨 붙었다는 설도 있다. 카이사르의 환심을 사려던 클레오파트라가 알렉산드리아의 책들을 페르가몬에 있는 도서관으로 옮기려고 했다고도 한다.

한 때는 이집트인들이 도서수집의 경쟁이 증가되는 것을 방지하기 위해 파피루스의 선적을 금했다는 이야기도 전해 온다. 알렉산드리아가 당대 최고의 도서관이었고 한참 후에야 그와 대등한 규모의 도서관이 출현했다는 데는 이론의 여지가 없다. 그러나 그 도서관이 소장

254) Jean-Yves Empereur, Alexandria: Jewel of Egypt, p.18.
255) Jean-Yves Empereur, Alexandria: Jewel of Egypt, p.44.
256) Staff Report: What happened to the great Library of Alexandria? The Straight Dope, 6 December 2005.

했던 두루마리의 수는 백만 권 정도에 이르렀다고 추정하고 있으나 정확치가 않다. 그 소실에 관해서도 여러 설이 있는데, 일설에는 테오필리우스(Patriarch Theophilus)의 명령으로 서기 391년 파괴되었다고도 하는 설도 있다.

소아시아의 북서쪽에 위치한 페르가몬의 에우메네스 II세(Eumenes II, BC.197~BC.158)는 아테네 사원 부근에 고전 세계에서 두 번째로 위대한 도서관을 건립했다고 하는데, 이는 단지 19세기 고고학자들의 탐사를 통해 알려지고 있을 뿐이다. 도서관 건물 잔해의 발견은 다른 도서관 건물의 잔재를 확인하는데 일조 했지만, 그 소장 장서에 대해서는 단지 추정에 의존할 뿐이다. 그 도서관 건물은 하나의 트인 진열장과 2층으로 된 주랑(柱廊)식 현관과 4개의 부속실로 되어 있다. 이는 열린 공간에 도서관을 건립한 건축가의 고대의 건축 개념을 보여 주는 것으로, 이러한 건축양식은 오늘날에도 명백하게 적용되고 있다. 전통에 따라, 안토니우스가 알렉산드리아의 풍요를 더할 목적으로 그 장서를 클레오파트라에게 기증함으로서 도서관은 그 목적을 이루었다.

그리고 〈Bibliotheca Alexandrina〉가 후대의 로마 제국 아래에서 활발하게 사용되었다는 증거가 있는데 황제가 도서관장을 임명하였다는 기록이 있고 클라우디우스(Claudius, BC.10~AD.54)가 도서관을 증축했다는 기록이 있기 때문이다. 270년쯤에 〈알렉산드리아 도서관〉이 종말을 맞았다. 아우렐리아누스(Aurelianus) 황제가 팔미라 왕국(Palmyra Kingdom, 267~271 재위)의 폭동을 제압하는 과정에서 알렉산드리아에서도 피비린내 나는 전투가 벌어졌다. 이 싸움동안 왕궁이 파괴되었고 더불어 도서관도 파괴된 것으로 보인다.

대체로, 많은 책들이 소실되었던 이유는 전문가들이 도서관의 토대를 형성할 수 있도록 직무상의 권위에 의해 행해졌던 배열 때문인 듯하다. 도서관이 완전히 파괴되었기 때문에 대안이나 도서관의 근본적 토대에 속해있었던 얼마간의 책의 수집은 알렉산드리아가 아랍에 의해 함락되었던, 7세기 중반까지 거슬러 올라간다.

하지만 이 방면의 일부 권위자들은 대부분 책들은 창고에 보관되어 있었기 때문에 정작 불에 탄 책은 얼마 되지 않았다고 주장한다. 사실 이 책들은 카이사르의 명령에 따라 로마행 배에 선적될 날을 기다리고 있었을 가능성이 크다. 세네카의 추산이 정확하다고 하더라도 뮤즈의 신전에 있는 도서관에만 70만개의 두루마리가 보관되어 있었던 점을 감안하면 이는 빙산의 일각일 뿐이었다. 그 이후에도 화재가 여러번 났었다는 소문이 전해지고 있다.

그러나 근거는 카이사르 시대에 도서관이 파괴되었다고 말하는 것은 명백히 잘못된 것임을 보여준다. 리비(Livy)가 개인적으로 책을 점검하고, 사본에 대한 기준이 완벽했다고 의도하지 않았다면, 처음에는, '완벽한 상태로' 보존되고 있었던 책에 대한 묘사는 그들의 순서보다도 그것들을 만든 양피지와 파피루스에 관한 것이 언급되어 있었을 것이다. 어쨌든, 카이사르가 첫 번째 공공의 2개 국어사용의 도서관을 건립하기 위해서 〈Bibliotheca Alexandrina〉의 귀한 책들을 외국으로 보낼 것을 결정했다 하더라도, 가장 합리적인 제안은 그것들이 도서관이 내놓을 수 있었던 복제된 사본이었든, 카이사르 명령에 의한 특별한 새 사본이었든 둘 중에 하나였다는 것이다.

불행하게도 프톨레마이오스 시대의 알렉산드리아와 로마의 책 무역에 대해서는 아무 것도 알려진 바가 없다. 우리가 분명하게 알 수 있는 것은 알렉산드리아 중심지가 아랍에 의해 점령당했을 때, 고대시대와 바로 17세기를 아울러, 파피루스 두루마리 생산과 수출에 있어서 유일한 중심지였기 때문에, 그 무역이 파피루스와 관련되어 있다는 것이다.

하지만 카이사르가 죽고 나서 알렉산드리아를 방문한 사람들은 여전히 대규모 도서관들이 존재하고 있었다고 증언한다. 아우구스투스 황제 통치기에 활동했던 작가로 예수의 탄생을 기록한 스트라보는 〈Bibliotheca Alexandrina〉의 도서관 실태를 꿰뚫고 있었던 같다. 안토니우스가 클레오파트라에게 파괴된 도서관에 대한 보상으로 페르가몬(알렉산드리아의 경쟁도시로 현재 터키의 영토인 이즈미르 지방에 위치해 있었다)의 책들을 넘겼다는 전설도 있다.

하지만 플루타크(Plutarch)는 이 이야기의 진실성에 의혹을 제기한다. 수에토니우스(Suetonius)는 2세기의 로마 황제 도미티아누스(Titus Flavius Domitianus)가 화재로 소실된 아우구스투스의 팔라티노(Palatino) 도서관을 복구하기 위해 알렉산드리아의 학자들을 고용했다고 쓰고 있다. 이를 통해 그때까지도 알렉산드리아에는 필사본 제작에 필요한 귀중한 자료들을 소장하고 있는 지식 공동체, 곧 도서관이 있었다는 추측을 해볼 수 있다. 그러다 3세기에 들어와서 아우렐리우스 황제가 악명 높은 팔미라(Palmyra, 지금의 시리아에 있음)의 여왕 제노비아(Zenobia) 와 전쟁을 벌리는 과정에서 남아있던 도서관들마저 완전히 파괴되었던 같다.

칼리프 오마르의 파괴설

서기 642년경 칼리프 오마르(Caliph Omar, 634~644)의 명으로 사라센 장군 아무르(Amur)의 지휘 하에 무슬림들의 침공으로 남아있던 〈Bibliotheca Alexandrina〉 일부분마저 파괴되면서 고대 〈Bibliotheca Alexandrina〉는 사라지게 되었다고 주장한다. 이것이 이 도서관의 두 번째 파괴설이다. 전쟁으로 인한 무자비한 도서관 파괴의 사실을 보여주고 있다.

기원전 87년 로마 시대의 막강한 권력자이면서 정치가, 장군이었던 술라(Lucius Cornelius Sulla, BC.138~BC.78)의 부하인 로마 공화정의 군인이자 정치가였던 루쿨루스(Lucius Licinius Lucullus)는 그의 개인 도서관에는 멋진 원고들이 많이 소장되어 있었기 때문에 상당한 명성을 얻었다. 그 개인 도서관의 문은 언제나 개방되어 있었고, 산책로와 열람실은 모든 그리스인들에게 무료로 개방되었다.

플루타크에 따르면 그리스인들에게는 하루 일과를 마치면 그 개인 도서관으로 달려가는 것이 마치 뮤즈의 거처에 들어가는 것처럼 즐거운 일이었다고 한다. 그들은 도서관의 정원에서 산책하거나 열람실에서 책을 읽으면서 행복한 시간을 보냈다. 그의 집은 그리스인을 위한 '영빈관(prytaneum)'처럼 되었다. 그리하여 로마를 방문하는 그리스인들은 그곳에서 지적인 환대와 여흥을 즐길 수 있었다.

이 도서관의 구조는 한편으로는 아리스토텔레스의 〈리케이온〉 내에 위치한 개인 도서관의 기능과 또 다른 면에서는 〈알렉산드리아 대도서관〉의 형태를 그대로 모방한 것으로 보인다.

알렉산드리아의 두 도서관은 4세기 말에 이르러 완전히 파괴된 것처럼 보인다. 이러한 사실에도 불구하고 아랍인이 642년 이 도시를 정복했을 때 도서관을 파괴했다는 전설이 현대까지 전하여지고 있다. 그렇지만 기븐(Edward Gibbon)은 그러한 전설이 사실이 아니라고 폭로한 바 있다. 이 전설에 대한 아랍측 자료와 기타 자료에는 1902년 버틀러(Alfred J. Butler)가 자세히 논의한 바가 있다. 이 이야기는 13세기의 아랍 역사학자인 아브 알 파라즈(Abu al Faraj)의 저서에서 처음 등장한다.

성직자에서 해직된 그리스도교 사제이며 문법학자인 요하네스(Johannes)가 알렉산드리아를 점령한 아랍의 정복자를 찾아와 물었다.

"왕국의 창고에 있는 지혜의 책들을 어떻게 할까요? 이것들은 아랍인에게 아무 소용도 없을 터인데요." 아무르(Amur)는 다시 이 문제에 대하여 칼리프 오마르에게 문의했다. 그러자 이렇게 회신했다.

> 만약 그 책들의 내용이 알라의 말과 일치하는 것이라면 우리에게는 그 책들이 필요없다. 왜냐하면 알라의 책 하나만으로 충분하기 때문이다. 반면에 그 책들이 알라의 책과 일치되지 않는 내용을 담고 있다면 그것들을 보관할 필요가 없다. 만약 그렇다면 불태워 버려라.

그래서 아무르는 그 책들을 알렉산드리아의 목욕탕 땔감으로 보냈고, 그것들을 모두 태워버리는데 무려 6개월이나 걸렸다고 한다.

알렉산드리아가 '아무르(Amur)'에게 함락 당했었을 때, 그 저명한 아리스토텔레스학파의 필로포누스(John Philoponus, 490~570)는 여전히 고령의 나이에도 그곳에서 살고 있었다. 사실 그는 〈Bibliotheca Alexandrina〉의 마지막 도서관장 혹은 사서였다. 그들의 만남 중 하나에서 필로포누스가 서적들을 왕실의 금고에 자물쇠를 채워서 보관하는 것은 곤란하고 걱정스러운 일이라고 말했다. 그리고 아무르에게 그것을 자유롭게 연구할 수 있도록 놓아두라고 요청했다.

아무르는 염려하며 그의 말을 경청하였고, 필로포누스에게 그는 그것에 대해 더 알고 싶었기 때문에 그에게 도서관의 역사에 대해서 이야기 해달라고 부탁했다. 필로포누스는 그에게 그가 알고 있는 것을 여전히 잘 알려져 있었고, 정확하다고 믿어지고 있었던, 『Aristeas의 서한』에 근거하여 말해 주었다. 그러자, 준법적이고 이슬람교도로 훈련되어 있는 아무르는 그 요청을 오마르에게 전달하겠다고 약속하였다.

그는 전달하겠다는 이 약속을 수행했지만, 오마르의 답장이 도착하는 데에는 시간이 너무 많이 지체되었다. 이것은 아무르에게 프톨레마이오스 왕조의 역사에 대해 더 알아볼 수 있는 약간의 시간적 여유를 가져다주었다.

전설은 이슬람에 투항했던 그리스인이 필로포누스가 언급했었던 수집품은 프로펫(Prophet)이 탄생하기 전에 소실되었다고 주장하면서 문제를 복잡하게 만들었다. 아무르는 진실을 추구하기로 결정하고 필로포누스와 유대인 의사와 필라레투스(Philaretus)라는 이름의 역사가와 함께 〈세라피스 사원〉의 폐허로 갔다. 거기에서 그들은 보조 도서관의 약간의 유물과 이교도 사원의 유물을 발견하였다.

고등교육을 받은 필라레투스는 불을 내서 그곳을 파괴했다며 카이사르를 비난했던, 마르셀리우스에 의해서 소문이 났던 부정확한 모든 것을 없애기 위해 최선을 다하며 〈Bibliotheca Alexandrina〉를 따라 전설에 근거하여 긴 강연을 하기 시작하였다. 그 이야기는 오로시우스(Orosius)같은 진실을 덮어버리려고 하는 훗날의 작가들에게로 옮겨갔다.

아랍인 기록가는 우리에게 아무르는 〈Bibliotheca Alexandrina〉의 명성에 어울리는 책 수집품을 찾았는지의 여부에 대해서, 찾았다면 책들이 어떤 상태에 있었는지 알려주지 않았다. 그러나 마침내 전달자가 오마르의 답장을 가지고 도착했다. 오마르의 의견은 간결했고, 어떤 논쟁의 여지도 남기지 않은 채, 코란의 그 자체로서의 가치에 대해서 강력하게 말하였다. 그들의 파괴의 결과이다"라고 말하였다. 물론, 오마르의 명령에 순종하였다.

그는 아리스토텔레스의 책을 제외한 모든 책들은 물을 덥히는데 연료로 사용하도록 알렉산드리아의 공중목욕탕에 배포하였다. 그리고 우리는 그것들이 모두 타서 없어지는 데 6개월이 걸렸다는 이야기를 듣는다. 사건의 변형에 대한 진실성에 있어서 필로포누스의 연루가 필수적이라면, 그가 알렉산드리아가 함락되기 몇 십 해전에 죽었기 때문에 전 이야기가 허구임은 분명하다.

기원전 47년에 〈Bibliotheca Alexandrina〉의 파괴와 642년 오마르의 명령에 따른 그곳 책들의 소실은 많은 전설과 추측들이 만들어 졌던 두 가지의 줄거리이다. 그러나 역사적 사실은, 기독교의 지배와 필연적인 고전 연구의 공백에 의해, 서적 애호적 전통에 변동이 지적 세계에 있어서 일어났고 파피루스 두루마리의 계승자로서의 사본의 등장은 우리가 어떤 강력한 결론을 이끌어내고 진실을 폭로하고 싶어 한다면, 우리는 신화와 전통의 진실로 부터의 다른 방향을 따라야 한다는 것을 보여준다.

아미르 이븐 엘아스(Amr ibn el-Ass)가 알렉산드리아를 함락시켰을 때, 그는 오마르에게 편지를 썼다. '나는 서방의 위대한 도시를 함락시켰다. 나는 이 가치와 고귀함을 어떻게 묘사해야 할지 모르겠다. 내가 말할 수 있는 전부는 4,000개의 별장, 4,000개의 공중목욕탕, 400개의 극장과 놀이 공간, 12,000개의 식료품 가게와 40,000명의 유대 국민들이 있다는 것이다. 도시는 협정 없이 군대의 힘으로 장악되었다. 충실한 신봉자들은 승리의 기쁨을 즐기려 기다릴 수 없다'고 하였다.

그러나 아무르는 교양 있는 사람이었다. 그는 그의 군대가 알렉산드리아를 약탈하는 것을 허락하지 않았고, 그 도시를 되찾으려는 비잔틴 군사들의 반복되는 시도에도 복수심을 자극 받는 것을 거부했다. 그리고 그는 알렉산드리아를 '매춘부의 집처럼 모든 사람에게 열겠다는, 도시의 벽들을 허물기 위해 돌아다니겠다는' 약속을 지켰다. 그가 그의 군대에게 강탈하는 것을 그만두도록 설득했던 그 현장에 그는 그가 『Mosque of Clemency』라고 부르는 회교 사원을 지었다.

기독교도들에 의한 파괴설

정통이든 이단이든 관계없이 고대의 책들은 항상 그 존재를 위협받아 왔다. 종교적 박해의 폭풍이 새롭게 휘몰아 칠 적마다 이교들은 기독교 문서들을 모조리 소각했고 기독교 쪽에서도 자신들에게 우세한 국면이 조성되면 이교도 문물에 대해 비상한 관심을 갖고서 보복을 강행했다. 책들을 없앨 적에 이슬람교도들은 "책의 내용이 코란에 쓰여 있으면 그것은 불필요하며, 코란의 가르침에 위배되는 내용이 있다면 그것은 부도덕하다."라는 이유를 들었다. 이런 말은 자기 합리화에 불과할 뿐이고, 그들이 책의 파괴자라는 사실에는 변함이 없다.

톰슨(James Thompson)은 그의 『고대 도서관사』에 관한 논문에서 초기 기독교도들은 이슬람교도들 만큼이나 광신적이었으며 도서관을 파괴할 일을 능히 할 사람들이었다고 지적하고 있다. 수세기 동안 도서관은 오랫동안 있어왔던 일련의 절취와 약탈행위로 피해를 입었으며, 결국 남은 장서는 뿔뿔이 흩어지고 분실되었다. 단지 도서관의 파괴와 함께 사라진 고대 세계의 지식과 후대가 결코 향유하지 못할 풍요로운 헬레니즘 문화에 대해 추정할 뿐이다.

하지만 이 시기에 이르면 유대인과 신 플라톤주의자와 같은 이교도보다 문화적으로 우월하다는 것을 입증하고자 혈안이 되어 있던 기독교도들의 수중에 떨어지면서 도서관은 이미 쇠퇴의 길을 걷고 있었다. 그들에게 도서관을 가득 채운 그리스의 풍부한 문화유산은 눈에 가시같은 존재였으며 일종의 사탄으로 간주되었다. 그들의 분노는 4세기에 이르러 절정에 달했다.

2세기에 자진해서 순교를 당하는 그리스도교도들을 목격함으로써 그리스도교로 개종했다고 주장하는 테르툴리아누스(Quintus Tertullianus, 155~230)는 자기 역시 한때는 로마의 공개적 박해가 '터무니없을 정도로 잔혹' 한 것을 즐기며 지켜보았다고 자백했다. 그는 그리스도교 인이 된 후에도 그와 같은 피투성이의 수난을 여전히 즐긴 것 같다. 그는 분명 재미삼아서 최후의 심판 때에 이교도들에게 닥칠 운명을 소름 끼치도록 폭력적으로 그려 놓았다.

> 구경거리를 원한다면, 모든 장관 가운데 가장 위대한 장관인 최후의 영원한 심판을 고대하라. 그 많은 지상의 군왕들, 거짓 신들이 암흑의 가장 낮은 심연에서 신음하는 것을 볼 때 나는 얼마나 찬탄하고, 얼마나 웃고, 얼마나 기뻐하고, 얼마나 의기양양하겠는가. 주의 이름을 박해한 그 많은 관원들이 교인들을 불태웠던 것보다 더욱 격렬한 불길 속에서 녹아내리는 것을 보리라. 현자라고 불린 그 많은 철학자들이 그들의 기만적인 제자들과 더불어 시뻘건 불길 속에서 타오르는 것을 보리라. 그 많은 유명 시인들이 미노스의 법정(Court of King Minos)이 아닌 그리스도의 법정에서 부들부들 떠는 것을 보리라. 그 많은 극작가들은 자기 자신의 수난의 노래를 흐드러지게 부르리라. 그 많은 무용수들은 ………
>
> 그리고 그는 계속해서, 그의 적대자들이 영원히 받게 될 소름끼치는 형벌을 기뻐한다. 그는 불과 몇 세대 후에 그런 형벌이 실제로 수많은 이교도들에게 가해지리라는 것을 전혀 몰랐다. 최후의 심판 때가 아니라, 4세기 로마 가톨릭 교회가 이교 신앙을 말살할 때!

문자주의 그리스도교가 로마 제국의 국교로 채택되자, 문자주의자들은 이교도들에게 잔혹한 테러를 가했다. 이교도 예언자들은 체포되어, 그들의 신이 가짜라는 것을 시인할 때까지 고문을 당했다. 사제들은 그들의 성소에 사슬로 묶인 채 굶어 죽었다.

고발을 뒷받침하는 아무런 증거가 없는데도 이교도들은 어린애들을 제물로 바쳤다는 고발을 당해서 신들의 제단에 그들의 피를 뿌렸고, 그들의 창자로는 현악기 줄을 만들었다. 그들은 처참한 고문을 당한 후 저지르지도 않은 죄를 자백하고, 그렇게 처형당했다. 산채로 화형을 당한 사람도 많았다. 일부 고대 성소는 능욕을 당한 후 철저히 파괴되었고, 더러는 징발되어 강제로 그리스도교 교회로 개조되었다. 이교도의 위대한 종교 저술들은 대규모로 소각되어 세상에서 영원히 사라지고 말았다. 한 목격자는 이렇게 기록했다.

> 책을 산더미처럼 쌓아 놓고 판사들이 지켜보는 가운데 불 질렀다. 금서를 소유한 자의 장서는 모조리 재가 되었다. 모든 사람이 엄청난 공포에 사로잡혔다.

이교 신앙이 공격을 당한 것은 존재하지도 않는 신들을 잘못 숭배했기 때문이 아니었다. 신들이 정말 병자를 고치고 미래를 예견하는 기적을 일으킬 수 있었는지는 논란의 대상이 되지도 않았다. 다만 이교도의 신들은 어수룩한 사람들을 속이고 기만하기 위해 마법을 부리는 악마로 간주되었다. 이교도의 '다이몬(daimon)'[257]은 사악한 '데몬(악마)' 이 되었다. 따라서 이교 신앙은 말살되어야 했다. 4세기 중반에 한 주교는 그리스도교인 황제 콘스탄티누스(Constatinus, 274~337)에게 이렇게 요구했다.

> 우상 숭배의 범죄를 모든 면에서 혹독하게 박해해야 하는 것은 지고하신 하나님의 율법에 따라 황제에게 명해진 것입니다. 통촉하소서, 그런 범죄에 관하여 하나님이 명하신 것을 듣고 믿으소서. 그 아들도 형제도 용서하지 말라고 하나님은 명하십니다. 칼을

257) BC. 600년 이전 그리스에서 신들에게 사용한 일반적인 용어이다. 시대와 사람들에 따라 개념이 조금씩 다른데, '수호신' 혹은 '인간의 오성과 이성'의 의미로도 쓰였다.

들어 그 아내의 수족을 베라고 명하십니다. 그 친구 또한 아주 심하게 박해하고, 신성을 더럽히는 민족의 몸을 갈가리 찢기위해 모두 무기를 들라고 명하십니다. 그러한 범죄를 저질렀다는 것이 밝혀지면, 그 도시까지도 죄다 파괴하라고 명하십니다.

383년에 로마의 이교도 원로원 의원인 심마쿠스(Symmachus)는 너무나 참담한 나머지 그리스도교인 황제 발렌티니아누스(Flavius Valentinianus) 2세에게 종교적 관용을 호소했다. 그는 다음과 같이 호소했지만 헛일이었다.

모든 숭배는 같은 것으로 여겨져야 합당합니다. 우리는 같은 별, 같은 하늘을 봅니다. 그것은 모두 같은 우주에 속합니다. 각자 진리를 찾는 방법이 다르다고 한들 무슨 상관이겠습니까? 우리는 그 위대한 비밀에 이르기 위해 유일한 하나의 길로만 갈 수는 없습니다.

386년 무렵에는 근본주의에 사로잡힌 광신도 수도사 무리가 로마 제국 전역에서 피에 굶주려 날뛰고 있었다. 그들은 완전히 법의 통제를 벗어났다. 이교도인 리바니우스(Libanius)는 황제가 개입해 달라고 이렇게 호소했다.

폐하는 신전을 폐쇄하라거나 아무도 신전에 들어가지 말라고 명하지 않았습니다. 폐하는 신전과 제단의 불과 분향을 배격하지 않았습니다. 그러나 검은 복장을 한 이 폭도들은 엄연히 법이 있는데도 법을 무시하고, 곤봉과 돌과 쇠몽둥이를 들고 다니며 신전을 유린하며, 더러는 맨손 맨발로 유린합니다. 그래서 신전은 완전히 파괴되어 지붕이 내려앉고, 벽이 무너지고, 석상이 끌어내려지고, 제단이 뒤집어지고, 사제들은 입을 다물지 않으면 죽음을 당합니다. 첫 신전이 파괴되면, 두 번째, 세 번째 신전으로 달려갑니다. 그리고 법을 어기면서, 전승 기념비를 철거해서 첩첩이 쌓아 올립니다. 대부분 교외에서 이런 일이 일어나고 있지만, 더러는 도시 안에서도 이런 일이 일어납니다. 그런 짓을 저지르는 자들은 수가 너무나 많은데, 작은 무리로 흩어져서 이루 헤아릴 수 없는 만행을 저지른 후 함께 모여서, 무슨 짓을 했는지 서로 다투어 자랑하다가, 최고의 만행을 저지르지 못한 것을 부끄러워 합니다.

또한 한 익명의 이교도(390년대)는 참담한 심정으로 이렇게 예언했다.

내가 죽을 무렵에는 남아 있는 성소가 없을 것이다. 위대한 세라피스 신전도 형체 없는 어둠 속으로 사라질 것이다. 지상에서 가장 아름다운 것들이 있던 자리에서는 거짓말처럼 텅 빈 어둠만이 괴괴할 것이다.

391년 6월 16일, 마침내 테오도시우스(Flavius Theodosius) 황제는 모든 이교도 신전을 폐쇄하라는 칙령을 내렸다. 이 이교도 신전에는 〈알렉산드리아 대 도서관〉도 포함된 것이다. 그리스도교인 폭도들은 기회를 놓치지 않고 즉각 알렉산드리아의 세라피스 신전으로 달려가 초석만 남겨 놓은 채 완전히 파괴해 버렸다.

황제는 또 이렇게 명했다. 그리스도교에 적대적인 모든 책을 불살라라. 그 책들이 하나님의 분노를 사지 않도록, 그리고 경건한 자들을 오염시키지 않도록. 그러자 문맹자 수도사들은 수천 년 동안 축적되어 온 지혜와 과학적 지식을 이교도의 미신으로 취급해서 닥치는 대로 말살해 버렸다. 그 수도사들은 인간을 닮았지만 돼지처럼 산다고 말한 이교도 작가 에우나피우스(Eunapius of Sardis)는 절망적인 심정으로 이렇게 썼다.

검은 복장을 한 자들은 모두가 횡포한 자들이다.

415년에 알렉산드리아의 대주교 키릴로스(Cyrillos, 376~444)[258]는 수도사들을 시켜 한 교인 폭도를 선동해서 〈알렉산드리아 도서관〉의 마지막 이교도 과학자를 살해하게 했다. 그 과학자는 히파티아라고 불린 여성이었다(이 학자사서에 대한 전설같은 이야기는 다음 장에서 상세하게 다루어질 것이다). 그녀는 사지가 갈가리 찢겼고, 키릴로스는 성자가 되었다.

콘스탄티누스 치하에서는 그리스도교가 로마 제국의 이교도 종교와 동등한 지위를 가진 것으로 기록되어 있다. 반세기 후, 테오도시우스(Flavius Theodosius) 치하에서 그리스도교는 인간이 믿어야 할 유일한 종교로 선포되었다. 테오도시우스는 395년에 사망했다. 정확히 15년 후 로마는 서 고트족의 발길에 무참히 짓밟혔다.

고대 세계의 가장 위대한 제국의 심장부인, 자랑스러운 이 도시는 여러 신들을 섬기며 천년 동안 번영해 왔었다. 그런데 그리스도교로 개종한지 몇 십 년 만에 수많은 경이적 유물과 성취가 파괴되었고, 그 후 얼마 되지 않아 로마는 멸망하고 말았다(476년에 서로마 제국 멸망). 그리스도교는 미트라스 신앙(Mithras, 고대 페르시아의 빛과 진리의 신)이나 다른 이교 신앙이 실패한 로마 제국에서 하나의 종교로 성공하지 못했다. 사실상 그리스도교는 로마 제국의 몰락을 동반한 종교였다.

문자주의 그리스도교가 로마 제국의 국교가 된 후에도, 영지주의(Gnosticism)[259]는 여전히 강력한 세력을 유지했다. 4세기에도 여전히

---

258) 로마 가톨릭교 신학자 · 성직자. 알렉산드리아 출생. 412년 알렉산드리아 대주교가 되었다.

259) 영지주의(Gnosticism)는 헬라어로 '지식' '앎' 등의 뜻을 가진 그노시스(gnosis)에서 비롯된 용어이다. 영지주의는 일종의 우주론적 이원론으로 우주는 영적 세계와 악한 물질 세계로 구분되며 사람은 그리스도를 믿거나 여타 종교를 통

이단적 교인들이 많아서, 예루살렘의 키릴로스는 신자들에게 이렇게 경고해야 했다. 실수로 영지주의 교회에 발을 들여놓지 않도록 조심하라고. 테오도시우스 치하에, 이집트의 성직자와 수도사 사이에는 이단자가 너무나 많아서 티모테우스(Timotheus) 주교는 일요일마다 강제로 고기를 먹게 함으로써 채식주의자인 영지주의자들을 솎아 냈다.

철학자 시네시우스(Synesius)는 명백히 영지주의자였는데도 키레네의 주교로 선출되기까지 했다. 그는 알렉산드리아의 이교도 과학자인 히파티아와 함께 플라톤 철학을 연구했고, 부활을 신성한 미스테리아의 비유로 여겼다. 그는 유일하게 참된 종교는 철학이라고 가르쳤다. 그리고 종교적 이야기와 의식은 철학자가 아닌 자들을 위해 철학적 진리를 대중적으로 표현한 것에 지나지 않는 것이라고 가르쳤다.

그러나 정통을 부르짖는 당대 상황에서 그는 주교로서 은밀히 철학화하지 않고 공개적 노선을 따르겠다고 약속해야 했다. 하지만 그는 여전히 새로 세례를 받은 사람을 위해 부활절 의식 대신 입문식을 치르게 했다. 그것은 정통 그리스도교보다 이교도의 미스테리아와 관계된 것이었다.

영지주의가 계속 인기를 유지해 가자 로마 교회는 강제로 -무자비하게 효율적으로-그리스도교를 통합하기 시작했다. 테오도시우스는 영지주의를 금하는 100개의 법안을 통과시켰다. 그래서 그들의 믿음, 모임, 입문, 재산 소유, 그리고 궁극적으로 존재 자체를 불법화했다! 포고령 하나를 예로 들면 다음과 같다.

해 구원 받는 게 아니라, 신비한 지식을 통하여 구원에 이른다고 본다. 그 특별한 비법, 특별한 지식을 바로 영지(그노시스)라고 부른다. 즉, 고대에 존재하였던 혼합주의적 종교 운동 중 하나이다.

> 이 법령에 따라 다음과 같이 알린다. 노바티아누스파(Novatianists)·발렌티누스파(Valentinians)·마르키온파(Marcionists)·파울리키우파(Paulicians), 너희의 교리는 거짓과 허영으로, 파괴적이며 악의적인 범실로 가득 차 있다! 우리는 너희에게 경고한다. 너희는 어느 누구도 이 시간 이후 모임을 갖는 것을 금지한다. 이 법령을 어길 경우, 너희가 모임을 가진 모든 가옥을 몰수해서 그것을 즉각 가톨릭교회에 넘겨주게 될 것이다.

마침내 381년에 테오도시우스는 이단을 국가 반역죄로 규정했다. 영지주의 저술은 '금지되기만 해서는 안 되며, 전부 파괴하고 불태워야 할' 그리고 '온갖 사악함의 온상' 으로 매도되었다. 모든 철학적 토론은 전적으로 억압되었다. 그리고 이렇게 포고되기도 했다.

> 너희는 공개 석상에 나가서는 안 되며, 종교에 대해 어떤 주장을 해서도 안 되며, 토론을 하거나 조언을 해 주어도 안 된다.

5세기 초에, 알렉산드리아의 막강한 대주교인 키릴로스를 위해 '악역'을 수행한 어떤 수도원장은 이단적 그리스도교 공동체를 공격하며 다음과 같이 위협했다.

> 너희가 키릴로스 대주교를 인정하지 않으면, 너희들 대부분의 목이 베일 것이며, 간신히 목숨을 구한 자들은 추방될 것이다.

가톨릭 그리스도교의 위대한 대변자 아우구스티누스는 겁을 주어야만 사람들이 말을 듣기 때문에 강압 조치가 필요했다는 말로써 당시의 분위기를 여실히 전해 준다. 군사력은 이단자를 억압하기 위해 필수 불가결한 것이었다. 아우구스티누스는 이렇게 선언했다. '스스로 두려움으로 가득 차 있는 나는 너희도 두려움으로 가득 차게 하겠다'. 바울의 사랑과 그노시스의 영적 종교는 로마 교회의 복종과 테러의 종교가 되었다.

문자주의는 어떻게 영지주의를 이길 수 있었을까? 자체 특성상 영지주의는 신비한 특성을 좋아하는 사람들의 마음을 끌었다. 반면에 문자주의는 제도적 종교를 신봉하는 것에 관심이 있는 사람들의 마음을 끌었다. 영지주의자들은 개인적 계몽에 관심이 있었고, 교회를 만드는 것에는 관심이 없었다. 그들은 문자주의자들에게 승리할 수가 없었다. 왜냐하면 승리하고 싶다는 생각을 하지 않았기 때문이다.

문자주의는 원래 그리스도교의 공개적 미스테리아였고, 입문자를 영적인 길로 이끌기 위한 준비 단계로 만들어진 것이었다. 환상적인 마법과 기적 이야기를 들려주며, 세례를 받고 믿기만 하면 불멸성을 얻게 된다고 약속하는 공개적 미스테리아는 은밀한 미스테리아보다 더 대중적으로 호소력을 가질 수 있도록 의도된 것이었다.

이교 신앙과 영지주의는 본래부터 관용적이었다. 그것은 신화를 기초로 했기 때문이다. 다른 종파는 다른 신화를 믿었지만, 그렇다고 해서 서로 대립적이지는 않았다. 다양성이 수용 가능했던 것은, 내적 의미를 중시할 뿐 외적 표현은 따지지 않았기 때문이다. 그러나 문자주의는 본래부터 편협했다. 예수가, 하나이며 유일한 하나님의 아들이고 신자들은 그것을 역사적 사실로 인정해야 했다. 그러니 그리스도교는 그런 역사성을 따지지 않는 다른 모든 종교와 대립할 수밖에 없었다.

게다가 믿지 않는 모든 사람이 영원한 저주를 받도록 정해져 있다면, 문자주의 그리스도교인들은 자신의 믿음을 전파할 도덕적 의무를 갖게 된다. 가능한 한 많은 영혼을 구하기 위해 필요하면 강제로라도 전파해야 한다. 그러다 죽는 한이 있더라도! 이교 신앙과 영지주의에 대한 로마 교회의 공격은 종교적 성전(聖戰)이었고, 하나님이 부여한 의무였다. 자기만이 옳다는 편협성은 그처럼 성스러운 것이 되었다.

차치하고 약 1천 500년 전에, 광신적 그리스도교 수도사들도 문화혁명을 일으켰다. 그때 고대의 경이로운 유적과 이교 신앙의 문화적 업적이 잿더미가 됨으로써, 서구문명은 1천 년이나 퇴보하고 말았다. 이교도 유산을 그처럼 막무가내로 파괴한 것은 서구 역사상 최대의 비극이 아닐 수 없다. 잃어버린 유산의 규모는 이루 헤아릴 수 없다. 이교도의 신비주의와 과학적 탐구 정신은 독단적 권위주의로 바뀌었다. 로마 교회는 영적 구원에 이르는 길을 스스로 생각하고 스스로 탐구할 수 있는 권리를 부인하며 위협과 폭력으로 그들의 신조를 강요했다. 고대의 위대한 문화유산이 잿더미가 되는 동안, 성 아우구스티누스는 문자주의자의 근본주의 신앙이 승리했음을 이렇게 선포했다.

> 『성서(Bible)』의 권위에 입각한 것 이외에는 어떤 것도 받아들여서는 안 된다. 인간의 모든 정신력보다 『성서』의 권위가 더 위대하기 때문이다.

고대인들은 피라미드와 파르테논 신전을 세웠지만, 유럽 지역의 그리스도교인들은 몇 백 년이 지나는 동안 벽돌집을 짓는 방법도 잊어버렸다. 기원전 1세기에 포시도니우스(Posidonius)는 행성들의 궤도를 충실하게 반영한 태양계의 아름다운 공전 모형을 만들었다. 서기 4세기 말경에는 하나님이 매일 밤마다 하늘에 별을 설치한다는 것을 믿지 않는 것은 신성 모독으로 간주되었다. 기원전 3세기에 알렉산드리아의 학자 에라토스테네스는 불과 몇 퍼센트의 오차 이내에서 지구의 둘레를 정확히 추산해 냈다. 그러나 서기 4세기 말경에는 지구가 평평하다는 것을 믿지 않으면 이단자로 몰렸다.[260)]

---

260) http://www.atheism.or.kr/bbs/board.php?bo_table=freeboard&wr_id=5119(cited 2012. 1. 24)

5세기 초에 활동한 신학자, 이집트 알렉산드리아 총대주교였던 '신이 사랑한' 이라는 뜻의 테오필루스(Theophilus)는 〈세라피스 신전(Temple of Sarapis)〉 터에 교회를 지으려 했다. 그는 먼저 기독교도들을 풀어 이교도 신전을 파괴하도록 부추겼다. 이에 도서관과 도서관의 책들도 똑같은 파괴의 길을 걸을 수밖에 없었다. 여러 가지 정황으로 추측하건대 3백년 후 오마르(Caliph Omar) 포고를 둘러싼 이야기가 사실이었는지는 차치하고 알렉산드리아의 파피루스가 적어도 한 번 이상의 화마의 희생양이 되었던 것만은 분명한 듯하다.

기독교 탄생 이후 〈Bibliotheca Alexandrina〉 역사는 더욱 감춰져 버리게 된다. 4세기경에는 기독교 문화가 중요한 힘을 갖게 되었으며, 테오도시우스는 이교도를 붕괴시키라는 법령을 공포하였다. 〈Bibliotheca Alexandrina〉와 박물관은 이교 사상의 가장 좋은 본보기로서 금과 보석으로 치장된 상형문자와 이집트 여신들이 이교도 배척의 최초 목표가 된 것이다. 결국 391년에 〈세라피움 도서관〉은 그리스도교 집단에 의해 침해당했으며, 사원은 교회와 수도원으로 바뀌었다.

기독교 역사가 오로시우스(Paulus Orosius)에 의하면 391년 알렉산드리아의 그리스도교 대주교인 테오필루스는 도시의 신전들 가운데 하나를 교회로 전용하려 했다. 하지만 이교도들이 저항하자 시가전이 발발했고 신전들이 상당수 파괴되었다. 테오필루스는 테오도시우스 I 세로부터 〈세라피움 도서관〉을 포함하여 신전들을 폐쇄해도 좋다는 허가를 얻었다. 이후 장서는 훼손되었고, 당시 사람들에 의해서 서가가 비워지기 시작했다. 결국 세라피움은 391년경 신전을 교회화 하는 과정에서 사라진 것으로 추정된다.

270년쯤에 드디어 〈Bibliotheca Alexandrina〉가 종말을 맞았다. 아우렐리우스 황제가 팔미리(Palmyra) 왕국의 폭동을 제압하는 과정에서 알렉산드리아에서도 피비린내 나는 전투가 벌어졌다. 이 싸움 동안 왕궁이 파괴되었으며 더불어 도서관도 파괴된 것으로 보인다.

위에서 살펴본 것 외에도, 테오도시우스는 391년 포고령을 내려 로마의 국교 가톨릭 이외의 종교를 믿는 행위를 이교라 칭하고 불법으로 간주했다. 무세이온과 세라페이온에 있는 모든 도서관은 '이교도' 신전 구역에 위치하고 있었고, 가톨릭이 국교로 정해지고 나서는 이러한 이유로 보호받지 못했다. 알렉산드리아의 신전들은 391년, 데오빌로에 의해 모두 문을 닫았다.[261)]

콘스탄티노플의 소크라테스(Sokrates; 그리스의 기독교 사학자)는 440년 그의 책 『교회사(*Historia Ecclesiastica*)』의 15권에서 알렉산드리아의 신전들이 파괴된 경위를 다음과 같이 설명하고 있다.

> 알렉산드리아의 주교 데오빌로(Theophilus)[262)]의 요청으로 황제는 알렉산드리아에 위치한 이교도의 신전들의 파괴를 명했고, 데오빌로(Theophilus)에게 이 집행을 맡겼다. 데오빌로는 이교 의식을 비방하는 데에 모든 노력을 총동원했다. 그는 먼저 미스테리움(Mysterium)을 제거했고, 그들의 피의 의식을 대중에 공개했다. 그 다음엔 그는 세라페이온을 파괴했고, 역시 터무니없는 미신을 공개했다. 또 남성 생식력의 신 프리아포스(Priapus)의 남근을 광장의 중앙에 전시하기도 했다. 따라서 알렉산드리아의 통치자와 이집트 군의 총사령관은 데오빌로를 도와 이교의 신전을 파괴하기 시작했다.[263)]

---

261) Edward K. Gibbon. Decline and Fall, ch. 28

262) 데오빌로(Theophilus)는 '하나님의 친구'라는 뜻이다. 성경은 그가 누가복음과 사도행전의 수신인 임을 알려주고 있다. 따라서 그는 아마도 로마 황제의 친족이었거나 고위 공직자로 실존했던 그리스도인이 아니었나 싶다.

263) Socrates, Alexander Roberts, James Donaldson (1885). Socrates: Book V: Chapter 16, Philip Schaff et al.: Nicene and Post-Nicene Fathers.

〈세라페이온〉은 〈Bibliotheca Alexandrina〉의 일부였지만 이것이 파괴될 당시 얼마나 많은 책이 소장되어 있었는지는 알려지지 않았다. 소크라테스의 기록은 도서관이나 그 내용물에 대해 언급이 없었고, 다만 종교적인 것에만 국한되어 있었다. 더 이전의 아우렐리우스 기록에 의하면 얼마나 많은 책이 〈세라페이온〉에 보관되어 있었던 지에 상관없이 4세기 말 무렵에는 한 권의 책도 보관하지 않았다. 비기독교도 작가 사르디스의 에우나피오스(Eunapios)는 이것에 대해 증언했는데, 그가 학자였고 또 기독교를 혐오했음에도 불구하고 〈세라페이온〉의 파괴 당시의 도서관에 대한 언급이 없었다.

서기 642년, 알렉산드리아는 아무르 이븐 알 아스(Amr ibn al-Āṣ)의 무슬림 군대에 점령당했다. 이에 대해 총 5가지 증거가 있다. 바그다드의 압드 알 라티프(Abd al-Latif)는 〈Bibliotheca Alexandrina〉가 칼리프 오마르의 명령을 받은 아무르(Amour)에 의해 파괴되었다고 기록했다.[264] 또한 『학자의 역사(*History of Learned Men*)』에서 같은 얘기를 했다.[265] 이 사건에 관해 가장 긴 기록은 아부 알 파라즈(Abūal-Faraj)로도 알려진 시리아의 기독교 작가 바르 헤브라에우스(Bar Hebraeus, 1266~1286)가 남겼다.

그는 『Chronicum Syriacum』의 초록을 아랍어로 번역한 것에 내용을 추가했다. 그의 책 『Historia Compendiosa Dynastiarum』[266] 에서 존 그라마티쿠스(John Grammaticus)가 아무르에게 〈Bibliotheca Alexandrina〉의 책을 가져와 달라고 요청했다고 기록했다. 아무르가 오마

264) De Sacy, Relation de l'Egypte par Abd al-Latif, Paris, 1810.

265) Samir Khalil, L'utilisation d'al-Qifṭī par la Chronique arabe d'Ibn al-'Ibrī († 1286), in : Samir Khalil Samir (Éd.), Actes du IIe symposium syro-arabicum (Sayyidat al-Bīr, septembre 1998). Études arabes chrétiennes, = Parole de l' Orient 28(2003). pp.551-598.

266) Bar Hebraeus: Historia Compendiosa Dynastiarum, Oxford, 1663.

르에게 물어보자 오마르는 이렇게 답했다. "만약 그 책들이 코란에 어긋나지 않는다면 우린 그 책들이 필요가 없고, 만약 그 책들이 코란에 어긋난다면 모두 없애버려라.[267)]

알 마크리지(Al-Maqrizi, 1364~1442) 역시 〈세라페이온〉에 대해 말하면서 이 사건에 대해 언급했다. 이븐 할둔(Ibn Khaldun, 1332~1406)의 기록에 따르면 오마르가 페르시아의 책들에 대해서도 비슷한 결정을 내렸다고 한다. 이 이야기는 콥트 교회(Coptic Church)에 의해 1920년대까지 받아 들여 졌지만, 그 이후 많은 반론이 나왔다.

3세기에 카라칼라(Caracalla)가 이 도시를 약탈했을 때 도서관은 얼마나 피해를 입었고 또 박물관이 어느 정도 원래의 형태를 유지했는지 불분명하다. 또 테오도시우스 황제와 테오필루스 총대 주교가 사주한 군중들이 어느 정도 이 기관에 손실을 입혔는지도 알 수 없다. 특히 테오필루스는 391년 현지의 독재자들에게 세라피움에 있는 책들을 불태워 버림으로써 이교도 사상을 박멸해야 한다고 주장한 인물로 널리 알려져 있다.

『아리스메티카(*Arithmetica*)』는 디오판투스(Diophantus, 246?~330?)가 알렉산드리아에 머물면서 기존에 있었던 문제와 다시 만들어진 문제를 종합하여 꾸며진 논문집이다. 이 『아리스메티카』는 13권으로 이루어 졌으나 무지했던 중세 암흑기를 거치면서 반 이상이 소실되어 페르마(Pierre de Fermat)를 비롯한 르네상스 시대의 수학자들에게 전수된 것은 이들 중 여섯 권뿐이었다.

---

267) Quod ad libros quorum mentionem fecisti: si in illis contineatur, quod cum libro Dei conveniat, in libro Dei [est] quod sufficiat absque illo; quod si in illis fuerit quod libro Dei repugnet, neutiquam est eo [nobis] opus, jube igitur e medio tolli." Jussit ergo Amrus Ebno'lAs dispergi eos per balnea Alexandriae, atque illis calefaciendis comburi; ita spatio semestri consumpti sunt. Audi quid factum fuerit et mirare.

하지만 이 여섯 권도 시련을 겪어야만 했다. 그 후 일어난 폭동과 전쟁으로 거의 소멸의 위험을 당하지만, 다행히도 지식을 옹호한 클레오파트라에 의해 〈Bibliotheca Alexandrina〉로 옮겨지게 되었다. 이리하여 〈Bibliotheca Alexandrina〉는 예전의 명성을 되찾게 된다. 그 뒤 〈Bibliotheca Alexandrina〉는 세계 각지에서 수집된 진귀한 서적들로 계속 쌓여갔으나, 서기 389년 갑자기 들이닥친 종교전쟁으로 이 도서관은 치명적인 타격을 입게 된다.

당시 로마 제국 황제 테오도시우스는 알렉산드리아의 주교 테오필루스에게 이교도들의 사원을 모두 파괴하라는 명령을 내렸다. 불행히도 재건된 도서관은 세라피스 사원 내부에 있었기 때문에 테오필루스의 공격을 고스란히 받게 되었다. 몇 명의 뜻있는 학자들이 6세기 동안 보관되어 온 지식의 보고를 지키려고 애를 써보았지만, 그들 역시 기독교도들에 의해 무참히 살해되었다. 중세의 암흑기는 이렇게 시작되었다.

기독교도들의 무자비한 공격 속에서도 가장 중요한 책들은 복사본의 형태로 살아남아, 지식을 추구하는 학자들은 계속해서 알렉산드리아로 모여들었다. 하지만 뒤에 터진 또 한 번의 종교전쟁으로 말미암아 〈Bibliotheca Alexandrina〉의 모든 책들은 아궁이 속으로 던져졌고, 그리스의 수학자들은 화형에 처해졌다. 그리고 이때 디오판투스(Diophantus)의 책들도 함께 소실되었다. 이토록 끔찍한 분서갱유가 자행되던 와중에 열세 권의 『아리스메티카(Arithmetica)』중 여섯 권이 살아남은 것은 그야말로 기적과도 같은 일이었다.

그리스도교와 이슬람교, 가톨릭과 프로테스탄트간의 이단 박멸을 반영하여 책 추방운동이 마녀사냥처럼 오랜기간 전개되었다. 11세기 교황의 권력이 전성기에 이르렀을 때 교회의 허가를 받지 않는 책은 신성모독으로서 소각되어야 했다. 유럽 중세에 있어 책 검열의 총본

산은 파리 대학의 신학부, 즉 소르본(Sorbonne)이었다. 시대를 거슬러 올라 코스모폴리탄적이었던 고대 로마도 예외는 아니었다. 원로원의 주요과제 중 하나는 유대계의 책에 관한 심의였다. 로마시민들은 시 중심의 광장에서 진행되는 분서 행사를 일상적으로 즐겼다.

한편『성서』의〈욥기〉에서도 분서에 대해서도 다음과 같은 이야기가 기술되어 있다. 검은 외투에 장식용 구술이 주렁주렁 달린 검은 외투를 입은 원로 랍비가 백성의 뜰을 거닐다가 사람들이 모여 있는 곳으로 간다. 여기에서 '검은 외투를 입은'이라는 표현이 있는데 전술한 바처럼 도서관의 책을 불태운 사람으로 기억되는 기독교도이다.

랍비
"무슨 일인가?"
한 사람이 책자를 보이면서 사내
"욥기를 읽고 있었습니다."
랍비
"너희가 히브리어를 아느냐?"
사내
"모릅니다."
랍비
"그렇다면 어떻게 욥기를 읽어?"
사내
"여기, 아랍어로 번역한 욥기가 있습니다."
랍비
"무엇이라고! 누가 감히 경전을 아랍어로 번역해?"
랍비가 욥기의 아랍어 번역본을 낚아채듯 건너 받는다. 그리고 역

정을 낸다. 랍비

"이것은 금서가 아닌가! 율법에 대해서, 우주에 대해서, 신의 본질에 대해서 호기심을 가지면 죄가 된다는 사실을 왜 몰라?"

그 말에 모두 숙연해 진다. 랍비가 이내 온화한 음성으로 타이른다. 랍비

"여자를 보고 음욕을 품으면 이미 간음죄를 범한 것이나 마찬가지다. 하물며, 검은 외투를 입은 경전에 대해서 호기심을 가지면 죄가 된다는 사실을 왜 모르는가."

랍비는 주위를 둘러보면서 괭이를 가지고 오라고 명령한다. 괭이를 가지고 온다. 랍비의 지시에 따라 땅을 파는 사람들 그들은 부정한 물건이라도 숨기듯 책을 묻어버린다.

'문자와 지식은 하나님의 것'이라는 스콜라주의적 관념을 고수하여 교권은 16세 이후에도 책과 문필가 위에 무겁게 군림하였다. 책 탄압이 가장 격심하였던 종교개혁 시대에 수도원 장서들이 무참한 운명을 목격한 영국의 한 종교가는 다음과 같이 기술하고 있다.

> 그 미신적 저택(수도원을 말함)을 접수한 많은 사람들은 서고의 장서를 뒷간에서 쓰기 위해, 또는 촛대를 닦기 위해 사용하였다. 그들은 또 일부를 건물상(乾物商)이나 비누상에 재료로 팔고 혹은 해외의 제본소에 팔아 넘겼다.

도서관이나 왕후의 장서에 대한 방화와 약탈은 신의 이름 아래 집단적으로 자행되었고, 무수한 옛 호화 사본들은 금은보석을 떼어낸 뒤 소각되거나 길가 시궁창에 버려졌다. 전례서 이외의 모든 책, 『성서』까지도 금기시 되었던 종교개혁의 동란시대는 역사상 최대의 책 수난기였다.

고대 이집트의 상형문자를 비롯해 태고적 문자란 신들이 발명한 신성한 것이었다. 그래서 문자를 읽고 소유하는 행위는 신으로 여겨진 왕이나 그의 곁에서 책을 관장하는 신관에게만 허용된 주술적인 의미를 지녔다. 신관문자나 신성문자란 이러한 사상을 반영하여 태어난 것이다.

영국의 서지학자 블레이드(Blades)는 '책의 적'으로 곤충, 불, 물, 가스, 열, 먼지, 무관심, 무지와 더불어 인간을 들고 있다. 책은 인간의 창조물 중에서 가장 위대한 것으로 여겨진다. 그러면서도 한편 인간이야말로 책 최대의 적이 아니었던가. 삭제, 판매, 금지, 저자 및 출판인에 대한 탄압, 그리고 분서에까지 이르는 온갖 박해로 점철된 책의 수난사는 우리들에게 그러한 생각을 떨쳐버릴 수 없게 한다.

쓰여진 말에 대한 숭배는 성서를 믿는 민족들의 공통점이다. 토라(Torah, 율법)처럼 코란(Quran)도 너무나 성스럽기 때문에 함부로 처분해서는 안 된다. Allah의 말씀이 담겨있는 책은 그의 분신과도 같기 때문이다. 파키스탄의 퀘타(Quetta, 파키스탄 발루치스탄 주의 주도로 주에서도 북동쪽의 아프가니스탄 국경 근처에 위치하고 있다) 근처의 칠탄 산 동굴 지대에는 약 5천 권의 Quran이 마치 죽은 사람처럼 각각 하얀 수의에 감차인 채 묻혀있다. 이 산은 아시아 지역 이슬람교들의 순례지다. 이는 성물고(聖物庫) 즉 〈게니자(Geniza)〉이다.

책의 무덤으로서 게니자

〈게니자(genizah)〉를 이해하기 위해서는 〈시나고그(synagogue)〉를 먼저 설명하여야 한다. 〈시나고그〉란 '유태교 교회'를 뜻한다. 모든 〈시나고그〉에는 보편적으로 〈게니자〉라고 불리는 방이 딸려 있다. 유대교의 공적인 '기도 · 예배 장소'를 가리키는 말이다. 〈집회〉를 뜻하는 그리스어 'synagōgē'에서 유래한 말로 '모여서 함께한다(coming together)'는 뜻의 종교적인 집회를 의미한다.

그 기원에 대해서는 여러 설이 있으나 일반적으로 기원전 587년 유대 왕국이 멸망한 뒤인 바빌론 유수시대에 불타버린 예루살렘 신전 대신 그들의 공적인 기도 장소로서 발달했다는 설이 유력하다. 기원전 515년 예루살렘 신전이 재건되고 그들의 종교적 생활규범인 '율법서'가 완성되면서부터 이를 함께 읽고 배우는 기관이 되었다. 유대인은 〈시나고그〉를 통해 자민족의 동일성을 지켜왔다.

오늘날 〈시나고그〉는 종교적 의식을 위해 사용되는 '모임의 집'과 예배뿐만 아니라 면학을 위해 사용되는 '면학의 집'의 2종류가 있다. 유대교의 가르침에 의하면 전자는 그 지역에서 가장 높은 집이어야 하며, 그 건물 내에서는 침식을 할 수 없도록 되어 있다. 후자에는 보통 장서가 많이 비치되어 있고 단체학습을 할 수 있도록 설비되어 있다. 즉 도서관을 중심으로 한 학습 장소이다. 기도와 책을 통한 집회소인 셈이다.

회당(會堂)이란 그리스어로 '집회'를 의미하는 〈시나고게(Sinagogue)〉에서 유래하며, 헤브라이어로는 〈베트 크네세트(Veth Kneseth)〉라고 한다. 회당의 전통적인 기능은 그것이 갖고 있는 3가지 히브리어 이름인 베트 하테필라(기도하는 집), 베트 하크네세트(Veth Hakneseth, 집회하는 집), 베트 하미드라시(Beth Hamidrash, 학습하는 집)에 반영되어 있다. 이디시어 '슐'(학교라는 뜻의 독일어 'Schule'에서 유래)도 '회당'을 가리키는 말로 쓰인다.

그런데 이 회당에 공공도서관으로서 〈시나고그〉를 접할 수 있다. 기독교 진영에서 모았던 역사적 발전으로 책의 이용제한 폐지와 세속화 진전사이에 상호의존관계가 정립되었다고 보는 것이 잘못이 아니라면, 그리고 책의 이용제한에 관해 보여준 유대인과 기독교도 사이의 차이를 세속화라는 관점에서 읽을 수 있다면 지금 다시 독서에 대한 더 일반적인 논제로 되돌아갈 수 있다.

기원전 1,000년 경 구전에서 문서로의 전환이 최초로 확실하게 인식된 순간부터 중세 서유럽의 〈시나고그〉에서 행해지던 개인적인 독서 관행은 기독교도와 비교하여 두드러지게 근대적인 특징을 보여준다. 사실 중세의 〈시나고그〉는 당시의 기독교 교회에 비견할 수 있는 것은 아니다. 중세의 〈시나고그〉는 기도의 장소임과 동시에 바로 유대인들의 '사회센터' 역할을 하고 있었으며, 공공도서관의 역할도 하고 있다. 〈시나고그〉에 보관하는 수많은 장서는 유대인의 문화 이데올로기에서 가장 기본적이고 가장 지속적인 몇몇 요소에 뿌리를 둔 에토스를 배양하는데 이용되었다.[268] 시나고그에서 개별적인 독서기풍이 분명하게 공식화되어 있음을 알 수 있다.

> 저녁에 일터에서 돌아오면(집으로 돌아가기 전에) 시나고그로 가라. 읽을 줄 아는 자는(성서를) 읽어라. '미슈나(Mishnah)'를 읽을 수 있는 자는 미슈나를 읽어라. 그리고 쉐마(Schema)- 즉 '신명기' 6. 4-9와 11. 13-21, '민수기' 15. 37-41에 해당되는 유대교 성전 구절, 유대교 종교 관습상 아침, 저녁으로 암송하게 되어 있다-를 암송하고, 저녁기도를 올린 다음 저녁식사를 하라(바빌로니아 탈무드, '기도에 대해서(Berakhoth, 4b)')

이러한 측면에서 공공도서관으로서의 〈시나고그〉 기능을 부여할 수 있으며, 여기에 성스러운 물건(주로 책)만을 보관하는 〈게니자〉라는 특별한 장소가 설치된 곳이다. 그러므로 모든 〈시나고그〉에는 〈게니자(genizah)〉라고 불리는 방이 있다.

---

268) Guglielmo Cavallo and Roger Chartier ed. A History of Reading in the West. Translated of Lydia G. Cochrane. Amerst, University of Massachustts Press, 1999. pp.162-163.

〈게니자(Genizah)〉는 히브리어로 '창고'나 '보관함' 또는 '숨겨 놓은 장소'라는 뜻이다. 이를 '성물고(聖物庫)'라고도 한다. 또는 '신'의 이름이 쓰여 있는 종이를 사용이 끝난 후에도 파기하지 않고 저장하여 보관해 두는 보관소로 '책의 무덤'이라고도 일컫는다. 유대교 전통에서 〈게니자는〉는 '책의 무덤'을 의미하는 말이 되었다. '책의 무덤'이라고 한 것은 책의 생명이 다 한 것을 집합화한 것을 이름한 것이다.

수명이 다한 문서나 책은 유대교 회당의 〈게니자〉에 묻힌다. 전례집이든 옛날 '하가다(Haggadah)'[269]든, 어린이용 습자 책이든, 책장이 너무 닳아서 더 이상 사용할 수 없게 되면 모두 수거해서 적당한 매장 장소가 나올 때까지 〈게니자〉에 안치하였다. 만약 책에 영혼이 있다면 거기서 떨어져 나온 잔해들도 성스런 기운을 지니고 있을 것이기 때문이다. 랍비출신의 위대한 학자 솔로몬 섹터(Solomon Schechter)는 이런 말을 하였다.

> 우리는 영혼이 떠난 시체를 눈에 띄지 않는 곳에 잘 갈무리한다. 시체가 아무렇게나 취급되는 것을 막기 위해서이다. 이와 마찬가지로 책이 수명을 다하면 사람들의 손길이 닿지 않은 은밀한 곳에 보관한다. 영혼처럼 책의 내용들도 하늘로 올라간다.

사용 예로 보면 〈게니자〉는 카이로에 있었던 에즈라 시나고그(Ezra synagogue, 유대교회당) 안의 '창고 이름'에서부터 시작된 것으로 유추된다. 유대교에서는 수명이 다한 문서나 책을 〈게니자〉에 장서한다. 종교적인 낡은 책이나 물건을 공동묘지에 묻기 전에 임시로 수집해 두는 '통'을 말한다. 이러한 의미에서 '은닉처'라는 뜻을 가지고 있기도 하다.

---

269) 히브리어로 '이야기'라는 뜻으로 유대교 격언이나 전설을 포함하는 비법률적인 랍비문학의 형태를 일컫는다.

쓰여진 말에 대한 숭배는 성서를 믿는 민족들의 공통점이다. 토라(Torah)처럼 코란(Quran)도 너무나 성스럽기 때문에 함부로 처분해서는 안된다. 알라의 말씀이 담겨 있는 책은 그의 분신과도 같기 때문이다. 파키스탄의 퀘타(Quetta) 근처의 칠탄(Chiltan) 산 동굴 지대에는 약 5천 권의 코란이 마치 죽은 사람처럼 각각 하얀 수의에 감싸인 채 묻혀 있다. 이 산은 아시아 지역 이슬람교도들의 순례지이다.

1898년 발견된 이 창고(synagogue)는 손으로 그려져서 버려진 대량의 고대 작품과 많은 단편(斷片)을 포함하고 있어, 유대 문학의 역사를 규명하는 데 중요한 자료가 되었다. 1998년 섹터 교수는 이것을 케임브리지 대학의 컬렉션으로 옮겼으며, 이 가운데에 있는 '다마스쿠스 문서(자도크파 문서라고도 한다)'는 그에 의해 1902년 출판되었다. 신성한 문서는 파손되더라도 성성(聖性)은 없어지는 것이 아니라고 여겨져 〈시나고그〉의 한 방에 보관되었던 것이다.

〈시나고그(synagogue)〉는 시리아, 소아시아, 북아프리카 등의 디아스포라(Diaspora, 이산의 유대인) 사이에도 헬레니즘 시대에 널리 발전하고, 이집트에서는 이미 기원전 3세기에 존재했다는 것이 출토 비문에 의해서 증명되고 있다. 팔레스타인에서는 제1차 유대전쟁 때, 유대 반란군의 최후의 거점이 된 마사다(Masada)와 헤로디움(Herodium)에 잔존하는 〈시나고그〉가 기원전에 속하는 최고의 것이다.

성전의 예배가 희생 중심이었던 것에 대해서, 〈시나고그〉의 예배에서 희생은 바치지 않고, 성서의 낭독과 해설(설교)이 중심이었다. 최초에는 3년 사이클로 〈모세5경〉 전권을 154의 주과로 나누어서 통독하였는데, 후에 1년 사이클로 바뀌었는데 이 예배형식은 후의 그리스도교나 이슬람의 기초가 되었다.

또한 〈시나고그〉에는 일종의 의무교육으로서 유대 소년들에게 『구약성서』 본문을 가르치는 학교와 보다 고도의 율법 연구기관이 부설되며, 〈시나고그〉는 가끔 학교와 동일시되었다. 성전 붕괴 후에는 〈시나고그〉는 문자대로 유대민족의 정신적 통합의 심벌로서 민족유지의 원동력이 되었다.

오늘날 팔레스타인에도 200여 곳에서 로마·비잔틴시대의 유구가 발굴되고 있으며, 그 대부분이 갈릴리 지구에 집중되어 있다. 로마시대(3세기)의 것은 정면 입구를 남방의 예루살렘을 향한 장대한 바실리카(Basilica)[270] 형식의 석조 건축이다. 그 대표적인 것이 가파르나움(Capernaum), 코라진(Chorazin), 바탄아암 등에 있다. 비잔틴 시대에는 외형보다도 내부 장식에 뜻을 이용해서 장려한 모자이크 바닥으로 장식된 것이 많다.

디아스포라의 고대 〈시나고그〉로서는 시리아 동부의 유프라테스 하구에서 발굴된 두라 유로포스(Dura Europos)의 〈시나고그〉가 『구약성서』의 이야기에 취재한 대규모 프레스코화의 장식으로 유명하다. 또한 고대 로마에는 출토비문에 의해서 그 소재가 확인되어 있는 것이 11개 있다. 로마의 외항 오스티아(Ostia)에서는 장대한 유구(1세기)가 발굴되고 있으며, 소아시아에서도 사르티스, 밀레토스, 프리에 등에서 발굴되고 있다.

이들 그리스·로마 세계에 존재한 디아스포라의 〈시나고그〉는 널리 문호를 이방인에게 개방하고, 유대교에 대한 개종자를 많이 얻었다. 초기 그리스도교회는 이들 〈시나고그〉에 의해서 개척된 토양 위에 새로운 복음의 종자를 뿌려서 급속하게 지중해 세계로 발전하였다.

〈시나고그〉의 건설은 고대 로마 제국하에서는 제한되었으나, 중세에는 서아시아나 지중해지역, 또는 유럽에서도 건설이 진행되었다. 서아시아에서는 바그다드, 다마스쿠스, 후스타트(카이로)의 것이 알려

---

270) 바실리카(Basilica)는 고대 로마제국 도시에 세워진 법정이나 집회 등에 사용된 큰 홀 형식의 공공건축물을 말한다.

져 있으며, 유럽에서는 톨레도, 웜스, 레겐스부르크, 프라하, 크라코프 등의 것이 유명하였다.

중세기에는 성스러운 문서들을(종종 경건하고 학식있는 유대인의 유품과 함께) 의식을 갖추어 매장하는 것이 가장 적절한 폐기 방법이라 생각했으므로 대부분의 유대교 회당에 〈게니자〉가 있었다. 하느님의 이름을 담고 있기 때문에 셰모트(shemot, '이름'이라는 뜻)라고 불리기도 한 수많은 성전 사본이 방치되어 먼지가 쌓이거나 서서히 분해되었다. 1896년 섹터(Schechter)는 카이로에 있는 오래된 에즈라 회당안의 〈게니자〉를 조사했는데 이곳에서 약 9만 개의 사본이 발견되었다. 그 뒤 성서학자들은 값으로 따질 수 없이 귀중한 자료를 많이 간직한 이곳을 고유명사화 하여 〈게니자〉라고 불렀다

이 방대한 양의 발굴물에는 예배의식 · 율법 · 상업 · 문학에 관한 기록, 그중에는 히브리어로 된 집회서 단편들도 포함되어 있으며, 팔레스타인과 중동지방 유대민족에 대한 중세의 역사연구에 일대 혁명을 일으켰다. 사두가이(Saddoukaîoi, 이는 기원전 2세기에서 기원후 1세기경에 있었던 유다교의 한 당파이다)파에 관한 섹터의 추정은 여러 해가 지난 뒤 사해사본(死海寫本)이 발견되면서(1940년대 말~50년대) 사실로 증명되었다. 이 사본도 〈게니자〉로 이용된 것으로 보이는 동굴에서 발견되었다. 카이로의 〈게니자〉에서 발견된 사본들은 현재 세계 여러 나라의 큰 도서관에 보관되어 있다.

12세기 서아시아 최대의 상업도시였던 이집트 푸스타트(Fustat, 옛 카이로)의 유대교 교회 에즈라 회당에는 문도 창문도 없는 방이 있다. 사다리를 타고 올라가면 한쪽 벽에 가늘고 긴 구멍만 있다. 이 방이 〈게니자〉, 곧 '거룩한 문서들의 창고'다. 〈게니자〉는 유대 관습 탓에 만들어졌다.

중세 유대인들은 '하느님'이란 단어가 들어 있는 문서를 훼손하는 행위를 신성모독으로 여겼다. 그런 문서가 낡으면 예배당의 다락방이나 지하실에 마련된 〈게니자〉에 던져 넣었다. 문서들은 〈게니자〉에서 삭아 없어지거나, 때때로 절차를 갖춰 매장됐다.

카이로의 〈게니자〉는 건조한 사막 기후 탓에, 그리고 벽에 막혀 있어 오랫동안 잊혀진 탓에 멸실과 매장을 피했다. 19세기 말 회당 보수 공사를 계기로 학자들이 발견한 〈게니자〉 문서는 중세 문화의 보고였다. 유대교 율법서인 토라 말고도 혼인계약 · 연애편지 · 도서목록 등 십 수만 건의 문건이 있었다. 수천통의 상업용 서신을 통해선 11~12세기 유대인의 교역이 지중해에서 홍해 · 인도 · 말레이 반도까지 뻗어 있었다는 사실도 확인됐다. 이런 기록은 모두 '하느님의 축복이 있기를', '하느님을 찬양하라' 등의 어구를 담고 있었다. 〈게니자〉는 책의 무덤이다.

이와 같이 유대교도 생활에서 〈시나고그〉의 중요성이 고양됨에 따라서 파문 · 추방에 해당하는 〈시나고그〉에 대한 참회 금지처분은 유대교도 사회의 가장 가혹한 사회적 제재로서 작용하였다. 동시에 〈시나고그〉는 유대교도 · 유대인 사회의 심벌이기도 하였기 때문에, 특히 유럽에서는 반유대주의의 공격대상도 되었다. 나치스의 〈수정의 밤(1938년 11월 9일 밤)〉에는 독일에서 약 280곳의 〈시나고그〉가 파괴되거나 태워졌다. 오스트리아에서는 1938년 11월 10일만으로 56곳의 〈시나고그〉가 파괴되었다.

김이경의 『순례자의 책』[271]에서는 〈게니자〉를 "죽은 책의 영혼이 잠자는 책의 무덤"이라고 표현을 했지만 유대교 전통에서 보면 '책의 무덤'은 맞지만 '죽은 책'이지는 않다. 하느님이 죽을 수 없듯이 하느님의

271) 김이경. 순례자의 책. 서울, 뿌리와 이파리, 2009.

말씀을 담고 있는 두루마리도 불멸하는 존재인 것이다. 유대교에서는 '하느님' 이라는 단어가 쓰인 「모세5경」 두루마리나 「탈무드」 등이 낡아서 더 이상 사용할 수 없게 되면 정중한 예식을 갖추어 매장하였다.

특히 오경 두루마리는 낡거나 파손되어 사용할 수 없게 되었을지라도 그 거룩함은 변하지 않고 남아있는 것이기 때문에 살아있는 인격체와 같이 다루었다. 이들은 절차를 갖춰 땅에 묻어야 하지만 편의상 유대교 회당에는 이들을 모으는 〈게니자〉에 함께 모으고 보통 매 7년마다 장사를 지낸다고 한다. 성 프란치스코도 그의 유언에서 "지극히 거룩하신 주님의 이름과 말씀이 기록된 책을 부당한 곳에서 발견하면, 나는 그것을 주워 모으기를 원하고 또한 다른 이들도 그것을 주워 모아 합당한 곳에 모시기를 부탁합니다(유언 12항)."고 이야기 하고 있다.

네로의 재 학살과 로마 도서관의 부활

당시 독재관이었던 카이사르는 로마에 거대한 공공도서관을 건설할 생각을 가지고 있었다. 그는 암살당했기 때문에 이 꿈이 실현되는 것을 보지 못했으나 알렉산드리아 전투에서 불과 9년 후에 로마 도서관이 문을 열었다. 어쩌면 클레오파트라의 동의를 얻어서 이미 〈무세이온〉의 장서를 로마로 빼돌리고 있었던 것이 아닐까?

클레오파트라는 이집트를 통치하겠다는 일념에 불타던 여걸이었던 만큼 그같은 제안에 동의했을지도 모른다. 어쩌면 그렇게 빼돌렸던 책들이 항구에 정박되어 있는 동안 화재가 일어나 몽땅 소실되어 버린 것이 아니었을까?

그리스 신화에 의하면 프로메테우스(Prometheus)와 그의 동생 에피메테우스(Epimetheus)는 인간을 만드는 일과, 또 인간과 다른 동물들에게 그들의 종족 보존을 위하여 필요한 능력을 주는 일을 맡았다. 에피메테우스는 여러 동물들에게 용기와 기운, 민첩함, 지혜의 천품을 주고, 또 어떤 것에게는 날개를 주고 다른 것에게는 발톱, 또 다른 것들에게는 단단한 껍질을 주었다.

그러나 사람에게 어떤 특수한 천품을 주어야 할 차례가 왔을 때, 에피메테우스는 지금까지 가지고 있던 것을 다 써버렸기 때문에 사람에게 줄 것이 남지 않았음을 알았다. 사람이야말로 다른 어떤 동물보다 우월해야 할 터인데 말이다. 당황한 에피메테우스는 하는 수 없이 형 프로메테우스에게 의논했다.

프로메테우스는 아테네의 도움을 얻어 하늘로 올라가 태양의 수레에서 횃불을 옮겨 붙여 가지고 내려왔다. 즉 제우스 신이 감추어 두던 불을 훔친 것이다. 그는 이 불을 인간에게 넘겨주었다. 이 선물을 받고 나니 인간은 다른 어떤 동물과도 비길 바가 아니었다. 인간은 불로 무기와 농사짓는 기구를 만들 수 있었고 집도 따뜻하게 할 수 있었다. 불이 있기 때문에 화폐도 만들 수 있었고 예술을 발달시킬 수도 있었다.

이렇게 인간을 위해 불을 훔친 죄로 프로메테우스를 코카서스 산 위의 바위에 묶어놓고 독수리에게 간을 빼먹게 했다. 간은 빼 먹히는 대로 새로 돋아나 그는 계속 고통을 받아야 했다. 이 끝없는 악형도 타협하려고만 한다면 언제라도 끝날 수 있는 것이었다.

왜냐하면 프로메테우스는 어떤 비밀을 알고 있었는데 그것은 제우스가 왕위를 계속 지킬 수 있도록 하는 것이었다. 만약 이것만 발표한다면 제우스의 애호를 받을 수도 있었지만 프로메테우스는 그런 비열한 짓을 하지 않았다. 그는 지금도 코카서스(Caucasus) 산에서 끝없이 독수리에게 간을 쪼아 먹히는 고통을 겪고 있다.

영국의 시인 바이런이 『프로메테우스』라는 시에서 묘사했듯이 “그는 인간의 현실이 아무리 고통스럽더라도 신들이 능멸해도 좋을 것으로는 여기지 못하게 했던 불멸의 눈을 가진 이였다. 그는 그리스인들이 가장 소중히 여겼던 가치—인간과 자유의 다른 이름이었으며, 부당한 고통을 견디는 고결한 정신, 억압에 항거하는 투쟁의 상징이었습니다." 그래서 기존의 제도와 질서에 이의를 제기하는 불온한 사람들에게는 늘 그의 이름이 따라붙었습니다. 청년 마르크스가 가난한 사람들의 편에 서서 날카로운 필봉을 휘둘러대던 〈라인신문〉이 프러시아 정부에 의해 폐간되자, 다른 일간지에서 일제히 그 사건을 만평으로 다루었는데, 마르크스가 사슬에 칭칭 묶여있는 모습을 그린 그 만평의 제목은 결박당한 프로메테우스였다.

이처럼 제우스 신으로 부터 불을 훔쳐 인류에게 선사했던 프로메테우스 불 이래, 화재의 원인은 방화, 실화, 자연발화, 천재지변에 의한 발화 등이 있어 왔다. 불은 인류문명의 탄생을 준 소중한 선물이기도 하지만 화재로 인한 피해는 문명사회가 짊어진 커다란 사회문제이기도 하다. 판도라의 상자처럼 선물이자 곧 재앙이기도 한 불, 어쩌면 그 때문에 프로메테우스는 신의 권위에 도전했다는 죄명을 쓰고 혹독한 벌을 받았었는지도 모르겠다. 불과 함께 탄생된 문명이 그 불로 인해 파괴된 역사속의 사건들 중 하나가 바로 로마제국 시대의 대화재가 아닐까 한다.

서기 64년 7월 18일 로마에서 일어난 대화재(역사속의 3대 화재는 로마대화재, 도쿄 대화재(1657년 3월 2일), 런던 대화재(1666년 9월 2일 사건))는 기름 창고에서 우연히 일어난 작은 화재가 시내에 번지면서 대화재로 악화되었다. 네로 황제가 불타는 로마를 보면서 노래를 불렀다는 말이 있으나, 이는 잘못 알려진 사실이다.

네로 황제는 화재 소식을 듣고는 휴가를 중단하고, 이재민을 위한 사태수습을 위해 노력했다. 그럼에도 시민의 민심이 여전히 안정되지 않았으며, 네로 방화설까지 나돌았다. 그러자 일부 과격파들이 소수의 기독교인에게 화재의 책임을 돌려 탄압하였다. 이후 네로는 로마를 재건한다며 호화 궁전을 짓게 했다. 이 화재로 〈Bibliotheca Alexandrina〉의 잔재(로마로 가져온 알렉산드리아 대 도서관의 장서 중 일부)는 잿더미 속으로 산화한다. 마지막 남은 인류의 지식자산이 화형에 처해지고 만다.

54년에 클라우디우스(Claudius) 황제가 죽고 17살의 네로가 황제자리에 올랐다. 네로는 자신의 지위를 지키기 위해 정적들을 가차없이 죽이는 등 폭군으로 변해갔다. 열일곱의 어린 나이에 왕좌에 오른 그는 성격결함이 치명적이었다. 황제자리를 빼앗길까 두려워 친동생을 살해하고, 권세욕이 강한 어머니도 귀찮다는 이유로 살해하였다. 또 그의 스승 세네카조차도 반역을 도모했다는 혐의로 자살하게 만들었다. 이렇듯 심리가 불안정한 폭군아래 로마사회도 더없이 불안해진다. 네로 황제의 근위대장 부루스(Bruce) 다음 인물은 간신배인 티겔리누스(Tigellinus)였다.

17세 때 어머니 아그리피나(Agrippina, 로마 황제 클라우디오의 왕비) 덕택에 왕좌에 오른 그는 이복 형제의 자리를 찬탈했다고 해서 사람들의 미움을 받았다. 기강이 문란했던 당시 로마의 기준에 비추어서도 그의 사생활은 너무나 추문 투성이었다. 사람들에게 더욱 고통스러웠던 일은 자작의 연극과 오페라를 모든 사람이 관람해야 한다는 그의 고집이었을 것이다.

네로는 황제가 된 다음 5년 동안 선정을 펴다가 그 다음부터 갈피를 잡지 못하고 삽시간에 몰락하고 말았는데, 그의 운명이 하향곡선을 그리기 시작하는 전환점이 되는 사건은 서기 64년 여름에 발생한 로마 대 화재 사건이다. 당시 네로 황제는 언덕에서 불길에 휩싸인 로마를 내려다보며 케트라(Ketra)를 퉁기면서 〈불타는 트로이〉를 노래했다고 한다. 네로가 불타는 로마를 내려다보면서 노래를 했다는 소문은 그만큼 네로가 평소에 노래를 많이 불렀다는 것을 뜻한다.

그의 재능도 형편없었지만 목소리 역시 듣기 거북했던 것 같다. 네로의 목소리는 저음을 잘 내는 베이스였는데 목소리가 그리 크지 않은 것이 큰 흠이었다. 그래서 그는 성량을 늘리기 위해 요즘 성악가들 못지않게 별별 희귀한 방법으로 연습했다고 한다. 가슴 위에 납덩이를 올려놓은 채로 몇 시간 동안 누워있는가 하면, 당시 전문가들의 조언에 따라 음식을 조절하기까지 하였다. 성대에 좋지 않다고 하는 꿀이나 신선한 무화과 열매는 전혀 입에 대지도 않았고, 대신에 말린 무화과 열매나 마늘을 즐겨 먹었으며 술도 거의 입에 대지 않았다고 전해지고 있다.

64년에 로마에 대 화재가 발생하는데, 로마의 대화재는 9일 동안 도시를 닥치는 대로 파괴한 뒤에야 진화됐다. 이 화재로 수 천 명이 목숨을 잃었고 수 십 만 명의 이재민이 발생한 것으로 추정된다. 또한 서책이 얼마나 타버렸는지는 계산이 안 된다. 도시의 14개 지역 중 4개 지역만 피해를 면할 수 있었다. 타키투스(Publius Cornelius Tacitus, 56-117)의 기록에 따르면 3개 지역이 완전히 파괴됐고 7개 지역은 시커멓게 그을린 폐허가 돼 버렸다.

당시 화재로 그리스 문화 유적뿐만 아니라 로마에서 가장 오래되고 신성시되던 기념물들이 상당수 소실됐다. 그 가운데는 로마제국 제II대 누마황제(Emperor Numa)의 황궁과 로마의 수호신 상이 보관돼 있던 베스타 신전(Temple of Vesta), 그리고 로마의 건국자 두 사람 중 한 명인 로물루스(Romulus)가 직접 헌당한 쥬피터 신전(Temple of Jupiter) 등이 들어 있었다.

역사가 수에토니우스(Suetonius)에 따르면 로마 대화재로 그 때까지 보존돼 온 중요한 고대 기념물들이 모조리 소실됐다. 450년 전 갈리아인들이 로마를 약탈한 이래 그토록 가혹한 시련은 일찍이 없었다고 해도 과언이 아니었다. 이 화재로 부분적으로 남아 있던 〈Bibliotheca Alexandrina〉는 흔적도 없이 사라지게 되어버린다. 만약 네로의 작의적인 로마의 화재라고 한다면 〈Bibliotheca Alexandrina〉의 마지막 파괴자는 네로에게 그 멍에가 돌아갈 수밖에 없다.

고대 로마에 관한 얘기 중 가장 많이 사람들 입에 오르내리는 얘기는 과대망상증에 사로잡힌 네로 황제가 자기 이름을 영원히 떨칠 기념비로서 훌륭한 새 도시를 건설하려고 일부러 시에 방화를 했다는 얘기다. 도로를 가로막는 사유 신전들 때문에 자기 뜻을 못 이룬 폭군은 마침내 스스로 로마에 불을 질렀다는 것이다.

그러나 네로가 방화에 가담했다는 역사적인 증거는 전혀 없다. 그보다 더 신빙성에 의심이 가는 부분은 이 이야기 가운데서 제일 유명한 대목, 즉 불타오르는 도시가 한눈에 내려다보이는 탑 위에 올라가서 네로가 바이얼린을 켜댔다는 대목이다. 그러나 16세기까지 바이얼린은 발명되지도 않았었다. 그러나 어떤 사람들은 그가 리라(Lyre, 고대 로마의 수금(竪琴))를 켰다고도 하고 또 류트(lute, 서양 비파)를 켰다고 하는 사람도 있다.

역사가인 타키투스는 화재가 난 지 불과 수년 후에 쓴 책에서 불이 일어난 바로 그 시간에 네로는 화재 현장에서 80㎞나 떨어진 안티움(Antirrhinum)에 있는 별장에 머물고 있었다고 썼다. 불이 타는 지옥 같은 광경을 신이 나서 바라보기는커녕 네로는 도시로 급히 달려가서 필사적으로 불길을 잡으려고 애썼다고 한다. 그 동기야 어떻든 간에 다른 점에서는 통탄스러운 그의 일생에서 그것은 오직 하나 칭찬할 만한 행동이었다.

모든 정적들을 제거한 네로는 방탕한 생활을 즐겼다. 그가 기독교도들을 가혹하게 탄압한 것으로 야사들은 전하고 있다. 그리스도교인들에게 죄를 덮어씌우고 교인들을 잡아들였다. 초기 기독교는 아직 민중의 신망을 얻고 있지 못한 종파로 마술을 일삼는다는 혐의를 받고 있었다. 기독교도들은 네로와 로마가 속죄양으로 방화범의 누명을 씌우기에 안성맞춤의 존재들이었다. 그래서 수 백 명이 처형당했다.

그들은 짐승의 가죽을 뒤집어쓰고, 개에게 죽음을 당하기도 하고 산채로 불에 타 죽기도 했다. 그러나 기독교도들을 사자의 먹이로 던져 주었다는 기록은 없다. 마침내 측근의 심복들마저 그의 잔인성과 방탕함을 참을 수 없게 되었다. 하지만 폭군 네로도 결국 민심의 심판을 받게 된다. 폭정을 견디다 못한 로마의 속주들이 하나 둘 항거를 했고, 그의 친위대마저 반란을 일으켰다. 급기야 원로원에서 황제 네로를 '조국의 적'으로 선언한다. 서기 68년 퇴위와 처형을 모면할 수 없게 된 네로는 도망을 치다가 스스로 목숨을 끊었다. 황제의 경호병마저 그를 저버렸다. 그래서 끝내 자살하고 말았다.

로마의 길을 걷다 보면 묘한 재미가 있다. 골목길을 돌 때마다 마주치는 크고 작은 분수들은 가던 길을 멈추게 하고, 골목 끝에서 갑자기 열리는 광장들은 시야와 가슴을 한껏 열어준다. 로마의 광장 중에는 '백성의 광장'이란 뜻의 '포폴로 광장(Piazza del Popolo)'이 있는데, 이 광장의 북쪽 한구석에 '산타 마리아 델 포폴로(Santa Maria del Popolo)', 즉 '백성들의 성모 마리아'라고 하는 성당이 있다.

이 성당 안에는 카라밧치오(Caravaggio, 1573~1610)가 그린 『베드로의 십자가형』과 『바울의 회심』이라고 하는 명화가 두 점 있다. 카라밧치오는 1600년대 초에 로마에서 왕성하게 활동한 화가로 파란만장한 삶을 살았는데, 그의 그림은 거의 잔인하기까지 할 정도로 현실을 극적으로 표현하고 있다. 그의 그림에서 베드로가 십자가에 거꾸로 매달려 있는 모습을 보면, 베드로의 순교가 전해오는 얘기로서가 아니라 하나의 사실로서 강렬하게 느껴진다. 베드로는 네로 황제 때 순교하여 테베레 강 건너편 바티칸 언덕에 묻혔다고 전해진다. 그리고 베드로가 묻혔던 자리 위에는 베드로 대성당이 세워졌다.

네로는 음악, 문학, 연극, 미술, 건축, 운동 등 다방면에 심취해 있었기 때문에 그가 재위할 때 로마는 전 분야에 걸쳐 문화의 열기가 대단했다. 그는 밤이 되면 변장을 하고 대중들과 어울리기를 즐겼고, 대중 앞에서 시와 노래로 자신의 음악적 기량을 뽐내는 것을 좋아했다. 그러니까 네로는 예수 그리스도 이후 역사에 처음으로 등장하는 음악가 황제였던 것이다. 그런데 이 '가수 황제'이자 '민중 황제'를 아주 눈꼴사납게 생각했던 원로원은 그를 제거하기 위해 온갖 음모를 꾸며, 결국에는 그를 '조국의 적'으로 몰아냈다.

그 후 천 년이 흐른 11세기 말경의 일이다. 네로의 묘소 곁에는 커다란 호두나무가 서 있었는데, 네로의 망령이 까마귀가 되어 나돈다는 백성들의 호소를 받은 교황은 네로의 묘소를 모두 파헤쳐 버리고 호두나무는 잘라 불태워 테베레 강에 던져 버리도록 했다. 그리고 그 자리에 '백성들의 성모 마리아'라는 이름의 작은 성당을 세웠는데, 이것이 바로 '산타 마리아 델 포폴로 성당(Basilica di Santa Maria del Popolo)'의 기원이다. 그리고 '포폴로 광장'이란 이름은 바로 이 성당의 이름에서 유래한다.

네로 황제를 히브리어로 바꾸어 숫자로 풀면 공교롭게도 666이 된다. 즉 '적 그리스도'의 상징이니 중세의 교회는 네로에게 기독교 박해와 베드로 순교의 책임을 덮어씌우기에 딱 알맞았던 것이다. 거의 2천년 동안 네로 황제는 이런 역사의 누명을 써 왔기 때문에 무자비한 폭군으로만 알려졌는데, 20세기 중반부터 네로에 대한 연구가 본격적으로 진행되면서 누명이 서서히 벗겨지고 있다.

사실 네로가 로마에 불을 지르고 노래를 불렀다는 것은 소문에 불과하고 그가 기독교를 탄압했다는 사실을 뒷받침할 역사적 증거는 전혀 없다. 로마제국에서 기독교에 대한 박해가 본격적으로 시작되는 것은 네로 황제가 죽은 지 거의 200년이 지난 3세기부터였던 것이다. 산타 마리아 델 포폴로 성당 뒤쪽 핀치오(pincio) 언덕에는 이제 호두나무는 없고 울창한 소나무 숲이 광활하게 펼쳐지는데, 이것이 바로 작곡가 레스피기(Ottorino Respighi)가 『로마의 소나무(*pini di Roma*)』에서 묘사한 〈빌라 보르게제의 소나무(*I pini di Villa Borghese*)〉이다. 소나무 숲의 푸른색은 불그스름한 잿빛으로 통일된 로마 시가지의 색조에 생명력을 불어넣는 듯하다.

1099년 7월 팔레스타인을 점령하여 예루살렘 왕국을 건설한 십자군들은 야만인들로 알려진 아랍인들의 발달된 학문적 수준에 놀랐다. 특히 천문학과 기하학 분야에서는 도저히 상상할 수 없을 정도로 그들을 압도했다. 이 모든 것이 〈Bibliotheca Alexandrina〉에서 탈취했던 그리스어와 라틴어 책들을 아랍어로 번역하여 계속 연구했던 결과였다. 고향으로 돌아간 십자군들에 의해 다시 전파된 신학문의 영향으로 유럽에서는 대학이 생겨나고 나아가 르네상스를 일으키는 원동력이 됐다. 서기전 306년에 최초로 설립된 〈Bibliotheca Alexandrina〉의 전통이 오늘날까지 이어진 것이다.

그리고 〈Bibliotheca Alexandrina〉가 후대의 로마 제국 아래에서 활발하게 사용되었다는 증거가 있는데 황제가 도서관장을 임명하였다는 기록이 있고 클라우디우스(Claudius, BC.10~AD.54)가 도서관을 증축했다는 기록이 있는데 이 기록이 충분한 그 전거가 된다.

카이사르는 '거상과 같이 세계를 거머쥐었을 시기에' 공공도서관을 설립하려 함으로서 로마의 문화적 위상을 높이려는 계획을 가지고 있었다. 로마의 공공도서관은 카이사르에 의해 시작되었다. 카이사르는 클레오파트라를 돕기 위해 알렉산드리아를 처음 방문했고, 거기서 〈알렉산드리아 도서관〉을 보게 되었다. 이후 카이사르는 로마에 공공도서관 건립을 계획한 것이다.

기원전 44년 암살되기 직전에 카이사르는 "그리스 책과 라틴어 책을 소장한 도서관을 공공의 사용을 위해 가능한 한 웅대하게 건립하기로 결정하였다. 그리고 도서관을 설립하고 조직하는 일을 바로(Marcus Terentius Varro, BC.116~BC.27)[272]에게 위임하겠다"라고 선언했다. 바로가 『도서관론(*De Bibliothecis*)』을 저술하였고 또한 로마의 백과전서가로 이 프로젝트의 책임자 업무를 맡는 것은 합당한 처사였을 것이다. 〈알렉산드리아 도서관〉을 모델로 하여 로마에 유사한 도서관을 건립할 계획을 세웠다. 그러나 그 꿈을 실현하지 못하고 세상을 떠났다.

그러나 3월 15일[273]이 왔고 이와 함께 카이사르는 모든 웅대한 계획이 갑자기 중단되었다. 그러나 이 계획은 몇 년 뒤 카이사르의 지지자 중 한 사람인 정치가이자 지휘관, 시인, 역사가인 폴리오(Asinius Pollio, BC.75~AD.5)에 되살아났는데, 그는 존경받는 작가였을 뿐만 아니라 로마에서 가장 위대한 세 명의 시인 카툴루스(Gaius Valerius Catullus, BC.84~54), 호라티우스(Quintus Horatius Flaccus, BC.65~BC.8), 베르길리우스(Publius Vergilius Maro, BC.70~BC.19)와 같은 문학의 권위자들을 포함하는 동호회의 회원이었다.

---

272) 카이사르 때 로마 최초의 공공도서관장으로 임명되었다. 저서로는 풍자문학, 시, 논문, 式辭(식사), 서한은 물론 법률학, 천문학, 지리학, 교육학, 문학사 등 다양한 주제에 관해 74편 정도의 작품(낱권으로는 600권 이상)을 썼다. 내용 전체가 보존된 유일한 작품(농사론 De re rustica)은 농업과 축산의 실용적인 지식에 대해 쓴 3부작으로서 시골생활에 대한 애착을 높이기 위해 쓴 것이다. 키케로에게 바친(라틴어에 대해서 De lingua Latina)는 언어학 저서로서 뿐 아니라. 다양한 주제에 대한 부수적인 정보를 제공하는 자료로도 흥미롭다. 원래는 25권으로 구성되었으나, 그 중에서 제5-10권만 남아 있다. 그 외 BC 3세기 견유학파 철학자 가다라의 메니포스를 본떠 산문고 운문을 섞어 쓴 해학적 잡문집으로, 의식주에서부터 문학과 철학에 이르기까지 다양한 소재를 다룬 (페니키아의 풍자)라는 작품도 있었다.

273) the Ides of March: 3월 15일은 카이사르의 암살일로 예정되어 있던 날로서 서양에서는 예로부터 궂은일을 경고하는데 쓰였다. Ides는 Nones으로 부터 8일째 되는 날을 나타내는 옛날 수 계산법이다. 3월, 5월, 10월은 15일이고 그 나머지 달은 13일이다.

실제로 카이사르가 죽은 뒤에 잇따른 충돌이 일어나는 동안 베르길리우스의 재산이 몰수되지 않도록 안전하게 지켜준 것은 바로 폴리오의 도서관 건립 계획이었다. 기원전 39년에 폴리오는 군사적 원정을 성공리에 끝마치고 전리품을 싣고 로마로 돌아왔다. 이 전리품은 카이사르가 청사진까지 만들었던 로마의 첫 공공도서관을 만들어낼 수 있는 자금을 제공해 주었다.

카이사르가 사망한 후 그의 지지자이자 당시의 존경받는 작가였던 폴리오는 카이사르의 유지를 이어받아 기원전 39년경 '로마 포럼(the Aventine)', '자유의 신전(Libertas temple, Atrium Libertatis)'에 로마 최초의 공공도서관을 건립했다. 마케도니아의 부총독으로서 획득한 전리품으로 열람실 두 개를 마련하여 그리스어 작품과 라틴어 작품 수장실로 구분하고 역대 시인과 웅변가의 조각상을 장식하였다고 한다. 이렇게 구획 짓는 구조는 카이사르가 그린 청사진을 따른 것이었는데 후에 설립되는 모든 로마의 도서관에 적용되었다. 이 도서관은 건물자체가 사라져버렸고 단지 여러 기록물을 통해서만 그 존재가 알려지고 있다.

예외적인 일로 폴리오 도서관은 당시의 작가이며 존경받는 석학인 바로를 포함하여 저명 작가들의 상으로 훌륭하게 장식되어졌다. 바로가 기원전 27년에 사망했으므로 도서관은 바로가 사망하기 앞서 12년 동안의 어떤 시점에서 개관한 것으로 볼 수 있다. 이것은 로마 도서관의 역사에서 새로운 시대의 시작을 의미한다.

아우구스투스(Augustus, BC.63~AD.4)는 로마의 역사가 시작된 팔라틴(Palatine) 언덕에 팔라틴 궁전과 함께 도서관을 세웠다(아폴론 신전의 도서관 또는 팔라틴 도서관). 그 뒤를 이은 황제들도 아우구스투스처럼 자신이 거처하는 궁에 한 두 개의 도서관을 지었다.

로마도서관 가운데 최대의 것은 로마제국의 판도를 최대로 했던 트라야누스(Marcus Ulpius Trajanus, 52~117) 황제가 113년에 세운 〈울피아

도서관(Bibliotheca Ulpia)〉으로서, 이것은 제국의 문서관의 역할도 수행하였다. 이 도서관도 그리스어와 라틴어 두 문헌의 부분으로 나뉘어져 있었다. 서기 370년에 로마에는 29개의 도서관이 있었다고 한다. 유사한 도서관이 마찬가지로 총독지배의 지방에도 점차 생겨나고 있었다. 1세기 경에 29개의 도서관이라는 숫자는 경이적이다. 로마가 지혜를 사랑한 민족이었음을 상징한다.

로마 황제들은 자신의 궁전이나 신전에만 도서관을 짓지 않고 로마 시민들을 위해서 도서관을 설립하였다. 그는 그리스의 마케르에게 운영을 맡겼다. 이후 저명한 학자 히기누스(Higinus)를 영구 관장으로 임명하였는데 〈폴리오의 도서관〉을 모방하여 그리스어, 라틴어 문헌을 각각의 방에 보관하고 벽을 따라 책을 배열하고 방 가운데 열람시설을 두었다. 이는 종래의 그리스식 배치, 즉 작은 여러 개의 방으로 구성하여 서고를 위주로 하고, 주랑에서 열람하는 방식에서 탈피한 로마식 도서관의 전형이 되었다.

황제 아우구스투스(Augustus) 치하에서는 두개의 대규모 공공도서관이 세워졌다. 그 하나는 기원전 28년에 팔라틴 언덕의 아폴로 신전에 세운 〈팔라틴(Palatine) 도서관〉이었으며, 또 하나의 도서관은 기원전 33년에 세워진 〈옥타비아 도서관(Bibliotheca Octaviana)〉으로서, 마르스(Mars) 평야의 쥬피터 신전의 옥타비아 홀(Porticus Octavia)에 설치되었다. 이러한 도서관에는 각각 여러 명의 조수를 둔 관장이 있고, 도서관 직원은 〈librarii〉라 하였는데 노예계급에 속하였다. 여기에서 노예란 '지식노예'이다. 그러나 그 책임자는 기사계급에 속하거나 황제로부터 자유민을 된 사람이었다.

아무구스투스의 후계자들도 공공도서관의 건설에 뜻을 두고 있었다. 베스파시아누스(Vespasianus, 9~76)는 71년에 로마에 11개의 공공도서관을 세우고 있는데, 이들 도서관에는 예루살렘에서 입수된 전리품이 장식되고 있었다. 그 밖에 카피톨린(Capitoline) 언덕에도, 215년경에 카라칼라(Caracalla, 188~217)에 의해 만들어진 장대한 목욕탕에 도서관이 있었다고 한다.

이 도서관은 자유민 학자인 가이우스 마이케나스 멜리소스가 운영토록 하였으나 지금은 흔적을 찾아볼 수가 없다. 공공도서관들에는 교육을 받은 노예들과 자유인이 된 노예들도 드나들었으나, 주로 로마의 역사를 보관하고 역사가들에게만 개방하려는데 목적이 있었다면, 작은 도서관들은 즐거움을 만끽하려는 오락의 욕구를 채워주는 문학책들을 취급하였으리라고 추측하고 있다.

문헌상으로나 고고학상을 알 수 있는 자료에 있어서나, 스페인 출신의 황제 하드리아주스(Hadrianus, 76~138)는 아테네에 우아한 도서관을 세우고 있음을 추측할 수 있다. 이것은 120개의 원주로 이루어지 주랑(柱廊)을 갖고 있으며, 그림과 조각도 있었다고 한다.

이상을 정리하면 다음과 같다. 1) 〈Bibliotheca Alexandrina〉의 존재기간은 기원전 300년경부터 서기 390년경까지로 역사 속에서 적어도 450년은 넘게 존재하였다. 2) 기원전 47년에 클레오파트라와 프톨레마이오스 XIII세(카세르게테스)와의 시민전쟁에서 카이사르에 의해 부분적으로 파괴되었고, 기독교시대 이후 그 영향력이 적어졌으며, 안토니우스가 클레오파트라에게 200,000개 정도의 두루마리를 주어 도서관 재건에 도움을 주었으리라고 보여진다. 이는 후에 다시 로마 도서관에 소장되었다. 3) 391년에 테오필로스 주교가 세라피움(딸 도서관)을 종교적인 이유에서 파괴하였다. 4) 645(642?)년경에 모슬렘 정복자 오마르에 의해서 완전히 파괴되었다. 그러나 파괴시기에 관해 학자들 간에 논란이 있다.

제 7 장

Schola Alexandrina

2세기 말경부터 3세기까지 기독교에 대한 로마 제국의 태도는 황제에 따라서 전보다는 비교적 유동적이었다고 할 수 있다. 그와 함께 교회는 그 세력이 더욱 확대되어 갔으며, 사회 계층적으로도 상당히 높은 계층에까지 교회의 세력은 뻗어 나가게 되었다. 이와 같은 시기에 교회는 세 주류의 신학사상의 맥을 형성하게 되었는데, 첫째가 〈알렉산드리아학파(Schola Alexandrina)〉, 둘째가 〈안티옥학파(Antiockian school)〉이며, 셋째가 〈서방학파〉이다. 이 중 〈알렉산드리아 학파〉는 현재 이집트 알렉산드리아 시를 중심으로 형성되고 발전된 학파이다.

알렉산드리아는 기원전 331년 알렉산더 대왕에 의해 건립됐고, 대왕의 사후 이집트에 수립된 프톨레마이오스 왕조의 수도가 되었으며, 기원후 641년 아랍군에 의해 함락되기까지 천년의 고도(古都)로서 위엄을 자랑했다. 건립된 지 오래지 않아 이 도시는 고대 문명의 새로운 중심지로 급성장했다. 그런데 이 신흥 도시가 품어 안은 문명의 이상은 더 이상 협소한 도시국가(polis)의 테두리 안에서 전개된 고전기 그리스 문명이 아니었다. 바야흐로 인종적, 민족적, 지역적 경계를 넘어 하나의 세계 문명을 지향하는 '헬레니즘' 시대가 열린 것이다.

정치사에서는 알렉산더 대왕이 동방원정에 나선 기원전 334년부터 프톨레마이오스 왕조의 마지막 왕인 클레오파트라 VII세가 악티움 해전에서 옥타비아누스에게 패한 기원전 30년까지의 약 300년간을 '헬레니즘 시대'라고 한다. 알렉산더의 동정(東征)으로 출현한 헬레니즘 문명은 고전 그리스 문명과 고대 동방문명이 융합돼 창출된 것으로, 문명사에서 '유럽과 아시아의 결혼'으로 일컬어진다.

헬레니즘은 에게 해 중심의 그리스 세계를 '서(西)'로 하고, 이집트를 포함한 고대 오리엔트 세계를 '동(東)'으로 하는 동서 문명 통합의 산물이었다. 헬레니즘은 철학에서는 세계시민주의(cosmopolitanism)로, 종교에서는 제설통합주의(syncretism)로 대변된다. 실제로 헬레니즘 시기 이름난 철학자의 대다수는 그리스 본토가 아니라 시리아, 이집트 및 아랍 출신이었으며, 신들의 이름이 상호 교환되기도 했고, 이집트-그리스 신(神) 사라피스와 같이 하이브리드 신이 만들어지기도 했다.

'지중해의 진주'로 불린 알렉산드리아는 헬레니즘 세계의 최대 무역항이었다. 지중해 연안 도처로부터 배가 들어왔다. 어떤 배들은 몬순 바람을 이용해 인도의 서해안에서 홍해를 거쳐 비단과 향료를 들여오기도 했다. 기원전 3세기 기록에 따르면, 배 한 척이 한 번에 향료 60상자, 코끼리 상아 100톤, 흑단 135톤을 실어 나르기도 했다. 인도와 중국을 '동'으로 하고 헬레니즘 세계를 '서'로 하는 확장된 의미의 '동서무역'은 고대인들의 세계 지평을 현저히 확대했다.

알렉산드리아는 그리스인이 이집트에 세운 '그리스' 도시였지만, 그리스인 외에도 이집트인, 페니키아인, 아랍인, 누비아인 등 다양한 인종적, 민족적, 문화적 배경을 지닌 사람들이 함께 어깨를 비비고 사는 곳이었다. 이처럼 '고대의 뉴욕'이라 할 만한 알렉산드리아는 고대사에서 최대 규모의 유대인 공동체가 자리한 곳이기도 했다.

기원전 3세기 초엽, 프톨레마이오스 II세는 그리스 말을 사용하는 유대인을 위해 학자 70여 명에게 히브리어 구약 성서를 그리스어로 옮기도록 요청했으며, 그 결과 유명한 「70인역 성서(Septagiant)」가 세상의 빛을 보게 됐다. 필로(Philo of Alexandria, BC. 약 20/15~AD 약 50년)의 종교사상이 이곳을 근거로 하고 있었음도 이해될 수가 있다.

4세기경부터 642년 이슬람교도의 점령이 있기까지 알렉산드리아에서 전개된 플라토니즘, 아테네학파와 밀접한 관계가 있어, 이 파에 속하는 히에로클레스(Hierocles of Alexandria), 헤르미아스(Hermias), 암모니오스(Ammonios)는 원래 아테네학파 출신이다. 그러나 종교적 · 신비적 색채가 농후한 아테네학파에 비해, 이 학파에서는 텍스트를 주해하는 학문적 관심이 지배적이어서, 플로티노스(Plotinos, 203~269) 이전의 이른바 2세기의 중기 플라톤주의의 전통을 계승하였다.

양파 사이에는 대립도 있어, 예컨대 플라톤의 『티마이오스(*Timaeos*)』에서 볼 수 있는 우주창조를 무시간적(無時間的) 과정이라고 보는 아테네학파의 프로클로스(Proclos)와 시간적인 것으로 보는 이 학파의 심플리키오스(Simplicius of Cilicia)와의 논쟁은 그 한 예이다. 또한 이 학파는 그리스도교에 가까운 플라톤 상(像)을 제시하였다.

이를테면 암모니오스(Ammonios Sakkas, 175~242)와 함께 이 파의 최초의 대표적 인물인 히에로클레스(Hierocles of Alexandria)는 '무(無)에서의 창조'라고 하는 그리스도교와 지극히 유사한 발상을 전개하였다. 그런 점에서 이 파는 중세에서의 그리스도교적 철학, 즉 그리스 철학의 그리스도교화(教化)를 위한 선구적 역할을 하였다.

그러므로 〈알렉산드리아 학파〉란 고도의 학문 연구를 위해 2세기 중엽 알렉산드리아에 세워진 최초의 그리스도교 학파를 지칭한다. 최초의 유명한 지도자들(Pantaenus · Clement of Alexandria · Origenes) 아래서 이 학파는 알레고리적 성서 해석방법의 중심지가 되었고, 그리스 문화와 그리스도교 신앙을 절충하는 사상을 따랐으며, 교리의 변화가 심한 시기에 이단적인 주장들에 맞서 정통 그리스도교 가르침을 확립하려고 애썼다.

알렉산드리아의 학풍은 1000년의 기간 동안 시대별로 다음과 같이 다섯 단계를 거쳤다. 첫째, 초기의 학문적 주류는 아리스토텔레스에 영향을 받아 자연과학을 장려했다. 이 시대의 대표적인 학자들은 유클리드와 에라토스테네스였다. 둘째, 기원전 150년 이후로는 플라톤적인 철학이 중심역할을 하면서 형이상학과 종교학이 발달했다. 셋째, 서기 1세기에는 필로를 중심으로 하는 유대교 학파의 전성기였고, 넷째, 이어서 서기 150년 이후는 클레멘트(Clement)와 오리게네스(Origenes) 같은 기독교 교부 철학자들이 활동했다. 그리고 마지막 시기로는 서기 350년 이후부터는 소위 〈알렉산드리아 학파〉 즉, 고대 도시 알렉산드리아에서 형성된 그리스도교 신학의 일파를 일컫는다.

3세기 무렵 클레멘트(Titus Flavius Clemens, 150~215)가 창시하여 5세기 무렵까지 번성했는데, 그 제자로는 오리게네스가 유명하다. 이들이 알렉산드리아 신학교를 창설한 것이 가장 오래된 학교이다. 그 신학적 특징은 헬레니즘적 유대교나 신플라톤주의를 수용하면서 신앙과 이성의 조화 및 통합을 지향하며, 성서 해석에서는 비유적 해석법을 사용하는 것이 특색이다. 4~5세기는 아타나시우스(Athanasius, 296~373), 아폴리나리오스(Apollinarios), 키릴로스(Kyrillos) 주교 등으로 대표되는데, 3세기의 특징이 호교적(護教的)·철학적인 반면 이들은 교권적(教權的)·정통주의적 특징을 지니고 있다.

알렉산드리아가 후대에 남긴 가장 의미있는 철학적 유산은 플라톤주의에서 신플라톤주의로 전환한 일일 것이다. 플라톤주의는 '누스(Nous; 우주의 정신 혹은 신성한 정신)'를 지고(至高)의 원칙과 같은 것으로 보아 그 원칙을 어떤 경계 속에 가두는 반면, 신플라톤주의는 '초월적

일자'를 지향하는데 이 '일자'는 정의할 수 없는 존재이므로 모든 경계를 '초월'한다고 본다. 이 신플라톤주의는 3세기에 알렉산드리아의 학교들을 통하여 서서히 발전했는데 이 철학은 후대에 들어와 서구 세계의 신비주의와 신학에 엄청난 영향을 미치게 된다.

〈Bibliotheca Alexandrina〉에서 연구에만 몰두했던 학자들은 도서관 창립 당시 최고의 문법학자였던 제노도투스, 인류 최초로 지구의 둘레를 측량한 연대지와 지리학의 창시자인 에라토스테네스, 천문학자인 히파르코스, 수학문제와 씨름하고 있는 왕에게 '기하학에는 왕도가 없다'는 유명한 말을 한 기하학자 유클리드, 지식의 저장고가 심장이 아니라 두뇌라는 사실을 밝혀낸 헤로필리우스(Herophilus), 위대한 기계공학자 아르키메데스, 지구가 우주의 중심이라는 설을 주장하여 실로 1500년 동안 서구 세계를 지배한 천문학자 프톨레미(Ptolemy), 그리고 〈Bibliotheca Alexandrina〉가 이교도의 성전이라 하여 알렉산드리아 교회의 키릴(Cyril) 주교의 사주를 받은 야만적인 기독교인들에게 머리가죽이 벗겨지는 참혹한 최후를 맞는 여성 수학자이자 학자사서 히파티아(Hypatia) 등 그 수를 헤아릴 수 없다. 이 도서관의 학자 사서들을 흔히 〈알렉산드리아 학파(Schola Alexandrina)〉라고 부른다.

군주들과 국가의 지원, 정보와 학문, 이러한 것들이 적절히 어우러진 〈Bibliotheca Alexandrina〉는 '싱크 탱크'인가 하면 대학원이었고, 관측소인가 하면 실험실이었다. 하지만 알렉산드리아는 도시 자체는 사람, 물건, 사상이 원활하게 소통되는 교역의 중심지였다. 〈알렉산드리아 학파〉에서 유일한 여성 수학자이자 사서였던 히파티아(Hypatia of Alexandria, 355~415 혹은 370~415)를 중심으로 이야기를 전개해 보고자 한다.

유일한 여성 학자사서였던 Hypatia

히파티아(Hypatia of Alexandria, AD.370?~415)의 삶에 대해서는 구체적 기록이 많지 않고 예로부터 구전되어온 것들이 많은데, 그녀는 오늘날까지 '가장 아름답고, 가장 순결하고, 가장 교양 있는 여성'으로 일컬어지고 있다. 그녀의 아버지 테온(Theon Alexandricus, ca. 335~405)[274)]은 알렉산드리아 대학 수학과의 저명한 교수로 나중에 대학의 책임자였으며, 〈Bibliotheca Alexandrina〉의 관장직을 수행한 학자 사서였다.

그녀의 어머니에 대해서는 알려진 바가 거의 없으나, 테온(Theon)이 추구한 완전한 인간상으로 미루어 보면, 그의 어머니도 상당한 신분이었을 것으로 추정할 수 있다. 알렉산드리아는 세계적인 학문의 중심지였고, 히파티아는 이러한 환경 속에서 예술, 문학, 자연과학, 철학에 이르기까지 상당히 균형적인 교육을 받았다. 그래서 히파티아는 유년기부터 학습, 질문, 탐구의 분위기에 싸여 있었다.

히파티아는 유년기를 '뮤지엄(Museum)'이라는 연구소와 아주 긴밀한 관계를 가지며 성장했다. 그러한 환경으로 유년기부터 학습, 질문, 탐구의 분위기에 싸여 있었다. 더구나 알렉산드리아는 세계적인 학문의 중심지였고 서로의 학문을 나누기 위해서 모든 문명국으로부터 학자들이 모여드는 세계의 중심부였다. 히파티아는 이런 자극적이고 도전적인 환경에 둘러싸여 있었다. 더욱이 그녀는 예술, 문학, 자연과학, 철학에 이르기까지 상당히 균형 잡힌 교육을 받았다. 특히 아버지의 교육이 큰 역할을 했다.

---

274) 유클리드의 원론을 연구하고 이에 주를 첨부함으로써 그리스 수학 발전에 크게 공헌한 알렉산드리아의 테온으로도 유명하지만, 천문학과 구면삼각법을 집대성한 알렉산드리아의 프톨레마이오스의 저서 〈알마게스트〉에 대한 테온의 주석은 더욱 유명하다.

테온은 그녀에게 종교에 대한 분별력을 가질 수 있도록 각별히 배려하였으며, 새로운 진리를 배척하는 어떠한 완고한 신앙도 그녀의 삶을 지배하지 못하도록 가르쳤다. 그는 그녀에게 "모든 형식적이고 독단적인 종교는 현혹시키는 것이어서 자존심 있는 사람이라면 절대로 받아들여서는 안 된다."라며, "네가 생각하는 권리를 비축하여라. 왜냐하면 틀리게 생각하는 것이 오히려 아무 것도 생각하지 않는 것보다 낫기 때문이다."라는 말도 했다. 어느 시인은 '뮤즈의 딸'처럼 아름답게 생긴 히파티아를 기억하라며 다음의 시를 남기고 있다.

히파티아를 기억하라.
분별력의 딸이 어떤 신앙에도 지배당하지 못할 때
아버지 하나님 그의 자식들의 질투가 시작되고
신의 이름 로고스의 갈등은 순백색 망토를 물들인 검붉은 핏빛

"나는 진리와 결혼했노라."

진실의 눈은 영혼임을 외치는 순결함
미모 무상을 깨우치는 모든 존재
모든 존재하는 것들의 궁극적인 원인은
철학의 신에 이루기를 독려한다.

"이 처녀의 죄명은 무엇이오?"

"저 요사한 마녀는 아버지를 능가하는 수학자임이 죄요."

"다음 죄명은 무엇이요?"

"인간이 만든 지식으로 신을 평가한 것이요."

"저 요사한 마녀를 발가벗기고 능욕하라."

"성전으로 끌고 가 불태워 죽여라."

이것이 아버지 뜻이니라.
인간본성의 신성이 화형당할 때
불쌍한 영혼들의 다독거림은
진실한 눈은 영혼의 각성을 촉구한다.

인간의 신성은 지혜의 열매를 꿈꾸는 자
우리의 과실을 인간 본연의 신성의 이름으로
아테네 학당에 새겨진 분별력의 딸을 기억하라.

또한 그녀의 제자들이 그녀의 중요성을 얼마나 높이 평가하고 또 그들의 존경심이 얼마나 컸는지를 그녀가 생존시에 지어진 듯한 그리스의 풍자시 팔라다스의 에피그램(Epigram)[275]이 증명한다.

제가 당신을 볼 때
그리고 당신이 말씀하실 때
저는 무릎을 꿇습니다.
별로 뒤덮인 처녀의 집을 쳐다보면서,
오직 하늘로만 당신의 행위가 향하기 때문입니다.
숭고한 히파티아여,
당신의 말씀의 아름다움이여
최고의 지혜의 순수한 별이여![276]

이 시행들에서 우리는 칭송받는 여성 철학자에 대한 거의 장엄함에 가까운 숭배를 인식하게 된다.

---

275) Epigram이란 경구(警句) · 단시(短詩) · 비시(碑詩) · 묘시(墓詩) · 경구시(警句詩)를 가리키는 단어이다. 어원은 그리스어의 에피그라마(epigramma: 表書)에서 유래한 말이며 이 말이 에피타프(碑銘)와 같은 뜻으로 사용되었다.

276) Anthologia Graeca 9, 400

뮤즈의 딸 히파티아

(그림 7) Hypatia of Alexandria

피타고라스는 학문에 관심이 있는 자라면 누구나 기꺼이 가르치려고 했다고 한다. 그는 학자로서, 교사로서 여성을 '교단'에 참여시키는 것을 옹호하였다고 하며, 피타고라스 학파에는 그의 아내였던 테아노(Theano, B.C. 5세기) 등 최소한 28명 이상의 여성들이 있었다고 전해진다. 이후 소크라테스, 플라톤 등도 여성과 남성 모두 지적 발전을 위해 노력해야 한다고 생각하였다.

그러나 현실 속에서의 대부분의 여성은 격리, 보호되었으며 그리스 시대의 학문적 열정에 동참하지 못하였다. 그나마 학문을 함에 조금 더 자유로웠던 여성들은 고급 매춘부들과 지도자 계층의 정부들이었다. 이들 중 몇 명은 뛰어난 능력을 가지고 있었고, 또 몇 명은 유능한 스승이 되었으며, 몇 세기에 걸쳐 만들어 놓은 여성들의 이러한 전통은 고대 그리스가 사랑한 여인, '히파티아'의 천재성을 꽃피울 수 있도록 하였다.

히파티아(Hypatia of Alexandria)는 전설상으로는 '뮤즈의 딸'로 미화되고 있으며, 현실적으로는 이집트 신플라톤파의 대표적 철학자이다. 그리고 알렉산드리아 대학 수학자와 교수이자 천문학자이며 〈Bibliotheca Alexandrina〉의 마지막 관장이었던 4세기 말에 살았던 테온의 딸로 370년경에 태어났다.[277)]

---

277) R. J. Denella, When was Hypatia born? *Historia* 33, 1984. pp.126-128.

그녀는 플라톤, 아리스토텔레스 등에 대한 강의를 하였다가 이교의 선포자라 하여 그리스도교도에게 참살 당하였다. 프톨레마이오스의 주교가 된 키레네의 시네시오스(Synesios)는 그녀의 가장 저명한 제자 중의 한 사람이다. 10세기 말경 그리스 문학사전 편찬자인 수이다스(Suidas)에 몇 가지 그녀의 수학 · 천문학적 저술의 표제가 있으나 책은 모두가 잔존하지 않는다.

테온은 그리스 기하학의 완성자인 유킬리드의 『기하학 원론(*Element*)』의 주석을 달고 수학을 발전시킨 인물로 유명한데, 또한 프톨레마이오스의 저서인 『알마제스트(*Almagest*)』에 대한 테온의 주석도 잘 알려져 있다. 후에 그 대학의 책임자가 되었다. 그의 딸 히파티아(Hypatia)도 아버지처럼 수학, 의학, 철학분야 등에서 이름을 떨쳤는데 디오판투스(Diophantus)의 『산학(*Arithmetica*)』, 아폴로니우스(Appolonius)의 『원추곡선론(*Conic Sections*)』에 대한 주석집을 쓴 것으로 기록되어 있다.

히파티아는 유창한 강연과 탁월한 문제 해결 능력으로 명성을 떨쳤는데 수학자들은 몇 달 간 풀리지 않는 어려운 문제가 있을 때마다 그녀에게 편지로 자문을 구했으며, 그녀는 이들을 단 한 번도 실망시키지 않았다고 한다. 그녀는 수학과 논리적 증명에 완전히 매료되어 결혼도 하지 않았다. 가끔씩 사람들이 그 이유를 물어오면 그녀는 "진리와 결혼했다."라고 대답했다. 평생을 합리주의적 사고방식으로 살아왔던 그녀는 알렉산드리아의 키릴루스(Saint Cyrilus of Alexandria, 375~444) 대주교의 박해에 시달리게 되는데 당시 키릴루스는 철학자와 과학자, 수학자들을 모두 이교도로 단정하여 무자비한 탄압을 가했다.

그녀는 원추형에 대한 논문을 썼고 고대 수학자들의 저서를 편집하고 주석을 달았으며, 천문관측의와 물비중계 제작에도 참여했다. 이러한 활동은 고도의 추상적 사고뿐 아니라 실험과 관찰을 중시한 알렉산드리아의 학풍을 반영한 것으로 보인다. 히파티아는 당대 최고의 과학자였을 뿐만 아니라, 신플라톤주의 학파를 이끈 철학자였다. 그녀는 철학자의 망토를 두르고 도심을 누비고 다녔으며, 원하는 사람이면-종교와 종파를 불문하고-누구에게나 플라톤을 비롯한 고대 철학자들의 책을 해석해주었다.

운명의 그날 거룩한 사순절 기간 중에 피터(Peter)가 이끄는 야만적인 폭도들이 히파티아를 마차에서 끌어내려 옷을 모두 벗기고 교회로 끌고 갔다. 그리고 그곳에서 그녀는 무참히 살해되었다. 그녀의 살은 날카로운 굴 껍데기에 갈가리 찢겨나갔으며 그녀의 떨리는 손은 불덩이 속에 던져졌다. 히파티아의 죽음과 함께 수학계는 곧 침체기에 빠졌다. 이 침체기는 르네상스 시대에 이르러 마리아 아그네시(Maria Gaetana Agnesi, 1718~1799) 라는 또 한명의 여성 수학자가 이름을 떨칠 때까지 계속되었다. 참으로 오랜기간 동안 잠자고 있었다.

그녀의 일생에 대해 프랑스의 수학자이자 작가인 드니 게디(Denis Guied)의 소설 『앵무새의 정리(*Le Theoreme du Perroquet*)』[278]에 최초의 여성 철학자이며 수학자인 히파티아를 이렇게 등장시키고 있다. "415년의 어느 날, 알렉산드리아의 그리스도교 광신도들이 길을 지나던 그녀의 마차로 달려들어 그녀를 바닥에 쓰러뜨리고 발가벗긴 채 교회로 끌고 갔다. 그리고는 칼날처럼 예리하게 깎은 굴 껍데기로 그녀의 시신을 하나하나 토막 낸 뒤 시체를 불살랐다. 타지 않은 시체들은 방치해 짐승의 먹이가 되게 하였다."

1853년에 찰스 킹슬리(Charles Kingsley)가 쓴 소설 『히파티아(*Hypatia or the New Foes with an Old Face*)』[279]에서도 그녀를 만날 수 있다. 19세기 영국과 유럽에서 가장 아름답고 낭만적인 여성으로 등장한다. 소

278) Denis Guedj. *Le Théorème du Perroquet*. Paris, Éditions du Seuil, col, 1998.
279) Charles Kingsley. *Hypatia: New Foes with an Old Face*. Whitefish, Montana, Kessinger Publishing, 1997.

설뿐만이 아니다. 에드워드 기븐(Edward Gibbon)의 『로마제국흥망사』[280]에서도 그녀의 비극적인 최후를 각별하게 다루고 있다. 기븐은 철저한 고증을 통하여 그때의 잔혹했던 상황을 비교적 상세하게 설명하고 있다. "가장 아름답고, 가장 품위 있으며, 학식이 풍부하고 모든 방면에서 완벽한 히파티아, 그리고 그녀의 역사는 키릴이라는 주교의 오만, 경쟁심, 잔인성을 충족시키기 위해 알렉산드리아의 신부에 의해 갈기갈기 찢어졌다."[281]

또한 기븐은 키릴루스(Cyrillus)와 알렉산드리아의 교회 그리고 히파티아에 관하여 다음과 같이 기술하고 있다. 곧 그(Cyrillus)는 그리스의 종교를 천명한 한 처녀의 희생을 부추겼거나 묵인했다.

『히파티아-고대 그리스가 사랑한 여인(*Hypatia of Alexandria*)』을 저술한 폴랜드의 역사학자 마리아 지엘스카(Maria Dzielska)는 18세기 계몽 사상가들의 반 교권투쟁이 '히파티아 신화'의 출발점이라 이야기하고 있다. 종교적 갈등 과정에서 빚어진 히파티아의 희생을 종교적 탄압을 받는 자신들의 모습과 일치시킨 것이었다. 이렇게 형성된 히파티아 신화는 발전을 거듭해 '서구인의 상상 속에서 육체적 아름다움과 정신의 불멸성을 구현한 존재'로 발전했다.

19세기 실증주의자들은 히파티아를 '종교에 대항하는 과학의 용감한 옹호자'로 찬양했고, 영국의 역사가 찰스 킹슬리(Charles Kingsley)는 히파티아의 죽음과 함께 과학과 철학이 시들고 알렉산드리아의 지적인 풍토가 사라졌다고 썼으며 심지어 버트란트 러셀(Bertrand Arthur William Russell) 역시 '히파티아의 사후 알렉산드리아는 철학에 시달리

---

280) Edward Gibbon. *The History of the Decline and Fall of the Roman Empire*. London, Strahan & Cadell, 1776-1789.

281) Hypatia, or the History of a Most Beautiful, Most Virtuous, Most Learned and in Everyway Accomplished lady ; Who was torn to pieces by the Clergy of Alexandria, to Gratify the Pride, Emulation and Cruelty of the Archbishop Titled St. Cyrill.

지 않게 됐다'라고 서술했다. 그러나 지엘스카(Dzielska)에 따르면 히파티아의 제자들을 중심으로 알렉산드리아의 신플라톤주의가 더욱 꽃을 피우게 되었다고 서술하였다.

르네상스 시대에 이르러 라파엘로(Sanzio Raffaello, 1483~1520)는 교회의 반대를 무릅쓰고 '아테네 학당'의 철학자들 사이에 히파티아를 되살려 놓았다. 이후 히파티아는 종교개혁자들과 계몽주의자들에게 주목받았다.

예를 들어, 18세기 개신교 신학자 존 톨란드(John Toland, 1670-1722)는 1720년에 〈히파티아 또는 가장 아름답고 가장 고결하고 가장 학식이 높고 모든 면에서 완벽한 여성, 그러나 통상적으로 하지만 부당하게도 성인이라고 불리는 대주교 성 키릴로스의 자만심과 경쟁심, 잔인함을 충족시키기 위해 알렉산드리아의 성직자들에 의해서 조각조각 찢겨진 여성의 역사〉라는 긴 제목의 역사 수필을 썼고, 계몽주의자 볼테르(Voltaire)는 1736년에 〈볼링브로그 경의 중요한 조사 또는 광신주의의 무덤〉에서 히파티아의 살해를 종교적 광신주의가 천재를 박해한 사건으로 규정한 뒤 "키릴로스의 삭발한 개들이 저지른 야수적 살인"이라고 강도 높게 비판했다.

19세기 프랑스 시인 르콩트 드 리즐은 히파티아를 "플라톤의 정신과 아프로디테의 육신"이라는 표현으로 묘사하였으며, 그녀의 죽음과 함께 그녀가 대표하는 고대문명의 상실을 안타까워했다. 히파티아를 주인공으토 한 알레한드로 아메나바르(Alejandro Amenabar) 감독의 최신 팩션 영화 『아고라(Agora)』(2009)는 다시금 기독교 교회의 불편한 기억을 되살렸다. 사실, 히파티아의 삶은 영화보다 훨씬 덜 낭만적이고 그녀의 죽음은 훨씬 더 잔혹했다.

수학자 테온의 딸 히파티아는 아버지의 연구에 입문하였다. 그녀는 깊은 학식을 구비한 논평으로 고대의 수학자들인 아폴로니우스

(Appolonius)와 디오판토스의 기하학을 명료하게 설명했고, 아테네와 알렉산드리아에서 플라톤과 아리스토텔레스의 철학을 대중들에게 가르쳤다. 아름다움이 절정에 이르고 지혜가 무르익은 이 겸손한 처녀는 연인들을 거부했고 제자들에게 가르침을 주었다. 신분에 있어서나 미덕에 있어서 대단히 뛰어난 사람들이 그 여성 철학자를 몹시 만나고 싶어 했다.

학식이 높은 아버지 밑에서 자란 히파티아는 어릴 적부터 학문탐구의 분위기에 싸여 성장하였다. 그녀는 유년기부터 학습, 질문, 탐구의 분위기에 싸여 있었다. 게다가 알렉산드리아는 세계적인 학문의 중심지였고, 서로의 학문을 나누기 위해서 모든 문명국으로부터 학자들이 모여드는 세계의 중심부였다. 히파티아는 이런 자극적이고 도전적인 환경에 둘러싸여 있었다.

더욱이 그녀는 예술, 문학, 자연과학, 철학에 이르기까지 상당히 균형 잡힌 교육을 받았다. 그 당시, 수학은 어떤 행성에 태어난 한 개인의 자취같은 불명료한 문제를 계산하는 데 주로 이용되었다. 수학적인 계산을 통해 한 인간이 어느 날 정확히 어떤 위치에 있을 것인지를 결정할 수 있을 것이라 생각하였다.

천문학과 점성술을 하나의 과학으로 간주하였으며, 수학은 과학과 종교를 결합한 것으로 생각하였다. 이런 원리는 히파티아가 일찍이 교육을 받은 바 있었고, 더욱이 테온은 문명화된 세계에 알려진 모든 종교체계를 그녀에게 가르쳐 주었다.

아버지 테온은 또한 딸 히파티아의 개인 교수였으며, 선생이며, 친구였다. 테온이 가지고 있던 미와 수학 논리를 향한 강렬한 애정이 히파티아에게 쉽게 전해졌다. 이러한 면에서 아버지는 결국 그의 수준을 뛰어넘는 히파티아의 지적 개발에 큰 영향을 끼쳤다. 테온은 선생으로서 보기 드문 재능이 있어서 히파티아에게 축적된 지식을 전해

주는 것뿐만 아니라 이러한 지식을 형성하고 받아들이는데 필요한 식별력도 가르쳐 주었다.

이러한 목적을 위하여 그는 종교에 대한 분별력을 가질 수 있도록 각별히 배려하였으며, 새로운 진리를 배척하는 어떠한 완고한 신앙도 그녀의 삶을 지배하지 못하도록 가르쳤다. 그는 그녀에게 "무릇 모든 형식적이고 독단적인 종교는 사람을 현혹시키는 것이어서 자존심있는 사람이라면 절대로 받아들여서는 안 된다."라고 가르쳤다. "네가 생각하는 권리를 비축하여라. 왜냐하면 틀리게 생각하는 것이 오히려 아무것도 생각하지 않는 것보다 낫기 때문이다."고 교육시켰다.

히파티아의 정신은 놀랍고, 신속하며, 잘 단련되었다. 로마인에게 웅변술, 수사법 같은 예술은 사회적 품위를 드러내는 것이었다. 한 개인의 성향을 드러냄으로써 타인을 감명 시킬 수 있는 이 능력은 신으로부터 인간이 부여받은 위대한 재능으로 생각되었다. 히파티아가 자신이 이미 규정해 놓은 '완전한 인간'이 되기를 원하였다.

그러기 위한 하나의 준비단계로 히파티아는 연설에 필요한 정규교육을 받았다. 미사여구를 사용하는 법, 언어의 힘과 최면을 유도하는 힘, 음성을 적당하게 조절하는 법, 상대방의 기분을 좋게 만들 정도의 부드러운 음성을 내는 방법에 관련된 수업이었다.

테온은 히파티아가 환경의 변화에 좌우되지 않기 위해 매 순간마다 아주 정확하게 그녀의 생활을 감독하였다. 테온은 이러한 그녀의 정신에 어울리는 건강한 육체를 가질 수 있도록 식이요법을 개발하였다. 그는 히파티아가 규칙적으로 연습할 수 있도록 일종의 부드러운 미용체조도 고안해냈다. 그녀는 노 젓는 법, 수영, 승마, 등산 등을 배웠고 하루 일과 중 일정한 시간을 이러한 운동을 하는 데 할애하였다.

그러나 타인에 대해 지녀야 할 책임감조차 도외시하는 강력한 인간으로 만들려고 한 것은 아니었다. 그는 쉽게 영향받고 감수성이 예민한 젊은이의 마음은 쉽게 상처받을 수 있다는 것을 경고하였다. 그리고 미사여구를 사용하는 것은 단지 화장을 하는 효과가 있을 뿐이며, 타인에게 영향을 미쳐 타인을 조종하는 것을 경계하도록 하였다. 그의 교육은 감수성이 강하고 타고난 재능을 발휘하여 언변이 뛰어난 스승이 될 수 있도록 하였다.

히파티아는 고등교육을 받기 위해 외국을 여행하였으며, 가는 곳마다 왕족처럼 대우를 받았다고 한다. 그녀의 여행은 오랫동안 계속되긴 하였으나 연속적이지는 않았던 것 같다. 한동안 그녀는 젊은 플루타르코스(Plutarch)와 그의 딸 아셀피제니아가 운영하는 아테네의 한 학교의 학생이었던 것으로 알려져 있다. 바로 여기서 수학자로서의 명성이 시작되었다.

그녀가 30대에 이르러 고향인 알렉산드리아로 돌아왔을 때, 그곳의 행정장관이 수학과 철학을 가르치도록 30대에 알렉산드리아의 〈무세이온〉의 교수로 초빙을 받게 되었으며, 그녀의 강의를 듣기 위하여, 그녀의 학원에는 매일같이 4륜 마차가 줄을 이었으며, 알렉산드리아의 상류계급과 부호들로 교실은 초만원을 이루었다고 한다. 그녀는 높은 학식과 덕망으로 많은 사람들의 존경을 받았다. 히파티아는 그의 제자들로부터 크게 호평을 받았는데, 그녀의 별명이 '뮤즈(학문의 여신)' 또는 '뮤즈의 딸'이라고 불려졌다고 한다.

암모니우스(Ammonius), 히에로클레스(Hierocles), 그 외의 훌륭한 학자들이 가르쳤던 그 곳에서 강의를 하며 여생을 보냈다. 그 시대의 가장 훌륭한 학자들이 그녀의 강의실은 물론이거니와 집에도 종종 방문하였는데, 그곳은 도서관, 뮤지엄과 더불어 위대한 학문의 도시에 있는 가장 확실한 지성의 중심지 중 하나였다.

그녀는 마치 제사장처럼 여겨졌다. 유럽, 아시아, 아프리카로부터 온 열정적인 학생들이 히파티아의 강의를 듣기 위해 몰려들었다. 그녀는 디오판토스(Diophantos of Alexandria)의 산술과 그가 고안한 기호에 관하여 강의하였다. 그녀의 강의는 수학 자체로서, 그리고 호기심이 많은 그녀의 마음을 자극한 순수라고 예민한 기쁨으로 사랑하였기 때문이다.

"여러분이 가진 생각하는 권리를 소중하게 여기세요."

철학을 강의하던 도중에 그녀가 말했다. 이것은 그녀가 가르치고자 하는 핵심 주제이기도 했다.

"생각하는 것은 값진 능력인데도 많은 사람들이 그 능력을 포기하고 있습니다! 만약 여러분이 여러분 자신의 생각하는 능력을 모두 없애버리면, 여러분 속에는 어둠이 들어찰 것이고 그 어둠을 다른 사람들이 메우게 될 것입니다. 그 사람들은 여러분에게 무엇을 믿어야 할지 말해주면서 절대 거기에 의문을 갖지 말라고 말할 것입니다. 여러분이 그 어둠 속에서 살게 되면 머지않아 여러분은 자신이 생각할 수 있다는 사실조차도 잊어버리게 될 것입니다!"

제자들은 그녀를 신성한 지혜의 구현자로 숭배했고 각자의 역량과 운명을 그 지혜의 불꽃 속에서 벼렸다. 제자들은 학문의 여신의 이름을 따서 그녀를 '뮤즈(Muse)의 딸'로 불렀다. 히파티아는 후기 플라톤주의의 불씨를 이어가며 철학과 종교적 신비를 일치시키는 교육으로 자신의 유현(幽玄)한 명성을 한껏 높였다.

시네시우스(Synesius)의 편지에 따르면 '플라톤의 머리와 아포로디테(Aphrodite)의 몸'을 지닌 히파티아의 카리스마는 대단한 것으로서, 권력욕과 화폐욕으로 점철된 오늘날의 관료제적 〈아카데미아〉에서는 상상하기 어려운 헌신과 신뢰의 대상이었던 모양이다. 심지어 제자들은 그녀를 중심으로 이루어진 이 비밀 학술 동아리가 신성한 힘으로 보전(保全)된다고 믿을 지경이었다.

고대 학문의 주요 중심지인 알렉산드리아에서 신플라톤주의 학파의 지도자로 인정받았던 히파티아, 뛰어난 지적 재능과 달변, 미모를 두루 갖춘 덕분에 수많은 제자 및 추종자들이 그녀를 따랐다. 하지만 히파티아는 자신에게 청혼한 뭇 남성에게 "나는 진리와 결혼했어요." 라고 거절하며 죽을 때까지 독신을 고집했다고 전해진다.

철학적 아파테이아(apatheia, 부동심)를 가르치면서 완벽한 금욕과 순결을 실천했던 스승 히파티아는 당연히 그의 사감(私感)을 환대하지 않았다. 동아리 내의 수평적 결속력과 더불어 수직적 의존도가 깊어지면서 공사의 분별이 중요한 문제로 떠오르게 마련이고, 이 경우 호감의 배치와 애정의 처리는 아킬레스의 건이다. 동무들의 동아리에서 높은 인간적 성숙 뿐 아니라 섬세하고 지속가능한 제도를 궁리해야 하는 이유가 바로 여기에 있다.

히파티아의 정신주의를 보여주는 일화가 있다. 다마스키우스(Damascius)의 기록에 따르면, 제자 중의 한 사람이 그만 이 학식뿐만 아니라 출중한 미모를 지닌 매력적인 스승을 사랑하게 되었고 급기야 고백이라는 만고의 반칙(!)을 범하고 말았던 것이다. 그녀의 강의를 듣던 한 학생이 그녀의 아름다움에 반해 사랑에 빠져버렸고 결국 자신의 심정을 공공연하게 드러낸다.

그러자 히파티아는 여성 몸의 물질성을 상징하는 것으로서 자신의 생리대를 그에게 보여주며 나무랐다.

> "나의 제자여... 자네가 진정 사랑하는 것의 본 모습이라네. 그러나 자네는 아름다움(외모가 아닌)을 그 자체로 사랑할 수는 없지... 육체는 그림자일 뿐이라네."

그리고 그녀는 "나는 진리와 결혼했소(I was wedded to the truth).'라고 대답한 것으로 전해지고 있다. 다음 (그림 8)은 아마도 이 광경을 나타낸 것으로 추측된다.

히파티아는 대단한 수학자이기 앞서 남녀를 막론하고 학문이 무엇인지를, 학문을 하는 사람들이 어떻게 해야 하는지를 가르쳐 준 여성이다. 그리고 종교라는 무지가 무엇인지, 또 종교가 무지와 결합될 때 인간의 잔인성이 어디까지 갈 수 있는지도 가르쳐 주었다. 이러한 그녀의 의견에 대해 아인슈타인은 "위대한 영혼은 항상 무지에서 오는 폭력적인 반대파를 만나게 된다"라고 하였다.

(그림 8) 히파티아의 강의 모습[282)]

후에 역사가들은 그리스도교에 의한 히파티야의 죽음이 중세 암흑기의 서막을 알리는 신호탄이 됐다고 지적한다. 이것은 황금시대 종말을 알리는 서곡이다. 히파티아 사후 25년이 지나 암흑기는 도래했고 그래서 이성이라는 마지막 불빛마저도 그녀의 죽음과 함께 꺼져버렸다. 알렉산드리아에서의 히파티야의 죽음과 함께 세계 최대의 대학

282) (출처; http://blog.naver.com/PostView.nhn?blogId=grimm1863&logNo=80119574787 &categoryNo = 19&viewDate=&cur cited 2012.4.20)

알렉산드리아도 잿더미 속에 파묻힌다. 세계 모든 문명의 보고(寶庫)인 〈알렉산드리아 대 도서관〉의 70만 권의 장서도 사라졌다. 그 후 1500년이 지나 나폴레옹이 등장할 때까지 알렉산드리아는 누구의 기억에도 없는 조그마한 어촌에 불과했다.

그녀가 죽을 때(415년) 이미 예순이 다 된 노 철학자였다. 많은 여성주의자들이 히파티아를 자유연애를 구가했던 아주 개방적인 여성으로 상상한 것과는 달리, 실제의 히파티아는 평생을 독신으로 지냈고 특히 그녀의 말대로 육체의 관능성을 멀리했다. 그는 결혼하지 않았던 관계로 특히 고대 문헌들은 그녀를 늘 '테온의 딸'이라고 칭할 뿐 남편 이름을 첨가한 적이 없다.

아름다운 미혼이 물론 그녀를 숭배하던 이들에게 그녀의 매력을 더 강화시켰다. 그는 플라톤적 정신주의의 계보를 잇는 신플라톤 철학에 깊이 몰입한 여성이었다. 일설에 그녀는 제자였던 철학자인 이시도루스(Isidorus)라는 남자와 결혼했다는 설도 있지만, 학문과 벗 삼아 평생 홀로 지냈다. 그녀가 욕망, 물질, 세속적 이익 따위를 극도로 낮추어 보는 신플라톤주의에 충실했다면 독신으로 지냈을 가능성이 높다.

그러나 광신적인 키릴루스이라는 인물이 알렉산드리아의 교구장으로 부임해오면서 히파티아에게 비극적인 일들이 벌어지기 시작했다. 키릴루스는 이단 심판관의 역할을 했는데, 그는 히파티아의 신플라톤주의 철학과 그녀의 행실이 '이교도적'인 것이라 간주했던 것이다. 키릴루스와 광신도들은 탁월한 수학적 능력과 수많은 남성 제자들을 지니고 있던 그녀를 마녀로 지목하였고, 〈무세이온〉은 반(反)기독교문화의 총본산으로 여겨졌다.

로마에 의해 신학(기독교 사상)이 득세하고, 그리스 철학 〈아카데미아〉는 무너져간 시대, 기독교 신앙인들은 히파티아의 철학을 사교(邪敎)로 생각하게 되었고, 서기 412년 키릴루스가 알렉산드리아의 주교가 되었을 때 그들을 조직적으로 억압하기 시작했다. 당시 강력한 교권주의자였던 대주교 키릴루스보다 좀 더 온건한 기독교도였던 알렉산드리아 행정관, 유일한 반대세력으로 보이는 오레스테스(Oreste)와 맺은 우정과 신뢰로 인하여 히파티아는 두 파벌 사이에서 정치적 보복을 위한 인질로 붙잡혔다.

히파티아는 두 사람의 대결에서 오레스테스의 편을 들었다. 그러자 키릴루스 파는 히파티아를 '검은 마술'을 쓰는 마녀로 몰아 죽였다는 것이다. 당대 최고 지성인 그녀에 대한 살인은 고대 광명의 종말과 중세 암흑의 도래를 의미할 만큼 중요한 역사적 사건으로 꼽힌다. 히파티아의 죽음으로 고대 그리스 철학이 종말을 고한 것도 아니었다. 오히려 히파티아의 제자들을 중심으로 알렉산드리아의 신 플라톤 철학은 더욱 꽃을 피웠다.

키릴루스는 대중의 열정에 불을 질렀고, 그녀를 옹호하는 사람들을 제거하기 위해 폭도를 구성하였으며 유대교회를 뒤엎고 행정장관의 지위와 권한을 대부분 장악하였다. 키릴루스의 지시를 받은 광신자 폭도들은 대학으로 강의하러 가는 히파티아를 도중에 마차에서 끌어내어 머리카락을 다 뽑고 고문을 하여 살해하였다. 그녀의 죽음으로 말미암아, 많은 학자들이 국외로 망명하였다.

〈알렉산드리아 도서관〉의 파괴와 함께 히파티아의 죽음은 사실상 수 백 년을 이어온 그리스의 철학과 과학의 종언을 의미하였다. 헬레니즘의 유산은 대부분 소실되었고, 기독교의 교리와 기독교적 사상에 반대되는 어떠한 사상 및 철학도 용납되지 않는 시대에 접어든다.

히파티아는 엄밀한 의미에서 '이교도'라고 할 수도 없었다. 그의 제자 가운데 상당수는 기독교도였고, 히파티아 자신이 그리스 철학과 학문을 특별히 사랑하기는 했지만 그리스의 신앙까지 받아들인 건 아니었기 때문이다. 그렇다면 히파티아는 왜 기독교인들에게 살해됐을까? 그건 기독교 내부의 분파 싸움이 낳은 정치적 음모의 결과였다.

415년 어느 날, 광신도와 폭도들이 〈무세이온〉에 난입하여 교수들을 학살하였고, 히파티아도 돌을 맞고 쓰러졌다고 한다. 그녀는 머리채가 마차에 묶여져서 이리저리 끌려 다니다가, 결국은 무참하게도 불태워졌다고 전해진다. 그녀의 모든 저서를 포함하여 〈알렉산드리아 도서관〉에 있던 수많은 책들이 역시 불태워졌고, 귀중한 문화재들도 아울러 파괴되었다.

이 사건으로 인하여 찬란했던 알렉산드리아의 학문과 문화는 곧 쇠퇴의 길로 접어들었고, 이는 곧 고대 그리스 문명의 종말로 이어지게 되었다. 높은 학식과 고결한 인격, 그리고 뛰어난 미모를 함께 갖췄던 히파티아의 비극적 생애는 이후 많은 소설에서 언급된 바 있고, 오늘날까지도 여성이 수학을 꺼려하게 된 시초가 되지 않았는가 이야기되기도 한다.

종교에 대항하는 과학의 용감한 옹호자

히파티아(Hypatia)는 맹목적인 기독교 권력에 항거한 전사로 알려져 있다. 그래서 히파티아는 이교주의의 대명사인 것이다. 히파티아가 살았던 고대 그리스 말기 알렉산드리아에는 유대교와 기독교가 충돌하고 있었다. 히파티아가 이교주의의 대명사가 된 것은 당시의 두 종교 간의 갈등에서 그녀가 유대교를 옹호했기 때문인 것으로 알려져 있다.

키릴루스 대주교는 유대교를 믿는 유대인들을 공공연히 탄압했고 히파티아는 그에 저항했다. 이로써 히파티아는 강제적인 종교권력에 맞서 싸우는 전사로서의 이미지를 획득했다. 대주교 키릴루스로서는 당대의 저명한 인사들과 폭넓은 유대관계를 가지고 있었던 히파티아가 부담이었고, 그로서는 히파티아를 살해하지 않고는 자신의 종교권력을 유지할 수 없었다.

기존의 많은 역사가들은 히파티아 살해행위를 이교주의가 끝나고 기독교적 암흑시대가 시작된 사건으로 평가하였다. 당시는 기독교 교리 체계가 완전히 확립되지 않은 시기였고, 이교도와 기독교도가 혼재하는 시기였다. 그렇지만 대세는 역시 기독교 쪽이었고, 이에 따라 이교도와의 갈등도 무척 컸다. 이에 키릴루스는 히파티아를 '간통' 혐의로 살해한다.

그리고 그녀의 명성은 비극적으로 끝나고 만다. 기원후 412년 키릴루스라는 인물이 알렉산드리아 기독교회의 주교로 선출될 때까지, 히파티아는 기독교회 지도자들로부터 호의적인 대접을 받고 있었다. 히파티아의 강의를 들은 사람 중에서 유명한 기독교인으로 키레네의 시네시오스가 있는데, 그는 기독교의 삼위일체 교리의 정립에 중요한 역할을 한 인물이기도 하다. 그러나 키릴루스는 시기심이 무척 많은 인물이었고, 히파티아가 거리를 지날 때마다 많은 사람들이 존경의 인사를 보내는 모습을 견디기 힘들어했다고 한다. 결국 자신을 따르는 기독교 수도자들에게 그녀를 살해할 것을 지시했다.

베드로라는 이름의 수도자가 이끈 무리들은 외출했다가 집으로 돌아오는 그녀를 길목에서 지키고 있다가 납치하여 구타한 뒤, 케라레움이라는 교회까지 질질 끌고 갔다. 그들은 그곳에서 히파티아의 옷을 모두 벗기고 날카로운 타일로 그녀의 살을 갈기갈기 찢어 버리는 만행을 저질렀다. 그리고 만신창이가 된 그녀의 시체를 시나론이라는 곳에서 불태워 버렸다고 한다.

그녀의 비극적 죽음에서 키릴루스가 정확히 어떤 역할을 했는지도 베일에 싸여 있다. 그가 직접 만행을 지시했는지, 아니면 그런 움직임을 미리 알고서도 방조했는지, 그런 움직임이 일어날 수 있도록 분위기를 조장했는지 확실하지 않다. 어느 쪽이든 키릴루스에게 비극의 책임이 있음은 물론이다.

히파티아의 비극적 죽음 이후 오레스테스(Orestes)는 범인들을 재판에 회부하기 위해 최선을 다했지만 소용이 없었다. 그만큼 알렉산드리아의 기독교 세력이 강했던 것이다. 결국 생명의 위협까지 느끼게 된 오레스테스는 도망치듯이 알렉산드리아를 떠날 수밖에 없었고, 증거부족이라는 이유로 조사는 흐지부지 되고 말았다. 키릴루스 주교가 일방적으로 사건 조사의 종결을 선언했음은 물론이다.

새로 주교가 된 키릴루스는 말하자면 기독교계 내부의 대표적인 매파 인물이었다. 이단에 대해 매우 강경한 입장을 취하면서 이교도의 학문에 대해 기독교의 정통성을 수호하고자 노력한 인물이기도 했다. 키릴루스는 431년에 그리스도의 신성보다 인성을 중시한 네스토리우스(Nestorius)파의 주장에 반대하여 에페수스(Ephesus) 공의회에서 네스토리우스파를 이단으로 공격하기도 했다. 네스토리우스는 과학자를 비롯한 지식인들이 많은 교파였는데, 결국 박해를 피해 시리아나 페르시아 등지로 이주할 수밖에 없었고, 이것은 고대 헬레니즘 세계의 학문 전통의 쇠퇴로 이어지게 된다.

히파티아의 비극적 죽음은 따라서 고대 헬레니즘 세계의 문화, 학문 전통의 쇄락을 가장 극적으로 보여주는 사건이라고 할 수도 있다. 정확한 진상이야 무엇이든지, 키릴루스를 정점으로 하는 당시 알렉산드리아 기독교계의 입장에서는 여러 측면에서 히파티아가 눈에 가시였을 것이다.

이단인 신플라톤주의 철학의 대표자라는 점, 여성이면서도 학식이 뛰어나다는 점, 남성 추종자들이 많은데다가 그런 추종자들 가운데 알렉산드리아의 명사, 부호, 지식인들이 많다는 점, 교계의 대표자 키릴루스 주교와 정치적으로 대립하고 있는 오레스테스와 친하다는 점 등 모든 상황이 키릴루스를 압도하는 분위기였다, 하지만 키릴루스 개인의 시기심 때문에 히파티아가 희생되었다고 말하는 것은 무리라 하겠고, 종교적, 정치적, 사상적 갈등이 중첩되어 야기된 비극이라고 보는 편이 타당하다.

히파티아 살해의 배후로 알렉산드리아의 총대주교 키릴로스가 지목받았다. 동시대 교회사가 소크라테스는 키릴로스가 살인 사건에 직접 연루됐다는 말은 피했지만, 히파티아가 '정치적 시기심' 탓에 희생됐으며, 히파티아 사건이 키릴로스 개인뿐만 아니라 교회 전체에 적지 않은 불명예를 안겨줬다고 보고한다('교회사'). 6세기 철학자 다마스키오스(Damascius)는, '반대파'의 키릴로스가 도시 전체가 사랑하고 존경하는 히파티아에 대한 시기와 증오에 휩싸여 살해를 직접 모의했다고 주장한다('철학사'). 한편 7세기 니키우의 주교 요한은 히파티아의 살인을 '마녀'의 제거 또는 살아 있는 우상의 파괴로 정당화하며 키릴로스를 영웅으로 치켜세운다('연대기').

히파티아의 죽음은 '새로운' 기독교 문명의 눈부신 도약과 함께 역사의 뒤안길로 접어든 고대 그리스-로마문명의 비극적 운명을 상징한다. '불안의 시대'로 불리는 고대 후기, 신구(新舊)—문명의 대결이 다른 어느 곳보다 치열했던 알렉산드리아에서 벌어진 히파티아의 암살극은 고대문명의 최후를 예고하는 신호탄이었다.

히파티아가 살았던 바로 그 시대에 오랫동안 고대 그리스-로마문명의 '등대' 역할을 해온 알렉산드리아가 격변의 소용돌이에 휩싸인다. 전투적 지도자들이 이끈 '새로운' 종교는 이교신전 사라페이온을 파괴했고, 도시가 생긴 이래 700년간 존속한 유대인 공동체를 파멸시켰다. 히파티아의 암살 이후 오래지 않아 도시의 통치권은 교회의 수중으로 완전히 넘어갔다.

히파티아에 대한 문학적 신화화

히파티아(Hypatia)의 죽음은 광신적인 무리들을 이끌고 다니던 키릴루스의 삭발한 사냥개들이 저지른 야수적인 살인이었다. 희랍의 신과 이성적 자연의 법칙을 믿었고 강요된 독단적 교리로부터 자유로웠던 그녀는 인간의 심적 능력을 믿었기 때문에 살해되었다고 볼테르(Voltaire)는 주장하고 있다. 그리하여 종교적 광신주의는 천재들을 박해하고 정신을 예속하게 되었다는 것이다.

히파티아는 '아름다움과 지혜'의 화신으로서, 그녀의 죽음은 계몽주의자들에게는 '이성의 빛'의 소멸로, 페미니스트에게는 '남성보다 우월한 여성'의 살해로, 반 기독교인에게는 '독단적 교리'에 저항한 순교자의 이미지로 받아들여져 왔다. 그러나 히파티아의 이미지는 후세 사람들에 의해 문학적으로 가공되었으며 신화화 되었다. 그렇지만 그녀가 엄밀한 문헌 고증을 통해 분석한 왜곡은 5가지이다. 아래의 5가지의 왜곡은 장 피에르 뤼미네(Jean-Pierre Luminet)의 『유클리드의 막대(*Le baton d'Euclide*)』[283]에서 분석된 내용이다.

첫째, 히파티아가 당대의 가장 뛰어난 철학자임에는 분명하나 그녀를 미의 여신으로 신화화한 것은 잘못되었다. 그녀는 알렉산드리아 출신의 여성이다. 알렉산드리아는 원래 이집트 땅이었으나, 당시에는 그리스의 식민지였다. 그녀는 식민지 출신의 철학자였다. 외모 역시 라파엘(Raphael)이 그린 것처럼 그리스인의 외모가 아니라 이집트인의 외모였다. 심지어 후세의 문학가들은 그녀의 벌거벗겨져서 살해되는 장면을 에로틱하게 표현하기도 했다. 저자는 이러한 신화화가 문학적으로 꾸며진 것일 뿐 고대문헌을 통해서는 전혀 발견되는 바가 없음을 증명하고 있다.

---

283) Jean-Pierre Luminet. *le Baton D'Euclide*. Paris, Librairie generale francaise, 2002.

둘째, 히파티아가 살해된 나이는 알려진 것처럼 젊었을 때가 아니라 60세 정도였을 것이라고 증명한다. 제자 시네시우스(Synesius)와 주고받은 편지를 통해서 그녀가 제자들보다 훨씬 나이가 많은 것을 반증하고 있다. 그러므로 그녀의 살해 장면은 에로틱하기는커녕 힘없는 노 철학자를 잔인하게 죽이는 끔찍한 장면이었음을 밝히고 있다.

셋째, 히파티아가 자유연애를 구가했다는 것에도 반론을 제기한다. 저자는 히파티아가 죽을 때까지 독신으로 살았으며, 누구와도 연애한 바가 없다는 것을 밝힌다. 사령관 오레스테스와의 관계도 친분이 있고 정치적으로 그를 지지하는 관계였을 뿐이었다. 그러므로 히파티아가 자유연애의 선구자라는 것 역시 문학적인 허구라는 주장이다.

넷째, 히파티아는 유대교인이 아니었다. 본질적으로 히파티아는 종교적 희랍주의자라기 보다는 문화적 희랍주의자였다. 그녀는 독실한 기독교 신자는 아니었지만 기독교를 인정하지 않는 반기독교인도 아니었다. 그녀는 많은 기독교인들과 친분관계를 가지고 있었으며 제자들에게 반 기독교적 교설을 하지도 않았다. 그것은 그녀가 아끼는 제자 시네시우스가 후에 기독교 대주교가 된 것을 보아도 알 수 있다. 그녀는 유대교 신자였기 때문에 희생된 것이 아니라 종교권력자 키릴로스와 오레스테스 사령관과의 정치권력 사이의 갈등에서 오레스테스의 편을 들어주었기 때문에 희생되었다.

마지막으로 히파티아의 순교는 '고대의 종말'을 의미하는 것이 아니라 그리스 세계의 가치와 새롭게 떠오르는 기독교의 가치가 통합되는 과정에서 발생한 것이다. 이러한 저자의 견해는 그녀의 죽음으로 인해 고대가 종말을 맞이하는 것이 아니라, 그녀의 죽음을 역사의 발전과정에서 발생한 사건으로 본다는 것을 의미한다.

391년 6월 16일, 마침내 테오도시우스(Flavius Theodosius) 황제는 모든 이교도 신전을 폐쇄하라는 칙령을 내렸다. 그리스도교인 폭도들은 기회를 놓치지 않고 즉각 알렉산드리아의 세라피스 신전으로 달려가 초석만 남겨 놓은 채 완전히 파괴해 버렸다. 황제는 또 이렇게 명했다. '그리스도교에 적대적인 모든 책을 불살라라. 그 책들이 하나님의 분노를 사지 않도록, 그리고 경건한 자들을 오염시키지 않도록'. 그러자 문맹자 수도사들은 수천 년 동안 축적되어 온 지혜와 과학적 지식을 이교도의 미신으로 취급해서 닥치는 대로 말살해 버렸다.

'그 수도사들은 인간을 닮았지만 돼지처럼 산다'고 말한 이교도 작가 에우나피우스(Eunapius of Sardis)는 절망적인 심정으로 이렇게 썼다. '검은 복장을 한 자들은 모두가 횡포한 자들이다'. 415년에 알렉산드리아의 대주교 키릴루스는 수도사들을 시켜 한 교인 폭도를 선동해서 〈Bibliotheca Alexandrina〉의 마지막 이교도 과학자를 살해하게 했다. 그 과학자는 히파티아라고 불린 여성이었다. 그녀는 사지가 갈가리 찢겼고, 키릴루스는 성자가 되었다.

콘스탄티누스(Constantinus) 치하에서는 그리스도교가 로마 제국의 이교도 종교와 동등한 지위를 가진 것으로 기록되어 있다. 반세기 후, 테오도시우스(Theodosius) 치하에서 그리스도교는 인간이 믿어야 할 유일한 종교로 선포되었다. 테오도시우스는 395년에 사망했다. 정확히 15년 후 로마는 서고트족의 발길에 무참히 짓밟혔다.

고대 세계의 가장 위대한 제국의 심장부인, 자랑스러운 이 도시는 여러 신들을 섬기며 천년 동안 번영해 왔었다. 600년간 고대 세계에서 학문의 중심지 역할을 했었기 때문이다. 그런데 그리스도교로 개종한지 몇 십 년 만에 수많은 경이적 유물과 성취가 파괴되었고 그 후 얼마 되지 않아 로마는 멸망하고 말았다(476년에 서로마 제국 멸망). 그리스도교는 미트라스 신앙이나 다른 이교 신앙이 실패한 로마 제국에서 하나의 종교로 성공하지 못했다. 사실상 그리스도교는 로마 제국의 몰락을 동반한 종교였다.

제 8 장

New Bibliotheca Alexandrina 재현 운동

〈New Bibliotheca Alexandrina〉 재현 운동은 모든 책벌레들의 꿈인 〈Bibliotheca Alexandrina〉의 르네상스에 비견 할 만한 학문과 문화 발전을 이끌어내며 서구 문명의 중요한 토양이 됐다는 역사적 사실뿐 아니라 사라진 기원에 대한 인류의 아련한 집단적 그리움 때문이다. 더구나 지식인들에게 '지식은 끊임없는 환상이고, 지혜는 끊없는 샘'이기 때문에 죽음에 이르는 병처럼 매력적인 것이기에 〈Bibliotheca Alexandrina〉에 대한 애증은 불타오른다.

지식을 갈망하는 사람 및 책 수집가들에게 꿈의 여행지는 〈Bibliotheca Alexandrina〉이다. 고대 세계에서 최대 규모를 자랑했던 도서관이었기 때문이다. 도서관을 세운 프톨레마이오스 I세는 책을 독점하기 위해 이집트의 특산물인 파피루스 수출을 금지하고 알렉산드리아 항을 드나드는 모든 선적은 반드시 보유한 책에 대한 필사본을 남기도록 의무화했을 정도로 집착을 보였다.

당시에 대 학자가 되기 위해서는 반드시 알렉산드리아에 와서 공부를 해야 했을 정도다. 그러나 욕망이 너무 뜨거웠는지 도서관은 5세기경 화재로 사라졌다. 2000년 간 이름만으로 남아 있던 〈알렉산드리아 도서관〉은 2002년 노르웨이의 건축가 스노헤타(Snøhetta)의 설계로 다시 세워졌다. 바다에서 떠오르는 태양을 형상화 했다는 건축 외벽에는 유네스코의 전폭적인 후원에 보답이라도 하듯 세계의 문자를 새겨 넣었으며, 인류 문자와 지식의 중심이 되겠다는 포부도 내비쳤다.

예전에 파라오들이 그랬듯 아스완에서 채굴한 화강암을 마감재로 사용했고, 그 외 건축 재료와 내부 집기, IT 기술 등은 전 세계에서 공수됐다. 유네스코의 이번 사업은 인류 공동의 이상적인 도서관을 건립하는 일일 뿐만 아니라, 전설로 전해오는 고대 도서관을 되살리는 것이기도 하다. 그래서 2002년 10월 16일 개관한 〈New Bibliotheca Alexandrina〉는 지정학적으로는 이집트, 정신적으로는 세계의 것이다.

New Bibliotheca Alexandrina의 꿈

〈Bibliotheca Alexandrina〉가 사라진 후 2000년이 지난 20세기 막바지에 알렉산드리아와 이집트의 사라진 명예, 영광 등 과거와의 연결을 꾀하고, 이집트, 중동, 지중해 연안 등을 망라한 지역에서 학문 중심지로서의 재현을 위한 계획과 실천의 운동이 전개되었다. 이른바 〈New Bibliotheca Alexandrina〉 재건운동이다. 여기에서는 이를 위한 재현 운동의 취지와 방법 등을 규명하고 도서관 건물의 상징성 등을 검토해 보고자 하였다.

〈New Bibliotheca Alexandrina〉 건립 아이디어는 최초로 알렉산드리아 대학의 역사학자 무스타파 엘 아바디 교수가 1971년 최초로 구상하였고, 이후 알렉산드리아 대학 총장인 두웨이다(Lofty Doweidar) 교수에 의해서 복원 아이디어가 재차 확인되었다. 이후 도서관 재현 프로젝트는 1980년대 중반 문맹퇴치와 교육 발전에 헌신해온 이집트 대통령의 부인인 수잔 무바라크(Suzanne Mubarak)의 호소에 의해서 국제사회에 알려지게 되었으며, 알렉산드리아의 옛 영광과 도서관을 부활시키려는 새 도서관 건립계획을 적극 추진되어 복원과정을 거치게 된다. 그래서 1988년 Unesco 124차 회의의 후원으로 글로벌적 재건 기구가 발족되었다.

1988년 이집트 대통령은 현대식 감각의 새로운 〈New Bibliotheca Alexandrina〉 기공식의 테이프를 끊었다. 유네스코가 중심이 돼 2,000억 원의 예산이 배정됐고 800만 권을 목표로 옛 도서관의 영화를 부활시키고자 한 세계적 프로젝트였다. 〈New Bibliotheca Alexandrina〉 이사회 의장인 무바라크 여사는 새 도서관의 역할을 "세계에 대한 이집트의 창, 이집트에 대한 세계의 창, 디지털 시대를 위한 도서관, 학문과 대화의 중심지" 등 4가지로 규정했다. 그러한 의미에서 전체적으로 원형인 새 도서관은 물속에서 태양이 떠오르는 장면, 즉 '지중해상의 영원한 일출'을 상징화하기 위해 건물 일부가 물속에 잠겨 있도록 설계된 것이다.

이와같은 공통의 인식하에 이집트 정부와 유네스코가 주축이 되어 세계 각국의 지원을 받아 설립하도록 계획되었다. 그래서 이집트 정부가 부지 15만평을 제공하기로 약정하였다. 이곳은 알렉산드리아 대학교 예술대학 캠퍼스가 위치하고 있는 고대 알렉산드리아 도서관 자리로 추정된 곳이었다.

이 새로운 도서관의 정식 프로젝트 〈New Bibilotheca Alexandrina〉를 추진하는데 초기 건립비용이 2억 2,500만 달러가 소요되는데, 이 중 6,500만 달러는 중동 산유국인 아랍에미리트와 사우디아라비아, 이라크, 오만, 그리고 이슬람 재단인 〈아가 칸 재단(Agha Khan Foundation)〉이 출연하였고, 3,300만 달러는 프랑스, 스페인, 독일, 이탈리아와 마이크로 소프트사 등 27개 국가 및 법인이 부담하였다. 노르웨이는 344만 불의 가구, 일본은 오디오 비디오 설비, 독일은 자료 자동 운송시스템, 프랑스는 도서관 자료관리 인력 교육을 담당하기로 약속을 하였다.

또한 1988년에는 〈알렉산드리아 도서관 공동기구〉가 출범해 나머지 비용을 각국에서 모금하였다. 당초 1억 7,200만 달러가 소요될 것으로 예상됐지만 현재 2억 달러 이상 투입되었다. 1990년 2월 12일 거대한 댐이 있는 아스완(Aswan)에서 각국의 정상이 참가한 가운데 국제회의가 열렸다. 바르슈미는 "〈New Bibliotheca Alexandrina〉 역사의 시작은 바로 이때"라고 말했다. 이날 하루 6,500만 달러의 기부금이 모였다. 이 회의에서 '도서관 설립을 위한 국제 선언 모임'에서 18개국의 주요 인사가 전 세계 각국 민간기구, 학자, 작가 등에 〈New Bibliotheca Alexandrina〉 설립을 돕도록 촉구하는 모임을 가졌다. 여기에서 요르단 왕비, 케로린 모나코 공주, 수잔 무바라크 영부인, 미테랑 프랑스 대통령, 소피아 스페인 왕비 등도 참여하였다.

국제사회의 지원으로 1993년 착공에 들어갔으나 땅을 파자 동상, 스핑크스 같은 고대 유물이 쏟아져 나왔다. 알렉산드리아는 어딜 파도 유물이 출토될 정도로 도시 전체가 문화재다. 2년간 110점의 유물을 발굴한 뒤 1995년 착공해 7년 만에 완공했다. 칼리파(Kalifah) 대사는 "〈New Bibliotheca Alexandrina〉의 창립 선언에는 〈New Bibliotheca Alexandrina〉가 세계로 향하는 이집트의 창이자 이집트로 향하는 세계의 창이라고 규정하고 있다"고 말했다. 선언대로 도서관의 일상적 운영은 이집트가 담당하지만 정책결정에는 국제적 명망을 지닌 석학, 작가, 환경운동가 등이 참여하고 있다. 〈New Bibliotheca Alexandrina〉 친선 협회는 세계 20개국에서 결성되었다.

왜 이처럼 국제사회가 이집트 정부와 유네스코의 호소에 공명했던 것일까. 샌프란시스코에서 알렉사 인터넷(Alexa Internet Inc)이라는 벤처 기업을 창립한 칼리(Carly Brewster)사장은 "고대 〈Bibliotheca Alexandrina〉가 1600년 전 사라지기 전 300여 년간 존속하면서 인류 문명에 기여한 공로를 잊지 않고 있기 때문"이라고 말했다. 지식은 나눌수록 커진다는 것을 역사상 처음 입증한 세계 최대 도서관인 〈Bibliotheca Alexandrina〉의 정신을 재현하고 싶다는 열망을 함께했기 때문일지도 모른다.

고대 이집트의 〈Bibliotheca Alexandrina〉에 매료된 그는 오랫동안 그와 유사한 전자 도서관을 꿈꿔왔다. "고대 이집트인들은 모든 서적을 복사하려 했다. 그리고 모든 서적의 75%를 〈알렉산드리아 도서관〉에 소장했다고 한다. 기원전 300년의 일이다. 그 후 2400년 동안 그런 일은 없었다"라고 그는 말했다. 그리고 최근에 인터넷 시대가 오고, 수십억 쪽의 문서를 몇 초 만에 탐색하는 검색엔진 시대가 열렸다. 대단한 일이다.

하지만 인터넷의 나이가 열 살 정도밖에 안되다 보니 웹의 내용이 제한적이고 최신정보 위주다. 인류 지식의 핵심은 역사상의 많은 저자들이 기술한 수많은 문장들 속에 들어있다. 그 지식은 무수한 책들 속에 담겨 세계 각국의 도서관에 저장돼 있다. 칼리는 모든 도서관 장서들을 디지털화해 모든 네트워크 컴퓨터들을 가상의 〈알렉산드리아 도서관〉으로 만들자고 주창한 초기 인물 중 한 사람이다. 그래서 칼리는 10억 페이지의 인터넷 정보 보관소를 통째로 기증하였다.

또한 도서관의 사무실 가구는 스웨덴, 현관의 가구와 집기는 노르웨이 〈Bibliotheca Alexandrina〉 친선 협회에서, 마루의 소음을 흡수하는 재질의 참나무는 캐나다, 도서관을 소개하는 안내 책자들은 오스트리아와 그리스 〈Bibliotheca Alexandrina〉 친선협회에서, 불가리아는 1,000점의 자료를 기증하였다. 그리고 그리스는 고대 도서관을 건축한 데메트리우스의 동상을 헌정하였으며, 다임러크라이슬러는 버스 2대, 지멘스는 인터넷 카페를, 건물을 지탱하는 검은 대리석은 짐바브웨, 그리고 외벽의 화강암은 이집트 아스완에서 제공하였다. 이렇게 기증함으로서 도서관은 이집트의 도서관이라기보다는 세계의 도서관으로 불릴 수밖에 없었다. 1993년 재건의 첫 삽을 뜬 이래 12년간 투입된 예산은 총 3억5천만 달러(약 4천 2백여억원)이다.

이집트 무바라크 대통령이 1988년 6월 26일에 도서관 정초식을 거행하면서부터 글로벌 프로젝트는 시작되었다. 그는 〈New Bibliotheca Alexandrina〉 부활의 중요성을 다음과 같이 역설하였다.

> 이집트는 개발에 따른 거대한 부담으로 고통을 느끼고 있다. 그러나 재건의 도전과 광범위한 경제적 개혁에도 불구하고 세계의 기대와 역사적 · 지리적 위치로 인한 도서관에 부여되는 선도적인 문화적 역할을 회피할 수 없기 때문에 거대한 프로젝트에 투자하고 있다. 인류는 오로지 빵으로 사는 것이 아니라, 빵과 다른 생리적 요구물 만큼이나 중요한 마음과 영혼의 양식인 문화라는 신념 때문에 이집트는 고대 알렉산드리아 도서관 재현을 위한 프로젝트를 착수해왔다.[284)]

새로운 도서관의 공식적인 이름으로 알려진 〈New Bibliotheca Alexandrina〉는 풍부한 장서와 질 좋은 서비스를 책임지며 전 세계에 걸쳐 영향력을 행사할 수 있는 새로운 기관의 설립을 목적으로 하고 있다. 즉 고대 사상을 현대 속으로 옮겨놓음으로서 전통과 사상을 재현하려는 것이다. 〈New Bibliotheca Alexandrina〉는 명예와 열망에

---

284) M. Hosni Mubarak. In Bibliotheca Alexandrina. International Architectural Cometition by Franco Zagari. UNESCO/UNDP/Edizioni Carte Segrete, 1990. pp.13~14.

있어서 고대 선조와 경쟁하는 것이다. 고대 알렉산드리아 이전의 지식은 황실이나 지배계층을 위한 것으로 한정적인 것이었다. 그러나 다른 도서관과는 다르게 〈New Bibliotheca Alexandrina〉는 지적 생산의 장으로서 만인의 지식 역할을 할 것이다. 새로운 〈New Bibliotheca Alexandrina〉는 이러한 고대 역사상 지식의 황금기를 이루었던 과거를 다시 되살리려는 것이다.

그리고 〈New Bibliotheca Alexandrina〉는 연구를 위한 공공도서관이 될 것이며 특별한 시설들을 이용하려는 모든 이용자에게 개방될 것이다. 〈New Bibliotheca Alexandrina〉는 유네스코의 지원, 이집트 정부, 몇몇 나라의 건축가, 이태리, 영국, 독일, 오스트리아, 프랑스와 같은 유럽 국가들과 미국의 우호 단체들의 적극적인 지원을 받고 있다. 도서관 후원자들은 다음과 같은 4가지 목적이 성취되기를 기대하고 있다.[285)]

> 첫째, 일반인과 학자, 모두에게 봉사하는 세계의 중요한 '공공연구' 도서관 중의 하나가 되며, 둘째 분란이 있었던 중동에서 평화를 위한 촉매제로서의 역할을 수행하며, 셋째 국가를 대표하는 도서관이 없는 국가를 위해 준-국가 도서관으로서의 역할을 하고, 넷째 기원전 331년에 알렉산더 대왕에 의해 건립되어 흥성했으나 지금은 쇠퇴해가는 알렉산드리아의 경제 증대에 도움이 되기를 희망하는 것이다.

BAI-USA 후원 회장이며 위스콘신 대학의 문헌정보학과장인 모하마드 아만(Mohammed Aman)은 "도서관은 인류의 것이다. 〈New Bibliotheca Alexandrina〉는 또 다시 위대한 역사적인 전통을 위한 중추

---

285) Ron Chepesiuk. The Eighth Wonder Reborn : The new Alexandrian Library, *Wilson Library Bulletin*. vol.68(1994. 2). p.42.

적인 저장소가 될 것이다."[286]라고 새로운 도서관의 역할을 전망하였다. Unesco의 사무국장인 메이어(F. Mayor)는 재현 프로젝트의 관심과 노력을 다음과 같이 표명하였다.

> 고대 BA의 재현 프로젝트는 Unesco 임무의 핵심이 되어가고 있다. 우리의 임무는 지식자체가 목적인 지식, 발전을 위한 지식, 상호이해를 위한 지식과 같은 지식공유를 촉진하는 것이다. 공유는 다원화를 의미하며 그 후에 확장을 통하여 국가협력의 조화로운 풍요를 이룩하는 문화적 주체성을 촉진한다. 다시 말하면, 우리의 국가적 · 초국가적인 주체성이 담겨있는 문화유산의 보호를 전제로 한다. 거대한 효과로 정보네트워크에 있어 풍요로운 과거를 통합하는 작업을 이집트와 공동으로 운영함으로서 Unesco는 그 자체의 목적과 일치함 속에서 행동하고, 정보네트워 실질적인 세계적 시스템의 미래 구성 방법을 준비하고 있다...... 이러한 과거의 빛나고 창조적 유산 재현에 있어서, 우리의 공통 미래는 더 밝은 만인의 미래로 나아가고 있다.[287]

이것은 도서관이 소장하고 있는 다양한 지식과 정보를 대중에게 신속하고 정확하게 보급함으로써 도서관이 국가발전의 중추가 되기를 희망하는 것이다. 그리고 〈New Bibliotheca Alexandrina〉가 문명의 동반자로서 역사의 중심부에 있었던 과거를 재현하는데 그 의미를 두는 것이다.

새로운 도서관의 로고는 "바다, 떠오르는 태양, 등대"[288] 3가지 요소로 구성되었다. 바다는 국가도서관의 발생지이며, '지중해 연안의 진

---

286) loc. cit.

287) Jacques Tocatlian. Bibliotheca Alexandrina-Reviving a Legacy of the Past for a Brighter Common Future, *Int. Libr. Rev*. vol.23(1991). p.267.

288) Ron Chepesiuk. The Eighth Wonder Reborn : The New Alexandrian Library, *Wilson Library Bulletin*. (1994. 2). p.43.

주'로써 알렉산드리아에 위치한 도시를 나타낸다. 떠오르는 태양은 '바다에서 계속되는 해돋이 안에서 일련의 영속된 삶과 문명의 사상이 미래의 삶과 문화적인 광휘를 발생시키는 것'을 상징한다. 등대인 파로스는 그리스 · 로마의 알렉산드리아로 대표되는 고대 세계의 7대 불가사의 중 하나에서 고려되었다.

〈New Bibliotheca Alexandrina〉 건립은 거대하고 찬란한 태양이 지중해로부터 떠올라 발전하는 세계의 문화를 밝혀주게 될 것이라는 기대감으로부터 출발하였다. 2,300년 전 '마레 노스트룸(mare nostrm)'[289)] 의 지혜로 충만했던 도서관이 재현되는 프로젝트였다. 2002년 4월 23일로 예정됐던 개관행사는 이집트 정부 주도하에 준비되어 왔으나 이집트 무라바크(Mubarak) 대통령이 개막식을 며칠 앞두고 중동에서 발생하고 있는 사태에 대한 우려와 유감을 표시하며 행사를 취소했었다.

눈부신 현대식 건축물 내부는 이곳에 소장 예정인 800만 장서 중 일부만 도착해 아직 기대감에는 미치지 못한다. 〈New Bibliotheca Alexandrina〉 재건사업은 고대도서관을 되살려 인류공동의 이상적인 도서관을 짓자는 이른바 지구촌 문화운동으로 유네스코가 지난 87년부터 맡아 추진하였다.

현재 도서관 장서목록에는 20만 권의 도서가 있지만 세계 각지에서 기증서적들이 서서히 도착하고 있다. 도서관 건립이 추진된 1990년 아스완 선언에 명시된 800만 권의 장서보유계획에 비하면 보잘 것 없는 양이지만, 전 세계은행 부총재이자 도서관관장인 이스마일 세라겔딘(Ismail Serageldin)은 인터넷 시대에는 종이책만 있는 것이 아니다. 원본 원고가 많이 오지 않았다고 해서 문제될 것은 없다고 거듭 강조했다. 웹상에 도서목록들이 있고 전 세계 도서관과 연결돼 있으면 장

289) mare nostrm, 라틴어로 우리의 바다 또는 지중해, 위대한 초기 서구문화가 융성했던 지역을 말한다.

서 수는 문제될 게 없다는 것이다. 또 다른 문제는 세계 각지의 책들이 제대로 도착할 것인가에 관한 문제로, 이는 이집트가 최근 몇 년 동안 책에 대해 검열권을 까다롭게 행사하고 있기 때문에 언론인들 사이에 문화적 토론 및 논쟁이 벌어지고 있다.

시설 측면에서는 자료검색, 건물관리 등이 자동화된 첨단 인텔리전트 빌딩이다. 고대 〈Bibliotheca Alexandrina〉의 원형을 복원한 것이 아니라 그 이념을 현대과학으로 재현해 낸 것이다. 도서관 내부 98개의 시멘트 기둥들은 투명한 지붕을 받치고 있으며, 꼭대기에 같은 모양의 연꽃들이 왕관형태로 얹혀져 있다. 도서관 7층 높이의 공간은 아름다운 조형물로 꾸며졌다. 뉴욕 프랭클로이드 라이트(Frank Lloyd Wright)의 〈구겐하임 박물관(Guggenheim Museum)〉에서부터 시드니 오페라하우스를 본 딴 모형 등 다양하다.

New Bibliotheca Alexandrina 설계 및 구조

1989년 유네스코는 도서관 설계를 공모하였고, 7개국의 523개 회사의 작품 공모작 중에 노르웨이 건축가 스노헤타(Snøhetta) 작품을 선정하였다. 설계도는 높이 32m, 11층 높이의 건물은 수평선 위에 막 떠오른 태양의 모습이고, 이집트 해시계의 모습이다. 바다로 향한 북쪽은 20도 경사로 기울어져 있고, 앞쪽은 땅 밑으로 들어가 있는 모양이다.

마이크로 칩을 연상시키는 알루미늄 소재의 천정은 첨단 과학 기술을 상징하였다. 남쪽 외벽은 아스완 지역의 화강암으로 새겨진 고대 이집트 문자부터 전 세계의 글자로 장식을 하였다. 둥근 모양은 인류의 지식 전체를 형상화하였고, 마이크로 칩 지붕은 다양한 정보가 소통되는 역동적인 공간을 표시한다.

총 11층으로 이루어진 도서관 중 5개 층은 지하에 지어졌으나 자연광이 지하까지 비춰져 어둡지 않다. 지하 4층은 철학, 종교, 역사, 지리를 다루며 지도와 서예 작품들이 소장되어 있다. 지하 3층은 문학과 언어를 다루며, 멀티미티어 도서관과 현대 이집트 작가인 아랍문학 비평의 거장 타하 후세인(Taha Hussein, 1889-1973) 도서관이 있다. 지하 2층은 예술과 문화를 다루며, 음악도서관이 위치하고 있다. 지하 1층은 경영 및 개발에 대한 도서들이 있으며, 세계 각국의 정기간행물이 소장되어 있다. 1층은 사회과학을, 2층은 자연과학을, 3층은 신기술을 배치하고 있다. 현재까지 확보된 서적 및 소장자료는 50만 권에 달하며, 이 중에는 알렉산드리아에 산재했던 지역 도서관에서 수집된 고서와 5천여 권에 이르는 중세의 주요 과학서들이 포함되어 있다. 부속 건물로는 국제회의장, 천문관, 박물관, 미술관 등이 있다.

주 열람실의 천장은 32m 높이에 직경 160m의 유리 천장이 지중해를 향해 기울어진 모습을 하고 있는데 이는 거대한 해시계를 형상화한 것이라고 한다. 해가 지면 환상적인 조명이 눈길을 사로잡는다. 내부에는 6개의 전문 도서관과 3개의 박물관, 천문관, 영화관, 7개의 학문 연구센터, 필사본 저장소, 4개의 아트갤러리, 1,000명을 수용할 수 있는 컨퍼런스 센터가 있으며 9개의 상설 전시장이 있다. 〈New Bibliotheca Alexandrina〉의 규모와 구조는 다음과 같다.[290)]

290) http://news.donga.com/Series/List_70020000000087/3/70020000000087/20030505/7941143/1(cited 2012. 1.26)

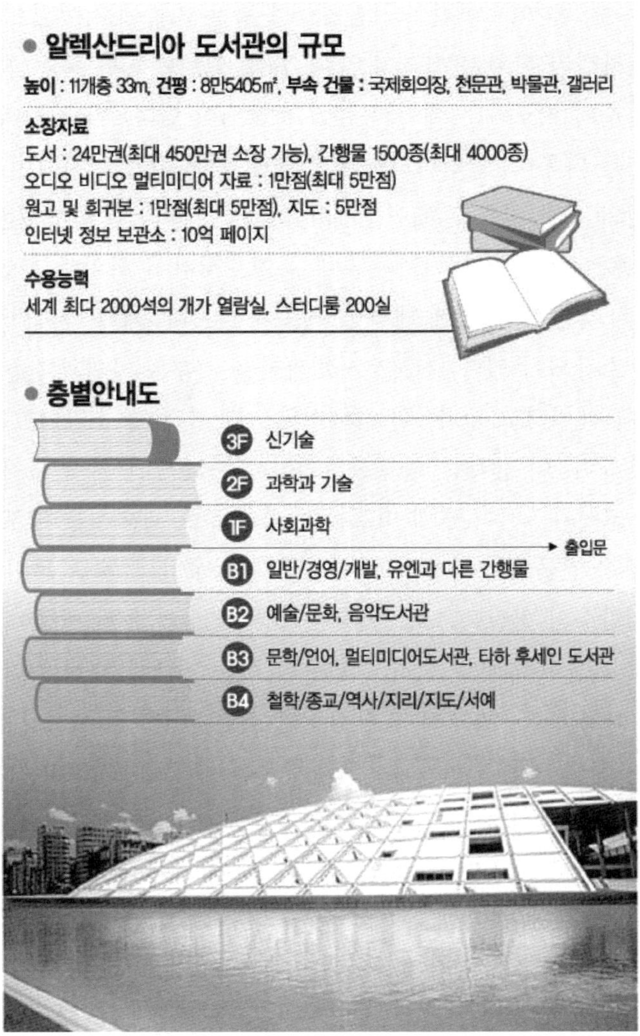

출처: http://cafe.daum.net/joucheol/587D/543

위의 그림에서 본바처럼 위에서 내려다보면 고대 이집트 해시계를 딴 모양이다. 바다를 향한 북쪽은 20도의 경사도로 기울어져 있고, 앞쪽은 땅 밑으로 들어간 형상을 하고 있다. 창문이 없는 남쪽 화강암벽

면은 전 세계의 모든 문자들로 장식된다. 건물의 둥근 모양은 인류의 지식전체를 형상화한 것이며, 마이크로칩 모양의 지붕은 이곳이 책 보관소에 그치지 않고 정보소통이 왕성한 역동적인 공간임을 뜻한다고 한다. 〈New Bibliotheca Alexandrina〉 본관 정면은 지중해를 향해 태양을 빨아들이는 형상을 이루고 있다. 회색 화강암인 외벽에는 세계 120개 언어의 알파벳을 새겼다. 한글도 '름'과 '강' 두 글자가 새겨져 있다. 전 세계적인 프로젝트라는 것이 담겨져 있다.

〈표 8〉 'New Bibliothecal Alexandrina' 조직도[291)]

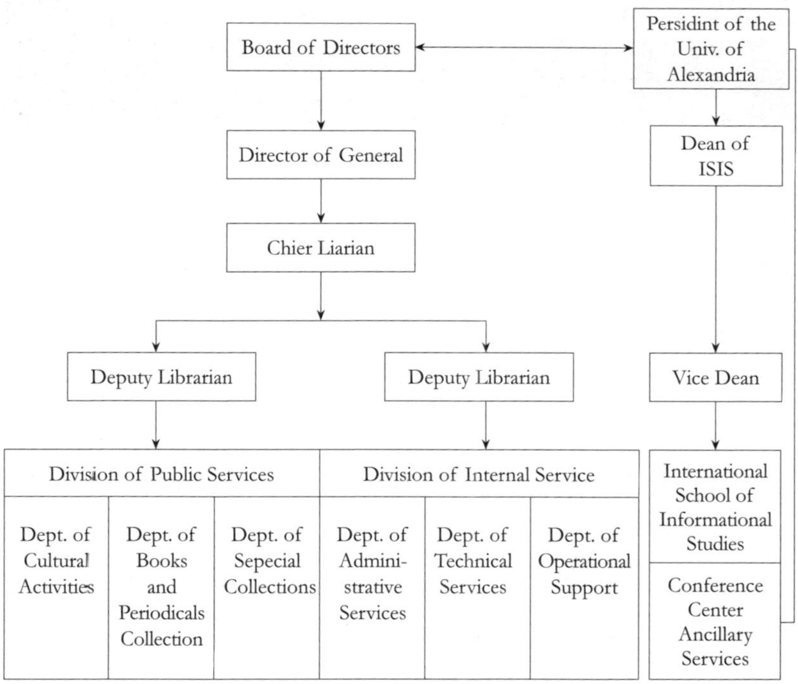

291) Mohammed M. Aman. The New Bibliotheca Alexandrina : A Link in the Historical Chain of Cultural Continuity, (Occasional Paper 3). Milwaukee, Wisconsin Univ., 1990. p.21.

(그림 9) 한글 '름' 자가 새겨져 있는 도서관 외벽[292]

〈New Bibliotheca Alexandrina〉는 고대 도서관의 정신을 계승한다고 표방하였다. 초기에 일단 50만 권의 장서로 시작하여 이후 2020년까지 800만 권의 장서를 확보하는 것을 목표로 삼았으며, 현재는 약 25만 권의 단행본과 전자 연속간행물을 포함하여 모두 2,000여 종의 연간물을 확보하고 있으며, 7,000여 건의 비도서 자료, 1만여 건의 희귀 자료를 보유하고 있다.

이외에 기증된 자료와 희귀 고서 등을 포함하여 약 30만 권의 자료를 추가로 확보하고 있다. 더군다나 대부분의 자료는 현재 전자 자료화하고 있으며, 연간물과 별도로 시사 자료물 7,000여 종을 전자적으로 계약하여 언제나 최신의 시사물에 접근할수록 했다는 것도 대단하다.

---

292) blog.naver.com/PostView.nhn?blogId=asilikeit...

새로 지어진 도서관은 도서관으로서의 기능뿐만 아니라, 박물관의 기능도 함께 하고 있으며, 다양한 부대시설을 갖추고 있다. 박물관으로는 〈고서 박물관〉과 〈희귀본 도서실〉, 〈과학 박물관〉을 갖추고 있다. 희귀본 소장실은 고서적 박물관 옆방에 자리 잡고 있으며 희귀본들을 손으로 만지면서 느낄 수 있게 하였다. 고서들은 그리스어, 불어, 영어, 스페인어, 아랍어, 고대 이집트어 등 전 세계어로 분류되어 있으며 희귀본은 주로 17세기 이전의 책을 중심으로 학자들에 의해 희귀본으로 정식 분류된다고 한다.

세미나실을 비롯하여, 여러 형태의 기자재실을 보유하고 있으며, 과거의 명성을 재현하듯이 세계적으로 유일무이한 도서관 자체 오케스트라를 가지고 있다. 연구실, 개인 열람실, 그룹 열람실을 비롯하여 200여 개의 열람실을 갖추고 있으며, 어린이 열람실, 청소년 열람실, 멀티미디어실, 음악 도서실 등을 비롯하여 도서관 전체에 2,000여 대의 컴퓨터를 설치하여 인터넷이 상대적으로 낙후된 이집트, 알렉산드리아에 정보화의 바람을 일으키고 있다.

지속적이고 안정적인 문화행사를 이어나가기 위해 홈페이지를 이용한 활발한 모금활동을 진행 중이며, 건물 자체의 아름다움으로 세계의 많은 관광객을 끌어들이는 역할도 하고 있다. 현재까지 연간 약 80만 명의 방문자를 기록하고 있다.

도서관 외에 국제 회의장, 과학 박물관, 정보과학 교육센터, 문자 박물관이 있다. 총 공사비는 도서관 설립에 2억불, 국제회의장, 땅 값 등 모든 경비를 포함하면 2억 8천 만 불이 소요되었다. 도서관장 이스마일 세라겔딘(Ismail Serageldin)은 "이집트는 역사적, 지리적, 문화적으로 합리와 대화, 관용, 이해를 공헌하는 도서관을 제공할 능력이 있다"라고 말하며, 이 도서관을 사람과 사람이 몸으로 만나는 공간이라고 말했다. 현대 건축학자들이 선택한 10대 현대 미학 건축물이다.

도서관 관장인 이스마일 세라겔딘 박사 자신이 명실상부한 코즈모폴리턴이다. 하버드대 박사 출신의 세라겔딘은 세계은행 부총재를 지낼 때까지 40권이 넘는 저서를 썼으며 5개 대륙 14개 대학으로부터 명예박사학위를 받았다.

〈NBA〉는 현재 알렉산드리아 시민들을 위하여 도서관 주위의 조경사업을 추진 중에 있다. 도서관 주위에 푸른 공원을 조성하는 것과 바닷가를 차지하고 있는 해군부대를 옮기고 시민들을 위한 광장을 조성하는 일이 그것이다. 〈New Bibliotheca Alexandrina〉는 2000년대의 여명기에 다시금 고대의 역할을 수행할 것이다. 과거의 정신을 상기시키는 가운데 〈New Bibliotheca Alexandrina〉의 현대적인 재현은 마침내 불멸불후의 것으로 남게 될 프로젝트가 되었다. 〈New Bibliotheca Alexandrina〉는 현대 건축학자들이 선택한 10대 현대 미학 건축물이다.

이집트 정부는 이 도서관의 국제적 위상을 고려하여 세계은행 부총재 출신인 이스마일 세라겔딘을 관장에 임명하고 대통령의 부인이 이사장을 맡도록 하였다. 현재 유네스코와 공동 관리하고 있는데 한국은 국제교류재단에서 파견된 사서 한 명이 일하고 있다. 보통 이집트하면 피라미드와 미라만 생각하는데 파피루스와 상형문자, 그리고 대영박물관 소장 상형문자가 새겨진 유명한 로제타석이 발견된 나라답게 위대한 〈알렉산드리아 도서관〉을 갖고 있는 나라이다.

1995년 착공하여 2001년 책의 날인 4월 23일 무바라크 대통령이 참석한 가운데 도서관 재 개관식을 열기로 하였으나 국내 정정의 불안정으로 연기되었다. 2002년 10월 16일 자크 시락(Jacques Chirac) 프랑스 대통령과 무바라크 대통령 등 유력 인사들이 모여 도서관 축하 행사를 다시 열기로 하였다. 초현대식 건물의 도서관은 2002년 10월 16일에 전 세계의 찬사 속에서 개관되었다. 건물은 떠오르는 태양을 형상화 했는데, 이는 태양이 인간 세계와 문화 활동을 비춰준다는 고대의 의미를 되살린 것이다. 도서관의 외벽에는 각 언어의 글자들을 새긴 석판이 모자이크처럼 장식되어 있다. 이 자리엔 자크 시라크 프랑스 대통령, 후안 카를로스 스페인 국왕, 라니아 요르단 왕비와 노벨상 수상자 14명, 작가, 시인, 역사가와 지식인 등 800여 명의 저명인사들이 참석, 〈New Bibliotheca Alexandrina〉의 부활을 축하했다.

(그림 10) New Bibliotheca Alexandrina 전경도[293)]

293) http://www.snoarc.no/projects/alex.html (1999/11/08)

움베르토 에코의 〈NBA〉 개관 기념강연

2003년 11월 1일 이탈리아의 유명 소설가이자 학자인 움베르토 에코(Umberto Eco)를 초청하여 〈New Bibliotheca Alexandrina〉 개관을 기념해서 특별히 강연을 부탁하였다.[294] 새로 개관한 〈New Bibliotheca Alexandrina〉에서, 그는 영어로 문학적 그리고 지리적 다양성에 관해 강조하였다. 주간지 〈알-아람(Al-Ahram Weekly)〉지는 이 강연 전문을 개제하였는데 그 내용은 다음과 같다.

우리는 세 종류의 기억을 가지고 있습니다. 첫째는, 신체기관적인 것이며, 이는 살과 피로 이루어지는 기억이며, 우리의 뇌에 의해 조정되는 것입니다. 둘째는, 광물적인 것이며, 이런 의미에서, 인류는 두 가지 종류의 광물적 기억을 알고 있습니다. 수 천 년 전에, 이것은 점토판과 오벨리스크(obelisks)로 대변되는 기억입니다. 이 나라 이집트에서 아주 잘 알려진 것입니다. 그것들 위에 사람들은 그들의 텍스트를 새겨 넣었습니다. 하지만, 이 두 번째 종류의 것 즉 광물적 기억은 또한 오늘날의 실리콘에 기반한 컴퓨터의 전자적 기억이기도 합니다.

우리는 또한 다른 종류의 기억을 알고 있는데, 식물적 기억으로, 최초의 파피루스로 대변되는 것이며, 이것 또한 이 나라에 잘 알려져 있는 것이며, 그리고 종이로 만들어 지는 책도 여기에 속합니다. 특정 시대에 최초의 독우피(vellum) 문서가 신체기관적 기원을 가지고 있고, 최초의 종이가 양탄자이지 나무로 만들어지지 않았다는 점은 일단 무시하기로 합시다.

이 도서관은 과거에도 그랬고, 미래에도 그럴 것이듯이 책의 보존에 헌신할 것입니다. 따라서 이곳은 식물성 기억의 신전이었고, 신전

---

294) http://weekly.ahram.org.eg/2003/665/bo3.htm(cited. 2012.8.3)

일 것입니다. 도서관들은, 여러 세기를 거치면서, 우리의 집단적 지혜를 보존하는 가장 효율적인 수단으로 기능해 왔습니다. 그것들은 과거에도 미래에도, 일종의 보편적 두뇌입니다. 여기서 우리는 우리가 망각한 것을 다시 기억해 내고, 우리가 아직 알지 못했던 것을 알게 되는 것입니다.

은유적 표현을 사용해 보면, 도서관은 인간이 할 수 있는, 가장 가능성이 있는, 신성한 기억의 모방입니다. 이곳에서 우주 만물이 보여지고, 동시에 이해될 수 있는 것입니다. 거대 도서관이 제공하는 정보를 그 혹은 그녀의 기억에 보존할 수 있는 사람이야 말로 어떤 면에서 보면 신의 기억에 필적하는 것입니다. 달리 말해, 우리는 우리가 신성한 힘들을 가지지 못한다는 것을 알아서가 아니라, 그것들에 필적할 정도로 우리의 최선을 다하기 위해 도서관을 발명한 것입니다.

오늘, 세상에서 가장 위대한 도서관 중 하나를 건설, 아니 재건한다는 것은 도전 내지 도발로 보입니다. 신문 기사들이나 학술 논문들에서, 새로운 컴퓨터와 인터넷 시대를 접한, 몇몇 저자들이 "책의 죽음(death of books)" 가능성을 언급하는 것을 자주 볼 수 있습니다. 하지만, 만약 책이 사라진다면, 오벨리스크나 고대 문명의 점토판이 그랬던 것처럼, 이는 도서관들을 없앨 타당한 이유가 되지 못하는 것입니다. 반대로, 도서관들은 살아남아야만 합니다. 박물관이 과거의 유물을 보존하는 것처럼 말이죠. 비슷한 맥락으로 우리는 박물관에 로제타 스톤(Rosetta Stone)을 보존합니다. 이는 우리가 더 이상 광물 표면에 우리의 문서를 새겨 넣는데 익숙하지 못하기 때문입니다.

아무튼, 도서관들에 대한 나의 찬사들은 아주 보다 낙관적인 것이 될 것입니다. 나는 인쇄된 책들이 미래를 가지고 있고, 그것들의 소멸에 관한 모든 공포들이 세상을 포함한 모든 것의 종말에 관한 세기말의 공포들과 같은 종류의 공포들 중의 마지막 사례가 아닐까 여전히 믿는 사람 중의 하나입니다.

많은 인터뷰 과정에서, 나는 이런 종류의 질문에 대답해야만 했습니다. "새로운 전자 미디어가 책들을 사라지게 할까요? 웹이 문학을 사라지게 할까요? 신 하이퍼텍스트 문명이 저자라는 개념도 없애버릴까요?" 여러분이 볼 수 있는 것처럼, 만약 당신이 잘 균형 잡힌 건전한 정신의 소유자라면, 이것들은 다른 질문들이고, 질문들이 제기된 맥락을 헤아려 보면, 우리는 질문자가 당신의 대답이 "아니요, 냉정해지자구요, 모든 것이 잘될 것입니다."라고 대답할 때, 그가 위안을 느낄 것이라 생각할 수 있습니다. 하지만 아니죠. 만약 당신이 이런 사람들에게 책들, 문학, 저자가 사라지지 않을 것이다고 말한다면, 그들은 당황해서 어쩔 줄 모르게 됩니다. 그렇다면, 특종은 어디에 있는 거죠? 노벨상 수상자가 죽었다는 뉴스를 발표한다는 것이 일종의 뉴스이지, 그가 살아있고, 잘 지낸다는 것은 누구의 관심도 끌 수 없는 것입니다. 그 작가를 제외하고는 말이죠, 나는 그렇게 생각합니다.

내가 오늘 하고 싶은 것은 다양한 문제에 관해 뒤죽박죽 알려진 것이 주는 혼란을 해명하기 위해 노력해 보는 것입니다. 이들 다양한 문제들에 대한 우리의 생각들을 명확히 하기 위해, 우리에게 늘상 책, 텍스트, 문학, 해석 등등이 의미하는 바가 무엇인지를 보다 잘 이해하는 것이 도움이 될 것입니다. 이렇게, 여러분은 어떻게 어리석은 질문을 통해 많은 현명한 답변들이 만들어 질 수 있는 지를 보게 될 것이고, 이것이야 말로 아마도 순진한 인터뷰들의 문화적 기능이 아닌가 합니다.

에코는 1986년에 『장미의 이름(*Le Nom De La Rose*)』을 남기면서 미궁같은 중세 도서관의 향수를 현대인에게 깊은 인상을 심어 주었으며, 책이 지닌 마력 더 나아가서 주술력까지 성찰해 주고 있다. 그런 그가 〈New Bibliotheca Alexandrina〉 개관식에 동참하여 그 역사적 의미를 되새기는 일은 의미있는 일이다.

의도적 파괴와 달리 도서관과 서재를 한순간에 잿더미로 날려 버리는 화재는 장서 수집가들을 위협하는 또 다른 적이라 할 수 있다. 에코는 자신의 집에 불이 날지도 모른다는 불안감을 늘 지니고 있으며, 『장미의 이름』에서 도서관이 불에 타는 장면을 그린 것도 그런 불안감과 무관하지 않다고 밝힌다. 역시 『장미의 이름』에서 '도서관에서 벌어지는 살인'의 아이디어를 얻은 곳이 으스스한 느낌을 주는 예일 대학의 스털링 메모리얼 라이브러리 도서관이라는 소개도 흥미롭다.

참고 문헌

강명관. 책벌레들 조선을 만들다. 서울, 푸른역사, 2007.

강창래 역. 20세기 이데올로기, 책을 학살하다. 서울, 알마, 2010.

김대연 역. 죽은 철학자들의 서. 서울, 이마고, 2009.

김문식, 연갑수, 김태웅, 강문식, 신병주 등저. 규장각; 그 역사와 문화의 재발견. 서울, 서울대학교출판문화원, 2009.

김삼웅. 책벌레들의 동서고금 종횡무진. 소울, 시대의창, 2008.

김수정 역. 보르헤스에게 가는 길. 서울, 산책자, 2007.

김정근. 사서직의 전문직성과 계속교육, 국회도서관보. 제24권 제4호(1987. 7&8).

김창하. 목록법 이론에 관한 연구. 서울, 중앙대학교 대학원 석사학위논문, 1998.

김홍근. 보르헤스 문학전기. 서울, 솔, 2005.

남태우. 금서의 미혹 유혹의 도서관. 대구, 태일사, 2004.

남태우. 도서관의 신 헤르메스를 찾아서. 서울, 창조사, 2005.

남태우. 목록법 이론에 대한 연구, 정보관리학회지. 서울, 정보관리학회, 제14권 1호(1997. 6).

남태우. 사서자격제도 이대로 좋은가, 도서관문화. 제31권 제6호(1990. 11 & 12).

남태우. 도서관론. 대구, 태일사, 2011.

남태우. 문헌정보학사. 대구, 태일사, 2011.

남태우 편. (태워도 태워지지 않고, 감춰도 감춰지지 않는) 册 이야기. 서울, 도협, 2012.

로트팔라 솔리만. Alexandria 도서관의 재현, 세계로 열린창. 서울, 유네스코 꾸리에, 제12권 제2호(1989. 2).

류정희 역. 책들의 전쟁. 서울, 미래사, 2003.

박민수. 책벌레. 서울, 문학동네, 2002.

박수철 역. 문자의 역사. 서울, 21세기북스, 2010.

박준식. 고대도서관사의 재조명 : 메소포타미아 지역을 중심으로, 도서관. 제41권 제5호(1986. 9&10).

______. 사서직 지적전통, 그 역사적 변용과 전망, 도서관. 제48권 제2호(1993. 3&4).

심성보 역. 책 시계 등불의 역사. 서울, 연구사, 1989.

송대범 역. 책, 문명과 지식의 진화사. 서울, 플래닛미디어, 2007.

유종필. 세계도서관기행. 서울, 웅진지식하우스, 2010.

양운덕. 보르헤스의 지팡이. 서울, 민음사, 2008.

이남호. 보르헤스 만나러 가는 길. 서울, 민음사, 1995.

이용숙 역. 소설로 읽는 마법의 도서관. 서울, 현암사, 1999.

이종삼 역. 읽는다는 것의 역사. 서울, 한국마케팅연구소, 2006.

임태삼 역, Robert B. Harmon 저. Bibliography의 성질과 구조(II). 도서관. 제41권 제5호(1986).

정경원 역. 만리장성과 책들. 서울, 열린책들, 2008.

정민. 조선 지식인의 발견. 서울, 휴머니스트, 2007.

정명진 역. 독서의 역사. 서울, 세종서적, 2000.

정진식, 탁혜경 공역. 분류편목론(Cataloging and Classification : an introduction), 서울, 영미서적, 1992.

주명철. 서양금서의 문화사. 서울, 도서출판 길, 2006.

주명철 역. 책과 혁명. 서울, 도서출판 길, 2003.

高津春繁. ホメーロスの英雄叙 事詩. 岩波新書, 1969.

副島秀夫. KallimachosのPinakesとその現代的 意義, 圖書館學. no.18 (1971).

副島民雄. 列伝体哲學史と問題別哲學史, 講座哲學大系(2). 昭和38年.

粟野頼之祐. アレクサンドリア圖書館目錄の硏究 1-3, 關西學院史學 I, II, V.(1952～1959).

______. アレクサンドリア圖書館長錄の硏究, 史學雜誌. 第53編 6號(1942).

澁川雅俊. 目錄の歷史. 東京, 勁草書房, 1985.

長谷部文雄, 阿部知二 譯, H. G. Wells. 世界史概觀 上, 岩波新書, 1969.

點鷚修. 芦屋淸. 資料分類法. 東京, 東京書籍, 1984.

Aman, M. Mohammed. Alexandrian Library rises again, *Herald of Library Science*. vol.29, no.1&2(1990).

______. *The New Bibliotheca Alexandrina : A Link In The Historical Cahain of Cultural Cotinutiy*. (Occasional paper 3), Milwaukee, Wisconsin Univ., 1990.

Archuletta, Polly. The Extablishment of the Alexandrian Library, *Current Studies in Librarianship*. vol.30, no.1&2(1989).

battles, matthew. *Library; An Unquiet History*. New York, W. W. Norton & Co., 2003.

Bianchi, Robert S. The New Alexandiana : A Personal View of the History of the Great Library of Alexandria and the Current Plans for its Revival, *Newsletter*. no.148(1989~1990).

Bingen, Jean. The Library of Alexandria Past and Future. *Diogenes*. vol.141 (1988).

Blum, Rudolf. *Kallimachos : The Alexandrian Library and the Origins of Bibliography*. Translated from the German by Han H. Wellisch. Madison, Wisconsin Press, 1991.

Buchanan, Dennis. Ancient Greek Libraries, *State Librarian*. vol.34, no.3(1986).

Casson, Lionel. *Libraries in the Ancient World*. New Haven, Yale Univ., 2001.

Cavallo, G. and Roger Chartier ed. *A History of Reading in the West.* Amerst & Boston, Univ. of Massachustts Press, 1999.

Chepesiuk, Ron. The eighth wonder reborn : the new Alexandrian Library, *Wilson Library Bulletin*. vol.68, no.4(1994).

Clark, J. W. *The care of books : an essay on the development of libraries and their fitting from the earliest times to the end of the eighteenth century*. Cambridge, University Press, 1909.

Dahl, Svend. *History of the Book*. 2nd ed. Metuchen, The Scarecrow, 1968.

Desroches, Richard A. The Library at Alexandria, *Current Studies in Librarianship*. vol.7, no. 1&2(1983).

Dowd, Sheila. Alexandria revisited : another look at space and growth, *Collection Building*. vol.9, no.3&4(1989).

Edward, Edward. *Memoris of Libraries : A Handbook of Library Economy*. vol.I. London, Burt Franklin, 1859.

Ede, Stuart. The Alexandriana Library : a new opportunity in international cooperation, *International library cooperation : 10th Anniversary Essen Symposium*. 19 Oct.~22 Oct.(1987).

El Abbadi, M. *The Life and Fate of the Ancient Library of Alexandria*. UNESCO., Paris, 1990.

Eliot, Simon and Jonathan Rose ed. *A Companion to The History of the Book*. Wiley-Blackwell, 2009.

Escarpit, Robert. *The Book Revolution*. Paries, Unesco, 1966.

Fraser, Peter M. *Ptolemaic Alexandria*. Vol. 3, Oxford, Clarendon Press, 972.

Gardthausen, Victor. *Die alexandrinische Bibliothek : ihr Vorbild Katalog und Betried*. Leipzig, 1922.

Holmes, Anne. The Alexandrian Library, *Libri*. vol.30, no.4(1980).

Howard, Nicole. *The Book; The Life Story of a Technology*. Westport, Greenwood press, 2005.

Irwin, Raymond. Callimachus : Studies in the History of Libraries-IX. *The Library Association Record*.(1956).

______. *The English Library : Sources and History*. London, George Allen & Unwin Ltd., 1966.

______. *Ancient and medieval libraries*. Encyclopedia of library and information science. vol. 1, edited by A. Kent and others. New York, Mercel decker, 1968.

Jacob, Christian. The Library and the Book : Forms of Alexandrian Encyclopedism. *Diogenes*. vol.45, no.178(1997).

Johnson, Elmer D. *History of Libraries in the Western World*. 2nd ed. London, Scarecrow, 1970.

______. *Communication : A concise introduction to the history of the alphabet, writing, printing, books and libraries*. New Brunswick, Scarecrow press, 1955.

Kilgpur, F. *The Evolution of the Book*. New York, Oxford University Press, 1998.

Kramer, S. N. *History begins at Sumer ; thirty-nine-first in man's recorded history*. Philadelphia, University of Pennsylvania Press, 1981.

Mair, A. W. *Callimachus : Hymns and Epigrams, Lycophron, Aratis*. London, Harvard, University Press, 1955.

Mason, Stephen F. *A History of the Sicences*. New Revised edtion. New York, Collier Books, 1962.

Milkau, Fritzo & Leyh, Georg. *Handbuch der Bibliothekswissenschaft*. Wiesbaden, Harrsassowitz, 1957.

Miner, Afton M. & Cranney, A. Garr. The Alexandrian Library of Antiquity, *The Annual Meeting of the International Reading Association*.

(35th, Atlanta, GA), (1990. 9).

Munthe, Gerhard. Libraries in the past. 2. The Library in Alexandria. *Synopsis*. vol.21, no.2(1990).

Murray, Stuart A. P. *The Library; An Illustrated History*. Chicago, ALA., 2009.

Norris, Dorothy M. *A History of Cataloguing and Cataloguing Methods Methods 1100-1850 : With an Introductory Survey of Ancient Times*. London, Grafton, 1939.

Parsons, E. A. *The Alexandrian Library : Glory of the Hellenic World.* New York, American Elsevier Publishing Co., Inc., 1967.

Pfeiffer, Rudolf. *History of Classical Scholarship : from the Beginnings to the end of the Hellenistic Age*. Oxford, Clarendon Press, 1978.

Ratt, D. The Electronic Library Manager's Guide to the New Library of Alexandria, *The Electronic Library*. vol.8, no.1(1990).

Romerio, G. F. Antiquity's most famous library to be reborn, *Logos*. vol.5, no.3(1994).

Salam, Shawky. The revival of the Alexandria Library : a unique project of the twenty-first century, *Journal of Information Science*. vol.17, no.6(1991).

Salwak, Dale ed. *A Passion for Books*. New York, MacMillan Press, 1999.

Samanta, L. M. Historical perspective of the world's ancient libraries. *Lucknow Librarian*. vol.13, no.3(1981).

Sandys, J. E. *A History of Classical Scholarship*. New York, Hafner., 1958.

Schmidt, Fr. Pinakes *des Callimachos*. Berlin, 1922.

Shera, Jesse H. *Introduction to Library Science*. Littleton, Libraries Unlimited, Inc., 1976.

Shubert, Steven Blake. The Oriental Origins of the Alexandrian Library. *Libri*. vol.43, no.2(1993).

Tocatlian. Jacques. Bibliothea Alexandria : reviving a legacy of the past for brighter common future, *International Library Review*. vol.23, no.3(1991).

Thompson, L. S. Roman and Greek libraries, *Encyclopedia of Library and Information Sciences*. vol.26, New York, Marcel Dekker, 1979.

The New Encyclopedia Britania. Vol.4, 15th ed. Chicago, Encyclopedia Britanica, Inc., 1988.

Trypains, C. A. *Callimachus*. Mass., Havard university press, 1958.

Turner, E. G. *Greek Papyri : An Introduction*. Princeton, N. J. : Princeton University Press, 1968.

Wellisch, Hans H. Ebla : The World's Oldest Library. *The Journal of Library History*. vol. 16. no.3(1981).

Witty, Francis. J. The Pinakes of Callimachus. *Library Quarterly*. vol.28 (1958).

______. Reference Books of Antiquity, *Journal of Library History*. vol.9 (1974).

지식의 보고 알렉산드리아 대 도서관

2012년 8월 25일 초판인쇄
2012년 8월 30일 초판발행

저　자 _ 남태우
펴낸이 _ 김선태
발행처 _ 도서출판 태일사
대구광역시 중구 남산 1동 892
전화 053-255-3602 팩스 053-255-4374
전자우편 _ taeilsa@hanmail.net
홈페이지 _ http://www.taeilsa.com
등록일자 _ 1991. 10. 10
등록번호 _ 제 25100-2000-000009호

정가 **16,000원**

 ISBN 978-89-92866-60-6 93020